도시정비사업 가처분의 주요 쟁점

조합총회 및 조합임원의 선임/해임을 중심으로

범 현

박영사

머리말

저자가 그 동안의 실무경험을 토대로 도시정비사업에 관하여 실무상 자주 다루어지는 대법원 판결들과 주요 법리를 정리하여 2021년 발간한 '도시정비법의 주요쟁점'이 독자들의 과분한 사랑을 받아 중판까지 출간되었다.

다만, 도시정비사업 관련 분쟁의 대부분이 상고심에 이르지 않고 하급심에서 종결되고 있고 특히 도시정비사업에서 가장 많이 발생하는 조합총회의 소집과 절차, 총회결의의 효력, 조합임원의 선임과 해임 등에 관한 분쟁이 상당수 가처분 단계에서 해결되고 있음에도 위 책 집필 당시 시간과 역량 부족으로 이 부분까지는 미처 다루지 못하였는데 이를 아쉬워하는 독자들이 많았다.

이에 저자는 조합임원의 선임 및 해임, 조합총회와 이사회, 대의원회에 관한 가처분을 중심으로 관련 하급심 결정례와 법리를 분석·정리하여 이 책을 출간하게 되었다.

이 책의 출간을 위해 애써주신 박영사 조성호 이사님, 김선민 이사님을 비롯한 직원 여러분께 감사의 뜻을 표하고, 누구보다도 저자를 사랑하고 지원해주는 가족들에게 이 책을 바친다.

2023년 8월

저자 범현 씀

차 례

제 1 장 임시의 지위를 정하기 위한 가처분의 기본 법리

제 2 장 도시정비사업 관련 가처분의 기본 법리

제 3 장 조합임원의 선임, 해임 등 관련 가처분의 주요 쟁점

제 4 장 이사회와 대의원회 관련 가처분의 주요 쟁점

제 5 장 조합총회 관련 가처분의 주요 쟁점

제 6 장 소수조합원의 총회 소집 관련 주요 쟁점

제 7 장 조합원의 지위

법령 약어표

- 도시 및 주거환경정비법(2022. 6. 10. 법률 제18941호로 개정되어 2022. 12. 11.부터 시행된 것) — 법 또는 도시정비법
- 도시 및 주거환경정비법 시행령(2022. 12. 9. 대통령령 제33046호로 개정되어 2022. 12. 11.부터 시행된 것) — 시행령 또는 도시정비법 시행령
- 도시 및 주거환경정비법 시행규칙(2021. 11. 11. 국토교통부령 제913호로 개정되어 2021. 11. 11.부터 시행된 것) — 시행규칙 또는 도시정비법 시행규칙
- 빈집 및 소규모주택 정비에 관한 특례법 — 소규모주택정비법
- 빈집 및 소규모주택 정비에 관한 특례법 시행령 — 소규모주택정비법 시행령

제 1 장

임시의 지위를 정하기 위한 가처분의 기본 법리

1. 가처분의 종류

가처분의 근거법률은 민사집행법인데, 민사집행법상 가처분은 크게 다툼의 대상에 관한 가처분(민사집행법 제300조 제1항)과 임시의 지위를 정하기 위한 가처분(같은 조 제2항)으로 나뉜다.

다툼의 대상에 관한 가처분은 채권자가 금전 이외의 물건이나 권리를 대상으로 하는 청구권을 가지고 있을 때 그 강제집행 시까지 다툼의 대상이 처분·멸실되는 등 법률적·사실적 변경이 생기는 것을 방지하고자 다툼의 대상의 현상을 동결시키는 보전처분을 의미한다.[1)]

임시의 지위를 정하기 위한 가처분은 확정판결이 있기까지 현상의 진행을 그대로 방치한다면 권리자가 현저한 손해를 입거나 급박한 위험에 처하는 등 소송의 목적을 달성하기 어려운 경우에 그로 인한 위험을 방지하기 위하여 잠정적으로 권리 또는 법률관계에 관하여 임시의 지위를 정하는 보전처분이다.[2)]

임시의 지위를 정하기 위한 가처분은 청구권보전을 위한 가압류 또는 다툼의 대상에 관한 가처분과 달리 보전하고자 하는 권리 또는 법률관계의 종류

1) 사법연수원, 법원실무제요 민사집행Ⅴ 보전처분(2020년), 10.
2) 이승영 외 6인, 임시의 지위를 정하기 위한 가처분의 효력에 관한 연구, 민사집행법 실무연구Ⅲ(통권 제5권), 민사집행법연구회(2011년), 59.

는 묻지 않고, 단순히 현상을 동결함에 그치지 않고 권리자에게 임시의 지위를 부여하는 것이므로 그 집행에 의하여 새로운 법률관계가 형성되기는 하나, 어디까지나 확정판결의 집행을 용이하게 하고 그때까지의 손해를 방지하고자 하는 임시적인 조치에 그친다.[3)]

이 책에서 다루는 도시정비사업에 관한 각종 가처분은 주로 임시의 지위를 정하기 위한 가처분에 해당하므로, 이하에서는 임시의 지위를 정하기 위한 가처분을 중심으로 살펴보겠다.

2. 임시의 지위를 정하기 위한 가처분의 피보전권리

임시의 지위를 정하기 위한 가처분의 피보전권리가 인정되기 위해서는 일반적으로 '권리관계가 현존할 것'과 '권리관계에 다툼이 있을 것'이라는 요건이 충족되어야 한다고 보고 있다.[4)]

가. 권리관계가 현존할 것

(1) 임시의 지위를 정하기 위한 가처분은 가처분에 의하여 보전될 권리관계의 존재를 그 요건으로 한다(통설).

기존 법률관계의 변경·형성을 목적으로 하는 형성의 소는 법률에 명문의 규정이 있는 경우에 한하여 제기할 수 있는데, 협동조합의 이사장 및 이사가 조합업무에 관하여 위법행위 및 정관위배행위 등을 하였다는 이유로 그 해임을 청구하는 소송은 형성의 소에 해당함에도 이를 제기할 수 있는 법적 근거가 없으므로, 이러한 해임청구권을 피보전권리로 하는 직무집행정지 및 직무집행대행자 선임의 가처분은 허용되지 않는다(대법원 2001. 1. 16. 선고 2000다45020 판결 등).

---

3) 유재복, 보전처분(가압류·가처분) 실무편람, 법률정보센터(2016년), 445.

4) 임시의 지위를 정하기 위한 가처분은 장래의 집행보전이 아닌 현존하는 위험방지를 위한 것이므로 엄밀한 의미에서는 피보전권리라고 할 것이 없지만, 보통 다툼이 있는 권리관계를 피보전권리로 본다(사법연수원, 전게서, 58).

이미 효력이 상실된 단체협약의 효력정지를 구하는 가처분도 권리관계가 현존하지 아니하므로 허용되지 않는다(대법원 1995. 3. 10.자 94마605 결정).

(2) 권리관계의 종류에는 제한이 없어 물권, 채권, 지식재산권 등 재산적 권리뿐만 아니라 신분적 권리도 포함되고, 당사자소송을 본안으로 하는 공법상의 권리도 포함된다. 금전채권도 현재의 위험, 손해를 방지할 필요가 있으면 그 대상이 될 수 있고, 여기에는 부양료, 임금의 지급을 구하는 것과 같은 정기적·반복적 채권은 물론이고, 그 밖의 금전적 청구채권도 포함된다.[5]

(3) 위와 같은 권리관계는 민사소송에 의하여 보호받을 자격이 있어야 하고, 강제집행절차, 비송사건절차, 체납처분 등은 여기의 권리관계에 해당하지 않으므로, 임시의 지위를 정하기 위한 가처분으로 강제경매절차, 임의경매절차 등의 중지를 구할 수 없다.[6]

행정행위에 속하는 것, 예컨대 매립면허·준공허가를 하는 행위, 분묘이전명령 등은 행정소송법에 의한 집행정지가 가능하므로 민사집행법상의 가처분에 의한 정지의 대상이 되지 않는다. 또한 중재절차가 허용될 수 없는 경우에 해당하더라도 그 중재절차의 위법확인을 구하는 본안소송을 제기하거나 중재판정이 있은 후에 중재판정취소의 소를 제기하여 중재절차의 위법을 다툴 수는 있어도 중재절차의 위법을 들어 중재절차의 중지를 구하는 가처분을 신청할 수는 없다.[7]

(4) 민사집행법 제300조 제2항 후문은 임시의 지위를 정하기 위한 가처분이 '계속하는 권리관계'에 한하여 허용되는 것처럼 규정하고 있으나, 통설은 이를 예시적인 것으로 보아 치료비, 보험금, 퇴직금 등 1회의 이행으로 소멸하는 권리관계도 포함된다고 해석한다. 다만, 일반적으로 1회의 이행으로 소멸하는 권리관계는 임시의 지위를 정하기 위한 가처분에 적합하지 않은 경우가 많으므로, 임시로 형성하여야 할 지위·상태가 인정되어야 할 것이다.[8]

---

5) 유재복, 전게서, 493.

6) 강제경매절차를 정지시키기 위해서는 경매개시결정에 대한 이의신청, 청구이의의 소, 제3자이의의 소 등을 제기하여야 하고, 임의경매절차를 정지시키기 위해서는 저당권말소의 소 또는 채무부존재확인의 소를 제기한 후, 해당 절차에서 경매절차정지를 신청하여야 한다.

7) 김광년·최종백, 보전소송(Ⅰ), 법률문화원(2017년), 110.

8) 유재복, 전게서, 494.

(5) 임시의 지위를 정하기 위한 가처분에 관한 본안소송은 그 성질상 다툼이 있는 권리관계에 관하여 확인을 구하는 것도 가능하고, 반드시 가처분과 목적을 같이 하지 아니하여도 되며, 이 가처분에 의한 법률관계를 형성함으로써 채권자에게 임시의 만족을 주는 것도 허용된다.[9] 예를 들어, 건물명도청구권의 보전방법으로 집행관으로 하여금 다툼의 대상이 되는 건물을 보관하게 하고 현상을 변경하지 않을 것을 조건으로 채권자에게 거주·사용하게 하는 것도 허용된다(대법원 1964. 7. 16. 선고 64다69 전원합의체 판결).

(6) 조건이 붙어 있는 채권이나 기한이 도래하지 않은 채권에 관하여 임시의 지위를 정하는 가처분이 허용되는지에 관하여, 보전할 권리관계가 현존하지 아니한다고 하여 이를 소극적으로 해석하는 견해도 있으나, 피보전권리를 부정하기보다는 보전의 필요성 유무를 가리는 것이 좋을 것이다.[10]

(7) 그 밖에 저당물의 가치가 훼손되는 것을 방지하기 위하여 저당권에 기한 훼손방지청구권을 피보전권리로 하여 공사금지 그 밖의 가처분을 발령할 수 있다. 이에 비하여 토지의 사용·수익을 목적으로 하는 계약상 채권은 소유자를 대위하지 아니하고는 직접 제3자에 대하여 방해배제를 구하는 가처분의 피보전권리가 될 수 없다. 다만, 이미 점유를 취득한 경우에는 점유권에 기한 가처분이 가능할 것이다.[11]

나. 권리관계에 다툼이 있을 것

다툼이라 함은 권리관계에 관하여 당사자의 주장이 대립되기 때문에 소송에 의한 권리보호가 요구되는 것을 말한다. 권리관계가 부인되는 것, 의무를 인정하더라도 이행하지 아니하는 것, 주주총회결의취소와 같이 형성의 소가 제기될 것이 요구되는 것 등이 이에 해당한다. 다만, 재판이 계속되고 있을 필요는 없고, 당사자가 적극적으로 분쟁을 벌이고 있는 상태에 있을 필요도 없다. 따라서 가처분채권자의 점유가 침해되거나 이행기가 도래하였는데도 상대방이 이행을 하지 아니하는 경우, 권리에 대한 위법한 침해의 위험이 가까워진 것도

9) 김광년·최종백, 전게서, 111.
10) 사법연수원, 전게서, 61.
11) 김광년·최종백, 전게서, 111.

다툼이 있는 경우에 해당한다. 그러나 상대방이 단순히 다툰다고 하는 태도 이상의 구체적인 방해행위에 나아가지 않은 경우는 보전의 필요성이 없다고 볼 경우가 많을 것이다.[12]

3. 임시의 지위를 정하기 위한 가처분의 보전의 필요성

가. 의의

민사집행법 제300조 제2항은 임시의 지위를 정하기 위한 가처분의 필요성에 관하여 “현저한 손해를 피하거나 급박한 위험을 막기 위하여, 또는 그 밖의 필요한 이유가 있을 경우”라고 규정하여, 이 가처분의 주된 목적이 가압류나 다툼의 대상에 관한 가처분과 달리 현재의 위험 방지임을 밝히고 있다.

이 가처분은 본안판결 전에 채권자에게 만족을 주는 경우도 있는 것이어서 채무자의 고통 또한 크므로, 그 필요성을 인정할 때 신중을 기하여야 하고, 심리에서도 원칙적으로 변론기일 또는 채무자가 출석할 수 있는 심문기일을 열어야 한다(민사집행법 제304조).

이 가처분이 필요한지 여부는 당해 가처분신청의 인용 여부에 따른 당사자 쌍방의 이해득실관계, 본안소송에 있어서의 장래의 승패의 예상, 기타의 제반 사정을 고려하여 법원의 재량에 따라 합목적적으로 결정하여야 할 것이고, 더구나 가처분채무자에 대하여 본안판결에서 명하는 것과 같은 이른바 만족적 가처분일 경우에 있어서는, 그에 대한 보전의 필요성 유무를 판단함에 있어서 위에서 본 바와 같은 제반 사정을 참작하여 보다 더욱 신중하게 결정하여야 할 것이다(대법원 1993. 2. 12. 선고 92다40563 판결, 대법원 2003. 11. 28. 선고 2003다30265 판결, 대법원 2005. 8. 12.자 2004마913 결정 등).

나. 현저한 손해

“현저한 손해”는 본안판결의 확정까지 기다리게 하는 것이 가혹하다고 인

12) 사법연수원, 전게서, 61－62.

정되는 정도의 불이익 또는 고통을 말하고, 직접·간접의 재산상 손해뿐만 아니라 명예, 신용 그 밖의 정신적 손해와 공익적 손해도 포함된다(대법원 1967. 7. 4.자 67마424 결정). 정신적 손해에 관하여는 사립학교 교수의 파면처분효력정지 가처분, 사립학교 학생의 퇴학처분효력정지 가처분 등에서 그 예를 찾을 수 있다.[13]

손해가 현저하다고 하기 위해서는 가처분에 의하여 채무자가 입는 손해 내지 불이익에 비하여 채권자가 얻는 이익이 현저하게 클 것이 요구된다. 실무상 현저한 손해의 측면에서 보전의 필요성이 인정되는 예로는, 교통사고에 의한 손해배상청구소송을 본안소송으로 하여 가해자에 대하여 자력이 없는 피해자의 치료비·생활비 등의 지급을 구하는 가처분, 종업원의 해고무효를 전제로 하는 임금의 지급을 구하는 가처분, 특허권·실용신안권 등 지식재산권의 침해방지를 구하는 가처분 등이 있다. 이에 대하여 비교적 보전의 필요성이 부정되는 경향이 있는 예로는 임차인에 대하여 차임의 지급을 구하는 가처분, 매매대금의 지급 또는 대여금의 반환을 구하는 가처분 등을 들 수 있다.[14]

다. 급박한 위험

"급박한 위험"은 현재의 권리관계를 곤란하게 하거나 무익하게 할 정도의 강박·폭행을 말하며, 이는 현저한 손해와 병렬적인 개념이 아니라 현저한 손해를 생기게 하는 전형적인 예라고 봄이 상당하다. 급박한 위험의 예로는 명예를 훼손하는 인쇄물의 배포, 수리권을 방해하는 제방의 축조, 점유침탈행위 등을 들 수 있다.[15]

이와 관련하여 대법원은, 토지의 소유자가 충분한 예방공사를 하지 아니한 채 건물의 건축을 위한 심굴굴착공사를 함으로써 인접대지의 일부 침하와 건물 균열 등의 위험이 발생하였다고 하더라도 나머지 공사의 대부분이 지상건물의 축조이어서 더 이상의 심굴굴착공사의 필요성이 없다고 보여지고 침하와 균열이 더 이상 확대된다고 볼 사정이 없다면 토지심굴굴착 금지청구권과 소유물방

13) 김광년·최종백, 전게서, 120.
14) 사법연수원, 전게서, 70.
15) 유재복, 전게서, 501.

해예방 또는 방해제거 청구권에 기한 공사중지가처분을 허용하여서는 아니된다고 보았다(대법원 1981. 3. 10. 선고 80다2832 판결).

라. 그 밖의 필요한 이유

"그 밖의 필요한 이유"는 현저한 손해를 피하거나 급박한 위험을 방지하기 위한 것에 준하는 정도의 이유를 말한다(대법원 1967. 7. 4.자 67마424 결정).

마. 구체적 사례

1) 보전의 필요성을 인정한 사례

가처분신청을 인용하는 결정에 따라 권리의 침해가 중단되었다고 하더라도, 가처분채무자가 그 가처분의 적법 여부에 대하여 다투고 있는 이상 권리 침해의 중단이라는 사정만으로 종래의 가처분이 보전의 필요성을 잃게 되는 것이라고 할 수 없다(대법원 2007. 1. 25. 선고 2005다11626 판결).

대법원은 시험검사만을 받은 상태의 온천공이 있는 토지의 공유자인 채권자가, 위 온천공에 아무런 사전 동의나 사후 승낙 없이 양수시설을 설치하고 온천수를 용출하여 판매하고 있는 다른 공유자인 채무자에 대하여 그러한 행위의 금지를 구하는 가처분을 신청한 이후에, 채무자가 온천공에 설치한 시설물을 스스로 철거하였다고 하더라도, 위와 같은 단순 부작위 가처분의 성격 및 온천법의 특별 규정에다가 채무자가 철거한 시설이 다시 설치하기에 용이한 것인 점 등의 제반 사정을 고려하여, 보전의 필요성을 인정하였다(대법원 2003. 5. 17.자 2003마543 결정).

수익자가 권리남용적인 보증금의 지급청구를 하는 경우에는 보증의뢰인은 그 보증금의 지급거절을 청구할 수 있는 권리에 기하여 직접 그 의무자인 보증인을 상대방으로 하여 수익자에 대한 보증금의 지급을 금지시키는 가처분을 신청할 수 있다고 볼 것이다. 보증인이 수익자의 그러한 권리남용적인 보증금청구에 응하여 보증금을 지급하여 버리게 되면, 그에 따라 보증인의 보증의뢰인에 대한 상환청구가 당연히 수반될 것이고, 나아가 보증의뢰인이 보증인의 위 보증금 지급을 무효라고 주장하여 상환을 거절하는 경우에는 보증인으로부터 각종 금융상의 제재조치를 받게 되는 등의 사실상 경제적인 불이익을 감수할 수밖에 없게 될 것인 점 등에 비추어 볼 때, 위와 같은 보증금의 지급거절을 둘러싼 권리관계의 분쟁으로부터 생길 수 있는 현저한 손해를 방지한다는 측면에서 그 보전의 필요성도 충분히 인정될 여지가 있다(대법원 1994. 12. 9. 선고 93다43873 판결).

채무자가 건축 중에 있는 4층 북단 교실 중간에 설치된 복도와 위 교실 서쪽 벽에 채권자들의 주거 내부를 관망할 수 있는 유리창문이 설치되어 있는 이상, 위 교실 북단을 벽으로 쌓은 사실만으로는 채권자들의 사생활의 은밀이 침해될 염려가 배제된 것으로 단정할 수 없으므로, 공사중지가처분에 대한 보전의 필요성이 있다(대법원 1979. 11. 13. 선고 79다484 판결).

2) 보전의 필요성이 부정된 사례

가) 채권자가 이미 보전처분에 의한 보호 이상의 보호를 받고 있을 때

채권자가 피보전권리에 관하여 이미 확정판결이나 그 밖의 집행권원(조정, 화해 등의 조서 또는 집행증서)을 가지고 있는 때에는 즉시 집행할 수 있는 상태에 있으므로 원칙적으로 보전의 필요성이 없다(대법원 2005. 5. 26. 선고 2005다7672 판결). 다만, 집행할 채권이 기한부·조건부 채권이거나 청구이의의 소가 제기되어 집행정지된 경우 등과 같이 집행권원을 바로 집행할 수 없는 상태에 있는 때에는 보전의 필요성이 인정될 여지가 있다.[16]

나) 보전처분에 의하여 제거되어야 할 상태가 채권자에 의하여 오랫동안 방임되어 온 때

채권자가 본안소송에서 승소판결을 받아 확정된 후, 채무자가 그 본안판결에 대하여 재심의 소를 제기하였으나 재심의 소를 각하한 판결이 확정되고도 5개월이 지나도록 채권자가 본 집행에 착수하지 않고 있었다면 보전의 필요성이 소멸되었다고 볼 것이다(대법원 1990. 11. 23. 선고 90다카25246 판결).

가처분채권자가 본안소송에서 승소판결을 받은 그 집행채권이 정지조건부인 경우라 할지라도 그 조건이 집행채권자의 의사에 따라 즉시 이행할 수 있는 의무의 이행인 경우 정당한 이유 없이 그 의무의 이행을 게을리하고 집행에 착

16) 김광년·최종백, 전게서, 122－123.

수하지 않고 있다면 보전의 필요성은 소멸되었다고 보아야 한다(대법원 2000. 11. 14. 선고 2000다40773 판결). 채권자가 채무자들의 업종제한약정 위반을 알고도 그러한 상태를 장기간 아무런 조치를 취하지 아니한 채 방치하고 있었다면 보전의 필요성이 인정되기 어렵다(대법원 2005. 8. 19.자 2003마482 결정).

다) 채권자가 스스로 보전처분을 필요로 하는 긴급 상태를 초래한 때

예컨대 임차인이 임차권등기를 스스로 말소하고 별다른 이유 없이 임차한 부동산에 대하여 가압류를 신청하는 경우에는 특별한 사정이 없는 한 보전의 필요성이 인정되기 어렵다.[17]

라) 기타

가처분채권자가 신청 당시에 실체법상의 권리를 가지고 있다 하더라도 그 권리가 가까운 장래에 소멸하여 본안소송에서 패소판결을 받으리라는 점이 현재에 있어 충분히 예상되는 경우에는 보전의 필요성이 없다고 보는 것이 상당하고, 더구나 특허권침해의 금지라는 부작위의무를 부담시키는 이른바 만족적 가처분일 경우에 있어서는 보전의 필요성 유무를 더욱 신중하게 결정하여야 할 것이다. 만일 가처분신청 당시 채무자가 특허청에 별도로 제기한 심판절차에 의하여 그 특허권이 무효라고 하는 취지의 심결이 있은 경우나, 무효심판이 청구되고 그 청구의 이유나 증거관계로부터 장래 그 특허가 무효로 될 개연성이 높다고 인정되는 등의 특별한 사정이 있는 경우에는 당사자간의 형평을 고려하여 보전의 필요성을 결한 것으로 보는 것이 합리적이라 할 것이다(대법원 1993. 2. 12. 선고 92다40563 판결, 대법원 2003. 11. 28. 선고 2003다30265 판결, 대법원 2006. 11. 23. 선고 2006다29983 판결, 대법원 2007. 6. 4.자 2006마907 결정 등).

경업금지약정위반을 이유로 영업정지가처분신청을 한 후 약정손해금을 청구하는 본안소송에서는 영업금지를 함께 청구하지 아니하였다면, 채권자로서는 약정손해금을 지급받을 경우 더 이상의 영업금지를 청구하지 않겠다는 의사인 것으로 볼 수 있으므로 위 가처분신청에는 민사집행법 제300조 제2항에 정한 긴급한 보전의 필요성이 인정되기 어렵다(대법원 2005. 4. 7.자 2003마473 결정).

연예활동에 관한 전속계약이나 전속강의계약은 그 성질상 계약당사자 상

---

17) 김광년 · 최종백, 전게서, 124.

호간에 고도의 신뢰관계를 전제로 한 것으로서 일단 그 신뢰관계가 깨어진 경우에는 전속관계를 지속할 것을 강제하는 것은 부절적하고, 전속계약을 위반한 채무자의 활동을 금지한다고 하여 그 계약의 이행이라는 본래의 목적을 달성할 수 있는 것도 아니며, 전속계약위반으로 인하여 채권자가 입는 손해는 결국 채무자의 연예활동이나 강의에 따라 분배받을 수익금을 상실하는 것으로서 금전에 의한 손해전보가 가능한 반면, 채무자가 연예활동이나 강의를 전면적으로 금지당함으로써 입는 손실은 금전으로 환산하기 쉽지 않은 점 등을 고려해 보면, 채권자가 채무자의 계약위반 및 그로 인한 손해를 주장·입증하여 손해배상 등의 구제를 받는 것은 별론으로 하고, 채무자를 상대로 출연, 강의 등 활동의 금지를 발령할 보전의 필요성을 인정하기 어려운 경우도 있다.[18]

동일한 사정에 기하여 동일 내용의 가처분을 신청하는 때에는 기판력의 문제를 떠나서라도 보전의 필요성이 인정되기 어렵다.[19]

18) 사법연수원, 전게서, 73-74.
19) 유재복, 전게서, 503.

제2장

도시정비사업 관련 가처분의 기본 법리

1. 당사자적격과 피보전권리

가. 채권자적격

(1) 민법상 법인 등 단체의 구성원이 아닌 자는 일반적으로 그 단체의 결의무효 등을 청구할 당사자적격이 없다(대법원 2003. 1. 10. 선고 2001다1171 판결 등). 따라서 채권자가 조합원이 아니라 조합과 체결한 용역계약의 당사자에 불과하고, 달리 채권자가 조합의 구성원이었다가 조합 총회 결의로 인하여 구성원의 자격을 상실하게 되었다는 등의 특별한 사정이 없는 한, 위 채권자의 총회결의 효력정지 신청은 채권자적격이 없다고 보아야 한다(서울북부지방법원 2019. 5. 17.자 2019카합20144 결정, 부산고등법원 2020. 10. 30.자 2020라5160 결정).

(2) 시공자가 도급계약의 해지 또는 해제를 결의하기 위한 조합총회의 개최금지나 해당 결의의 효력정지를 구할 수 있는가. 아래와 같은 이유로 부정하여야 할 것이고, 시공자로서는 조합이 위 결의에 터잡아 도급계약을 해지 또는 해제할 경우 그 해지 또는 해제의 효력을 다투어야 할 것이다.

[부산지방법원 2021. 6. 25.자 2021카합10366 결정[1]]

1) 확인의 소는 반드시 당사자 간의 법률관계에 한하지 아니하고, 당사자의 일방과 제3자 사이 또는 제3자 상호간의 법률관계도 그 대상이 될 수 있지만, 자기의 권리 또는 법률상의 지위가 타인으로부터 부인 당하거나 또는 그와 저촉되는 주장을 당함으로써 위협을 받거나 방해를 받는 경우에 그 법률관계의 확인이 확인의 이익이 있기 위하여는 그 타인을 상대로 자기의 권리 또는 법률관계의 확인을 구하여야 하고, 자기의 권리 또는 법률상의 지위를 부인하는 상대방이 자기 주장과는 양립할 수 없는 제3자에 대한 권리 또는 법률관계를 주장한다고 하여 상대방 주장의 그 제3자에 대한 권리 또는 법률관계가 부존재 또는 무효라는 것만의 확인을 구하는 것은, 설령 그 확인의 소에서 승소판결을 받는다고 하더라도 그 판결로 인하여 상대방에 대한 관계에서 자기의 권리가 확정되는 것도 아니고 그 판결의 효력이 제3자에게 미치는 것도 아니어서, 그와 같은 부존재 또는 무효확인의 소는 자기의 권리 또는 법률적 지위에 현존하는 불안 위험을 해소시키기 위한 유효 적절한 수단이 될 수 없으므로 확인의 이익이 없다[2](대법원 2004. 5. 27. 선고 2002다46829, 46836 판결 등 참조).

2) 살피건대, 위에서 본 바와 같이 채권자 시공사들은 채무자 조합과 주택재개발정비사업에 관하여 이 사건 가계약을 체결한 당사자에 불과하므로, 채무자 조합이 설령 이 사건 안건을 결의하더라도 이는 채무자 조합 내부의 의사결정에 불과하여 이로써 채권자 시공사들의 권리·의무나 법적 지위에 직접적인 변동이 발생한다고 볼 수 없다. 채권자 시공사들로서는 채무자 조합이 이 사건 정기총회에서의 결의를 바탕으로 채권자 시공사들에게 이 사건 가계약에 대한 해지의 의사표시를 하는 경우, 그 해지의 적법 여부를 다툼으로써 법적 불안을 해소할 수 있다고 할 것이므로, 이러한 의사표시가 없는 상태에서 채무자 조합 내부의 법률관계를 다툼의 대상으로 삼아 즉시 임시의 지위를 확정할 필요가 있다고 보기 어렵다. 따라서 채권자 시공사들이 이 사건 정기총회 결의에 대한 무효확인을 구하는 것은 위 채권자들의 권리 또는 법률적 지위에 현존하는 불안 위험을 해소시키기 위한 유효 적절한 수단이라고 할 수 없으므로 이 사건 정기총회의 개최금지나 그 총회결의에 대한 효력정지를 구하는 이 사건 신청은 신청이익이 없어 부적법하다.

(3) 조합 스스로가 총회개최금지 가처분을 신청할 수 있는가. 이에 대하여는 견해가 대립되고 있다.

1) 서울동부지방법원 2015. 1. 21.자 2014카합10149 결정, 서울중앙지방법원 2022. 1. 27.자 2021카합21667 결정도 같은 취지이다.

2) 인용한 결정문의 밑줄 부분은 편의상 저자가 추가한 것이다. 이하 같다.

부정설은, 총회개최금지 가처분은 장차 개최 예정인 조합총회결의의 무효 또는 부존재 확인청구권을 피보전권리로 하고, 그 무효 등의 확인을 구하는 것을 본안소송으로 삼고 있으므로, 본안에서 상대방이 될 조합이 스스로 가처분의 채권자가 되어 총회를 소집한 자를 상대로 총회개최금지를 구하는 것은 당사자적격이 없는 자에 의한 신청으로서 부적법하다는 견해이다(부산지방법원 2016. 10. 19.자 2016카합10568 결정, 서울남부지방법원 2019. 3. 21.자 2019카합20080 결정, 인천지방법원 2019. 4. 26.자 2019카합76 결정, 서울남부지방법원 2020. 7. 24.자 2020카합20302 결정, 부산지방법원 동부지원 2021. 3. 17.자 2021카합100098 결정).

긍정설은, 단체의 총회를 소집할 권한이 없는 자가 총회를 소집 · 개최한 외관을 만드는 방식으로 단체의 적법한 총회 소집 · 개최를 방해하는 경우에는 단체에 대하여 손해배상의무를 부담하게 될 수 있으며, 단체가 이와 같은 손해의 발생을 막기 위하여 사실행위의 금지를 구하는 가처분을 신청하는 것이 가능하다고 할 것이므로, 조합이 장래 발생할 손해의 방지를 구할 권리를 피보전권리로 하여 방해행위의 금지를 구하는 방법으로 총회의 개최금지를 구할 수 있고, 또한 이행청구에 있어서는 상대방에게 청구권이 있다고 주장하는 자에게 당사자적격이 인정된다는 점을 고려하여, 조합에게 총회개최금지 가처분신청의 당사자적격이 인정된다는 견해이다(서울동부지방법원 2018. 1. 26.자 2018카합10040 결정, 서울동부지방법원 2020. 3. 6.자 2020카합10058 결정,[3] 서울서부지방법원 2020. 6. 4.자 2020카합50343 결정, 수원지방법원 안양지원 2023. 4. 7.자 2023카합10036 결정[4]).

하급심의 입장이 통일되지 않고 있으므로, 조합이 총회개최금지 가처분을 신청하고자 한다면, 안전하게 조합원과 함께 가처분을 신청하는 것이 바람직할 것이다.

---

3) 이 사건에서 법원은 '채권자 조합은 조합원인 채무자들이 위법하게 임시총회를 소집하여 채권자 조합의 의사결정권한 및 관련 업무를 방해한다는 이유로 채권자 조합의 업무수행권을 피보전권리로 하여 그 방해를 금지하는 가처분을 구할 수 있고, 채권자들은 총회결의 무효확인 청구권과 함께 채권자 조합의 업무수행권을 피보전권리로 추가하여 이 사건 가처분을 구하고 있다'는 이유로, 조합의 당사자(채권자)적격을 인정하였다.

4) 이 결정은 피보전권리로 '총회소집권한 부존재확인청구권'을 들고 있다.

나. 채무자적격

(1) 단체의 총회개최금지를 구하는 가처분은 특별한 사정이 없는 한 총회를 개최하려는 단체를 상대방으로 하여 신청하여야 하고, 설령 총회를 개최하려는 단체가 아니라 해당 단체의 대표자를 상대로 총회의 개최금지를 구하는 가처분을 제기하여 인용결정이 내려지더라도 그 결정의 효력이 위 단체에 미친다고 보기 어렵다.

따라서 특별한 사정이 없는 한 총회개최를 공고한 조합장이나 그 직무대행자를 상대로 하는 총회개최금지 가처분신청은 부적법하고, 조합설립추진위원회의 주민총회 개최금지를 구하면서 조합설립추진위원회의 대표자를 상대방으로 하는 것 역시 허용되지 않는다(서울중앙지방법원 2012. 7. 20.자 2012카합1754 결정, 서울북부지방법원 2019. 3. 15.자 2019카합20083 결정, 대전지방법원 2021. 1. 8.자 2021카합50008 결정).

같은 취지에서 가처분채권자들이 총회의 개최를 금지하여야 한다고 주장하고 있다면, 채권자들이 주장하는 법률상 지위와 정면으로 저촉되는 지위에 있는 자는 총회를 개최하는 채무자 조합이고, 조합장은 조합의 기관인 조합장으로서 총회 소집에 관여하는 것일 뿐 스스로 주체가 되어 총회의 소집절차를 진행하고 있다고 볼 수는 없으므로, 조합장 개인에 대한 신청은 당사자적격이 없는 자를 상대로 제기된 것으로서 부적법하다고 본 사례가 있다(의정부지방법원 2021. 2. 18.자 2021카합5059 결정).

(2) 다만, 총회의 적법한 소집권자는 소집권한 없는 자가 총회를 소집하려 하는 경우 업무방해금지권을 피보전권리로 하여 소집권한 없는 개인을 상대로 총회개최금지가처분을 신청할 수 있다고 할 것이다(부산지방법원 2021. 6. 24.자 2021카합10379 결정, 의정부지방법원 2021. 6. 24.자 2021카합5288 결정).

또한 총회 등을 소집·개최할 권한이 없는 자가 임의로 그 총회를 소집·개최하려고 하는 경우, 단체의 구성원은 그러한 권한 없는 자를 상대방(채무자)으로 하여 행위금지가처분의 일종으로서 총회 등의 개최금지를 구할 수도 있다고 할 것이다(서울중앙지방법원 2019. 6. 27.자 2019카합21017 결정).

다만 이 경우에도 해당 개인과 조합 양자를 채무자로 삼는 것이 안전할 것이다.

(3) 조합원이 총회를 소집한 발의자[5] 대표를 상대로 총회의 개최금지를 구하는 가처분신청사건에서 채권자들이 발의자 대표의 총회소집권한 부존재확인청구권 또는 총회소집권한 부존재를 이유로 하는 부작위청구권 등을 피보전권리로 하여 총회개최금지를 구하고 있다고 보이므로, 채권자들이 조합이 아닌 발의자 대표 개인을 상대로 가처분신청을 한 것이 부적법하다고 할 수 없다고 본 사례도 있다(서울북부지방법원 2018. 6. 12.자 2018카합20166 결정, 부산지방법원 2021. 9. 2.자 2021카합10506 결정).

(4) 조합임원 선임[6]결의의 하자를 이유로 하는 조합임원의 직무집행정지 가처분신청의 상대방은 누구인가.

임시의 지위를 정하기 위한 가처분은 그 주장 자체에 의하여 채권자와 저촉되는 지위에 있는 자를 채무자로 하여야 하므로, 단체의 임원 등의 선임결의의 하자를 이유로 한 직무집행정지 가처분신청의 채무자는 임원 등 개인이고 단체는 당사자적격을 갖지 못한다(대법원 1997. 7. 25. 선고 96다15916 판결, 서울중앙지방법원 2022. 11. 10.자 2022카합21313 결정).

다. 조합장의 해임 또는 직무집행정지와 적법한 대표권

(1) 법인 등의 대표자에게 적법한 대표권이 있는지 여부는 소송요건에 관한 것으로서 법원의 직권조사사항이므로, 법원으로서는 그 판단의 기초자료인 사실과 증거를 직권으로 탐지할 의무까지는 없다 하더라도, 이미 제출된 자료들에 의하여 그 대표권의 적법성에 의심이 갈만한 사정이 엿보인다면 상대방이 이를 구체적으로 지적하여 다투지 않더라도 이에 관하여 심리, 조사할 의무가 있다(대법원 1991. 10. 11. 선고 91다21039 판결).

민법상의 법인이나 법인이 아닌 사단 또는 재단의 대표자를 선출한 결의의 무효 또는 부존재 확인을 구하는 소송에서 그 단체를 대표할 자는 무효 또는 부존재 확인청구의 대상이 된 결의에 의해 선출된 대표자라 할 것이나(대법

5) 현행 도시정비법상으로는 "요구자"이나, 편의상 이 책에서는 특별한 사정이 없는 한 구법상 용어이자 관행적으로 사용되는 "발의자"라는 표현을 사용한다.

6) 도시정비법은 조합임원의 선임에 관하여 "선임"이라는 용어와 "선출"이라는 용어를 혼용하고 있다(제40조 제1항 제6호, 제41조 제3항 등).

원 1983. 3. 22. 선고 82다카1810 전원합의체 판결 참조), 그 대표자에 대해 직무집행정지 및 직무대행자선임 가처분이 된 경우에는 그 가처분에 특별한 정함이 없는 한 그 대표자는 그 본안소송에서 그 단체를 대표할 권한을 포함한 일체의 직무집행에서 배제되고 직무대행자로 선임된 자가 대표자의 직무를 대행하게 되므로, 그 본안소송에서 그 단체를 대표할 자도 직무집행을 정지당한 대표자가 아니라 대표자 직무대행자로 보아야 할 것이다(대법원 1995. 12. 12. 선고 95다31348 판결).

따라서 법원이 조합장의 직무집행을 정지하고, 직무대행자를 선임하는 결정을 하였다면, 위 법원 결정에 따라 조합장은 더는 조합의 적법한 대표자가 아니라고 할 것이므로, 위 조합장이 조합을 대표하여 제기한 가처분 신청은 적법한 대표권 없는 자에 의하여 제기된 것으로서 부적법하다(수원지방법원 평택지원 2021. 4. 28.자 2021카합1038 결정).

(2) 조합장이 해임된 경우 해임된 조합장을 대표자로 하여 가처분을 신청하는 것은 허용될 수 없을 것이므로(부산지방법원 2022. 8. 26.자 2022카합10462 결정), 이 때는 정관 규정 등에 따른 적법한 조합장 직무대행자를 대표자로 하여 가처분을 신청하여야 할 것이다.

만일 총회에서 조합임원 중 1명을 제외한 전원에 대하여 해임결의가 이루어졌다면, 해임되지 않은 임원이 조합장의 직무대행자로서 조합을 대표하는 것이므로, 해임된 조합임원이 위 해임결의의 효력정지가처분을 신청할 때 상대방인 채무자 조합의 대표자는 발의자 대표가 아니라 해임되지 않은 임원이 되어야 할 것이다.

[의정부지방법원 2021. 4. 5.자 2020카합5512 결정]

이 사건 <u>임시총회에서 채무자 보조참가인을 제외한 모든 임원들에 대한 해임결의가 이루어진 사실</u>, 채무자 조합 정관에서 조합장이 유고 등으로 직무를 수행할 수 없을 경우 이사 중 연장자 순으로 조합을 대표하는 것으로 정한 사실은 앞에서 본 바와 같은바, 이에 의하면, <u>유일하게 해임되지 않은 이사인 채무자 보조참가인이 조합장을 대표</u>하는 것으로 봄이 상당하다.

그런데 채권자들은 발의자 대표 F, G를 대표자로 표시하여 이 사건 신청을 제기하였고, 이 사건 신청서부본도 채무자 보조참가인이 아닌 위 발의자 대표들의 사무실

주소로 송달되었으며, 위 발의자 대표들이 선임한 소송대리인에 의하여 이 사건 신청사건이 수행되었음은 앞서 본 바와 같은바, 이 사건 신청서가 채무자에게 적법·유효하게 송달되었다고 볼 수 없음은 물론 위 발의자 대표가 채무자를 대표하여 한 소송행위나 채권자들이 위 발의자 대표에 대하여 한 소송행위는 모두 무효가 된다(대법원 2011. 7. 28. 선고 2009다86918 판결 참조). 따라서 이 사건 신청은 부적법하다.

라. 피보전권리

(1) 총회개최금지가처분은 특정한 조합총회결의의 무효 또는 부존재 확인 청구권을 피보전권리로 하므로, 개최될 예정인 총회를 특정하지 않은 채 총회 개최를 일반적으로 금지하는 가처분은 허용되지 않는다.

또한 총회에서 여러 안건에 대한 결의가 성립된 경우 결의된 안건마다 독립된 총회결의로서의 가치를 가지므로, 총회의 개최 절차 등에 하자가 있어 그 총회에서의 결의가 모두 무효 또는 부존재 대상이 되는 것이 아니라, 총회에서 결의된 여러 안건 중 특정의 안건에만 하자가 있는 것이라면 총회개최 자체를 금지하기보다는 당해 안건의 상정만 금지하는 것이 타당하다.[7)]

(2) 조합 임원이 조합업무에 관하여 위법행위 및 정관위배행위 등을 하였다는 이유로 그 해임을 청구하는 소송은 형성의 소에 해당함에도 이를 제기할 수 있는 법적 근거가 없으므로, 이러한 해임청구권을 피보전권리로 하는 직무집행정지 및 직무집행대행자 선임의 가처분은 허용되지 않는다(대법원 2001. 1. 16. 선고 2000다45020 판결 등).

따라서 조합원이 조합장을 상대로 해임청구권을 피보전권리로 하여 직무집행정지를 구하는 가처분은 부적법하다(청주지방법원 2020. 1. 29.자 2019카합116 결정).

7) 사법연수원, 전게서, 496-497.

2. 소명의 정도

(1) 총회 결의의 하자를 이유로 총회 결의의 효력을 다투는 당사자는 본안소송에 의하여 이를 다투는 것이 가능함은 물론 가처분으로 그 결의의 효력정지를 구할 수도 있는 등 사후적인 권리구제방법이 마련되어 있다. 반면 총회 개최 자체를 금지하는 가처분을 발령하면 총회의 개최 주체는 그 가처분결정에 관하여 다투어 볼 기회를 사실상 박탈당할 우려가 있다.

따라서 총회 개최 자체를 금지하는 가처분을 발령하기 위해서는 그 절차의 위법성이 명백하고 총회 개최로 또 다른 법률적 분쟁이 초래될 염려가 있는 등 그 피보전권리 및 보전의 필요성에 관한 고도의 소명이 필요하다(서울서부지방법원 2019. 4. 11.자 2019카합50194 결정, 서울북부지방법원 2019. 6. 21.자 2019카합20179 결정, 대전지방법원 2020. 7. 17.자 2020카합68 결정, 서울중앙지방법원 2020. 12. 18.자 2020카합22297 결정, 의정부지방법원 고양지원 2021. 1. 6.자 2020카합5647 결정, 서울북부지방법원 2021. 4. 30.자 2021카합20111 결정, 서울서부지방법원 2022. 8. 25.자 2022카합69 결정 등).

참고로 조합임원 선임을 위한 총회의 개최금지가처분을 보전의 필요성에 대한 고도의 소명이 부족하다고 보아 기각한 사례를 소개한다.

[서울서부지방법원 2022. 7. 28.자 2022카합50377 결정]

채무자의 조합원들은 올해 10월 재건축된 아파트에 입주할 예정이었으나, 공사비 부족으로 인하여 8월중 관리처분계획 변경이 이루어져야 예정대로 입주가 가능한 상황에 직면하게 되었다. 이러한 급박한 상황에서도 채무자의 대다수 조합원들은 채권자들을 해임하고 새롭게 임원을 선임하여 남은 사업을 마무리하기를 원하고 있다. 이 사건 가처분신청이 인용될 경우 위와 같은 사업일정에 심각한 차질을 초래하여 채무자 조합원들이 현저한 손해를 입게 된다. 이러한 채무자 측의 손해는 이 사건 가처분신청이 기각될 경우 채권자들이 임원의 지위를 회복할 방법을 사실상 상실하게 됨으로써 입게 되는 손해보다 훨씬 크다고 볼 수 있다. 피보전권리가 소명되지 않는 이유를 보면 채권자들이 본안소송에서 승소할 가능성도 그리 높지 않아 보인다. 이와 같은 사정을 종합하면 보전의 필요성도 인정하기 어렵다.

(2) 직무집행정지가처분도 만족적 가처분의 일종으로서 이와 같은 가처분이 발령되려면 피보전권리에 관한 고도의 소명이 필요할 뿐만 아니라, 본안판결을 기다리게 되면 채권자에게 회복하기 어려운 손해가 발생할 위험이 있다거나 채권자에게 가혹한 부담을 지우는 결과에 이르게 된다는 사정이 존재하는 등 보전의 필요성에 대하여도 고도의 소명이 있어야 한다(서울고등법원 2019. 1. 10.자 2018라21145 결정, 의정부지방법원 2020. 1. 6.자 2019카합5436 결정).

3. 가처분결정에 위반하여 개최된 총회결의의 효력

총회개최금지가처분 결정이 있었음에도 총회가 이에 반하여 개최되어 결의가 이루어진 경우 그 결의가 당연 무효인지가 다투어진다. 학설은 대립하나 일반적으로 가처분결정에 위반하여 총회가 개최되었다는 사정만에 의하여 당연히 그 총회결의의 효력이 부인되는 것은 아니고, 당해 총회결의의 무효 등의 확인을 구하는 본안소송에서 피보전권리가 존재하는지 여부에 따라 그 총회결의의 유·무효가 결정된다고 보고 있다.[8][9]

유사한 취지에서 대법원은 의결권행사금지가처분과 동일한 효력이 있는 강제조정 결정에 위반하는 의결권행사로 주주총회 결의에 가결정족수 미달의 하자 여부가 문제된 사안에서, 가처분의 본안소송에서 그 가처분이 실질적으로 무효임이 밝혀진 이상 위 강제조정 결정에 위반하는 의결권 행사는 결국 가처분의 피보전권리를 침해한 것이 아니어서 유효하다고 보았다(대법원 2010. 1. 28. 선고 2009다3920 판결).

이러한 이유로 총회개최금지를 명하면서 만일 결의가 이루어지면 해당 결의의 효력을 정지하는 취지의 결정을 한 사례가 있다(수원지방법원 안산지원 2018. 4. 5.자 2018카합50023 결정).

8) 사법연수원, 전게서, 499－500.
9) 개최금지가처분결정 후 강행된 총회에서의 결의 등이 무효라는 입장은 이승영 외 6인, 전게서, 96 참조.

4. 보조참가

(1) 특정 소송사건에서 당사자 일방을 보조하기 위하여 보조참가를 하려면 당해 소송의 결과에 대하여 이해관계가 있어야 하고, 여기서 말하는 이해관계는 사실상·경제상 또는 감정상의 이해관계가 아니라 법률상의 이해관계를 말하는 것으로, 이러한 이해관계가 있다는 것은 당해 소송의 판결의 기판력이나 집행력을 당연히 받는 경우 또는 당해 소송의 판결의 효력이 직접 미치지는 아니한다고 하더라도 적어도 그 판결을 전제로 하여 보조참가를 하려는 자의 법률상의 지위가 결정되는 관계에 있는 경우를 의미한다(대법원 2017. 2. 17.자 2016마993 결정 등).

(2) 조합이 시공자와의 합의안을 추인하는 총회를 개최함에 있어 조합원들이 총회의 개최금지가처분을 신청한 경우, 시공자가 위 가처분에 보조참가를 할 수 있는가.

조합원들이 총회에서 위 합의안을 추인하는지 여부와 시공자가 자신이 제시하고 합의한 조건으로 재건축사업 공사를 하는지 여부는 사실상, 경제상 이해관계에 불과하고, 가처분신청의 결과와 시공자의 법률상 지위가 논리적으로 의존관계에 있다고 보기 어렵다는 이유로 시공자의 보조참가가 부적법하다고 본 사례가 있다(서울동부지방법원 2022. 10. 14.자 2022카합10231 결정).

(3) 조합이 시공자를 상대로 제기한 인도단행가처분 사건에 일반 수분양자가 보조참가를 할 수 있는가. 시공자의 행위가 수분양자의 소유권이전등기청구권 등의 행사에 영향을 미치고 있다면 허용하여야 할 것이다.

> [서울남부지방법원 2023. 3. 17.자 2023카합20093 결정]
> 채권자보조참가인은 이 사건 공동주택에 관한 청약에 당첨되어 2020. 9. 21. 채권자와 사이에 이 사건 공동주택 E호에 관하여 공급계약을 체결한 후 계약금과 중도금을 납입한 일반분양자로서 2023. 3. 4. 입주를 앞두고 있었던 사실은 앞서 본 바와 같으므로, 이 사건 가처분 결과에 따라 위 공급계약에 기초하여 채권자에 대하여 행사할 수 있는 소유권이전등기청구권 및 인도청구권의 행사 등에 영향을 받게 되므로, 법률상의 이해관계가 있다고 봄이 상당하다. 따라서 채권자보조참가인의 보조참가신청은 적법하므로 이를 허가하기로 한다.

5. 개최금지가처분에 대한 이의신청의 법률상 이익

보전처분을 대상으로 한 이의신청은 보전처분의 취소나 변경을 구할 이익이 있는 경우에 한하여 허용되는 것이므로, 특정 일시에 열리는 대의원회에 대한 개최금지가처분결정은 대의원회의의 예정된 개최기일이 경과하면 그 가처분결정의 목적을 달성하게 된다. 이러한 경우 가처분채무자는 가처분결정에 대한 이의신청으로 그 가처분결정의 취소를 구할 이익이 없다고 봄이 상당하다.

예를 들어 대의원회의 개최금지 가처분결정이 법원에 의하여 적법하게 발령되어 그 가처분 대상인 대의원회의 개최일시 이전에 채무자들에게 집행되어 효력이 생긴 후 그 개최 일시가 경과되면서 이미 그 목적이 달성되었다고 할 것이고, 위 가처분결정을 취소한다 하더라도 이는 장래를 향하여 취소의 효과가 생길 뿐 기왕에 소급하여 보전처분이 없었던 것과 같은 상태로 회복되는 것도 아니며, 위 가처분결정의 존재로 인해 채무자들이 향후 대의원회의를 개최함에 있어서 사실상 제약받는 부분이 있다 하더라도 이는 채무자들의 사실상의 이해관계에 불과하고, 위 가처분결정으로 인하여 채무자들이 대의원회의 개최일시 후에 다시 대의원회를 개최하는데 직접적으로 영향을 주어 그 개최가 법률상으로 불가능하다고 보이지는 아니하므로, 위 가처분결정에 대한 채무자들의 이의신청은 이미 가처분의 목적이 달성된 후에 제기된 것이어서 이를 구할 이익이 없어 부적법하다(창원지방법원 2018. 1. 16.자 2017카합10340 결정).

6. 신청 인락 가능 여부

총회개최금지가처분 신청사건에서 채무자인 조합의 대표자가 인락하는 것이 가능한가.

청구(신청)의 인낙은 당사자가 처분할 수 있는 권리를 대상으로 하고, 법원의 결정을 통해 장차 형성될 법률관계를 대상으로 할 수 없는 점, 임시의 지위를 정하는 가처분은 가처분신청 범위 내에서 신청의 목적을 달성할 수 있기 위해 필요하다고 인정되는 범위 안에서 피보전권리의 성격·내용과 가처분사유의 내용 등 제반사정을 고려하여 법원이 정하는 것인 점 등을 고려하면, 이러한 인낙은 채무자 조합이 처분할 수 없는 법률관계에 대한 것으로서 효력이 없다고 볼 것이다(대전지방법원 2021. 1. 8.자 2021카합50008 결정).

해임총회결의의 효력정지 사건도 마찬가지로 보아야 할 것인데, 해임총회결의 효력정지의 경우 신청의 인락이 허용되지 않고, 설령 허용된다고 보더라도 총회결의가 필요하다고 본 사례가 있다.

[서울고등법원 2018. 6. 29.자 2018라20386 결정]

가. 채무자의 대표자(조합장) 직무대행자인 이사 C는 채무자의 대표자로서 이 사건 신청을 모두 인낙한다는 취지의 청구인낙서를 작성하여 2018. 4. 2. 이 법원에 제출하였다.

나. 청구의 인낙은 당사자가 처분할 수 있는 권리를 대상으로 하고, 법원의 결정을 통해 장차 형성될 법률관계를 대상으로 할 수 없는 점, 이 사건 신청취지와 같은 임시의 지위를 정하는 가처분은 가처분신청 범위 내에서 신청의 목적을 달성할 수 있기 위해 필요하다고 인정되는 범위 안에서 피보전권리의 성격·내용과 가처분사유의 내용 등 제반사정을 고려하여 법원이 정하는 것이고, 이 사건 신청은 법원의 결정을 통해 채권자를 조합장에서 해임한 총회결의의 효력을 정지시켜 채권자를 조합장의 지위에 있도록 하는 법률관계의 형성을 목적으로 하는 점을 고려하면, C의 위 인낙은 채무자가 처분할 수 없는 법률관계에 대한 것으로서 효력이 없다.

다. 더욱이 이 사건 신청에 관하여 채무자의 인낙이 가능하다고 가정하더라도, 아래와 같은 이유로도 C의 위 인낙은 효력이 없다.

① 도시 및 주거환경정비법(이하 '도시정비법'이라 한다) 제45조 제1항 제7호 및 채무자의 정관 제21조 제8호에서는 '조합 임원의 선임 및 해임'을 채무자의 총회의결을 거쳐야 하는 사항으로 정하고 있다.

② 이 사건 신청은 채권자를 조합장에서 해임한 결의의 효력을 정지함으로써 채권자를 조합장의 지위에 있도록 유지하는 것을 목적으로 한다. 이러한 신청을 인낙하는 행위는 조합원들이 총회의 결의로써 해임한 채권자를 임시적으로나마 조합장으로 복귀시키는 결과를 가져오므로, 조합 임원의 선임 및 해임에 관한 사항에 해당한다고 볼 수 있다. 따라서 C가 이 사건 신청을 인낙하기 위해서는 특별한 사정이 없는 한 채무자의 총회 결의가 있어야 하는데 위 인낙서 제출에 대한 채무자의 적법한 총회 결의가 있었다고 인정할 소명자료가 없고, 달리 총회 결의 없이도 C가 위 인낙행위를 할 수 있다고 볼 근거가 없다.

7. 전속관할

행정주체인 정비사업조합을 상대로 관리처분계획안에 대한 조합 총회결의의 효력 등을 다투는 소송은 행정처분에 이르는 절차적 요건의 존부나 효력 유무에 관한 소송으로서 그 결과에 따라 행정처분의 위법 여부에 직접 영향을 미치는 공법상 법률관계에 관한 것이므로, 행정소송법상의 당사자소송에 해당하고(대법원 2009. 9. 17. 선고 2007다2428 전원합의체 판결), 행정소송법상 당사자소송은 행정법원에 전속관할이 있으며(행정소송법 제40조, 제9조 참조), 행정소송법상 당사자소송을 본안으로 하는 가처분 신청사건도 행정법원의 전속관할에 속한다.

이를 근거로, 관리처분계획안에 대한 총회 결의의 적법 여부를 다투면서 그 효력의 정지를 구하거나, 관리처분계획변경을 위한 총회 결의가 위법함을 이유로 그 개최 전에 미리 결의의 금지를 구하는 가처분은 전속관할에 위반하여 부적법하다고 본 사례들이 있다(서울동부지방법원 2015. 10. 8.자 2015카합10235 결정, 서울고등법원 2018. 9. 27.자 2018라20651 결정). 다만, 이러한 결정례들이 실무상 주류적인 입장인지는 의문이다.

제3장

조합임원의 선임, 해임 등 관련 가처분의 주요 쟁점

1. 조합임원의 자격

가. 조합임원의 자격요건, 결격사유 및 당연 퇴임사유

조합임원은 조합장 1명과 이사, 감사를 가리키는데, 조합임원의 **자격요건**은 다음 각 호와 같다(도시정비법 제41조 제1항 제1문).

1. 정비구역에서 거주하고 있는 자로서 선임일 직전 3년 동안 정비구역 내 거주 기간이 1년 이상일 것
2. 정비구역에 위치한 건축물 또는 토지(재건축사업의 경우에는 건축물과 그 부속토지를 말한다)를 5년 이상 소유하고 있을 것

다만, 조합장은 선임일부터 관리처분계획인가를 받을 때까지는 해당 정비구역에서 거주(영업을 하는 자의 경우 영업을 말한다. 이하 본장에서 같다)하여야 한다(도시정비법 제41조 제1항 제2문).

조합임원의 **결격사유**는 다음 각 호와 같다(도시정비법 제43조 제1항).

1. 미성년자 · 피성년후견인 또는 피한정후견인
2. 파산선고를 받고 복권되지 아니한 자
3. 금고 이상의 실형을 선고받고 그 집행이 종료(종료된 것으로 보는 경우 포함)되거나 집행이 면제된 날부터 2년이 지나지 아니한 자

4. 금고 이상의 형의 집행유예를 받고 그 유예기간 중에 있는 자
5. 도시정비법을 위반하여 벌금 100만 원 이상의 형을 선고받고 10년이 지나지 아니한 자

조합임원의 **당연 퇴임사유**는 다음 각 호와 같으며(도시정비법 제43조 제2항), 다만 당연 퇴임된 임원이 퇴임 전에 관여한 행위는 그 효력을 잃지 아니한다(도시정비법 제43조 제3항).

1. 위 결격사유의 어느 하나에 해당하게 되거나 선임 당시 그에 해당하는 자이었음이 밝혀진 경우
2. 조합임원이 위 조합임원 자격요건을 갖추지 못한 경우

한편, 조합 정관에서 조합임원을 총회에서 조합원 중에서 선출하는 것으로 규정하고 있더라도, 그 조합원이 법인인 경우에는 그 법인의 대표자가 조합임원의 피선출권을 갖는다(대법원 2001. 1. 16. 선고 2000다45020 판결).

나. 기본 법리

(1) 피선거권은 단체의 민주적 정당성을 확보하기 위한 기본적 권리로서 가능한 보장되어야 하므로, 피선거권을 제한하는 조항은 엄격하게 해석하여야 할 것이다. 따라서 조합 정관에 규정되지 않은 사유(예를 들어 "도시정비법 또는 관련 법률에 의한 징계에 의하여 면직의 처분을 받은 날로부터 2년이 경과되지 아니한 자", "조합임원 지위에서 해임된 자")를 들어 조합임원 입후보자격을 제한하는 것은 허용될 수 없다고 할 것이다(창원지방법원 2018. 2. 9.자 2018카합10036 결정).

(2) 조합임원의 자격을 '피선출일 현재 사업시행구역 안에서 3년 이상 실제 거주하고 있는 자'로 제한하고, 대의원의 자격을 '피선출일 현재 사업시행구역 안에서 1년 이상 소유하는 자'로 제한하는 정관 규정이 조합원의 조합임원 및 대의원 피선출권을 부당하게 침해하여 무효라고 볼 수 있는가.

법원은 이러한 제한이 조합임원 및 대의원 자격을 과도하게 제한하여 조합원의 임원 및 대의원 피선출권을 지나치게 제한한다고 보기는 어렵다고 보았다.

[서울서부지방법원 2019. 2. 15.자 2019카합50073 결정]
조합임원 및 대의원 선출은 재개발사업의 방향 결정 및 조합원의 권리 보호에 있어 매우 중요한 사항이므로, 현재 사업구역 내에 거주하는 조합원들의 의사를 충실히 대표할 수 있는 자만이 임원으로 선임될 수 있도록 조합원들의 합의를 거친 규약을 통하여 합리적인 범위 내에서 그 자격을 제한할 수 있다.
재개발사업이 지역주민들을 위한 주거환경 개선사업이 되기 위해서는 해당 지역에서 일정 기간 거주하거나 토지 또는 건축물을 일정 기간 소유하여 지역사정과 토지 등 소유자들의 입장을 충분히 이해하고 있는 조합원에게만 임원 또는 대의원자격을 부여할 필요성이 인정된다.
서울특별시 표준선거관리규정도 위와 같은 점을 고려하여 임원 및 대의원이 될 수 있는 자를 '조합설립인가일 현재 사업시행구역 안에서 1년 이상 거주하고 있는 자'로 제한하고 있다. 이 사건 각 규정 중 대의원자격 요건의 경우, '피선출일'을 기준으로 하여 1년의 '소유기간'을 요구한다는 점에서 '조합설립인가일'을 기준으로 1년의 '거주기간'을 요구하는 표준선거관리규정보다 완화된 기준이다. 한편 이 사건 각 규정 중 임원자격 요건의 경우, 이 사건 각 규정이 3년의 거주기간을 요구한다는 측면에서 1년의 거주기간만을 요구하는 표준선거관리규정보다 엄격하게 피선출권을 제한한다고 볼 여지가 있기는 하나, 표준선거관리규정은 '조합설립인가일'을 거주기간 산정의 기준으로 삼고 있어 조합설립 이후에 조합원이 된 자는 임원 및 대의원자격 취득이 불가능하게 되는 반면에, 이 사건 각 규정은 그 기준일을 '피선출일'로 규정하고 있어 이러한 측면에서는 표준선거관리규정보다 오히려 임원 자격요건을 완화하였다고 볼 여지가 있다. 또한, 이 사건 각 규정에서 임원이 되려는 자는 거주기간 요건을 충족하지 못하더라도 '5년 이상 소유' 요건에 의하여 임원 자격을 취득할 수도 있으므로, 이러한 측면에서도 이 사건 각 규정이 표준선거관리규정보다 엄격하게 임원자격을 제한한다거나, 조합원들의 피선출권을 지나치게 제한한다고 단정하기 어렵다.

참고로 간접사실로 조합임원의 실거주 사실을 부정한 사례가 있어 소개한다.

[서울남부지방법원 2022. 7. 13.자 2022카합20212 결정]
1) 기록과 심문 전체의 취지를 종합하여 인정되는 다음과 같은 사실과 사정들을 종합하면, 채무자는 2021. 5.경부터 2022. 2.경까지 이 사건 주택에서 거주하지 아니하였다고 봄이 타당하고, 이로써 채무자는 도시정비법 제43조 제2항 제2호, 제41조 제1항 후문에 따라 재건축조합의 조합장 당연 퇴임사유가 발생하였으므로, 채권자

> 들이 주장하는 피보전권리가 소명된다(그 외 채권자들의 도시정비법 제41조 제1항 전문 주장은 나아가 판단하지 아니한다).
> 가) 이 사건 주택의 2021. 5.부터 2022. 1.까지 전기 사용량은 모두 '0'으로 전혀 없고, 2021. 5. 29.부터 2022. 1. 28.까지 수도 사용량도 모두 '0'으로 전혀 없으며, 해당 기간에 가스요금을 납부한 내역도 없는바, 만일 채무자가 이 사건 주택에 거주하였다면 약 8개월의 기간 동안 여름과 겨울을 거치면서 전기, 수도, 가스를 사용하지 않고 거주하였다는 것인데, 경험칙상 이를 납득할 수 없다.
> 나) 채무자의 가족들은 이 사건 정비구역 외에 있는 K 아파트에서 거주하고 있고, 위 아파트는 이 사건 주택과 도보로 약 10분 거리에 위치하고 있으며, 채무자의 서면에 따르더라도 '이따금 가족이 거주하는 K아파트를 왕래하기로 하였습니다.'라고 진술하고 있다.
> 다) 채무자는 민법 제18조에서 수개의 주소를 가질 수 있다고 주장하나, 민법 제18조의 '주소'는 "국내에서 생계를 같이하는 가족 및 국내에 소재하는 자산의 유무 등 생활관계의 객관적 사실에 따라 판정"한다고 판시되고 있고(대법원 1997. 11. 14. 선고 96누2927 판결, 대법원 1990. 8. 14. 선고 89누8064 판결 등 참조), 소득세법 등 법률에서 '거주'를 '주소'와 별개의 개념으로 사용하고 있으며, 주민등록법에서도 '주소'와 '거주'를 구분하여 '30일 이상 거주할 목적으로 그 관할 구역에 주소'를 가진 사람에게 등록의무를 부과하는 한편 거주불명자를 조사하여 등록사항을 말소하는 규정을 두고 있으므로, 채무자의 전입신고 유지 등과 도시정비법 제41조 제1항 후문의 '거주'와는 구분되는 개념이다.
> 라) 채무자가 주장하는 휴대전화 사용위치가 이 사건 정비구역 내라는 점, 이 사건 주택에 누수가 있었다는 점, 채무자가 주로 사무실에서만 업무를 하였다고 주장하는 점 등은 앞서 인정한 사실과 사정들을 뒤집고 채무자가 이 사건 주택에서 거주하였다고 인정하기에는 부족하다.

(3) 공유자인 부부(C, E) 중 대표조합원인 1인(C)은 조합임원의 자격(소유기간 등)을 갖추지 못하나 그 배우자(E)는 조합임원의 자격을 갖춘 경우, 자격을 갖추지 못한 대표조합원 C에게 조합임원의 자격을 부여할 수 있는가. 이를 부인한 사례가 있다.

> **[광주지방법원 2020. 6. 30.자 2020카합50383 결정]**
> 채무자의 주장과 같이 부동산 '소유'의 개념을 해당 부동산에 실질적인 이해관계를 가지는 사람도 포함하는 것으로 해석하여 조합장 자격요건을 심사한다면 실제 소

유 여부에 따른 자격요건에 관한 분쟁으로 법적 안정성을 침해할 우려가 매우 크고, 이러한 문제점은 조합원의 의사를 더욱 충실히 대표할 수 있는 사람을 임원으로 선출하고자 하는 도시정비법 규정의 취지를 몰각할 우려가 있는 점, ② 조합장의 자격요건을 제한하는 도시정비법 규정은 조합원의 피선임권을 제한하게 되므로 가급적 피선임권을 보장하는 방향으로 해석되어야 하나, 그러한 경우에도 법 규정의 문의적 한계를 벗어날 수는 없는 점, ③ '소유'의 개념에 해당 부동산에 실질적인 이해관계를 가지는 사람을 포함하여 해석하지 않게 됨으로써 C가 조합장 자격요건을 충족하지 못하게 되는 결과가 발생하게 된다고 하더라도 그로 인하여 입게 되는 C의 손해보다 수익의 발생 가능성이 높은 주택재건축정비사업의 특성상 투기 등을 목적으로 조합원이 된 사람이 조합의 의사를 왜곡하는 것을 방지하고 조합원의 진정한 의사를 충실히 대표할 수 있는 사람이 조합임원으로 선출될 수 있도록 조합임원의 피선임권을 일부 제한할 필요성이 더 큰 점, ④ E가 조합장 자격요건을 충족하지 못하게 되는 결과는 그와 C의 자유로운 의사결정에 기초하여 C를 대표조합원으로 선임하였기 때문이고, 만일 E를 대표조합원으로 선임하였다면 E는 조합장 자격요건을 충족하게 되는 점 등에 비추어 보면, 도시정비법 제41조 제1항 제2호의 '소유' 요건은 등기부상 소유를 기준으로 판단함이 타당하므로, 채무자의 이 부분 주장도 받아들이기 어렵다.

다. 조합임원의 자격요건 변경

조합임원의 자격요건을 변경하는 내용의 정관 변경에는 관할관청의 인가가 필요한가. 이를 부정한 사례가 있다.

[광주고등법원 2020. 2. 26.자 2019라1074 결정]

기록에 의하여 인정되는 다음의 사정에 비추어 볼 때 조합임원의 자격요건을 변경한 2018. 2. 8.자 정관변경은 도시정비법 제40조 제3항에 따라 시장의 인가를 요하는 정관변경이 아니어서 위 정관변경은 유효하고, 이 사건 규약에 따라 채무자 D, E, F를 임원으로 선출한 결의도 유효하다. 채권자들의 이 부분 주장은 이유 없다.

① 도시정비법령이 '조합원의 권리 · 의무에 관한 사항'에 대한 정관 변경 시 관할관청의 인가라는 엄격한 절차를 거치도록 한 것은 조합원들의 이해관계에 중대한 영향을 미치는 사항이 실질적으로 변경된 경우 조합원들의 이익을 보호하려는 취지에서 규정된 것이다.

조합임원은 조합의 통상사무나 회계 등에 관한 업무만을 담당하는 반면, 대의원회는 도시정비사업의 의결기구인 총회의 권한을 대행할 수 있어(도시정비법 제25조 제4항) 도시정비사업 추진에 있어 대의원의 기능과 역할의 중요성이 크다. 대의원은 조합임원과 달리 도시정비법 시행령 제44조 제1항에 따라 조합원 중에서 선출하도록 하는 것도 이 때문이다.

도시정비법 제40조 제1항 제6호는 조합임원의 '선임방법'을, 동항 제7호는 대의원의 '선임방법'과 '선임절차'를 정관 기재사항으로 규정하고 있다. 그런데 구 도시정비법 시행령(2019. 6. 18. 대통령령 제29876호로 개정되기 전의 것, 이하 '구 도시정비법 시행령'이라 한다) 제39조 제3호는 조합임원 '선임방법'의 변경을 시장·군수 등의 인가를 요하지 않는 정관의 경미한 변경사항으로 규정하는 반면, 같은 조 제6호는 대의원의 '선임방법'이나 '선임절차'는 정관의 경미한 변경사항으로 규정하지 않고 대의원회의 '구성'만을 정관의 경미한 변경사항으로 규정하고 있을 뿐이다. 위와 같은 도시정비법령의 규정 체계에 비추어 볼 때 도시정비법령이 말하는 '선임방법'은 단순히 '구성'이나 '선임절차'에 해당하지 않는 다른 요소를 포함하고 있는 것으로 해석할 수 있다. 도시법령 규정에서 '자격요건'이라는 용어를 명시적으로 정의하고 있지는 않으나, '자격요건'은 선임을 위한 기준이나 요건으로서 도시정비법령에서 정하고 있는 '선임방법'에 포함된다고 보아야 한다.

② 주택재건축정비사업을 추진하는 조합의 조직 및 활동에 관한 사항 대부분은 개별조합원의 권리·의무에 영향을 미치게 되고, 그중에서도 특히 정관에 규정되는 사항은 그 영향이 중대한 것이라고 할 수 있다. 그런데도 도시정비법 시행령 제38조 제15호에서 '조합원의 권리·의무에 관한 사항'을 다른 사항과 별도로 조합정관에 정할 사항으로 규정한 취지에 비추어 보면, 여기서 '조합원의 권리·의무에 관한 사항'이란 조합원의 조합에 대한 일반적인 권리·의무에 관한 사항을 의미하고, 조합원으로서의 권리·의무에 다소 영향이 있더라도 이미 도시정비법령의 다른 조항에서 조합정관에 정할 사항으로 규정하고 있는 사항은 이에 포함되지 않는 것으로 해석함이 타당하다.

종전 정관의 임원 자격에 관한 제한규정은 조합원의 조합임원 피선출권에 관한 규정이므로 문리적으로는 '조합원의 권리·의무에 관한 사항'에 포함되는 것으로 볼 여지도 있지만, 이는 기본적으로 조합임원의 선임방법에 관한 사항(도시정비법 제40조 제1항 제6호)에 해당하므로 구 도시정비법 시행령 제38조 제15호에 정한 '조합원의 권리·의무에 관한 사항'에는 포함되지 않는 것으로 해석하여야 한다. 따라서 종전 정관 중 임원 자격에 관한 제한규정을 변경한 정관 개정은 '대통령령이 정하는 경미한 사항'에 대한 것으로서 관할관청의 인가를 받을 필요는 없다.

③ 종전 규약은 '조합원의 권한은 평등하며'(제9조 제2항), '조합원이 될 권리를 양수받은 자는 종전 조합원의 권리·의무 등을 포괄승계한다'(제8조 제6항)고 규정하고 있다. 이러한 규정에 비추어 보면 임원의 자격요건을 '조합창립총회일 현재로

사업시행구역 안의 아파트를 6개월 이상 거주한 조합원'으로 제한한 종전 정관 제9조 제1항 제3호의 규정은 창립총회에서 선출되는 임원에 한하여 적용되는 것으로 해석함이 체계적 해석원칙에 부합한다.
만약 이와 달리 위와 같은 자격요건을 갖추지 못한 '조합창립총회일 기준 사업시행구역 안의 아파트에서 6개월 이상 거주하지 못한 조합원'이나 '조합설립 이후에 종전 조합원의 권리·의무 등을 포괄승계한 조합원'의 경우 영구적으로 조합임원이 될 수 없다고 해석한다면 이는 같은 조 제2항에 규정한 '조합원 평등원칙'에 정면으로 반하게 되고, 이러한 자격요건을 갖추지 못한 조합원들의 임원 피선출권을 본질적으로 침해하거나 제한하는 결과를 가져오기 때문이다.

라. 조합임원의 자격상실

(1) 조합정관이 "임원으로 선임된 후 그 직무와 관련한 형사사건으로 기소될 경우에는 확정판결이 있을 때까지 이사회 의결에 따라 직무수행자격을 정지시킬 수 있으며, 그 사건으로 벌금 이상의 형의 선고를 받은 임원은 그 날부터 자격을 상실한다."라고 규정하고 있는 사안에서, 조합임원이 직무 관련 형사사건으로 벌금형을 선고받은 경우(미확정) 조합임원 자격을 당연 상실하는가.

벌금형이 확정된 경우에 한하여 조합임원 자격을 당연상실한다고 판단한 사례가 있다.

[부산지방법원 2021. 6. 30.자 2020카합10779 결정[1]]
그러나 이 사건 기록에 심문 전체의 취지를 더하여 인정할 수 있는 아래와 같은 사정에 비추어 볼 때, 채무자가 이 사건 규약 제19조 제4항에 따라 이 사건 추진위원회 위원장 자격을 당연상실하였다고 보기 어려우므로, 채무자가 위원장 자격을 상실하였음을 전제로 한 이 사건 피보전권리는 인정하기 어렵다.
1) 조합규약은 지역주택조합의 전체 조합원뿐만 아니라 조합의 기관, 즉 조합장, 이사, 이사회, 총회 등도 구속하는 근본규칙이자 자치법규이므로, 어디까지나 객관적인 기준에 따라 그 규범적인 의미 내용을 확정하는 법규해석의 방법으로 해석되어야 하고, 작성자의 주관이나 해석 당시 조합원의 다수결에 의한 방법 등으로 자의적으로 해석되어서는 안 된다(대법원 2020. 9. 7. 선고 2020다237100 판결 참조).
2) 이 사건 규약 제19조 제4항은 "임원으로 선임된 후 그 직무와 관련한 형사사건

1) 광주지방법원 2018. 7. 30.자 2018카합50277 결정도 같은 취지이다.

> 으로 기소될 경우에는 확정판결이 있을 때까지 이사회 의결에 따라 직무수행자격을 정지시킬 수 있으며, 그 사건으로 벌금 이상의 형의 선고를 받은 임원은 그 날부터 자격을 상실한다."라고 규정되어 있는데, 위 '벌금 이상의 형의 선고를 받은 임원'이라 함은 아래와 같은 이유로 벌금 이상의 형을 선고한 형사판결이 확정된 경우를 의미한다고 해석함이 타당하다.
>
> ① 위 규약 조항은 직무와 관련하여 범죄를 저지른 조합장으로 하여금 계속 직무를 수행하도록 할 수 없다는 판단에서 비롯된 제재로서 그를 직무에서 배제함과 아울러, 조합장 직무에 대한 조합원들의 신뢰와 직무 전념성을 확보하여 조합의 원활한 운영을 도모하기 위한 규정이다.
>
> ② 위 규정을 단지 직무와 관련하여 조합장이 벌금 이상의 형의 선고를 받기만 하면 형사판결이 확정되기도 전에 곧바로 임원 자격을 상실한다고 해석하는 것은 목적 달성에 필요한 범위를 넘는 과도한 침해 또는 제재에 해당할 뿐만 아니라 무죄추정의 원칙에 반하고, 조합임원의 결격사유에 관한 것으로서 형사판결이 확정된 것임을 전제로 하는 주택법 제13조 제1항 및 이 사건 규약 제19조 제1항 각호와의 균형에도 어긋난다.
>
> ③ 이 사건 규약 제19조 제4항 전단은 '임원으로 선임된 후 그 직무와 관련한 형사사건으로 기소될 경우에는 확정판결이 있을 때까지 이사회 의결에 따라 직무수행자격을 정지시킬 수 있다.'라고 규정하고 있어 유죄판결이 선고되더라도 해당 판결이 확정되기 전까지는 임원 자격이 유지됨을 전제로 하고 있다. 따라서 벌금 이상의 형의 선고만으로 임원 자격을 당연상실한다고 볼 경우에는 확정판결이 있을 때까지 임원 자격이 유지됨을 전제로 하는 위 전단 규정과 비교해 볼 때 형평에 맞지 않을 뿐만 아니라 이 사건 규약 규정의 체계에도 맞지 않는다.

이와 달리 "임원 및 대의원으로 선임된 사람이 그 직무와 관련한 형사사건으로 벌금 이상의 형을 **선고받은** 경우 그날부터 자격을 상실한다"는 문언대로 조합임원이 직무와 관련하여 벌금형을 선고받으면 설령 그 판결이 확정되지 않았더라도 임원자격을 상실한다고 판단한 사례도 있다(창원지방법원 2018. 2. 6.자 2017카합10376 결정).

(2) 공유자로서 대표조합원으로 지정된 조합원이 대표조합원 지위를 상실한 경우 조합임원으로 선임될 수 있는가. 도시개발법이 적용되는 도시개발사업에서 이를 부정한 사례가 있다.

[수원지방법원 2021. 11. 8.자 2021카합10425 결정]
이 사건 기록 및 심문 전체의 취지에 의하여 소명되는 다음과 같은 사정들을 종합하면, 채무자는 도시개발법 시행령이 정한 이사의 자격요건을 갖추지 못하여 이 사건 조합의 적법한 임원이라고 볼 수 없으므로, 채권자들에게 채무자를 상대로 그 직무집행정지를 위하여 주문 기재와 같은 가처분을 구할 피보전권리가 소명된다.
① 도시개발법 시행령 제33조 제2항의 규정은 임원의 신분에 대한 자격요건을 정한 것이고, 조합의 임원인 조합장은 조합을 대표하고 그 사무를 총괄하며, 이사는 조합 사무를 분장하고, 감사는 조합의 재산상태와 회계사항을 감사하는 바(도시개발법 시행령 제34조), 이러한 임원의 직무의 중요성과 그 대표성에 비추어 볼 때 임원의 자격요건은 임원 선임시 뿐만 아니라 재직시에도 계속 갖추고 있어야 할 것으로 보이므로, 임기 중 자격요건을 결여한 경우에는 그 임원의 지위를 상실한다고 할 것이다. 또한 채무자 정관 제13조, 제6조는 채무자의 임원은 조합원만이 자격이 있는 것으로 정하였는데, 위와 같이 도시개발법 시행령 제33조 제2항이 정한 자격요건을 상실한 것은 위 채무자 정관이 정한 임원의 자격요건으로서 조합원의 지위를 상실한 것과 동일한 효력을 가지는 것으로 보인다.
② 토지 공유자들이 대표공유자를 지정하는 것은 공유자 중 1인에게 의결권을 위임하는 일종의 위임계약이라 할 것이므로 대표공유자 지정철회는 그 대표공유자에 대하여 철회의 의사표시를 하고 이를 조합 또는 총회 주관자에게 보고하는 절차를 거쳐야 할 것인데, H는 대표공유자 지정철회서를 이 사건 조합에 제출하였고, 그 지정철회가 직접적으로 채무자에게 제출되지는 않았으나 채무자는 이 사건 이사회 이전에 이러한 지정철회 사실을 알고 H에게 위 지정철회서를 직접 작성한 것인지 확인한 사정 등에 비추어 보면, H의 대표공유자 지정철회는 적법하게 이루어진 것으로 보인다.
③ 토지 공유자의 대표공유자 지정 및 철회의 의사표시는 이 사건 조합의 조합원으로서 의결권을 행사하기 위한 법률행위로서 과거에 대표공유자 지정철회의 의사표시를 번복한 적이 있다는 사정만으로 다시 그 지정을 철회한 것이 권리남용에 해당한다고 볼 수 없고, 현재까지 제출된 자료만으로는 H의 채무자에 대한 대표공유자 지정철회가 부당한 목적에 기한 것이라고 보기 부족하며 달리 이를 소명할 자료가 없다.

마. 조합장에 대한 면직 징계와 해임된 조합장의 보궐선거 입후보 자격

조합이 조합총회에서 조합장에 대한 해임을 결의한 후 다시 이사회를 개최하여 해임된 조합장에 대하여 면직 징계를 결의하고, 조합장 보궐선거에서 해임된 조합장의 조합장 입후보를 금지한 사안에서, 법원은 아래와 같은 이유로 위 면직 징계는 무효이고, 해임된 조합장의 조합장 입후보 자격을 제한할 수 없다고 판단하였다.

[부산지방법원 동부지원 2021. 4. 1.자 2021카합100160 결정]

가) ① 도시정비법 제43조 제4항이 "조합임원은 조합원 10분의 1 이상의 요구로 소집된 총회에서 조합원 과반수의 출석과 출석 조합원 과반수의 동의를 얻어 해임할 수 있다."고 정하고 있고, 같은 법 제45조 제1항 제7호가 '조합임원의 선임 및 해임'을 총회의 의결사항으로 정하고 있는 점, ② 관계법령 및 채무자의 정관에 '조합임원의 해임'에 관한 총회의 권한을 이사회에 위임할 수 있다는 등의 규정이 없고, 그 성질상 이사회에 위임할 수도 없는 것으로 보이는 점, ③ '면직'은 임직원의 신분을 박탈하는 것으로서 '해임'과 유사한 효력이 있는데, 이사회의 결의로 조합장에 대한 면직 징계가 가능하게 되면 조합장의 해임을 총회 의결사항으로 정하고 있는 위 도시정비법 규정을 잠탈할 우려가 있는 점, ④ 조합 임직원의 '징계'와 관련된 규정은 엄격하게 해석하여야 하므로, 채무자가 면직의 근거로 삼고 있는 조합 업무규정 제28조를 이사회의 조합장에 대한 면직 징계 권한을 정한 것으로 보기는 어려운 점 등을 종합하여 보면, 채무자의 이사회는 채권자에 대하여 면직 징계를 할 권한이 없다고 할 것이다. 그렇다면 채무자의 이사회가 2021. 2. 6. 채권자에 대하여 한 면직 징계는 무효라고 할 것이고, 선거관리위원회가 그 면직 징계를 이유로 채권자를 이 사건 보궐선거의 후보자로 인정하지 않은 것은 채권자의 조합장 피선거권을 침해한 것으로서 이 사건 보궐선거의 절차상 중대한 하자로 보여진다. 따라서 채권자의 나머지 주장에 대하여 더 나아가 살필 필요 없이, 채권자가 채무자에 대하여 별지 기재 제8호 안건[2]에 대한 결의 금지를 구할 피보전권리가 있음이 소명되었다고 할 것이다.

나) 이에 대하여 채무자는 채권자 해임으로 인한 보궐선거에 채권자가 다시 입후보하는 것은 부당하다는 취지의 주장을 하므로 살피건대, 보궐선거를 실시하게 된 원인, 해임 결의에 찬성하였던 조합원들의 의사, 보궐선거로 선임되는 임원의 임기가 전임자의 잔여임기로 제한되는 점 등을 고려하면, 해임된 조합장이 다시 보궐선거에 입후보하는 것에는 부당한 측면도 있다고 보인다. 그러나 ① 관계법령 및 채무자 정관에 "해임된 조합장은 보궐선거에 입후보할 자격이 없다"는 명시적인 규정이 없는 점, ② 채무자 정관에는 조합장에 대한 해임사유가 따로 규정되어 있지 않은데, 이는 조합과 조합장의 관계가 민법상의 위임관계로서 특별한 해임사유가 존재하지 않더라도 조합 총회에서 정해진 절차에 따라 자유롭게 조합장에 대한 해

2) 조합장 보궐선임 안건이다.

임결의를 할 수 있기 때문이며, 따라서 조합장이 총회의 의결로 해임되었다는 사유만으로는 그 사람이 조합장 직무수행에 부적격이라고 단정하기도 어려운 점, ③ 해임된 조합장이 다시 입후보를 하더라도 조합원들의 신임을 얻지 못하면 다시 조합장으로 선임될 수 없는 점 등을 종합하여 보면, 채권자가 이 사건 보궐선거에 입후보한 것이 부당하다고 단정할 수는 없다.

2. 조합임원의 선임

가. 조합임원 선임절차의 하자에 관한 기본 법리

(1) 조합임원의 선임방법 등은 정관으로 정하며(법 제41조 제5항 본문), 조합은 총회 의결을 거쳐 조합임원의 선임에 관한 선거관리를 선거관리위원회법 제3조에 따라 선거관리위원회에 위탁할 수 있다(법 제41조 제3항).

조합임원 선임에 관한 선거관리 절차상에 일부 잘못이 있는 경우, 그 잘못으로 인하여 자유로운 판단에 의한 투표를 방해하여 자유와 공정을 현저히 침해하고 그로 인하여 선임결의의 결과에 영향을 미쳤다고 인정되는지 여부 등을 참작하여 선임결의의 무효 여부를 판단하여야 한다(대법원 2010. 7. 15. 선고 2009다100258 판결, 대법원 2012. 10. 25. 선고 2010다102533 판결 등).

여기에서 '선거의 결과에 영향을 미쳤다고 인정하는 때'라고 함은 선거에 관한 규정의 위반이 없었더라면 선거의 결과, 즉 후보자의 당락에 관하여 현실로 있었던 것과 다른 결과가 발생하였을지도 모른다고 인정되는 때를 말한다(대법원 2016. 8. 24. 선고 2015다241495 판결 등).

만일 조합이 적법한 선거관리위원회를 구성하지 아니한 채 무효인 정관에 기하여 입후보자의 자격을 제한하면서 입후보자의 수를 선착순으로 제한하였다면, 이로 인하여 투표의 자유와 공정을 현저히 침해하고 선임결의의 결과에 영향을 미쳤다고 볼 수 있으므로 선임결의가 무효라고 보아야 할 것이다(대법원 2014. 12. 11. 선고 2013다204690 판결).

(2) 본안판결 확정시까지 대표자 선임 등에 대한 단체의 의사결정의 효력을 잠정적으로 인정하지 않는 데 따를 단체업무 진행의 어려움, 관계된 법률관

계에 미칠 영향 등을 고려하면, 법원이 조합임원 선임과 관련하여 임원의 직무집행정지가처분을 명하기 위해서는 선거절차에서의 위법에 대한 단순한 의혹 제기의 수준 이상으로 선거절차에서의 위법사유와 그로 인한 선거의 자유와 공정 침해 및 그로 인하여 선거결과에 영향을 미쳤다는 점에 대한 고도의 소명이 있어야 한다(서울고등법원 2018. 8. 30.자 2018라20637 결정, 수원지방법원 평택지원 2019. 11. 26.자 2019카합1061 결정).

이러한 고도의 소명이 부족하다고 본 대표적인 사례는 아래와 같다.

[수원지방법원 평택지원 2019. 11. 26.자 2019카합1061 결정]

이 사건 기록 및 심문 전체의 취지에 의하여 소명되는 다음의 각 사실 및 사정들을 종합하면, 앞에서 살펴본 이 사건 총회의 하자만으로는 직무집행정지가처분을 명할 정도로 조합장 등 선거의 자유와 공정을 현저히 침해하여 선거 결과에 영향을 미쳤다는 점이 고도로 소명되었다고 보기 어렵다.

① 이 사건 총회 출석 조합원수 836명 중 중복산입된 1명(조합원 M)을 제외한 835명의 조합원이 참석하였고, 이 사건 총회 결의에서 무효로 볼 수 있는 무자격 대리인에 의한 4명(조합원 O, P, Q, N), 제출기한을 도과한 서면결의서 15부를 제외하면 816명이 참석한 것이 된다(채권자가 주장하는 제출 시간을 알 수 없다는 서면결의서 중 제출시간이 확인되지 않은 14부를 제외하더라도 802명이다). 이 사건 총회 결의는 이 사건 조합의 과반수인 780명을 넘는 조합원들이 참석하여 참석수에 가까운 인원의 찬성으로 안건이 가결되었으며, 반대표는 각 안건당 10표를 넘지 않는 등 적지 않은 조합원들의 지지로 이루어졌으므로, 그 결의의 하자를 판단하는 본안소송에 앞서 이 사건 가처분으로써 그 효력 및 선임된 임원의 직무집행을 정지하는 데에는 신중할 필요가 있다.

② 앞서 살펴본 바와 같이, 채무자 B가 법원의 허가를 얻어 의장으로서 이 사건 총회를 개최하는 과정에서 조합원의 신분 확인 자료가 부족했던 점, 개봉된 상태의 서면결의서를 제출받고 일부 안건에 대한 투표를 독려한 점, 서면결의서를 제출한 조합원에 대하여 직접 출석에 의한 의결권 행사 불가를 공고한 점, 인감증명서를 제대로 제출받지 않은 점 등 하자가 있으나, 이 사건 총회 결의에 영향을 미쳤다고 단정하기는 어렵고, 그러할 정도의 하자인지는 본안소송에서 구체적인 심리를 통해 밝혀져야 할 부분이다.

③ 전 조합장인 채권자는 현재 주택법 위반으로 공소 제기되어 형사 재판 진행 중이고, 이 사건 조합 규약 제19조 제2항에서 '임원에 선임된 후 그 직무와 관련된 민형사 사건으로 기소될 경우에는 확정 판결이 있을 때까지 임원회의 의결에 따라

직무수행 자격을 정지시킬 수 있으며, 그 사건으로 벌금 이상 형의 선고를 받은 임원은 그 날로부터 자격을 상실한다'고 규정하는바, 잠정적으로라도 채권자의 조합장의 지위를 회복시키는 것이 이 사건 조합을 위한 것인지 의문이다.
④ 채권자는 2019년 10월 말로 예정되어 있었던 이 사건 조합의 리파이낸싱계약을 체결할 수 없게 되었고, 조합원들의 손해가 커져간다는 취지로 주장하나 위 채무자들은 리파이낸싱과 관련한 업무를 이미 진행하고 있는 것으로 보이고, 채무자들의 직무집행을 정지하여야 할 필요성 내지 조합의 손해 등에 대한 구체적인 소명이 없다.
⑤ 더욱이 채무자들은 이 사건 총회의 하자를 치유하기 위하여 2019. 12. 21. 이 사건 총회에 대한 추인 결의 개최를 예정하고 있고, 위 총회에서 정상적인 추인 결의가 이루어질 경우 이 사건 총회 하자에 대하여 다툴 이익도 없어지게 된다.

이러한 법리 하에, 선거관리위원회에서 서면결의서를 제출하거나 총회에 참석한 조합원들에게 7만 원의 교통비를 지급한 사안에서, 법원은 총회 당시 조합장 선거 외에 이사, 대의원 선거가 함께 이루어졌고, 조합장 선거에 2명의 후보자가 있었던 점, 결의 내용과 무관하게 결의서를 제출하거나 총회에 참석한 조합원에게 일률적으로 교통비가 지급된 점, 교통비 지급 목적이 조합원들의 의결권 행사를 독려하기 위한 것으로 보이고 지급된 교통비 액수가 출석 등에 대한 통상적인 실비 보상을 넘어 과다한 금액으로 보기 어려우며, 그 지급주체도 선거를 주관하는 선거관리위원회였던 점 등에 비추어 볼 때, 교통비가 지급된 사정만으로는 조합원들의 임원선출권과 그 선출절차의 공정이 현저히 침해되었다고 보기 어렵고, 그로 인해 조합원 선출결의 결과에 영향을 미쳤다고 보기 어렵다고 본 사례가 있고(부산지방법원 2021. 6. 25.자 2021카합10366 결정[3]), 선거인명부 열람 절차에 다소의 하자가 있더라도 선거의 자유, 공정을 침해하였다거나 그로 인하여 선거의 결과에 영향을 미쳤다고 보기 어렵다고 판단한 사례가 있다(서울고등법원 2020. 2. 3.자 2019라20965 결정).

(3) 조합임원 선임 안건 상정 당시 조합원 과반수가 참석하는 것이 정관상 요구된다고 하더라도, 조합원 과반수가 참석한 투표에서 과반수의 동의를 얻어서 조합임원으로 선출된 이상, 안건 상정 당시 참석한 조합원 수가 과반수에 11명 정도 미달하였다는 하자를 두고 조합임원 선출 자체를 무효로 돌릴 만큼

3) 서울북부지방법원 2022. 4. 15.자 2021카합83 결정도 총회참석비에 대하여 유사한 판단을 하였다.

의 중대한 하자로 보기 어렵다고 본 사례가 있다(서울서부지방법원 2018. 8. 24.자 2018카합50336 결정).

나. 선거관리위원회의 구성, 선거방법 등 선거절차

1) 선거관리위원회 구성 등 선거절차의 위법에도 불구하고 조합임원 선임을 유효하게 본 사례

(1) 조합 정관이나 선거관리규정이 선관위원을 대의원회에서 선출하도록 정하면서도 대의원들의 사퇴 등으로 대의원회의 개의 정족수 부족으로 대의원회의를 소집하기 어려운 때에는 이사회에서 선출하며, 이사들의 사퇴 등으로 이사회 개의 정족수 부족으로 이사회를 소집하기 어려운 경우에는 조합장이 선관위원을 지명할 수 있도록 규정하고 있다면, 조합의 대의원회와 이사회가 적법하게 구성될 수 없는 상황에서는 위 규정에 따라 조합 대표자가 선관위원을 지명하는 것은 허용될 것이다(대전지방법원 2021. 1. 8.자 2021카합50008 결정).

또한 조합 선거관리규정이 대의원회에서 후보자를 등록받아 대의원회 의결을 통해 선거관리위원을 선임 및 구성하도록 규정하고 있으나, 대의원회가 법정 대의원수를 충족하지 못하여 구성될 수 없는 상황이었으므로, 해임되지 않고 남아 있던 임원인 채무자 조합장과 이사가 선거관리위원을 선임한 것은 불가피하였던 것으로 보이고, 선거관리위원 후보자 7명 중 사임한 2명을 제외한 5명이 선거관리위원으로 선임된 점, 선임된 5명의 선거관리위원들에게 특별한 결격사유가 있다고 보이지 않는 점 등을 고려하여, 대의원회 의결을 통해 선거관리위원이 선임되지는 않았다고 하더라도 이를 명백히 위법하다고 볼 수 없고, 거기에 재건축조합의 총회는 최고의사결정기관이고, 대의원회는 이를 보충하는 기관인 점을 고려하였을 때 선거관리위원의 선임을 이후 총회에서 승인함으로써 보완할 수 있는 가능성도 배제할 수 없다는 이유로, 총회에서의 임원 선임을 위한 선거관리위원회의 구성이 적법하다고 본 사례도 있다(서울북부지방법원 2020. 6. 11.자 2020카합20201 결정).

같은 취지로, 대의원회가 적법하게 구성되지 못하는 상황에서 임시조합장이 선거관리위원을 선임한 경우, 조합총회에서 선거관리위원을 선임한 경우, 조합총회에서 위법한 선거관리위원 선임을 추인한 경우가 각각 적법하다고 판단한 사례들이 있다.

〈임시조합장이 선거관리위원을 선임한 경우〉

[서울고등법원 2018. 8. 30.자 2018라20637 결정[4)]]

나. 선거관리위원회 구성에 관한 하자 주장 부분

1) 설령 선거관리규정에 의할 때 채무자의 조합장 선거에 한하여는 선거관리규정 제48조 제1항 단서, 제7조 제3항에 따라 대의원회 의결을 통해 조합장 선거를 위한 선거관리위원을 선임하여야 한다 하더라도, 기록 및 심문 전체의 취지에 의하여 소명되는 아래와 같은 사정을 종합하여 보면, 임시조합장 C가 앞서 본 바와 같이 모집공고를 통해 등록한 사람들로 선거관리위원회를 구성하고 총회의 추인을 받은 것으로 인하여, 조합원들의 자유로운 판단에 의한 투표를 방해하여 선거의 자유와 공정을 현저히 침해하고, 그로 인하여 조합장 등 선출 결의의 결과에 영향을 미쳤다고 보기 어렵다.

① 이 사건 임시총회에서의 임원 선거를 위한 선거관리위원회 구성 당시 채무자의 조합원 총수는 1,525명인데 채무자의 대의원 수는 92명으로서, 정관 제24조 제2항이 정한 대의원 수(100명 이상 120명 이하)에 미달한 상황이었다. 채권자는 위와 같이 대의원 수가 위 법정된 수에 미달되더라도 유효한 대의원회 의결을 할 수 있다고 주장한다. 그러나 구 도시 및 주거환경정비법(2017. 2. 8. 법률 제14567호로 개정되기 전의 것, 이하 '구 도시정비법'이라 한다) 제25조 제2항이 대의원을 조합원의 1/10 이상 또는 조합원의 1/10 범위 안에서 100인 이상으로 구성하도록 규정한 취지가 조합원이 100인 이상의 다수인 경우 총회 소집과 의결이 곤란할 수 있으므로 조합의 존립 등과 관련된 핵심사항 이외의 사항에 관해서는 총회의 권한을 대행할 수 있는 대의원회를 둘 수 있도록 하는 한편, 대의원회가 조합원 총회의 의사결정을 갈음할 수 있을 정도의 대표성을 갖추도록 하기 위한데 있는 점에 비추어, 대의원 수가 법정된 수에 미달한 상태에서 이루어진 대의원회 의결은 그 효력에 대한 다툼의 여지가 크다.

② 이러한 상황에서 임기가 한시적이었던 임시조합장 변호사 C로서는 임원보궐선거는 채무자 정관상 대의원회 결의로 선임하도록 되어 있는데, 대의원회가 위와 같이 법정된 수에 미달하는데다가 대의원 보궐선거를 위한 선거관리위원을 선임해야 할 이사회도 종전 해임결의에 의한 이사들의 해임으로 구성될 수 없었고, 보궐선거로 당선될 임원들의 임기가 종전 해임결의로 해임된 임원들의 잔여임기에 불과한

4) 서울북부지방법원 2018. 5. 2.자 2018카합20059 결정, 서울북부지방법원 2018. 5. 18.자 2018카합20135 결정도 같은 취지이다.

점을 고려하면, 채무자의 조속한 운영정상화를 위해서는 상당한 기간이 소요될 것으로 보이는 대의원 보궐선거를 통한 임원 선출을 위한 선거관리위원 선임 등의 절차를 밟기보다 시간과 비용을 최소화할 방안을 강구할 수 있다. 이와 관련하여 채권자는 2017. 7. 6. 서울특별시 고시에 의한 개정된 정비사업 표준선거관리규정 제50조 제5항 및 제6항에 따라 공공지원자가 선거관리위원 후보자 등록을 받아 선거관리위원을 선임하도록 하였어야 한다고 주장한다. 위 표준선거관리규정 제50조 제5항은 "이사회의 의결 정족수가 부족하거나 추진위원장(직무대행자 포함)의 직무 수행이 불가하여 선관위원 선임이 어려운 경우에는 선거인 1/10 이상의 요청에 따라 공공지원자가 선관위원 후보자 등록을 받아 선관위원을 선임할 수 있다"라고 정하고 있으나, 그 내용에 의하더라도 선거인 1/10 이상의 요청에 따라 공공지원자가 선관위원을 선임할 수 있다는 재량규정에 불과하므로, 이에 따르지 않았다 하여 채무자의 임시조합장의 조치가 위법한 것은 아니다.

③ 채권자는 2017. 9. 23.자 임시총회에서 임원선출을 위한 선거관리위원을 선임하기 위한 선행절차로서 대의원 보궐선임에 대한 안건을 결의하였어야 한다고 주장한다. 그러나 위 임시총회는 채무자의 정관 제20조 제4항 제1호에 의하여 조합원 5분의 1 이상이 목적사항을 '조합정관 변경 및 임시총회 개최비용 승인'으로 제시하여 청구함에 따라 개최된 것이다. 또한 그 당시 총회 안건의 심의 결정의 사무를 집행할 이사회가 종전 해임결의로 인해 이루어질 수 없는 등 정상적인 임시총회 소집 절차를 이행할 수 있는 상황이 아니었다. 더욱이 위 총회 무렵 채무자의 대의원 수는 100명을 초과하였던 것으로 보이고, 달리 이에 반하는 소명자료가 없다. 그렇다면, 위 임시총회에 대의원 보궐선임에 대한 안건이 포함되지 않았다 하여 이를 위법하다 할 수 없다.

④ 채무자의 선거관리규정에 의하면, 선거관리위원회는 조합원의 자유로운 의사에 따라 조합 임원, 대의원을 민주적으로 선출하기 위하여 조합 조직 및 업무와는 독립적으로 구성되고, 선거관리계획의 수립, 선거와 관련한 안내 및 홍보와 각종 공고, 선거인 명부 작성, 후보자 등록 접수, 자격심사 및 확정공고, 투표 및 개표 관리, 당선자 공포 등 전반적으로 선거를 관리하고 집행하는 역할을 하는 점(제1조, 제9조 등), 정수 이상의 선거관리위원 후보자가 등록된 경우로서 대의원회 또는 선거인의 1/10 이상의 요청이 있는 경우 선거관리위원의 선임을 구청장에게 의뢰할 수 있는 점(제7조 제3항 단서), 선거관리의 공정성과 전문성 확보를 위하여 대의원회 의결을 통하여 필요하다고 인정할 경우 구청장 또는 관할 선거관리위원회의 추천을 받아 선거인이 아닌 자를 선거관리위원으로 선임할 수 있는 점(제7조 제4항), 선거관리위원이 임기 내 사망 또는 사퇴 등 궐위된 경우에는 조합 선거관리위원회는 제7조 제3항 내지 제4항에 따른 후보자 등록 또는 선거관리위원의 추천을 받아 조합 선거관리위원회 의결로써 즉시 선임해야 하는 점(제8조 제5항)에 비추어 보

면, 선거관리위원은 그 선임이 공정하면 족하고, 조합 내 민주적 대표성을 확보해야 할 지위가 아니므로, 반드시 총회나 대의원회의 의결을 통해 선임되어야 한다고 보기 어렵다.

⑤ 임시조합장 C는 2017. 9. 27. '선거관리위원 후보자 등록 공고'를 통해 "대의원 의결정족수 미달로 대의원회 개최하지 못하여 임시조합장 주관하에 선정하게 됨을 알려드리며, 신청인원 초과시 접수순으로 기호를 배정합니다"라고 5명 모집을 공고하였으나 신청인원이 모집인원 5명을 충족하지 못하자 2017. 10. 13. 재차 '선거관리위원 후보자 등록 연장공고'를 하면서 이 때 비로소 추가로 1인을 선임하는 것에 한하여 '1인(접수순)'으로 한다고 공고하였고, 실제로 추가 등록기간이 끝날 때까지 신청서를 접수한 사람은 1명뿐이었다. 이러한 선거관리위원 모집경위에 의하면, 등록한 순서대로 5명이 선출되었지만 정원 5명에 해당하는 인원만 모집등록하여 전원 선임하였으므로, 선임과정에서 신청자들에게 접수순서에 따른 차별이나 선임대상에서의 부당한 배제가 있을 수 없었다. 또한 위 선거관리위원들 중 D에 대하여, 채권자는 채무자 조합설립에 동의하지 않은 사람으로서 선거관리위원 자격(선거관리규정 제7조 제3항)이 없다고 주장하나, D는 채무자 조합 설립에 동의한 사실이 소명된다.

⑥ 이 사건 임시총회는 채무자의 임원선출은 물론 그 전제 사안인 '선거관리위원 선임에 대한 추인의 건'을 안건으로 한 법원의 임시총회 소집허가 결정에 따라 이루어진 것이고, 위 선거관리위원 선임에 대한 추인의 건도 이 사건 결의로 가결되었으며, 이 사건 결의 중 선거관리위원 선임에 대한 추인 부분의 위법에 대한 소명이 없다.

⑦ 이 사건 임시총회에서의 채무자의 조합장 선출은 3명이 입후보하여 총 참석 조합원 981명 중 E가 762표, 채권자가 114표, F가 78표를 각 얻어 E가 조합장에 당선되었다.

이와 같이 E가 압도적 표차이를 얻어 조합장에 당선된 점으로 미루어 보아, 선거관리위원 선임 절차나 구성원을 달리 하였다 하더라도 조합장 당선인이 달라졌을 것이라고 단정하기 어렵다.

〈조합총회에서 선거관리위원을 선임한 경우〉

[부산지방법원 동부지원 2021. 1. 28.자 2021카합100016 결정]

이 사건 조합의 선거관리위원회는 대의원회의 결의로써 5인 이내의 대의원으로 구성하여야 하는데(선거관리규정 제6조 제2항), 이 사건 임시총회의 임원 선임을 위한 선거관리위원회가 이 사건 임시총회에 앞서 개최된 2020. 12. 5.자 임시총회 결의로 구성된 사실은 인정된다.

그러나 이 사건 기록 및 심문 전체의 취지를 종합하여 알 수 있는 다음과 같은 사정, 즉 기본적으로 총회는 조합장, 대의원 등 조합 임원의 선임 및 해임을 비롯하여 조합에 관한 여러 중요한 사항에 대하여 결정하는 조합의 최고 의사결정기관인 반면, 대의원회는 도시 및 주거환경정비법 시행령이 총회의 전속의결사항으로 정한 것을 제외하고는 총회의 권한을 대행할 수 있는 의결기관에 불과한 점(도시 및 주거환경정비법 제46조 제1항, 제4항), 위 임시총회 당시 이 사건 조합의 대의원회는 도시 및 주거환경정비법 제46조 제2항에서 정한 법정대의원 수를 충족하지 못하여 정상적으로 기능할 수 있는 상황이 아니었던 것으로 보이는 점, 위 임시총회에서 선임된 선거관리위원 전부는 이 사건 조합의 대의원으로서 선거관리규정에서 정한 자격을 갖추고 있는 것으로 보이고, 달리 그 자격에 흠결이 있다고 볼 만한 자료는 없는 점 등에 비추어 보면, 선거관리위원회를 대의원회 결의가 아닌 위 임시총회 결의로 구성하였다는 사정만으로 이 사건 임시총회 결의의 효력을 무효로 할 만한 중대한 하자가 있다고 볼 수 없으므로, 채권자의 이 부분 주장도 이유 없다.

〈총회에서 위법한 선거관리위원 선임을 추인한 경우[5]〉

[서울남부지방법원 2020. 3. 23.자 2019카합20559 결정[6]]

살피건대, 위 기초사실에 의하면, 선관위원 후보자등록 공고는 추진위원장(채권자 A)이 할 수 있음에도 당시 추진위원장이 아닌 채무자 I 등이 선관위원 후보자등록을 공고한 절차상 하자 및 주민총회결의 또는 구청장의 승인결정 없이 임의로 선임된 선관위원장 BB가 추진위원회 위원 후보자등록을 공고한 절차상 하자에 대하여는 소명이 있다고 할 것이다.

그러나 위 법리에 비추어 기록상 인정되는 다음과 같은 사정들을 종합하여 보면, 위와 같은 절차상 하자는 이 사건 주민총회의 추인결의로서 모두 치유되었다고 볼 수 있고, 달리 채권자가 주장하는 사유 및 제출된 자료만으로는 이 사건 주민총회 결의에 중대·명백한 절차상 하자에 대한 소명이 있다고 보기 어렵다.

① 기록상, 채권자 A는 2018. 4.경 추진위원장의 임기가 만료되자 같은 해 7. 14. 주민총회를 열어 추진위원장, 감사, 추진위원을 선출하였고, 영등포구청장에게 추진위원회 구성변경 승인신청을 하였으나, 영등포구청장은 선거과정의 절차적 하자를 이유로 위 변경승인신청을 반려한 사실, 이에 채권자 A는 서울특별시행정심판

5) 선거관리위원 선임절차에 중대·명백한 하자가 없는 경우이다.

6) 서울고등법원 2020. 2. 3.자 2019라20965 결정도 같은 취지이다.

위원회에 영등포구청장의 위 반려처분 취소심판을 제기하였으나, 기각된 사실이 소명된다. 이러한 상황에서도 채권자 A가 더 이상 추진위원회 위원 선출을 위한 선관위 구성 등 절차에 착수하지 아니하자, 채무자 I를 비롯한 92명의 주민들은 영등포구청장으로부터 위원선출을 안건으로 한 주민총회소집을 승인받은 후, 위 주민총회의 안건인 위원선출을 위한 선관위를 구성하고자 선관위원 후보자등록을 공고하였던 것인바, 사정이 이러하다면, 채무자 I 등에 의한 선관위원 선출 등 절차의 진행은 그 경위에 참작할 만한 사정이 있고, 위와 같이 주민총회에서 추인이 이루어진 이상 선관위원 후보자등록 공고만 추진위원장이 아닌 채무자 I 등에 의하여 이루어졌다고 하여 그러한 점만으로 선관위의 구성과 위원선출 등에 관한 주민총회 의결이 무효가 된다고 볼 수는 없다고 할 것이다.

② 채무자 I 등은 선관위원장 BB와 선관위원 CC에 대하여 법원의 직무집행정지가처분 인용결정이 있자, 더 이상 선관위원회의 구성이 유효하지 않다고 판단하고 영등포구청장에게 선관위원의 선임을 의뢰하였던 것인바, 채무자 I 등이 한 선관위원 후보자등록 공고절차에 따라 이미 정수 이상의 선관위원 후보자 등록이 있었던 이상, 채무자 I 등이 영등포구청장의 선관위원선임 결정을 신뢰하고, 구청장이 결정한 선관위원들로 하여금 선거를 실시하도록 한 행위를 가리켜 주민총회의 의결을 무효로 할 만큼 중대·명백한 하자에 해당한다고 보기는 어렵다.

③ 비록 이 사건 선관위 선임결의의 하자로 인하여 선관위원장 BB 등에 대한 법원의 직무집행정지가처분결정이 인용되었으나, 추진위원회 위원 후보자등록 공고는 위 가처분결정 이전에 이루어진 것이고, 선관위원장 BB는 위원 후보자등록을 아파트게시판, 클린업시스템을 통하여 공고하고 나아가 주민들에게 개별통지를 하였던 점 등에 비추어 볼 때, 주민 누구에게나 위원 후보자로 등록할 기회가 제공되었던 것으로 보이고, 달리 임의로 선임된 선관위원장에 의해 후보자등록 공고가 있었던 점 이외의 위법은 없었던 것으로 보인다.

④ 무엇보다도 채권자 A 측과 채무자 I 측 사이에 선관위 구성에서부터 위원 선출과정에 이르기까지 지속적인 분쟁이 있었기 때문에 이 사건 주민총회는 제1 안건으로 '위원선출을 위한 기 수행업무 추인의 건'을 상정하여 의결하였던 것인바, 이 사건 선거관리 규정도 주민총회의 의결로 제정 및 개정된다는 점을 고려할 때, 선관위 구성 및 위원 후보자 등록 과정 등에 일부 절차상 하자가 있다고 하더라도 그것이 중대·명백한 위법이 아닌 이상, 이 사건 주민총회의 추인결의로써 그 절차상 하자가 치유되었다고 봄이 상당하다.

다만, 무효행위를 추인한 때에는 달리 소급효를 인정하는 법률규정이 없는 한 새로운 법률행위를 한 것으로 보아야 하므로(대법원 2011. 6. 24. 선고 2009다35033 판결 등), 사실상 추대되었던 선거관리위원의 선임을 임시총회에서 추인하더라도 그들의 추인 전 선거관리행위까지도 소급하여 유효하게 되는 것은 아니라는 이유로, 위법하게 선거관리위원을 선임하여 조합임원 선임절차를 진행하고 사후적으로 총회결의를 통하여 선거관리위원 선임을 추인하는 것은 허용되지 않는다는 취지로 판단한 사례도 있다.

> [서울고등법원 2018. 2. 21.자 2017라21265 결정]
> 신청인들은 임시총회 안건 중 하나로 '선거관리위원의 인준'을 들고 있는데(별지2 목록 제3항), '인준'이란 '선임'과 달리 기존에 선정된 자를 승인한다는 의미라는 점을 고려하면, 신청인들은 선거관리위원을 사실상 추대한 후 이들에 의하여 선거절차를 진행한 다음 임시총회에서 선거관리위원 선임을 추인받음으로써 하자를 치유하는 방식으로 임원 및 대의원 선출절차를 진행하고자 하는 것으로 보인다(이는 감사 F가 G 등 150명의 조합원들의 임시총회 소집청구에 의하여 준비하고 있는 임원 및 대의원 선출 방식과 같다). 그런데 선거관리위원의 선임권한을 가진 사건본인의 총회가 선거관리위원 선임을 추인하는 것은 가능하다 할 것이나, 무효행위를 추인한 때에는 달리 소급효를 인정하는 법률규정이 없는 한 새로운 법률행위를 한 것으로 보아야 하므로(대법원 2011. 6. 24. 선고 2009다35033 판결 등 참조), 사실상 추대되었던 선거관리위원의 선임을 임시총회에서 추인하더라도 그들의 추인 전 선거관리행위까지도 소급하여 유효하게 되는 것은 아니라 할 것이다.

(2) 공유자인 조합원 중 대표조합원이 아닌 자 1인이 선거관리위원으로 선임하였다고 하더라도, 이를 이유로 선거관리위원회가 수행한 업무가 무효라거나 임원선거가 무효라고 보기 어렵다고 본 사례가 있다(대전지방법원 2019. 11. 7.자 2019카합50466 결정).

(3) 조합임원 선임총회의 통지 절차에 사소한 하자가 있더라도 조합임원 선임총회의 효력을 인정한 사례도 있다.

> [서울중앙지방법원 2019. 8. 22.자 2019카합21157 결정]
> 채무자 조합의 선거관리규정에서는 선거인명부 작성, 후보자 등록, 후보자 기호 배정, 선거일정 등을 '조합 홈페이지' 내지 '클린업시스템'에 게시하는 방식으로 조합원들에게 이를 통지하도록 규정되어 있으나, 이 사건 임시총회 진행에 있어서는 이러한 방식으로 조합원들에게 통지가 되지는 아니하였던 것으로 보이기는 한다. 그러나 당시 채무자 조합 홈페이지가 개설되어 있지 아니하였고, 클린업시스템 역

시 주무관청에 의하여 그 사용이 정지된 상태여서 조합 홈페이지나 클린업시스템에 의하여 조합원들에게 각종 통지를 하는 것이 불가능한 상태였던 것으로 보이고, 이에 채무자들은 이 사건 임시총회 진행에 있어서 조합원들에게 등기우편으로 총회개최, 선거인명부 열람 및 확정, 입후보등록, 후보자확정 등과 관련한 통지를 하고 조합사무실 등에 설치된 게시판에 총회 및 선거절차와 관련한 공고를 부착하였던 것으로 보이는바, 이러한 점에 비추어 보면 이 사건 임시총회를 진행함에 있어 정관 및 그 위임에 따른 선거관리규정을 위배한 절차상 하자가 있다고 단정하기 어려울 뿐 아니라, 설령 이 사건 임시총회의 진행상 선거관리규정을 준수하지 못한 일부 절차적 하자가 있었다 하더라도 이 사건 임시총회에서 조합원 과반수 이상이 출석하여 출석한 자들의 대부분의 찬성으로 모든 안건이 의결된 점 등을 고려할 때 그러한 하자가 선거 결과에 영향을 미친 것으로 보기는 어렵다.

2) 선거관리위원회 구성의 위법을 이유로 총회의 개최를 금지한 사례

선거관리위원회가 정당한 절차를 거쳐 선임 및 구성될 수 있음에도 발의자 대표(채무자)에 의하여 권한 없이 선임 및 구성되었을 뿐 아니라, 권한 없는 채무자에 의하여 구성된 선거관리위원회가 채무자가 조합장 후보로 입후보한 채로 임시총회의 안건으로 상정된 임원 선거를 관리하도록 하는 것에는 중대한 위법이 있다고 본 하급심결정례가 있다.

[의정부지방법원 2017. 1. 4.자 2016카합5357 결정[7]]

이 사건 조합 선거관리규정 제4조 제2항 및 제3항에 의하면, 조합장은 선거관리위원 후보자 등록을 조합 홈페이지에 공고, 게시하여야 하고, 선거관리위원은 선거인 중에서 당해 정비사업의 조합 설립에 동의한 자 중에서 이사회에서 후보자를 등록받아 대의원회 의결을 통해 선임 및 구성하도록 되어 있다.

이 사건 기록에 의하면, 채무자가 2016. 12. 9. 임시총회 발의자 대표 자격으로 선거관리위원 모집 공고를 조합 홈페이지 등에 게시하고, 2016. 12. 15. 선거관리위원으로 입후보한 N 등을 선거관리위원으로 선출하였다는 선거관리위원회(이하 '이 사건 선거관리위원회'라 한다) 확정 공고를 게시한 사실, 위 N은 2016. 12. 15. 선거관리위원장으로서 이 사건 조합의 임원 후보 등록 공고를 하여 채무자 등이 조합장 등으로 후보로 등록한 사실이 소명된다.

앞서 소명된 사실에 의하면, 이 사건 선거관리위원회는 대의원회 의결을 거치지 아

7) 대구지방법원 서부지원 2021. 7. 29.자 2021카합5167 결정도 같은 취지이다.

니하고, 선거관리위원회를 구성할 권한이 없는 채무자에 의하여 모집공고 및 확정 공고 등 선임절차가 이루어진 것으로 그 구성에 중대한 위법이 있다.

또한, 법원은 조합 선거관리규정이 '대의원의 보궐선임을 위한 선거관리위원 선임의 경우 이사회에서 선거관리위원 후보자를 등록받아 이사회 의결을 통하여 선임 및 구성'하도록 정하고 있다면, 대의원의 보궐선임을 위한 선거관리위원회는 이사회에서 그 선임 및 구성에 대한 의결이 있어야 하므로, 이사회에서 선거관리위원회 선임 및 구성에 대한 의결을 한 사실이 없다면, 대의원의 보궐선임을 위한 총회 개최는 위법하다고 보았다(서울서부지방법원 2019. 2. 15.자 2019카합50073 결정).

3) 선거절차 위반을 이유로 총회의 개최를 금지한 사례

조합원들에게 조합임원 입후보공고를 개별적으로 통지하지 아니한 절차 위법이 있다는 이유로 조합임원 선임을 위한 총회개최를 금지한 사례가 있다.

[수원지방법원 안양지원 2021. 6. 18.자 2021카합10070 결정]
1) 이 사건 공고(조합임원 입후보공고)의 내용이 채무자 조합원들에 대하여 개별적으로 고지되어야 하는지 여부
가) 이 사건 공고의 내용은 선출할 조합 임원의 종류와 수, 후보 등록 기간과 장소, 후보자격, 등록 방법 및 제출 서류 등에 관한 것으로서, 채무자 조합원들의 권리 의무에 관한 사항이라고 할 것이므로, 채무자 조합으로서는 조합 정관 제7조, 조합 선거관리규정 제25조 제1항에 따라 반드시 이 사건 공고의 내용을 채무자 조합 조합원들에게 개별적으로 등기우편 등으로 고지하여야 하고, 그러한 개별적 고지가 불가능한 경우 조합원들이 쉽게 접할 수 있는 장소에 있는 게시판에 공고하는 것으로 고지에 갈음할 수 있다고 할 것이다.
나) 이에 대하여 보조참가인들은 조합 선거관리규정 제25조 제1항에 따라 후보자 등록에 관한 사항은 조합원들에게 공고의 방식으로 알리면 족하고, 채무자 조합 인터넷 홈페이지에 이 사건 공고가 게시되었고, 이 사건 공고 무렵 조합원들에 대한 문자메시지 전송 등의 방법으로 조합원들에게 실질적으로 이 사건 공고의 내용이 안내되었으며 상당한 수의 후보자들이 등록을 마쳤으므로, 이 사건 총회 개최절차에 절차적 하자가 없거나 그 하자가 치유되었다는 취지로 주장한다.
그러나 ① 조합 선거관리규정 제25조 제1항은 인터넷 홈페이지에 의한 공고 외에

조합 정관 제7조에 따른 공고도 병행하도록 분명히 규정하고 있으므로, 후보자등록에 관한 사항을 채무자 조합 인터넷 홈페이지에 게시한 것만으로는 조합 선거관리규정조차 준수하였다고 보기 어려운 점, ② 조합 선거관리규정은 조합 정관의 하위규범이므로, 그 내용이 조합 정관과 충돌되는 경우 조합 정관이 우선적으로 적용되어야 하고, 조합 정관에서는 제7조에서 정한 방법 외에 임원 선출절차와 관련하여 별도로 고지 공고방법을 정하고 있지 않은 점, ③ 조합 정관 제7조에서 정한 수범자는 채무자 조합이고, 선거관리규정 제25조 제1항에서 정한 수범자는 채무자 조합 선거관리위원회로 서로 의무를 이행해야 하는 주체가 다른 점, ④ 조합원들에 대하여 이 사건 공고일 무렵 여러 차례 문자메시지를 전송한 주체는 일부 조합원들이 구성한 '투명한 재건축 4단지 조합원의 모임'이라는 단체로 보이는 바, 이를 채무자 조합에 의한 고지 공고와 동일하게 볼 수는 없는 점, ⑤ 채무자 조합 인터넷 홈페이지에 게시된 이 사건 공고의 조회수는 약 120회에 불과하여 채무자 조합원들(약 1,150명) 중 극히 일부만 위 공고를 열람한 것으로 보이는 점, ⑥ 비록 채무자 조합이 2021. 5. 15. 조합원들에게 이 사건 공고의 내용을 문자메시지로 통지하기는 하였으나, 위 일시는 휴일인 토요일이었고 후보자 등록 마감일은 불과 이틀 뒤인 2021. 5. 17.(월요일)이었으므로 위와 같이 문자메시지가 발송되었다는 사정만으로는 채무자 조합원들이 사전에 이 사건 공고의 내용을 알 수 있도록 적절하고도 충분한 방법으로 고지가 이루어져 조합원들에게 실질적인 입후보기회가 보장되었다고 볼 수는 없는 점 등에 비추어 보면, 보조참가인들의 주장은 받아들이기 어렵다.

2) 이 사건 총회 개최절차가 위법하여 이 사건 총회결의에 무효 사유가 있는지 여부

채무자 조합이나 보조참가인들이 제출한 자료들만으로는 채무자 조합이 조합원들에 대하여 조합 임원 선출과 관련하여 조합 정관 제7조에서 정한 고지(조합원들에 대한 개별 우편 통지)·공고(조합원이 쉽게 접할 수 있는 일정한 장소의 게시판에 공고) 조치를 취하였다는 사실을 소명하기에 부족하고, 달리 이를 소명할 자료가 없다.

위와 같은 절차적 하자는 조합원들의 정당한 후보 등록의 기회를 박탈하여 직접적으로는 조합원들의 권리인 임원 피선출권을, 간접적으로는 임원 선출권까지 침해한다고 봄이 타당하므로, 이 사건 총회의 개최절차에 중대한 하자가 있다고 판단된다.

4) 선거절차의 위법을 이유로 총회결의의 효력을 부인한 사례

[수원지방법원 안산지원 2021. 1. 14.자 2020카합50155 결정]

이 사건 기록 및 심문 전체의 취지에 의하여 인정되는 아래와 같은 흠들을 종합하

면, 주문 제1항 기재 주민총회 결의(이하 '이 사건 결의'라고 한다)에 중대한 하자가 있다 할 것이어서 이 사건 결의는 무효이다. 따라서 이 사건 피보전권리는 소명되고, 분쟁과정 등을 살펴보면 보전의 필요성도 역시 소명된다.

가. 채무자 구역주택재건축정비사업조합설립추진위원회(이하 '채무자 추진위원회'라고 한다) 선거관리규정(소갑 제4호증)에 따르면 추진위원장, 감사 및 추진위원 선출을 위한 선거관리위원회는 채무자 추진위원회의 의결을 거쳐 구성하고(제48조, 제7조 제3항), 또한 선거관리위원회는 선거관리계획을 작성하여 채무자 추진위원회의 의결 또는 추인을 받아야 한다(제48조, 제13조 제3항)고 규정하고 있다.

나. 그런데 추진위원장, 감사 및 추진위원 선출 등을 위한 이 사건 결의와 관련하여, 채무자 추진위원회의 의결 없이 발의자 대표들이 독자적으로 선거관리위원회를 구성하였고 또한 구성된 선거관리위원회는 선거관리계획에 관하여 채무자 추진위원회의 의결 또는 추인을 받지 않았다.

다. 선거관리위원회 구성 및 운영의 적법성은 당해 선거의 자유와 공정을 담보하기 위한 필수적인 요건이므로, 위와 같이 이 사건 결의와 관련한 선거관리위원회의 구성 및 운영이 그 자체로 중대하게 위법하고, 실제로 아래에서 보는 바와 같이 추가 입후보자 등록기회를 부여하지 않은 채 주민총회를 강행한 이상, 이 사건 결의는 선거의 자유와 공정이 현저히 침해되었다.

라. 이에 대하여 채무자들은, 기존 추진위원들의 비협조 등으로 인하여 선거관리위원회 구성에 관한 의결을 거칠 수 없는 상황이었고, 이러한 경우에는 채무자 추진위원회의 의결 없이도 선거관리위원회를 적법하게 구성할 수 있다는 취지로 주장한다.

그러나 제출된 자료만으로는 기존 추진위원들의 비협조 등으로 선거관리위원회 구성에 관한 채무자 추진위원회의 의결을 거칠 수 없는 상황이었다는 점에 대한 소명이 부족하므로, 채무자들의 위 주장은 받아들이지 않는다.

마. 또한 채무자들은, 설령 선거관리위원회 구성 및 운영에 하자가 있었다고 하더라도 이 사건 결의로 선거관리위원회의 구성 및 업무수행을 추인하였으므로 그 하자가 치유되었다고 주장한다.

그러나 결의 절차에 있어 중대한 하자가 존재한다면 결의 내용과는 무관하게 해당 결의를 무효로 보아야 하므로, 선거관리위원회의 구성 및 운영의 위법성으로 인하여 이 사건 결의 절차에 중대한 하자가 존재하는 이상, 설령 이 사건 결의로 선거관리위원회의 구성 및 업무수행을 추인하였다고 하더라도 사후에 추인한 사정만으로 그 하자가 치유된다고 볼 수는 없다.

바. 게다가 이 사건 결의와 관련하여 제출된 우편투표용지 중 그 등기우편 등록정보상 발신인과 수신인이 모두 "발의자 대표 외 4인" 또는 "선거관리위원장"으로 되어 있는 것들이 존재하고(소갑 제29호증), 또한 자신 명의의 우편투표용지가 위조

되었다는 사실확인서도 다수 제출된 점(소갑 제28, 35호증) 등에 비추어 보면, 이 사건 결의와 관련하여 의사정족수가 미달되었을 가능성도 있다.
사. 또한 이 사건 결의에서, 2020. 6. 11.경 확정된 추진위원장, 감사 및 추진위원 후보자 명단이 주민총회 개최가 두 차례나 연기 과정을 거치면서도 추가 후보자 등록의 기회가 부여된 바 없이 그대로 사용되었는바, 그 사이 기존 추진위원장, 감사의 연임에 대한 주민총회 결의가 무효라는 이유로 그 직무집행이 정지되는 등으로 인해 채무자 추진위원회의 집행부 인적 구성에 근본적인 변동이 발생하는 등 매우 많은 사정변경이 발생하였음에도(소갑 제8, 10호증), 후보자 등록할 기회를 추가로 부여하지 않은 채 위 후보자 명단을 그대로 사용한 것은 입후보 희망자들의 피선거권을 실질적으로 침해한 것으로 위법하다.

5) 유효한 선거관리규정이 없는 경우

관련 법령 및 정관에 따라 적법하게 제정된 선거관리규정이 있으면 그에 따라야 할 것임은 당연하나, 선거관리규정이 제정되었으나 효력이 없는 경우 조합임원 선임결의가 무효인 선거관리규칙이 정한 절차에 따라 진행되었는지 여부는 그 결의의 효력 인정 여부와 바로 연결되지는 않을 것이다.

이 때 조합임원 선임결의의 효력 여부는, 선거절차가 관련 법령 및 정관 규정의 취지에 부합하여 진행되었는지, 무효인 선거관리규칙에 선거인들의 자유로운 판단에 의한 투표를 방해할 수 있는 내용의 조항이 규정되어 있는지 살펴보고, 위 결의 절차가 그러한 규정에 따라 진행됨으로써 실제로 선거의 자유와 공정을 현저히 침해하는 결과가 초래되었는지 여부를 따져 보는 방법으로 판단하여야 할 것이다(광주고등법원 2020. 10. 8.자 2020라1039 결정).

유효한 선거관리규정이 없는 경우에 관한 대표적인 사례들을 소개한다.

[광주고등법원 2020. 10. 8.자 2020라1039 결정]
앞서 살펴본 것처럼 법원이 이 사건 조합장 재선출 결의 등을 회의목적으로 하는 채무자 조합의 총회 소집을 허가하였지만, 채무자 조합은 조합장 후보자로 내정된 채무자 C와 G가 이사회에 참석한 상태에서 그 두 사람의 지지자들로 선거관리위원회를 구성하였고, 감사 D 명의로 조합원들에게 조합장 후보자등록을 공고하였으나, 모든 조합원들을 상대로 한 것이 아니었을 뿐 아니라 그 등록기간이 2일에 불과하였으며, 이 사건 선거관리규칙[8)]이 조합장 입후보자의 수를 2명으로 제한하고,

8) 감사가 조합 총회 결의 없이 임의로 제정하여 무효인 규정이다.

조합원 50인 이상의 추천을 요건으로 규정한 가운데 채무자 C와 G가 공고일 바로 직후 후보자등록을 마침으로써, 다른 조합원들이 조합장 후보자로 등록할 기회는 사실상 차단되었다.

결국 채무자는 선거관리위원회를 공정하게 구성하지 않은 채, 무효인 이 사건 선거관리규칙에 기해 조합장 입후보자의 수를 선착순 2명으로 제한하여 조합장 재선출 절차를 진행한 것으로 볼 것인바, 이로 인해 선거의 자유와 공정이 현저히 침해되었고, 이 사건 조합장 재선출 결의의 결과에도 영향을 미쳤다고 봄이 타당하다(이 사건 임시총회 참석자가 서면결의, 대리투표 등을 포함해 총 325명에 이르고, 채무자 C가 그중 264표를 얻은 점을 고려하더라도, 다른 조합원들의 입후보 기회가 제한되어 채무자 C와 G만을 후보자로 하여 선거가 진행된 점에 비추어 볼 때, 앞서 인정한 조합장 재선출 절차의 하자가 이 사건 조합장 재선출 결의의 결과에 영향을 미쳤음은 부정할 수 없다).

채권자가 이 사건 조합장 재선출 결의의 효력정지 및 채무자 C에 대한 조합장으로서의 직무집행정지를 구할 피보전권리가 있다는 점이 소명되었다.

나아가 이 사건 조합장 재선출 결의의 효력을 유지하고, 채무자 C에 대하여 조합장으로서의 직무집행정지를 명하지 않을 경우, 채무자 C의 조합장으로서의 지위 및 그 지위에서 행한 직무집행의 효력에 관하여 계속적인 분쟁이 발생할 우려가 있는 점 등의 사정을 고려하면, 이 사건 조합장 재선출 결의의 효력정지 및 채무자 C에 대한 조합장으로서의 직무집행정지를 구할 보전의 필요성도 소명되었다.

[인천지방법원 부천지원 2022. 1. 24.자 2022카합10018 결정]

채권자들은 채무자가 채권자 조합의 선거관리규정을 따르지 아니하고 임의로 선거관리위원회를 구성하여 조합 임원 입후보 절차를 진행하였으므로, 이 사건 임시총회 개최가 위법하다고 주장한다.

이 사건 기록 및 심문 전체의 취지에 의하면, 채권자 조합의 임원들이 2021. 10. 7. 임원회의를 개최하여 선거관리규정을 제정하고 이를 2021. 10. 19. 채권자 조합의 인터넷 홈페이지에 게시한 사실이 소명되고, 채권자들은 채권자 조합의 규약 제20조 제1항 제3호에 의하여 임원회의에서 선거관리규정을 제정할 수 있다고 주장한다. 그러나 채권자 조합의 규약에는 선거관리규정의 제정이나 선거관리위원회 구성에 관한 규정이 존재하지 아니하는바, 위 규약 제20조 제1항 제3호에 의하여 조합 총회의 결의를 받지 아니하고 임원회의에서 선거관리규정을 제정할 수 있는 권한이 있다고 단정하기 어렵다. 뿐만 아니라 선거관리규정 중 조합 임원의 피선거권에 관한 조항(2021. 10. 7. 제정된 선거관리규정의 경우 제8조이고, 2021. 12. 23. 개정된 선거관리규정의 경우 제10조이다)은 채권자 조합의 규약 중 조합 임원의 피선거권에 관한 조항인 제18조의 내용과 상이한바, 사실상 조합 규약을 변경하는

> 것으로 볼 수도 있는데, 조합 규약은 반드시 조합 총회의 의결을 거쳐서 결정하여야 하는 사항이다(채권자 조합의 규약 제24조 제2항은 동조 제1항에서 총회의 의결사항으로 규정한 10개의 사항 중 9개는 임원회의 의결로 대체할 수 있다고 하면서도 조합 규약 변경에 대하여는 반드시 조합 총회의 의결을 거쳐서 결정해야 한다고 규정하고 있다).
> 그러므로 조합 총회의 의결을 거치지 아니하고 조합 임원들로만 구성된 임원회의에서 제정한 선거관리규정은 무효라고 볼 여지가 크다.
> 설령 선거관리규정이 무효가 아니라고 하더라도, 채권자 조합이 2021. 10. 7. 선거관리규정을 제정한 후 이를 2021. 10. 19. 채권자 조합의 인터넷 홈페이지에 게시하였을 뿐 채무자 등 조합원들에게 통지하지 아니한 점, 채권자 조합은 관련 사건 재판이 진행되는 동안에도 선거관리규정이 제정되었다는 사실을 밝히지 아니하였고, 채무자가 관련 사건 결정에 따라 조합 임원 입후보 절차를 진행할 때에도 채무자에게 선거관리 규정을 따라야 한다는 요구를 하지 않았던 것으로 보이는 점 등을 고려할 때, 채무자가 선거관리규정을 준수하지 못한 것이 채무자의 귀책사유로 인한 것이라고 보기 어려울 뿐만 아니라, 이를 이유로 임시총회개최 자체를 금지할 만큼 그 위법성이 중대하다고 보기도 어렵다.

6) 입후보를 위한 추천서 요구

조합임원 입후보자에게 일정 수 이상의 조합원 추천서를 요구하는 것이 적법한가.

조합 정관이나 그에 따른 조직구성을 의한 규정 등 단체 내부의 규정이 조합원의 권리를 필요하고 합리적인 범위를 벗어나 과도하게 침해 내지 제한하거나, 조합원이 임원후보자가 되기 위하여 추천을 받아야 할 조합원의 숫자가 전체 조합원의 숫자에 비추어 소수 조합원의 권리를 해할 우려가 있는 정도에 이른 것이어서 조합원들의 피선거권의 평등을 현저하게 침해하는 규정이라고 인정되는 경우에는 이를 유효한 것으로 볼 수 없다(대법원 2002. 2. 22. 선고 2000다65086 판결, 대법원 1992. 3. 31. 선고 91다14413 판결 등).

이러한 법리에 비추어, 재개발조합의 선거관리규정 중 조합임원 후보자에 대한 추천권을 조합설립에 동의한 토지등소유자에게만 부여한 조항은, 도시정비법상 재개발조합설립인가 전의 토지등소유자는 조합설립의 동의 여부에 따라 그 법적 지위에 차이가 있다고 볼 수 없음에도 조합설립에 동의하지 않고 있는 토지등소유자들에게 평등하게 부여되어야 할 조합임원 선출권을 합리적 사유 없이 제한하는 것이어서 무효로 보아야 할 것이다(대법원 2011. 4. 28. 선고 2010다106269 판결).

같은 취지에서 대법원은 조합장 선출의 경우 토지등소유자 438명 중 조합설립에 동의한 200명에게만 추천권을 부여한데다가 그중 100명 이상의 추천을 요구하면서도 중복추천을 금지하는 동시에 추천인 상한선을 규정한 규정도, 1인의 입후보자가 다수의 추천을 받을 경우 다른 사람의 입후보 자체가 불가능하게 되어 복수 후보의 입후보를 원천적으로 봉쇄하게 될 우려가 있을 뿐 아니라 실제로 특정 후보자가 180인의 추천을 받음으로써 원고가 입후보를 하지 못한 사안에서, 위 규정은 조합원의 피선출권을 지나치게 제한하는 규정이어서 무효라고 보았다(위 대법원 2010다106269 판결).

일정 수 이상의 조합원 추천서를 요구한 것이 적법하다고 본 사례들은 아래와 같다.

[인천지방법원 2019. 5. 3.자 2019카합10206 결정]
채무자의 선거관리위원회가 조합 임원 선거 입후보자들에게 일정 수 이상의 조합원 추천서의 제출을 요구하면서도 그러한 내용이 명시된 등록 공고문을 등록기간 마감일 1주일 전에 조합원들에게 발송함에 따라 경우에 따라서는 후보등록 마감일까지 위 추천서를 완비하는데 다소 어려움이 있었을 것으로 추측된다. 그러나 조합 임원 선거에서 후보자에게 일정 수의 추천서를 제출하도록 요구하는 것에 합리적인 이유가 있고 실제로도 위와 같은 제출 요구가 보편적으로 행해지고 있는 점, 채무자의 창립총회에서도 후보자들에게 조합원들의 추천서 제출을 요구하였던 점, 채무자의 조합원 숫자를 고려할 때 요구하는 추천인의 숫자가 과도하다고는 보이지 않는 점, 상당수 조합원들이 위 공고문을 발송일 다음날 바로 수령하였고, 후보등록 의사가 있는 조합원이라면 그 무렵 위 공고문의 내용을 충분히 확인할 수 있었을 것으로 보이는 점, 현재의 임원진이 아닌 후보자들도 추천서를 구비하여 후보로 정상적으로 등록하였던 점 등을 고려할 때, 후보등록 및 추천서 구비를 위한 시간이 다소 촉박하였다는 사유만으로 조합원들의 피선거권이 침해되었다고 단정하기 어렵다.

[서울고등법원(인천) 2019. 8. 26.자 2019라10017 결정[9]]
채무자는 이 사건 등록공고 시 '그 밖에 선관위가 따로 정하는 사항'으로 조합장은

9) 위 인천지방법원 2019카합10206 결정의 항고심이다.

100명(복수추천 불가), 이사 및 감사는 각 30명(복수추천 가능)의 조합원 추천서를 후보자등록의 요건으로 부가하였고, 이 사건 등록공고를 등록기간에 임박하여 조합원들에게 발송함에 따라 경우에 따라서는 추천서를 완비하는데 다소 어려움이 있었을 것으로 예상되기는 한다. 그러나 이 사건 선거관리규정 제15조에 따라 선관위는 '선관위가 따로 정하는 사항'을 후보자등록 공고사항에 포함시킬 수 있는 점, 채무자는 이 사건 임시총회 시를 기준으로 총조합원수가 1,969명에 이르는 대규모 조합으로서 요구하는 추천인의 숫자가 지나치게 많다고 보이지 않는 점, 채무자가 임원선출 절차를 개시한 이유는 기존 임원들의 임기가 만료되었기 때문이므로 후보등록 의사가 있는 조합원이었다면 충분히 절차를 예상하고 대비할 수 있었을 것으로 보이는 점, 조합 임원 선거에서 후보자에게 일정 수의 추천서를 제출하도록 하는 것은 후보자의 난립을 방지하기 위한 합리적인 이유가 있는 점 등을 고려하면, 후보자등록 요건의 구비를 위한 시간이 다소 촉박하였다는 사정만으로 채권자들의 선임권이나 피선임권이 침해되었다고 볼 수는 없다.

[광주지방법원 2021. 9. 14.자 2021카합50704 결정]
단체의 설립목적을 달성하기 위하여 수행하는 사업 또는 활동의 절차·방식·내용 등을 정한 단체 내부의 규정은 그것이 선량한 풍속 기타 사회질서에 위반되는 등 사회관념상 현저히 타당성을 잃은 것이라는 등의 특별한 사정이 없는 한 이를 무효라고 할 수 없는바(대법원 2009. 10. 15. 선고 2008다85345 판결 등 참조), 중복추천에 의한 추천서를 무효로 하는 이 사건 선거관리규정은 조합장 후보의 난립을 방지하기 위한 규정으로 조합을 대표하는 조합장의 지위에 비추어 이 사건 조합의 총 조합원 350명의 1/7에 해당하는 조합원 50명 이상의 추천을 요하고, 조합원의 중복 추천을 금지하여 조합원은 1명의 조합장 후보자만을 추천할 수 있으며, 중복추천을 할 경우 추천인 수에서 제외한다는 이 사건 선거관리규정이 그 자체로 선거의 공정성을 해할 우려가 커 사회관념상 현저히 타당성을 잃은 것으로 무효라고 볼 수 없고, 나아가 채무자가 위 규정에 따라 채권자의 추천서 59매 중 중복 추천에 의한 추천서 16매를 무효로 판단한 것이 채권자의 피선거권을 침해하였다거나 선거의 공정한 경쟁을 저해하였다고 보기 어렵다.

7) 입후보자 등록기간

입후보자 등록기간은 어느 정도 부여하여야 할 것인가. 하급심은 3일에서 10일 정도의 기간을 부여하였다면 적법하다고 보는 경향에 있다.[10)]

10) 광주고등법원 2020. 10. 8.자 2020라1039 결정은 다른 여러 사정과 입후보자 등록기간

[대전고등법원 2020. 2. 11.자 2019라240 결정]
입후보자등록기간에 관한 채권자의 피선거권 침해에 관한 주장에 관하여 본다. 채무자 정관 제7조 제2항 제2호에 총회에서의 의결권, 임원 및 대의원의 선임권 및 피선임권 등 조합원의 권리, 의무에 관한 사항을 14일 이상 게시판에 공고하도록 규정되어 있는 사실은 인정된다. 그러나 입후보자 공고 그 자체로는 조합 임원과 대의원 입후보를 희망하는 조합원들에게 후보등록 절차를 안내하는 내용에 불과하여, 위 정관규정이 그대로 적용되는 '조합원의 권리, 의무에 관한 사항'으로 단정하기 어렵다. 그런데 채무자 조합은 2019. 6. 8.자 이 사건 임시총회 결의를 위하여 2019. 4. 15. 선거관리위원회 구성을 위한 안내문 통지, 2019. 4. 16. 선거관리위원 모집공고, 2019. 4. 25. 조합장 및 임·대의원 후보자 등록 공고, 2019. 5. 9. 조합 임시총회 개최 공고를 하였으므로 공고기간에 관한 정관 위반은 인정되지 않는다. 또한 소을 제23, 26호증을 종합하면, 서울특별시 정비사업 표준선거관리규정 [별표] 제23조 제1항에는 후보자등록 기간이 후보자등록 공고일 다음날부터 5일 이상(공휴일은 제외한다)으로 규정되어 있고, 당해 정비사업의 규모, 조합원 수, 후보자 추천요건 등에 따라 채무자 조합의 선거관리위원회에서 후보자 등록기간과 시간을 별도로 정하도록 하고 있으며, 실제로 다른 정비사업조합들도 3일 내지 10일의 기간을 두어 후보자 등록신청을 받고 있는 사실이 인정된다. 그렇다면 후보자 등록기간 등이 14일보다 다소 짧다는 사정만으로는 채권자의 피선거권을 침해하고 그로 인하여 조합원들의 자유로운 판단에 의한 투표를 방해하여 자유와 공정을 현저히 침해하여 이 사건 임시총회를 무효에 이르게 할 정도의 하자라고 하기는 어렵다.

8) 조합임원 선임총회의 의장

선거관리위원장이 조합임원 선임을 위한 총회에서의 의장 역할을 할 수 있는가. 특별한 사정이 없는 한 조합장 또는 그 직무대행자가 의장이 되어야 할 것이다.

[서울동부지방법원 2019. 3. 15.자 2018카합10570 결정]
채무자들은 조합의 선거관리위원장이 임원선출을 위한 총회의 임시의장이 되므로 선거관리위원장인 채무자 보조참가인이 진행한 총회에서 한 투표 및 당선자확정 결정이 적법하다는 취지로 주장한다. 그러나 도시 및 주거환경정비법 제42조 제1항에서 조합장이 총회의 의장이 된다고 규정하고 있으므로, 선거관리위원장은 조

을 2일 부여한 사정을 종합하여 총회결의의 효력을 부인하였다.

합장의 사퇴 등으로 인해 총회의 의장이 없는 경우에만 임시의장이 된다고 해석함이 타당한 점, 총회의 소집권자이자 의장인 조합장 직무대행자가 존재하는 상황에서 그가 연기한 총회를 선거관리위원장이 임의로 다시 진행할 수 있다고 보기는 어려운 점 등을 고려하면, 채무자들의 위 주장은 받아들일 수 없다.

한편, 총회에서 의안에 대한 심사를 마치지 아니한 채 법률상으로나 사실상으로 의사를 진행할 수 있는 상태에서 조합원들의 의사에 반하여 조합장이 자진하여 퇴장한 경우 총회가 폐회되었다거나 종결되었다고 할 수는 없으며, 이 경우 조합장은 적절한 의사운영을 하여 의사일정의 전부를 종료케 하는 등의 직책을 포기하고 그의 권한 및 권리행사를 하지 아니하였다고 볼 것이므로, 퇴장 당시 회의장에 남아 있던 조합원들이 임시의장을 선출하여 총회를 진행할 수 있다(대법원 1983. 8. 23. 선고 83도748 판결, 대법원 2001. 5. 15. 선고 2001다12973 판결).

다. 선거운동 방법의 제한

선거관리위원회가 선거운동 방법을 일정 정도 제한하는 것은 가능하다고 할 것인데, 이러한 선거운동 방법의 제한으로 집단적 선거운동이나 사전선거운동을 금지할 수 있다고 판단한 사례들이 있다.

[서울중앙지방법원 2021. 4. 27.자 2021카합20443 결정]

기록 및 심문 전체의 취지를 종합하여 알 수 있는 다음과 같은 사정들을 종합하면, 선관위는 후보자 본인에 한하여 선거운동을 하도록 정하여 후보자들의 집단적 선거운동을 금지한 것이고 문자메시지 발송 자체를 금지한 것이 아닌데, 채권자들은 이에 위반하여 집단적으로 조합원들에게 문자메시지를 발송하여 집단적 선거운동을 함으로써 선거관리규정을 위반하였다고 볼 수 있으므로, 채권자들에 대한 이 사건 취소결정이 위법하다고 보기 어렵다. 따라서 채권자들의 위 주장은 받아들이지 아니한다.

1) 선거관리규정 제33조 제1항은 전화를 통한 선거운동은 '후보자 본인에 한하여' 허용한다고 규정하고 있다. 나아가 선거관리규정 제28조 제5항은 누구든지 선관위가 정하는 선거운동방법 외의 방법으로 선거운동을 할 수 없다고 규정하고 있고, 후보자서약서에도 "선관위에서 정하는 방법 이외의 선거운동 행위를 하지 않으며,

이를 위반할 시 조합 선거관리위원회의 지시나 조치사항을 수용한다."라고 기재되어 있다. 그런데 선관위는 선거의 과열 방지와 공정한 선거를 이유로 선거관리규정 제28조 제5항에 따라 2021. 2. 초 모든 선거운동은 '후보자 본인'만 할 수 있다고 그 방법을 정하여 공지한 데 이어, 2021. 2. 10. 특정 모임에 소속되지 않은 일반 조합원들의 피선거권을 보장하기 위하여 모든 선거운동은 '후보자와 조합원 일대일로만' 할 수 있도록 그 방법을 정하여 공지함으로써 후보자들의 집단적 선거운동을 금지하였다.

2) 이 사건 보궐선거는 총 83명의 후보자들 중 32명의 대의원을 선출하는 선거이므로 조합원들에게는 1인당 32표가 부여되고, 83명의 후보자들 중 32명의 후보에게 투표권을 행사하는 방식으로 선거가 진행되었다.

3) 바로서기 모임 회원들인 이 사건 후보자들은 서로 협의하여 동일한 문자발송 사이트를 통해 2021. 2. 20. 및 2. 23. 같은 시간대에 모든 조합원들을 상대로 그 조합원들의 전화에 같은 디자인의 문자를 발송하였다. 또한 문자에 첨부된 사진에는 붉은색으로 "AD구역을 바로 세우도록 힘쓰겠습니다."라는 문구가 공통적으로 들어가 있고, 문자 내용에도 "우리 조합 사업을 바로세울 수 있도록 최선을 다하겠습니다."라는 내용이 들어가 있다. 이러한 점들을 종합하면 <u>이 사건 후보자들은 위와 같이 집단적으로 조합원들에게 문자메시지를 발송하여, 선관위가 후보자 본인에 한하여 선거운동을 할 수 있도록 정함으로써 금지한 후보자들의 집단적 선거운동을 한 것으로 볼 수 있다</u>.

4) 채권자들이 조합원들을 상대로 동일한 문자를 2회에 걸쳐 발송하자 선관위는 이를 집단적 선거운동으로 판단하고 선거관리규정 제16조에 따라 채권자들에 대한 후보자등록을 취소하기로 결정하였다.

5) 채권자들은, ① 선거관리규정 제28조 제5항과 제33조와의 체계적 해석상 선관위는 선거관리규정에서 명시적으로 허용하는 선거운동방법까지 제한할 수 없고 제33조 제1항 제2호의 선거운동에는 후보자 본인에 한하여 허용한다는 제한이 없어 반대해석상 다른 조합원에 의한 명시적 지지도 인터넷 공간에서는 허용되는 것인데, 선관위의 위와 같은 선거운동 제한은 선거관리규정에서 허용하는 선거운동을 금지한 것이어서 효력이 없고, ② 선거관리규정 제28조 제5항에 따라 선관위는 선거운동의 '방법'만을 제한할 수 있고 '내용'을 제한할 수 없는데, 이 사건 취소결정은 문자에 의하여 표현되는 내용(특정단체지지)을 검열한 것에 다름없다고 주장한다. 그러나 <u>① 선거관리규정 제28조, 제33조 제1항 각호, 제3항의 내용에 비추어 보면 채권자들처럼 후보자들이 집단적으로 조합원들에게 문자메시지를 발송하는 것이 선거관리규정에서 허용하는 선거운동방법이라고 보기 어렵고, ② 선관위는 선거운동의 '방법'으로서 후보자들의 집단적 선거운동을 금지한 것일 뿐, 그 '내용'을 금지한 것이라고 볼 수 없으므로</u>, 위 주장은 받아들일 수 없다.

[서울중앙지방법원 2021. 1. 29.자 2021카합20105 결정]
채무자의 자치규범인 선거관리규정 제16조 제3항 제5호에 의하면, 후보자 등록 이후 사전선거운동을 한 자에 대하여 후보자 등록을 취소하거나 당선을 무효로 한다고 규정하고 있으므로, 채무자 선거관리위원회로서는 해당 후보자가 사전선거운동을 하였다고 판단한 이상 그 등록을 취소하여야 한다.
채권자가 채무자 조합원들에게 발송한 카카오톡 메시지의 내용 및 시기, 발송 대상 및 횟수, 채권자와 발송 대상자와의 관계, 채권자가 위와 같은 메시지를 발송하게 된 동기 및 경위[11]에 비추어 보면, 채권자의 위와 같은 행위는 선거의 기본이념인 선거의 자유와 공정을 해할 우려가 있는 사전선거운동에 해당한다고 판단되고, 이를 이유로 채권자의 후보자 등록을 취소한 채무자 선거관리위원회의 이 사건 결정에 재량권을 일탈 남용한 하자가 있다거나 사회통념상 현저하게 타당성을 잃어 무효로 돌릴 만한 하자가 있다고 단정하기 어렵다.
한편 채권자는, "공공단체 등 위탁선거에 관한 법률(이하 '위탁선거법'이라 한다) 제24조의2 제7항 제1호에 의하면 예비후보자는 선거운동 기간 전에도 문자메시지를 전송하는 방법으로 선거운동을 할 수 있으므로, 후보자로 등록하여 예비후보자를 겸하는 것으로 간주되는 채권자의 경우 선거운동 기간 전이라도 문자메시지를 전송하는 방법으로 선거운동을 할 수 있다."고 주장하나, 위탁선거가 아닌 이 사건 선거에 있어 위탁선거법 적용을 전제로 한 위 주장은 받아들일 수 없다.
또한 채권자는, "채권자 이외의 다른 후보자도 사전선거운동을 하였다고 보임에도 채무자 선거관리위원회가 등록 취소 조치를 취하지 않아 평등의 원칙에 반한다."고도 주장하나, 이는 이른바 불법의 평등의 실현을 주장하는 것이어서 받아들일 수 없다.

라. 다수의 조합임원을 선임 또는 해임하는 경우의 안건 분리

(1) 총회의결을 명확히 하고 정비사업을 수행함에 있어서 분쟁을 미리 방지하기 위해서는 총회의 의결을 거쳐야 하는 제반 사항에 대해 별도의 안건으로 상정하여 처리하는 것이 안전하다. 특히 두 개 이상의 안건을 하나의 안건으로 처리함으로써 조합원의 토의권과 표결권을 침해하고 조합원의 의사가 왜곡될 우려가 있다면 그 총회의 결의는 하자 있는 결의가 된다. 예컨대 임원선임을 위한 총회에서 임원 개개인별로 임원선임의 가부를 묻지 아니하고 임원 전원에 대한 가부를 묻는 식으로 안건을 처리하게 되면 개개 임원별로 가부를

11) 위 결정문상 사전선거운동의 구체적인 내용은 드러나지 않는다.

결정하고 싶은 조합원의 표결권을 침해함으로써 조합원의 의사가 왜곡될 수 있으므로 위법한 절차가 된다.[12)]

하급심도 여러 명의 임원에 대한 선임 또는 해임결의를 진행함에 있어 임원별로 안건을 개별적으로 상정하여 의결하지 아니하고 여러 명의 임원에 대한 선임 또는 해임 의사를 한 번에 묻는 경우, 일부 임원의 선임 또는 해임에는 찬성하나 다른 임원의 선임 또는 해임에는 반대하는 조합원의 의결권을 실질적으로 침해하게 되므로 이와 같은 상정 및 의결 방식은 위법하다고 보고 있다(수원지방법원 2019. 7. 23.자 2019카합10294 결정, 서울서부지방법원 2019. 11. 1.자 2019카합50608 결정, 부산지방법원 2020. 9. 11.자 2020카합10316 결정).

(2) 다만 총회의 의결을 거치는 과정에서 별도의 안건으로 처리하지 않았다고 하더라도, 총회 과정에서 당해 안건에 대해 토의가 이루어지고 그 안건에 대해 실질적인 의결이 이루어졌다고 한다면, 적법하게 총회의 결의를 거친 것으로 보아야 한다.[13)]

대법원도 조합이 시공사와 공사비를 인상하기로 하는 약정을 체결함에 있어서 공사비 인상에 관한 별도의 안건으로 총회에 상정하지 아니하고 관리처분계획 내용에 포함시켜 결의한 경우 적법하게 총회의 의결을 거친 것으로 보아야 한다고 보았고(대법원 2002. 2. 8. 선고 2001도6231 판결), 하급심도 사업시행계획의 경미한 변경이 있는 경우, 변경사항별로 안건을 분리 상정할 필요가 있다고 보기 어렵다고 판단하였다(서울동부지방법원 2021. 7. 9.자 2021카합10199 결정).

[서울동부지방법원 2021. 7. 9.자 2021카합10199 결정]

이 사건 기록에 의하면, 별지1 목록 기재 10호 안건은 '창호, 층간 차음재, 승강기 타입, 옥외형 투입방식 쓰레기 이송시스템, 분리수거장 위치 변경, 친환경 무기질 도료, 전기차 충전설비, 통합관제센터, 홈네트워크, 세대 내 AV배관'에 대한 변경을 내용으로 하는 사실, 위 항목들 중 옥외형 투입방식 쓰레기 이송시스템에 대하여는 2018. 9. 1. 임시총회에서 설치하는 것으로 의결하였다가, 2019. 12. 7. 임시총회에서 설치하지 않는 것으로 의결한 사실은 소명된다.

그러나 이 사건 기록 및 심문 전체의 취지를 종합하면, 별지1 목록 기재 10호 안건

12) 로앤비, 온주 도시및주거환경정비법, 제45조 Ⅱ. 3.항(이형석 집필) 참조.

13) 본장 각주 37 참조(로앤비, 온주 도시및주거환경정비법, 제45조 Ⅱ. 3.항(이형석 집필) 참조).

은 경미한 사업시행계획의 변경인 사실이 소명되므로, 채무자로서는 사업시행계획의 변경안 전부에 대하여 일괄적으로 조합원들의 의사를 묻는 방식으로 안건을 상정하는 것 역시 가능한 것으로 보인다. 따라서 채권자들이 제출한 자료들만으로는 위 안건이 채무자 조합원들의 의결권을 침해하는 것이라는 점이 소명되었다고 볼 수 없다.

해임 및 선임의 대상이 되는 임원별로 안건을 분리하지 않은 서면결의서와 1인만이 출마한 임원의 선임 안건에 관하여 의장에게 의결권을 위임한 것이 유효하다고 본 예외적 사례도 있다.

[광주지방법원 2019. 10. 17.자 2019카합50347 결정]

이 사건 서면결의서가 해임 및 선출의 대상이 되는 임원별로 찬부 등의 의사표시를 할 수 있도록 되어 있지는 않다. 그러나 ① 지역주택조합이 기존 임원진에 대한 불신 등을 해소하고 사업을 원활하게 진행하기 위한 목적으로 임원 전원을 교체하는 방식으로 조직을 개편하는 것을 부정할 이유가 없으므로 임원을 일괄하여 해임하고 새로운 임원을 선출하는 안건이 총회에 상정되었다고 하더라도 그 경위 등 제반 사정을 고려하지 않은 채 일률적으로 조합원들의 의결권을 침해하였다고 볼 것은 아닌 점, ② 채무자 <삭제> 등 37명은 조합의 사업 진행이 원활하지 않은 상황에서 기존 임원진에 대한 불신까지 더해져 임원 전원을 교체함으로써 조직을 개편하기 위한 목적으로 이 사건 임시총회 소집허가를 받아 임시총회를 개최한 것으로 보이므로, 기존 임원을 일괄하여 해임하고 새로운 임원을 선출하는 안건을 총회에 상정하였다고 하더라도 이를 위법하다고 보기 어려운 점, ③ 이 사건 임시총회에 직접 출석한 조합원 37명은 임원별로 상정된 해임 및 선출 안건에 대하여 전부 찬성한 점(이들은 이 사건 임시총회의 개최 전 임원 전원의 해임에 찬성하고, 임원 선출과 관련하여 의결권을 임시총회 의장에게 위임하는 내용의 서면결의서도 제출한 것으로 보인다), ④ 조합원들이 이 사건 임시총회의 개최 전에 서면결의서를 제출할 당시 위와 같은 서면결의서 작성 방식에 대하여 별다른 이의를 제기하지 않은 것으로 보이는 점 등에 비추어 보면, 해임 및 선출의 대상이 되는 임원별로 찬부 등의 의사표시를 할 수 없다는 사정만으로 이 사건 서면결의서가 효력이 없다고 단정할 수 없다. 나아가 조합원이 임원 선출을 위한 의결권의 행사를 제3자에게 위임하는 것을 부정할 이유가 없고, 더욱이 이 사건 임시총회의 경우 새롭게 선출하려는 조합장, 이사, 감사 후보자가 각 1명에 불과하므로, 이 사건 제4호 안건과 관련하여 임시총회의 의장에게 의결권을 일괄하여 위임하는 내용의 서면결의서가 작성되었다고 하여 효력이 없다고 단정할 수 없다.

마. 조합원 신분확인

> [수원지방법원 평택지원 2019. 11. 26.자 2019카합1061 결정]
> 이 사건 기록 및 심문 전체의 취지에 의하면, 채무자 B가 이 사건 총회를 개최하면서 일부 조합원들의 생년월일, 동 호수가 기재되지 않은 조합원 명부 및 선거인 명부로 조합원 신분확인을 한 사실, 일부 조합원의 경우 조합원 명부, 선거인 명부에 기재된 생년월일이 일치하지 않은 사실은 소명된다.
> 그러나 채무자 B는 이 사건 총회 참석시 신분증과 '총회 책자'를 지참하여 출석하도록 안내하였고, 조합원 명부에 모든 조합원의 휴대전화번호와 주소가 기재되어 있는바, 위와 같은 정보를 바탕으로 가능한 방법을 동원해 신분 확인을 거친 것으로 보이고, 신분 확인 절차가 위법하여 결의 무효에 이를 정도의 하자가 있다고 볼 수 없다. 또한, 조합원 본인이 참석하지 않았다고 볼 사정도 없다.

바. 하자의 추인[14)]

조합임원 선거 절차에 하자가 있는 경우 별도 선거 절차 없이 총회에서 하자 있는 조합임원 선임결의를 추인할 수 있는가. 긍정하여야 할 것이다.

> [서울북부지방법원 2022. 4. 15.자 2021카합83 결정]
> 채권자들은, 조합장 선출을 위한 선거절차에 하자가 있는 경우 별도의 선거절차 없이 총회에서 조합장 선출결의를 추인하더라도 그 하자가 치유되지 아니하므로, 조합장 선출에 관한 제12 결의를 추인하는 내용의 제7-8 추인결의는 무효라는 취지로 주장하나, 기록 및 심문 전체의 취지에 의하여 소명되는 다음과 같은 사정들, 즉 ① 채무자 조합의 선거관리규정 제3조는 적용범위에 대하여 '이 규정은 조합 임원, 대의원의 선거(변경, 연임, 보궐선거를 포함한다)에 관하여 정관에서 따로 정하는 사항 외에는 본 규정을 적용한다'라는 취지로 규정하고 있고, 채무자 <u>조합의 정관 및 선거관리규정에 선거가 무효인 경우 재선거를 실시하여야 한다는 취지의 규정은 없는 점</u>, ② 가사 제7-8 추인결의에 <u>재선거 등의 형식으로 진행하지 아니한 하자가 있다고 하더라도, 채무자 조합의 정관 및 선거관리규정은 임원의 정수보다 후보자 많은 경우 다득표자를 당선인으로 결정한다고 규정하고 있는데, 이 사건 임시총회에서 전체 조합원 821명의 과반수가 넘는 428명의 찬성으로 제7-8 추인결</u>

14) 하자있는 총회결의의 추인에 관한 일반적인 내용은 후술하는 제5장 9.항을 참조하기 바란다.

의가 가결되었던 점 등을 종합하면, 제7-8 추인결의가 그 추인의 대상이 조합장 선출결의라는 사정만으로 추인의 효력이 없다거나 무효라고 볼 만한 중대한 하자가 있다고 보기 어렵다.

대법원도 이러한 추인결의가 가능하다는 전제 하에, 당초 총회에서 임원을 선임한 결의에 대하여 그 후에 다시 개최된 총회에서 종전 결의를 그대로 재인준하거나 종전 결의에 의하여 선임된 임원들이 모두 사임하고 새로이 후임 임원을 선임하는 결의를 한 경우에는 설령 당초 임원선임결의가 무효라고 할지라도 새로운 총회결의가 하자로 인하여 부존재 또는 무효임이 인정되거나 결의가 취소되는 등의 특별한 사정이 없는 한 종전 총회결의의 무효에 대한 확인을 구하는 것은 과거의 법률관계 내지 권리관계의 확인을 구하는 것에 불과하여 권리보호의 요건을 결여한 것으로 보았다.

또한 새로운 총회가 당초 임원선임결의에 의하여 선임된 임원에 의하여 소집된 총회이므로 무권리자에 의하여 소집된 총회라는 사유는 독립된 무효사유로 볼 수 없다. 만약 이를 무효사유로 본다면 최초 임원선임결의의 무효로 인하여 연쇄적으로 그 후 결의가 모두 무효로 되는 결과가 되어 법률관계의 혼란을 초래하고 법적 안정성을 현저히 해하게 되기 때문이다(대법원 2003. 9. 26. 선고 2001다64479 판결, 대법원 2007. 3. 30. 선고 2005다45698 판결, 대법원 2012. 1. 27. 선고 2011다69220 판결, 대법원 2012. 4. 12. 선고 2009다26787 판결 등).

3. 조합임원 당선인에 대한 불신임

조합임원 당선인에 대한 불신임 결의 자체는 가능할 것이나, 그 절차 등은 엄격히 갖추어야 할 것이다.

[서울중앙지방법원 2019. 5. 20.자 2019카합20818 결정]

1) 채무자 규약은 임원의 불신임에 관하여 규정하고 있을 뿐, 임원 당선인의 불신임에 관하여 명시적으로 규정하고 있지는 않다. 그러나 임원에 대한 불신임이 규약상 가능한 이상, 임원 당선인에 대한 불신임도 임원 불신임 절차에 따라 가능하다

고 해석할 여지도 있고, 채무자 규약은 '기타 중요한 사항'도 총회의 의결사항으로 규정하고 있는 점에 비추어 보면, 채권자의 주장과 같이 임원 당선인에 대한 불신임 결의가 규약상 근거가 없어 불가능하다고 단정하기는 어렵다.
2) 그런데 임원 불신임 절차에 따라 임원 당선인에 대한 불신임 결의가 가능하다고 보더라도, 임기가 개시되지도 않은 당선인에 대한 불신임은 선거를 통해 확인된 조합원들의 총의와 상반된 결의를 하려는 것으로 사실상 재선거에 해당하고, 자칫 선거에서 패배한 측이 선거 결과에 불복하는 수단으로 남용할 위험성도 있는 점을 고려하여 볼 때, 임원 당선인에 대한 불신임은 그 절차가 공정하게 관리되고, 찬반 양측에 토론의 기회가 충분히 부여되는 등 조합원들이 불신임안에 대하여 실질적으로 숙고할 수 있도록 절차적 요건을 엄격하게 갖출 것이 요구된다.
3) 채무자 규약에 의하면, 임원의 불신임은 조합원 과반수의 출석과 출석 조합원 2/3 이상의 찬성이 필요한 총회의 의결사항이고(제17조, 제36조, 제39조), 총회는 회일로부터 최소한 7일 전에 회의장소와 일시, 목적사항을 제시하여 공고하는 방식으로 소집되어야 한다(제18조 제1항). 그럼에도 채무자는 총회 하루 전인 2019. 4. 23.에야 총회를 소집한 후, 이 사건 결의에 이르렀고, 그 과정에서 달리 조합원들에게 불신임 안건에 대하여 충분히 토론할 기회가 부여되었다는 자료는 없다.
4) 이처럼 통상의 소집 기간도 두지 아니하고, 조합원들에게 불신임 안건에 대하여 토론과 숙고할 기회를 사전에 부여하지 않은 것은 그 자체로 이 사건 결의의 효력에 영향을 미치는 중대한 하자로 평가할 수 있다. 더구나 제9대 위원장 선거의 경과 및 결과, 이 사건 결의에 이른 일련의 과정에 비추어 볼 때, 임기가 만료될 집행부가 선거 결과에 불복하려는 의도로 특별한 위법·위규 행위를 하지 아니한 채권자 등에 대하여 서둘러 절차를 진행하였다는 의혹으로부터 완전히 자유로울 수 없다는 점에서도 위와 같은 하자가 결코 가볍다고 볼 수 없다.
5) 이에 대하여 채무자는 이 사건 심문기일에서 2019. 4. 15.자 대의원대회 공고로 총회 공고를 갈음할 수 있고, 총회에서의 투표는 규약상 불신임의 특별결의요건을 충족하기 위한 후속 조치에 불과하므로 이 사건 결의에 절차상 하자가 있다고 보기 어렵다고 주장한다. 그러나 앞서 본 바와 같이 임원 당선인에 대한 불신임 절차는 엄격하게 준수되어야 하는데, 임원의 불신임은 총회의 의결사항이고(제17조, 제36조, 제39조), 채무자 규약상 총회와 대의원회는 그 구성은 물론 소집 요건이 엄연히 구별되는 기관인 이상 대의원대회 공고로 총회 공고를 갈음할 수는 없다고 할 것이므로 채무자의 위 주장은 받아들이기 어렵다.

4. 조합임원의 연임

가. 기본 법리

(1) 임기가 만료된 조합임원에 대한 연임결의가 조합원의 선거권 내지 피선거권을 침해하는가.

연임은 임기가 만료된 후 곧바로 이어 종전 임기와 동일한 임기 동안 재임하는 것을 의미하므로, 기존 임기의 만료 시점 이후부터 연임된 임원의 새로운 임기가 시작되는 것으로 해석함이 타당하고, 그와 같이 해석하는 이상 조합임원의 임기가 만료된 이후에 연임결의가 있었다 하여 연임결의가 조합임원의 임기를 부당하게 연장한다거나 조합 조합원들의 선거권 내지 피선거권을 침해한다고 볼 수는 없다고 본 사례가 있다(의정부지방법원 2021. 2. 18.자 2021카합5059 결정[15]).

(2) 연임절차에 조합임원의 선임절차가 그대로 적용되는가.

조합장의 '선출'과 '연임'은 구분되는 개념이므로, 조합장의 연임에 대하여 조합장의 선출을 전제로 한 도시정비법 및 정관의 규정들이 당연히 적용된다고 볼 수는 없다. 따라서 조합은 (정관에 연임에 관한 근거규정이 있다면) 조합장의 임기가 만료된 경우 새로운 입후보자등록공고 등의 절차를 밟아 총회에 새로운 조합장 선임 안건을 상정할 것인지, 그렇지 아니하고 총회에 기존 조합장의 연임 안건을 상정할 것인지 선택할 수 있다(대법원 2010. 11. 11. 선고 2009다89337 판결[16]).

이러한 법리에 기초할 때, 조합이 대의원회 결의를 통해 조합장에 대한 연임 안건을 총회에 상정하기로 한 결의가 무효라고 볼 수 없고, 조합원들의 조합장 선출권 내지 피선출권은 조합원 총회에서 조합장의 연임 안건이 부결되는 경우, 이후 진행될 새로운 조합장의 선임 절차에서 보장하면 충분하고, 조합장의 임기가 만료된 이후에 총회에서 조합장의 연임을 의결하는 경우에는 연임된

15) 서울동부지방법원 2021. 4. 13.자 2021카합10102 결정, 서울서부지방법원 2019. 4. 11.자 2019카합50194 결정도 같은 취지이다.

16) 운영규정에 연임은 총회의 의결을 거쳐 결정한다는 규정이 있는 사안에 관한 것이다.

조합장의 임기는 종전의 임기 만료 시점으로 소급하여 개시되는 것으로 볼 수 있으므로, 조합장의 임기 만료 전에만 연임 의결이 가능하다고 볼 수도 없다(서울동부지방법원 2021. 4. 13.자 2021카합10102 결정[17]).

다만 아래에서 보는 바와 같이, 하급심에서는 조합임원 연임시에 조합임원 선임 절차를 지켜야 하는지에 관한 판단이 엇갈리고 있으므로, 조합임원 연임 시에도 조합임원 선임에 관한 절차를 준수하는 것이 안전할 것이고, 조합임원 선임 절차 없이 연임을 허용하고자 한다면 정관에 그에 관한 명시적인 규정을 두는 것이 바람직하다.

나. 조합정관에 연임에 관한 근거규정이 없는 경우

조합임원 임기 만료시 조합임원 신규선임 절차를 거치지 않고 기존 조합임원의 연임 여부만을 조합총회에서 결의하는 것은 위법하다는 하급심결정례가 있고, 그 구체적인 내용은 아래와 같다.

[서울고등법원 2021. 5. 20.자 2021라20441 결정]

(1) 도시정비법 제41조 제4항에서는 조합임원의 임기는 3년 이하의 범위에서 정관으로 정하되 연임할 수 있다고 규정함으로써 조합임원의 임기나 연임 가능성에 관하여 정관의 규정에 위임하고 있으므로, 조합임원의 임기와 연임을 인정할 것인지 여부, 연임결의의 방식에 관한 사항은 조합정관의 규정과 그 해석에 의하여야 할 것이다. 기록에 의하면, 채무자의 정관 제12조 제4항에서는 '임원의 임기는 선임된 날로부터 사업종료시까지로 한다. 다만 자진사퇴를 하거나 조합원 총회 또는 대의원회의에서 불신임결의를 하였거나 제13조의 규정에 의한 결격사유가 발생된 경우에는 그러하지 아니하다.'고만 정하고 있고, 임원의 연임에 관한 내용은 따로 정하고 있지 아니한 사실, 채무자가 2019. 5.경 임원의 연임에 관한 조항을 포함하도록 정관을 변경하려고 하였으나 도시정비법 및 동법 시행령에서 규정한 절차를 거치지 않아 정관변경이 이루어지지 아니한 사실이 인정된다. 그렇다면, 채무자로서는 조합장의 임기가 만료한 경우에 채무자의 정관 제12조 제2항에 따라 조합원총회에서의 최다득표자를 조합장으로 재선출할 수 있을 뿐이고, 새로운 입후보자등록공고 등의절차를 밟아 조합원총회에 조합장의 선임안건을 상정할 것인지 또는 조합원총회에 (다른 입후보자가 없는 상태로) 조합장의 연임 안건을 상정할 것인지를

17) 서울서부지방법원 2019. 4. 11.자 2019카합50194 결정도 같은 취지이다.

임의로 선택할 수 있다고는 보기 어렵다. 따라서 임기가 만료된 조합장이 위와 같은 정식 선출절차를 통하지 않고 총회를 통해 연임 여부만을 의결할 수 있도록 한 이 사건 결의는 조합원들의 조합장 선출권 및 피선출권을 침해한 것으로서 위법하다(채무자는 대법원 2010. 11. 11. 선고 2009다89337 판결을 근거로 이 사건과 같은 조합장 연임의 경우 입후보자에 대한 등록절차를 거칠 필요가 없다고 주장하나, 위 판례의 사안은 정비사업조합설립추진위원회 단계에 있어 조합설립추진위원회운영규정에 '임기만료의 경우 추진위원회에서 연임 의결을 하고 총회에서 추진위원장 연임을 승인하는 의결을 할 수 있다'라는 취지의 규정이 있던 사안이고, 이 사건은 채무자의 정관에 연임에 관한 규정이 전혀 없는 사안이므로, 위 판례가 적용될 수는 없다).

(2) 이에 대하여 채무자는 도시정비법 제21조 제5항의 '연임할 수 있다'는 표현에 근거하여 조합원총회에서 현 조합장의 연임 여부만을 결의할 수 있다는 취지로 주장하나, 위 '연임할 수 있다'는 조문의 취지는 1회의 임기가 종료된 후 재선출이 금지되는 것이 아니라 최대 3년의 임기가 종료된 후 다시 정관에 정해진 선출방법에 따라 선출되어 다시 임기를 누리는 것이 가능하다는 의미이지, 정관의 근거도 없이 경쟁자를 완전 배제한 '연임' 결의라는 특수한 형태의 결의를 통하여 조합원들로부터 재신임 여부를 판단받은 뒤 연임 결의가 부결되면 그때서야 별도의 경쟁입후보에 의한 직접투표를 실시한다는 의미로는 도저히 해석되지 아니한다. 즉 정관에 연임의 절차에 관하여 별도의 정함이 있는 경우 특별한 사정이 없는 한 이를 도시정비법에 위반된다고 볼 수는 없으나, 도시정비법의 '연임할 수 있다'는 표현에만 근거하여 연임 여부 결의 및 부결시 새로운 조합장 선출이라는 특수한 형태의 선거형태가 가능하다고 볼 수는 없고 이는 조합장의 선출에 있어 기존 조합장에게 과다한 우위를 부여하는 것이 되어 조합원총회를 거친 정관의 이념을 본질적으로 침해하는 것이다.

(3) 또한 채무자는 정관 제21조 제4호에서 대의원회의 결의사항으로 '총회 부의 안건의 사전심의'를 정하고 있고 대의원회의에서 연임 안건을 결의하였으므로 이를 총회에 부의하는 것이 가능하다고도 주장하나, 도시정비법과 정관의 규정에 의하면 조합장의 선출은 조합원총회의 권한이고, 대의원회의의 결의에 의하여 총회의 위 권한을 제한할 수 있다고 볼 만한 근거가 없으며 이를 '사전심의' 대상이 되는 안건이라고 볼 수도 없다. 따라서 대의원회의에서 이 사건 결의에 의해 부의한 조합장연임안을 총회가 승인한다고 하더라도 그 결의가 유효하다고 볼 수도 없다.

(4) 이어 채무자는 정관 제12조 제4항에서 임원의 임기를 사업종료시까지로 하고 있고 총회 또는 대의원회에서 불신임결의가 가능하도록 규정하고 있으므로 그 해석상 총회에서 연임에 관한 사항도 의결할 수 있다고 주장하나, 위에서 본 도시정비법의 개정으로 위 임기 관련 정관 조항은 그 효력을 상실하였고, 불신임결의는

임기 중간에 하는 해임결의이므로 위 정관의 조항만으로 임기만료후의 연임 결의가 가능하다는 해석은 도출되지 아니한다.

다. 조합정관에 연임에 관한 근거규정이 있는 경우

(1) 도시정비법은 조합임원의 임기는 3년 이하의 범위에서 정관으로 정하되 연임할 수 있고, 선출방법은 정관으로 정한다고 규정하고 있으므로(제41조 제4항, 제5항), 설령 조합의 선거관리규정이 연임의 경우에 관하여 별도로 규정하지 않으면서 "모든 선거는 선거관리위원회가 주관한다."고 규정하고 있더라도, 위 규정은 선거절차가 존재하는 경우를 전제로 한 것으로, 위 규정이 선거절차를 거치지 아니하는 연임의 경우에도 당연히 적용된다고 볼 근거가 없는 점, 연임의 경우 다른 조합원들에게 입후보 및 선거운동의 기회가 부여되어야 하는 선임절차와는 차이가 있는 점 등을 보태어 보면, 조합임원이 연임하는 경우에도 필요적으로 선거관리위원회가 구성되어야 한다고 단정하기 어렵다.

또한 조합 정관이나 선거관리규정에 조합임원에 대한 연임 결의를 할 경우 해당 임원들에 대한 학력이나 경력 등을 조합원들에게 고지하여야 한다는 취지의 규정이 존재하는 경우가 아닌 한, 선임절차와 달리 연임의 경우 여러 입후보자의 경력 등을 비교해야 할 필요성이 없을 뿐 아니라, 해당 임원이 최초 선임될 당시 주요 경력 등에 대한 검토가 어느 정도 이루어졌을 것으로 보이는 점 등에 비추어 보면, 임원에 대한 연임 결의안을 상정할 때에 대상자의 학력 내지 경력 등에 대한 고지 절차가 필요적으로 요구된다고 보기도 어렵다(수원지방법원 안산지원 2021. 2. 25.자 2021카합50011 결정).

(2) 반면, 위와 유사한 사안에서 아래와 같은 이유로 조합임원 연임시에도 선거관리위원회를 구성하여야 한다는 하급심결정례도 존재한다.

[수원지방법원 안산지원 2019. 6. 21.자 2019카합50080 결정]
이 사건 기록과 심문 전체의 취지에 의하여 알 수 있는 다음과 같은 사정들, 즉 ① 채무자는 재개발사업과 관련한 일련의 절차가 도시 및 주거환경정비법(이하 '도시정비법'이라 한다)에 의하여 규율되고, 위 사업과 관련하여 조합원들에게 행정처분을 할 수 있을 뿐만 아니라, 토지 등을 수용 또는 사용할 수 있는 등 공공기능을 수

행하며, 노후 불량건축물이 밀집한 지역의 주거환경 등을 개선하여 주택을 건설 공급 및 관리하는 등 공공적 성격을 가지고 있는 점, ② 도시정비법 제134조는 형법상 뇌물죄 적용에 있어서 조합임원을 공무원으로 의제하고 있는데, 이는 그 직무의 공공적 성격으로 인하여 공무원에 버금가는 고도의 청렴성과 업무의 불가매수성이 요구되므로, 위 사업의 공정성을 확보하기 위한 것인 점, ③ 도시정비법 제41조에서 조합임원의 임기를 3년 이하의 범위에서 정관으로 정하되, 연임할 수 있도록 하고, 그 선출방법 등도 정관으로 정하도록 하고 있으며, 채무자의 정관 제15조 제3항에서 임원에 관하여 총회의 의결을 거쳐 연임할 수 있도록 하고, 위 정관이 국토교통부장관 등 주무부처 장관이 작성하여 보급한 표준정관의 내용이라고 하더라도, 채무자 및 그 임원 직무의 공공적 성격에 비추어 채무자의 임원에 관한 연임절차에서 공정성 등을 확보하여 절차적 정당성을 기함이 상당하고, 그 연임은 새로이 임원을 선임하는 것과 그 의미, 실질이 거의 같은 점에 비추어 새로이 임원을 선임하는 절차에 준하지는 못할지라도 적어도 그 선임절차를 주관하는 기구인 중립적인 선거관리위원회에서 그 연임에 관한 의결절차를 주관하는 것이 그 절차의 공정성을 실질적으로 담보할 수 있다고 할 것인 점, ④ 채무자의 조합장을 제외한 나머지 임원들은 참석하지 않는 채무자의 대의원회에서 이 사건 안건이 심의되었다고 하더라도, 위 조합장은 당연직 대의원이 되고 의결권을 가지며 도시정비법 제42조 제1항에 의해 대의원회 의장이 되는 등 위 대의원회에서의 조합장의 영향력, 대의원회의 일반적인 운영실태 등을 고려하면, 채무자의 임원에 관한 연임안건에 대한 심의는 공정성이 담보되었다고 단정하기 어려운 점, ⑤ 채무자의 선거관리규정에서 임원의 연임에 관한 절차에 대하여 규정하고 있지 않고, 채무자의 정관에서 위 연임에 관하여 총회의 의결을 거치도록만 규정하고 있다고 하더라도, 선거관리위원회가 구성되어 위 연임에 관한 절차를 주관하도록 하는 것은 위 정관에 상충되지 않을 뿐만 아니라 오히려 위 연임에 관한 총회 의결의 정당성을 강화시키는 것이 되는 점 등을 종합하여 보면, 설령 채무자의 임원들이 그 결격사유가 없다고 하더라도, 채무자 및 그 임원 직무의 공공적 성격에 비추어 그 연임절차의 공정성을 담보할 수 있는 절차를 거쳐야 할 것이므로, 선거관리위원회의 구성 없이 진행되는 이 사건 안건 의결의 금지를 구하는 피보전권리는 소명되었다.

5. 조합임원의 사임

(1) 조합과 조합임원의 법률관계는 신뢰를 기초로 한 위임 유사의 관계이므로, 조합임원은 민법 제689조 제1항이 규정한 바에 따라 언제든지 사임할 수

있고, 조합임원의 사임행위는 상대방 있는 단독행위이므로 그 의사표시가 상대방에게 도달함과 동시에 그 효력을 발생하고,[18] 그 의사표시가 효력을 발생한 후에는 마음대로 이를 철회할 수 없음이 원칙이다.

그러나 정관에서 조합임원의 사임절차나 사임의 의사표시의 효력발생시기 등에 관하여 특별한 규정을 둔 경우에는 그에 따라야 할 것인데, 위와 같은 경우에는 조합임원의 사임의 의사표시가 조합의 대표자에게 도달하였다고 하더라도 그와 같은 사정만으로 곧바로 사임의 효력이 발생하는 것은 아니고 정관에서 정한 바에 따라 사임의 효력이 발생하는 것이므로, 조합임원이 사임의 의사표시를 하였더라도 정관에 따라 사임의 효력이 발생하기 전에는 그 사임의사를 자유롭게 철회할 수 있다(대법원 2008. 9. 25. 선고 2007다17109 판결).[19]

또한 조합임원이 사임서 제시 당시 즉각적인 철회 권유로 사임서 제출을 미루거나, 대표자에게 사표의 처리를 일임하거나, 사임서의 작성일자를 제출일 이후로 기재한 경우 등 사임의사가 즉각적이라고 볼 수 없는 특별한 사정이 있을 경우에는 별도의 사임서 제출이나 대표자의 수리행위 등이 있어야 사임의 효력이 발생하고, 그 이전에 사임의사를 철회할 수 있다(대법원 2006. 6. 15. 선고 2004다10909 판결).

(2) 조합장이 작성하여 제출한 사임서에 '사임서는 신입 조합장이 북구청으로부터 승인허가가 나오는 날 처리키로 한다'라고 단서를 부가한 경우, 위 승인허가시까지 사임의 효력이 발생한다고 보기 어려우므로 사임의 효력이 발생하기 전에 사임서를 제출한 조합장이 총회를 소집하는 것은 가능하고, 설령 사임의 효력이 발생하였다 하더라도 위임종료시의 긴급처리에 관한 규정인 민법 제691조를 유추적용하여 전 조합장으로서 새로운 조합장 등을 선출하는 총회의 소집 등의 업무를 계속해서 수행할 수 있었다고 봄이 상당하므로, 총회의 소집절차상 하자가 있다고 할 수 없다(광주지방법원 2020. 1. 29.자 2019카합50724

18) 효력발생을 위하여 이사회 등의 결의나 관할관청의 승인이 있어야 하는 것은 아니다(대법원 2003. 1. 10. 선고 2001다1171 판결).

19) 정관 규정상 조합장의 사임은 사임의 의사표시가 총회나 이사회에 제출되어 수리된 때 효력이 발생하는 사안에서, 새로 선임된 조합장이 조합 이사에게 사임서를 제출하였으나 이사회 등의 수리 전에 기존 조합장과 사임서를 보관하고 있는 조합이사에게 문자로 사임의 의사를 철회하였다면, 새로 선임된 조합장의 사임의 의사표시는 적법하게 철회되었다고 볼 것이다(인천지방법원 부천지원 2022. 2. 16.자 2021카합10419 결정).

결정). 조합임원의 사임에 관한 상세한 판단을 한 사례는 아래와 같다.

> [울산지방법원 2021. 1. 6.자 2020카합10511 결정]
> 나머지 채무자들이 조합원들에게 채무자 K, L M, N 중 어느 한 명 이상의 해임을 조건으로 이사 지위에서 사임할 예정임을 알린 사실은 앞서 본 바와 같다. 그러나 기록 및 심문 전체의 취지를 종합하여 인정되는 아래와 같은 사정을 종합하면, 나머지 채무자들이 조합원들에 대하여 이 사건 사임서를 작성하였다는 사정만으로 나머지 채무자들이 이 사건 조합의 이사 지위에서 사임하였다고 보기 어렵고, 달리 나머지 채무자들이 이 사건 조합의 이사 지위에서 사임하였음을 소명할 자료가 없다. 따라서 채권자들의 나머지 채무자들에 대한 신청은 피보전권리에 대한 소명이 부족하여 이유 없다.
> ① 이 사건 사임서의 구체적인 문언을 보면, 위 사임서는 나머지 채무자들이 향후 채무자 K, L, M, N에 대한 해임 결과에 따라 이 사건 조합의 이사 지위에서 사임할 예정이라는 개인적인 의견을 표현한 것에 불과하다고 보일 뿐, 위 채무자들이 이 사건 사임서로써 이 사건 조합의 이사 지위에서 확정적으로 사임하겠다는 의사표시로 보기 어렵다.
> ② 이 사건 조합의 이사 지위에서 사임하는 행위는 상대방 있는 단독행위로서 그 의사표시가 상대방에게 도달해야 효력이 발생하고, 이와 같은 임원 사임의 의사표시의 상대방은 이 사건 조합이라 할 것이다. 그런데 이 사건 사임서는 이 사건 조합의 임원들이 해임 안건이 총회에 상정된 것에 반발하여 조합원들에 대하여 작성한 것이다. 따라서 이 사건 사임서에 나머지 채무자들이 이 사건 조합의 이사 지위에서 확정적으로 사임하겠다는 의사표시가 포함되어 있다고 보더라도, 이 사건 사임서를 두고 이 사건 조합에 대하여 사임의 의사를 표시한 것이라고 보기 어렵다.
> ③ 더구나 법인이 정관에서 이사의 사임절차나 사임의 의사표시의 효력발생시기 등에 관하여 특별한 규정을 둔 경우에는 그에 따라야 하는바, 위와 같은 경우에는 이사의 사임 의사표시가 법인의 대표자에게 도달하였다고 하더라도 그와 같은 사정만으로 곧바로 사임의 효력이 발생하는 것은 아니고 정관에서 정한 바에 따라 사임의 효력이 발생하게 된다(대법원 2008. 9. 25. 선고 2007다17109 판결 참조). 그런데 이 사건 조합정관 제18조 제2항에 의하면, 임원이 사임하는 경우 이사회 승인을 필요로 하는바, 나머지 채무자들이 사임의 의사표시가 이 사건 조합에 도달하였다고 하더라도 이사회 승인을 얻지 않은 이상 사임의 효력이 발생하였다고 보기 어렵다.

(3) 조합장 직무대행자가 사임하려고 하면 누구에게 사임의 의사표시를 하여야 하나. 정관상 후순위 직무대행자에게 그 의사표시를 하여야 한다고 본 사례가 있다.

> [서울고등법원 2018. 6. 29.자 2018라20386 결정]
> ② 채무자의 정관 제18조 제4항 단서 및 제16조 제6항에 의하면, 채무자의 조합장이 사임하거나 해임되는 경우 이사회 또는 대의원회 의결에 따라 임원의 직무를 수행할 자를 임시로 선임하는 것이 아니라, 이사 중에서 연장자 순으로 채무자를 대표하는 직무대행자가 된다. 채권자가 이 사건 결의로 인해 채무자의 조합장에서 해임됨에 따라 C가 위 정관 규정에 따라 이사 중 가장 연장자로서 채무자를 대표하게 되었으므로, 위 ①에서 본 법리에 의하면 C가 사임하는 경우, 그 사임의 의사표시가 C의 사임으로 그 권한을 대행하게 될 자, 즉 이사 중 후순위 연장자인 E에게 도달한 때에 사임의 효력이 발생한다.
> ③ 그런데 기록에 의하면, C가 법무법인 D의 소속 변호사에게 "가처분 소송에 대응하지 말고 포기해주세요. 저는 직무대행에서 사퇴하겠습니다"라는 내용의 메시지를 보냈다는 사실이 소명되기는 한다. 그러나 위 메시지의 내용에 대한 C의 입장, 앞서 본 바와 같이 C가 이 법원에 이 사건 신청의 인낙서를 제출한 경위, 심문절차 진행 경위에 비추어 볼 때, 현재까지 제출된 소명자료만으로는 위 메시지의 의미를 C가 확정적으로 채무자 대표자의 직무대행직에서 사임하겠다는 의사표시로 해석하기 어렵고, C의 사임의 의사표시가 E에게 도달하였다고 보기도 어렵다.
> ④ 따라서 C가 채무자 대표자의 직무대행직에서 사임하였다고 볼 수 없다.

6. 조합임원의 해임

가. 해임사유 및 소명기회 미부여[20)]

(1) 구 도시정비법(2009. 2. 6. 법률 제9444호로 개정되기 전의 것) 제23조 제4항은 "조합임원의 해임은 조합원 10분의 1 이상의 발의로 소집된 총회에서 조합원 과반수의 출석과 출석 조합원 과반수의 동의를 얻어 할 수 있다. 다만, 정

20) 본 쟁점은 주로 제6장에서 다루는 소수조합원의 발의에 의한 해임총회에 관한 것이기는 하나, 편의상 이곳에서 설명한다.

관에서 해임에 관하여 별도로 정한 경우에는 정관이 정하는 바에 의한다."라고 정하고 있었다.

그러나 현행 도시정비법 제43조 제4항은 "조합임원은 제44조에 제2항에도 불구하고 조합원 10분의 1 이상의 요구로 소집된 총회에서 조합원 과반수의 출석과 출석 조합원 과반수의 동의를 받아 해임할 수 있다. 이 경우 요구자 대표로 선출된 자가 해임 총회의 소집 및 진행을 할 때 조합장의 권한을 대행한다." 라고 정하고 있다.

이와 같이 현행 도시정비법이 해임사유에 관하여 아무런 제한을 두지 않은 것은(구 도시정비법 제23조 제4항의 단서 삭제), 종전에 정관으로 조합 임원의 해임사유를 제한함으로써 조합 임원과 조합 사이의 신뢰관계가 파탄되어 조합원 다수가 새로운 임원을 선출하기를 원하고 있음에도 조합 임원의 해임이 곤란한 경우가 있었던 폐단을 없애고, 조합 내부의 업무 건전성과 조합원에 의한 견제 기능을 도모하기 위하여 정관으로 조합 임원의 해임사유를 제한하지 못하도록 명문화한 것으로 해석된다.

또한 민법상 법인과 그 기관인 이사와의 관계는 위임자와 수임자의 법률관계와 같고(대법원 1996. 12. 10. 선고 96다37206 판결), 도시정비법에 따라 설립된 조합과 조합임원 사이의 관계도 이와 마찬가지라고 할 것이며, 민법 제689조 제1항은 '위임계약은 각 당사자가 언제든지 해지할 수 있다'라고 규정하고 있다. 따라서 위임관계에 있어서는 서로간의 신뢰관계가 무엇보다 중시되어야 할 것이어서 그 신뢰관계가 파탄되어 조합원 다수가 새로운 임원을 선출하기를 원할 경우에는 조합원 총회에서 다수의 의사에 따라 언제든지 현 임원을 해임하고 다른 조합원을 임원으로 선임할 수 있도록 하는 것이 타당하다[부산고등법원(울산) 2021. 8. 19.자 2021라10008 결정].

도시정비법은 조합이 정관으로 정비사업에 관한 내용을 정할 수 있는 경우에는 이를 따로 명시하고 있는데, '조합이 해임에 관하여 별도의 내용을 정관으로 정할 수 있다'라는 내용을 삭제한 도시정비법의 개정 취지에 비추어 보면, 더 이상 정관에서 해임사유를 제한하거나 해임 결의를 위한 총회소집절차에 관한 요건을 가중하는 방식으로 도시정비법에 따른 해임의 요건을 강화할 수 없게 되었다고 봄이 타당하고, 정관에 규정이 없더라도 발의자 중 대표자가 조합장의 권한을 대행하여 조합임원의 해임 결의를 위한 총회를 소집할 수 있게 되었다고 봄이 타당하다(서울동부지방법원 2018. 1. 26.자 2018카합10040 결정, 서울남부지방법원 2019. 3. 21.자 2019카합20080 결정, 수원지방법원 안양지원 2020. 2. 10.자 2019카합10141 결정).

정관에 해임사유가 규정되어 있다고 하더라도 도시정비법 제43조 제4항에 반하여 정관에서 해임사유를 한정하고 해임절차를 보다 엄격하게 정하는 방식으로 해임의 요건을 강화하는 것은 허용될 수 없으므로, 정관에 규정된 해임사유가 존재하지 않거나 조합임원들에게 정관에 따른 소명기회가 부여되지 않았다고 하더라도 도시정비법 제43조 제4항에 따라 해임 결의를 한 이상 그 결의의 효력을 부인하기는 어렵다[서울동부지방법원 2018. 1. 26.자 2018카합10040 결정, 서울남부지방법원 2019. 3. 21.자 2019카합20080 결정, 수원지방법원 평택지원 2019. 11. 26.자 2019카합1061 결정, 수원지방법원 안양지원 2020. 2. 10.자 2019카합10141 결정, 서울동부지방법원 2020. 3. 6.자 2020카합10058 결정, 부산지방법원 동부지원 2020. 11. 16.자 2020카합100627 결정, 부산고등법원(울산) 2021. 8. 19.자 2021라10008 결정].

[서울동부지방법원 2020. 3. 6.자 2020카합10058 결정]

1) 법령 및 정관이 정한 임시총회의 개최 요건을 갖추지 못하였다는 주장에 관하여

구 도시정비법 제23조 제4항은 "조합임원의 해임은 제24조에도 불구하고 조합원 10분의 1 이상의 발의로 소집된 총회에서 조합원 과반수의 출석과 출석 조합원 과반수의 동의를 얻어 할 수 있다. 이 경우 발의자 대표로 선출된 자가 해임 총회의 소집 및 진행에 있어 조합장의 권한을 대행한다."고 규정하고 있는데, 위 규정의 취지는 조합임원에 대한 조합원들의 견제장치를 마련함으로써 조합임원의 자의와 전횡을 방지하고자 함에 있다. 또한 구 도시정비법(2009. 2. 6. 법률 제9444호로 개정되기 전의 것)은 제23조 제4항 본문에서 조합 임원의 해임 절차에 관하여 규정하면서도 같은 항 단서에서 '다만, 정관에서 해임에 관하여 별도로 정한 경우에는 정관이 정하는 바에 의한다'고 규정하고 있었으나, 도시정비법이 개정되면서 위 단서 조항이 삭제되었고, 구 도시정비법 제23조 제4항은 조합 임원을 해임하기 위한 사유를 따로 정하거나 조합 임원의 해임에 관한 사항을 정관에 위임하지 않고, 일정한 의결정족수가 충족되면 조합임원을 해임할 수 있다고만 규정하고 있다.

위와 같은 조합 임원 해임규정의 도입 취지 및 구 도시정비법 제23조 제4항의 개정 연혁에 비추어 보면, '총회소집 공고일 전까지 발의 조합원의 서명·날인된 발의서 및 신분증 사본을 조합에 제출'하도록 한 정관 규정은 구 도시정비법 제23조 제

> 4항에 반하여 그 절차를 가중하는 것으로서 효력이 없다. 그런데 채무자들은 이 사건 임시총회 소집공고문에 조합원 10분의 1을 훨씬 초과하는 417명의 해임발의에 따라 임시총회의 소집을 공고하였고, 소을 2호증의 1 내지 417호의 각 기재에 의하면, 위 발의요건이 충족되었다는 점이 소명된다. 따라서 채권자들의 이 부분 주장은 이유 없다.
> 2) 해임 사유가 없고 소명의 기회가 부여되지 않아 무효라는 주장에 관하여
> 구 도시정비법 제23조 제4항은 조합 임원 해임을 위한 총회 개최 요건을 다른 총회와 달리 완화하여 규정하고 있을 뿐 해임사유를 제한하거나 해당 임원에게 사전에 청문의 기회를 부여하여야 한다는 등의 규정을 두고 있지 않다. 따라서 '직무유기 및 태만 또는 관계 법령 및 이 정관에 위반하여 조합에 부당한 손해를 초래한 경우에 해임할 수 있다', '사전에 해당 임원 및 대의원에 대해 청문 등 소명기회를 부여하여야 한다'고 정한 정관 규정은 구 도시정비법 제23조 제4항에 반하여 해임절차나 해임총회의 요건을 가중하는 것으로서 효력이 없다.

또한, 조합임원 전원 해임시 조합원 과반수의 찬성을 요하는 정관 규정도 그 효력을 인정하기 어려울 것이다(서울고등법원 2021. 5. 11.자 2021라20070 결정).[21]

(2) 다만, 조합장 해임총회의 소집절차 위반과 소명기회 미부여, 서면결의서와 철회서 중 어느 것이 조합원의 진정한 의사인지 확인하기 어렵다는 등의 이유로, 아래와 같이 조합장 해임결의의 효력을 부인하고 해임된 조합장이 소집한 총회가 적법하다고 본 사례도 있으므로, 가급적 조합임원 해임시 소명기회를 충분히 보장하는 것이 안전할 것이다.

> **[전주지방법원 2021. 6. 8.자 2021카합10021 결정]**
> 살피건대, 기록 및 심문 전체의 취지에 의하여 인정되는 다음과 같은 사실 및 사정들에 비추어 보면, D에 대한 해임 및 직무집행정지 결의가 적법하게 이루어졌다고 보기 어려워서, D가 이 사건 정기총회를 개최할 권한이 없다는 점에 관하여 충분히 소명이 있다고 볼 수 없다. 따라서 채권자들의 이 부분 주장은 받아들일 수 없다.
> ① 채권자들은 2020. 11. 14. 개최된 임시총회에서 당시 조합장이던 D의 해임 및 직무집행정지를 적법하게 의결하였다고 주장한다. 그러나 채무자 정관에 따르면, 총회를 소집하는 경우에는 회의 개최 14일 전부터 회의 목적 안건, 일시 및 장소 등을 게시판에 게시하여야 하며, 각 조합원에게는 회의 개최 7일 전까지 등기우편

21) 상세한 내용은 제6장 1.항을 참조하기 바란다.

으로 이를 발송, 통지하여야 하고(제20조 제7항), 직무유기 및 태만 또는 관계법령 및 정관 위반을 이유로 하여 임원을 해임할 경우 사전에 해당 임원에 대해 청문 등 소명기회를 부여하여야 하는데(제18조 제1항), 채권자들이 이 사건 심리종결일인 2021. 4. 30.까지 제출한 소명자료들만으로는 위와 같은 사실을 인정하기 어렵다.

② 설령, 채권자들이 이 사건 심리종결일 이후인 2021. 5. 17.경 제출한 자료들까지 종합하여 보더라도, 2020. 11. 14.자 임시총회에 관한 소집통지서를 제출하지 아니하였기 때문에 회의 목적 안건, 일시 및 장소 등의 내용이 포함된 적법한 통지를 하였는지 확인하기 어렵다.

③ 나아가, 2020. 11. 14.자 임시총회가 적법하게 개최된 것이라고 보더라도, 채무자가 소명자료로 제출한 '서면결의서 및 서면결의서 철회서(소을가 제1호증의 1 내지 7호증, 이하 '채무자 측 서면결의서 등'이라 한다)'와 채권자들이 소명자료로 제출한 서면결의서(소갑 제16호증의 1, 2, 이하 '채권자 측 서면결의서'라 한다) 중 어떤 것이 채무자 조합원들의 진정한 의사에 기한 것인지 확인하기 어렵다. 즉, 채권자들 주장에 의하더라도 채무자 측 서면결의서 등과 채권자 측 서면결의서는 같은 날 제출되어 그 선후를 알기 어려운데, 채무자 측 서면결의서 등에는 철회서뿐만 아니라 서면결의서도 포함되어 있는바, 채무자 조합원들의 진정한 의사가 무엇인지 알기 어렵다{오히려, 관리단집회에서 결의가 유효하게 성립하기 전까지는 앞선 의사표시를 철회할 수 있고, 그 철회의 의사표시는 규약이나 정관에 다른 정함이 없는 이상 반드시 일정한 절차와 방식에 따라서만 하여야 하는 것은 아니며, 그 철회의 의사를 분명히 추단할 수 있는 행위나 외관이 있는 것으로 충분한데(대법원 2008. 8. 21. 선고 2007다83533, 83540 판결 등 참조), 채무자 측 서면결의서 등에는 기존에 작성한 이사 해임 등 안건에 관한 찬성 의사 표시가 기재되어 있는 서면결의서가 있음을 전제로 하여, 이를 철회하고 이사 해임 등 안건에 관한 반대 의사표시가 기재되어 있는 서면결의서가 포함되어 있으며, 2020. 11. 14.자 임시총회 전날 제출되었는바, 채무자 측 서면결의서 등에 포함된 채무자 조합원들의 의사표시가 최종적인 의사표시에 해당할 가능성도 높아 보인다}.

④ 또한, 채권자들은 채무자 측 서면결의서 등과 채권자 측 서면결의서가 2020. 11. 14.자 임시총회 전날 제출된 사실에 관하여는 인정하고 있는바, 2020. 11. 14.자 임시총회 시작 시간이 15:00인 점을 고려하면, 총회 전날 상반된 의사표시를 한 조합원들이 다수 존재하는 상황에서 위 조합원들의 진정한 의사를 확인할 수 있는 시간적 여유가 있었던 것으로 보임에도, 그와 같은 확인 절차를 거치지 않은 채 임시총회 결의를 진행하였다.

⑤ 채권자들은 채무자 조합원들이 작성한 확인서(소갑 제25호증의 1 내지 5호증)에 "서면결의서를 제출하였으며, 향후에 본 총회개최시까지 총회의사 표시의 변동(철회 등)이 없음을 확인하며, 만약 본 의사표시에 대한 철회서 등이 작성되더라도

이는 본인의 의사표시와 상관없음을 확인"한다는 내용이 기재되어 있음을 근거로 채권자 측 서면결의서가 채무자 조합원들의 진의이며, 채무자 측 서면결의서 등은 효력이 없다고 주장한다. 그러나 D의 2020. 11. 13.자 증거보전신청 및 위 확인서의 이 법원에 대한 제출시점에 비추어 보면, 그 실제 작성시점에 대해서도 다소 의문이 있을 뿐만 아니라, 채권자들의 주장과 같이 위 확인서의 작성 및 제출시점이 2020. 11. 14.자 임시총회일 이전이라고 하더라도, 앞서 ④항에서 본 바와 같이 중복하여 서면결의서를 제출하면서 위와 같은 내용의 확인서도 제출한 채무자 조합원들의 진의를 확인해보았어야 하며, 확인할 수 있는 시간도 있었던 것으로 보인다.
⑥ 한편, 2020. 11. 14.자 임시총회의 의장이었던 Q은 전주지방법원 2021카합10038 총회결의효력정지가처분 사건에서 '위 임시총회의 효력을 인정하지 아니하고, 채무자 조합장 D 등 조합 임원의 지위를 인정한다'는 취지로 답변한 바 있다.

나. 조합임원 해임결의시의 직무집행정지 결의

(1) 일반적으로 조합임원이 해임되는 경우 그로써 당연히 조합임원으로서의 직무를 수행할 수 없게 된다고 보아야 하므로, 조합임원에 대한 해임 결의를 하면서 확인적 의미에서 그에 대한 직무를 정지하는 결의를 하는 것도 가능하다고 봄이 타당하다.[22)]

설령 조합 정관에 조합임원이 해임되는 경우 이사회 또는 대의원회 결의로 직무를 정지할 수 있다고 규정되어 있다고 하더라도 해임총회에서 직무집행정지 결정을 할 수 없다고 보기는 어렵다[서울남부지방법원 2018. 6. 11.자 2018카합20129 결정, 서울남부지방법원 2019. 3. 21.자 2019카합20080 결정, 서울동부지방법원 2019. 12. 20.자 2019카합10489 결정, 서울서부지방법원 2020. 1. 17.자 2019카합50618 결정, 부산고등법원(울산) 2021. 8. 19.자 2021라10008 결정].

[부산고등법원(울산) 2021. 8. 19.자 2021라10008 결정]
이 사건 기록 및 심문 전체의 취지를 종합하여 인정되는 다음과 같은 사정들, 즉, ① 도시정비법 제43조 제4항에 따라 조합 임원이 해임되는 경우에는 신속하게 해

22) 다만, 조합임원 해임 안건이 부결되거나 조합임원 해임 안건 없이 조합임원의 직무집행정지에 관한 안건만을 의결하기 위해서는 정관에 따라 별도의 총회나 이사회 등을 통하여야 할 것이다(서울동부지방법원 2020. 3. 6.자 2020카합10058 결정).

당 임원에 대하여 종전 조합 임원으로서의 직무집행을 정지시킬 필요가 있다고 할 것이므로, 임원 해임을 위해 조합원 10분의 1 이상의 발의로 소집된 임시총회에서 그 해임 안건에 부수하여 해임되는 임원의 직무정지에 관한 내용을 안건으로 삼을 필요성이 큰 점, ② 조합에 있어 총회가 조합의 조직 및 운영에 관한 최고 의결기관으로서 당연 설치되는 기관인 반면 대의원회와 이사회의 지위와 역할은 그렇지 못하고 단지 신속한 의사결정을 위해 대의원회와 이사회에서 그에 관해 의결할 수 있도록 정한 것으로 보이므로, 조합총회에서 조합 임원의 직무집행정지를 의결할 수 없다고 보기는 어려운 점, ③ 채권자의 주장대로 조합 총회의 개최 요건이나 권한을 조합 정관의 규정 내용에 의하여 한정하거나 제한할 수 있다고 보는 것은 조합의 최고 의결기관인 총회의 권능을 지나치게 제약하는 것이어서 이를 수긍하기 어려울 뿐 아니라 아래 라.항에서 살펴보는 내용처럼 조합 임원의 해임 사유를 조합 정관에서 제한하는 것이 현행 도시정비법의 규정 내용에 반하여 무효이고, 민법상 위임자와 수임자의 법률관계에 있는 조합 임원과 조합 사이의 관계에 비추어 조합원 다수가 기존 임원의 해임 및 해임 또는 사임한 임원의 직무정지를 원하는 경우 조합원 총회에서 그 다수의 의사에 따라 결의가 이루어질 수 있도록 하는 것이 민법상 위임의 신뢰관계에 비추어 타당한 점 등에 비추어 볼 때 취신할 수 없는 해석인 점 등을 종합해 보면, 해임총회로서 채무자 조합원 10분의 1의 발의로 개최된 이 사건 임시총회에서 해임되는 이사나 이미 사임한 이사 및 대의원의 직무정지를 결의한 것에 이를 무효로 할 만큼의 중대한 하자가 존재한다고 단정하기 어렵다. 따라서 채권자의 이 부분 주장을 받아들일 수 없다.

[서울남부지방법원 2018. 6. 11.자 2018카합20129 결정]

해임된 조합 임원들에 대한 직무집행정지 안건(별지 목록 기재 제2호 안건)에 관하여 보건대, 조합정관 제18조 제4항에서 사임하거나 해임되는 조합 임원이 새로운 조합 임원이 선임, 취임할 때까지 직무를 수행하는 것이 적합하지 아니하다고 인정될 때에는 이사회 또는 대의원회의 의결에 따라 그의 직무수행을 정지할 수 있고 조합장이 임원의 직무를 수행할 자를 임시로 선임할 수 있다고 규정하고 있기는 하다.

그러나 ① 민법 제691조 규정을 유추적용하여 인정되는 퇴임 임원의 업무수행권은 급박한 사정을 해소하기 위하여 그로 하여금 업무를 수행하게 할 필요가 있는지를 개별적·구체적으로 가려서 인정되는 것이지 임기만료 후 후임자가 아직 선출되지 않았다는 사정만으로 당연히 포괄적으로 부여되는 것은 아닌 점(대법원 2006. 10. 27.자 2005마10 결정 참조), ② 일반적으로 임원이 해임되는 경우에는 그로써 당연히 종전 임원으로서의 직무집행을 할 수 없다고 보는 것이 타당하고, 해임되는 임원에 대하여 별도로 그 직무정지를 구하는 안건이 있다고 하더라도 이는 단지 해임안건에 관한 결의의 효과를 재확인하는 의미를 가질 뿐인 점, ③ 조합 정관 제18조 제4항을 총회에서 해임된 조합 임원의 직무수행을 정지하기 위하여 또다시 이사회 또는 대의원회의 의결이 있어야 한다고 해석한다면 이는 이사회 또는 대의원회의 의결로써 최고의사결정기관인 총회의 해임결의의 효력을 부정하는 결과를 초래하게 되는 점 등을 고려하여 보면, 조합정관 제18조 제4항은 해임된 임원의 업무수행권이 포괄적으로 인정되는 것을 전제로 이사회 또는 대의원회만이 그 업무수행을 정지시킬 수 있다는 취지의 규정이 아니라 임원의 해임으로 인한 업무공백 상태를 해소하기 위해 그 직무대행자를 정하는 방법을 정한 규정이라고 봄이 상당하다. 따라서 채권자들을 해임하기 위해 조합원 1/10 이상의 발의로 소집된 이 사건 해임총회에서도 임원 해임안건에 부수하여 해임되는 채권자들의 직무정지에 관한 내용을 안건으로 삼는 것이 가능하다고 할 것이다.

따라서 조합장 해임을 위해 조합원 1/10 이상의 발의로 소집된 임시총회에서 조합장 해임의 건에 부수하여 해임된 조합장의 직무정지의 건을 안건으로 삼는 것은 가능하고, 조합장 해임의 건과 별도로 해임된 조합장의 직무정지의 건을 의결하기 위해 조합원 1/5 이상의 청구 등 조합 정관에서 정한 일반적인 임시총회 소집요건을 따로 갖추어야 하는 것은 아니라고 할 것이다(부산지방법원 2016. 10. 19.자 2016카합10568 결정).

또한 직무정지 안건은 해임 안건의 효력을 확인하는 부수적인 안건에 불과한 이상, 해임총회에 같이 상정된 직무정지 안건의 서면결의서 양식이 해임된 이사 전원의 직무정지에 대한 찬반을 한 번에 표시하게 되어 있다고 하더라도, 이를 해임총회에서 이루어진 결의의 효력을 무효로 볼 정도의 중대한 하자로 보기는 어려울 것이다(서울서부지방법원 2020. 1. 17.자 2019카합50618 결정).[23]

(2) 같은 취지에서 조합임원 해임을 위한 임시총회의 비용 예산안 승인 안건도 조합임원 해임을 목적으로 하는 임시총회에 관한 비용 집행에 대하여 조합원들의 승인을 구하는 것이므로 해임 안건에 부수되는 안건으로 보아야 할 것이다(서울남부지방법원 2018. 6. 11.자 2018카합20129 결정, 서울중앙지방법원 2019. 5. 13.자 2019카합20283 결정, 서울서부지방법원 2019. 11. 1.자 2019카합50608 결정, 수원지방법원 안양지원 2023. 4. 7.자 2023카합10036 결정).

23) 조합임원의 선임과 해임 안건 자체에 대해서는 원칙적으로 임원별로 찬반의 의사표시를 하도록 하여야 할 것임은 본장 2. 라.항에서 본 바와 같고, 따라서 해임된 이사들에 대한 직무정지 안건도 이사별로 구분하는 것이 바람직하다.

(3) 대법원은 법원의 소집허가에 의하여 개최된 임시총회에서는 법원의 소집허가결정 및 소집통지서에 기재된 회의목적사항과 이에 관련된 사항에 관하여 결의할 수 있다고 판시하였다(대법원 1993. 10. 12. 선고 92다50799 판결, 대법원 2014. 9. 25. 선고 2012다40431 판결 등 참조).

따라서 법원의 소집허가에 의하여 개최된 조합임원 해임 및 선임을 위한 임시총회에서는 법원의 소집허가결정 및 소집통지서에 기재된 회의목적사항이 아닌 선거관리규정 제정(추인)의 건을 상정하여 결의하는 것도, 선거의 공정한 관리를 위하여 필요한 것으로서 당초의 회의목적사항에 관련된 사항에 해당하므로 허용된다고 볼 수 있을 것이다(부산지방법원 2020. 9. 11.자 2020카합10316 결정).

다. 임기 중 해임총회의 재소집

조합 정관에 "임원의 임기 중에는 같은 사유로 재차 해임총회를 소집할 수 없다"고 규정하고 있는 사안에서 법원은 아래와 같은 이유로 임기 중에 재차 소집한 해임총회의 개최를 금지하였다.

[의정부지방법원 2019. 11. 8.자 2019카합5390 결정]

① 이 사건 조합 정관 제18조 제3항은 "임원의 해임은 조합원 10분의 1 이상 또는 대의원 3분의 2 이상의 발의로 소집된 총회에서 조합원 과반수 출석과 출석 조합원 과반수의 동의를 얻어 해임할 수 있다. 조합장이 해임 대상인 경우 발의자 대표로 선출된 자가 해임총회의 소집 및 진행에 있어 조합장의 권한을 대행한다. 단, 임원의 임기 중에는 같은 사유로 재차 해임총회를 소집할 수 없다"고 규정하고 있는 점, ② 채무자는 이 사건 총회와 같은 안건이 포함된 이 사건 조합의 2019. 10. 19.자 임시총회(이하 '2019. 10. 19.자 총회'라 한다)를 소집하였고, 이에 관하여 채권자 등의 신청으로 의정부지방법원 2019카합5369호로 2019. 10. 19.자 총회의 개최를 금지하는 가처분결정이 내려졌으나, 위 가처분결정이 채무자에게 송달되지 않아 2019. 10. 19.자 총회가 위 가처분결정으로 중지된 것이 아닌 점, ③ 채무자는 2019. 10. 19.자 총회에 출석한 조합원 258명으로부터 이 사건 총회를 위한 발의서를 받아 다시 이 사건 총회를 소집하였던 점 등을 모아보면, 이 사건 총회는 2019. 10. 19.자 총회의 안건이었던 채권자 및 이 사건 조합의 임원 해임을 안건으로 하

여 이 사건 조합 임원의 임기 내에 다시 소집되어 이 사건 조합 정관 제18조 제3항 단서를 위반한 것으로 보인다.

다만, 앞서 본장 6.가.항에서 본 바와 같이, 위 정관규정은 도시정비법이 정한 것보다 해임요건이나 절차를 가중하는 것으로서 효력이 없다고 볼 수도 있다는 점에서 위와 같은 해석이 타당한지는 의문이다.

라. 조합원의 의사결정 유도

특정 임원을 이사 내지 조합장에서 해임하는 내용으로 기표가 된 기표용지만이 조합원들에게 실제 사용될 용도로 제공되었다면 이는 조합원들로 하여금 특정한 방향으로 의사결정을 하게끔 유도하는 것으로 위법의 소지가 있다고 볼 수 있다. 그러나 특정 임원에 대한 해임 내지 유임 등 여러 경우의 수를 가정한 기표용지가 카카오톡에 사진형태로 조합원들에게 제공되었고, 그와 같이 제공된 용지는 견본인 경우, 해임결의 대상이 된 임원이 총회에 출석하여 소명하는 등으로 방어의 기회 내지 조합원들의 의사결정에 영향을 줄 수 있는 기회가 주어졌다면, 위와 같은 조합의 행위가 위법하다고 보기는 어렵다(서울동부지방법원 2018. 3. 2.자 2018카합10105 결정).

그 외에 금품 등의 제공, 홍보요원(속칭 오에스 요원)의 사용 등 조합원의 자유로운 의결권 행사의 방해에 관하여는 후술하는 제5장 8.항을 참조하기 바란다.

7. 임기만료 또는 사임·해임된 조합임원의 지위

가. 업무수행권

(1) 정비사업조합과 그 대표기관(조합장)과의 관계는 위임인과 수임인의 법률관계와 같은 것으로서 임기가 만료되면 일단 그 위임관계는 종료되는 것이 원칙이고, 다만 그 후임자가 선임될 때까지 대표자가 존재하지 않는다면 대표

기관에 의하여 행위를 할 수밖에 없는 정비사업조합은 당장 정상적인 활동을 중단하지 않을 수 없는 상태에 처하게 되므로, 정관에 명문의 규정이 있는 경우에는 그에 따라서, 그렇지 않은 경우에는 민법 제691조의 규정을 유추적용하여, 구 대표자로 하여금 조합의 업무를 수행케 함이 부적당하다고 인정할 만한 특별한 사정이 없고 종전의 직무를 구 대표자로 하여금 처리하게 할 필요가 있는 경우에 한하여 후임 대표자가 선임될 때까지 임기만료된 구 대표자에게 대표자의 직무를 수행할 수 있는 업무수행권이 인정된다.

이 때 임기 만료된 대표자의 업무수행권은 급박한 사정을 해소하기 위하여 그로 하여금 업무를 수행하게 할 필요가 있는지를 개별적·구체적으로 가려 인정할 수 있는 것이지 임기만료 후 후임자가 아직 선출되지 않았다는 사정만으로 당연히 포괄적으로 부여되는 것이 아니다(대법원 2003. 7. 8. 선고 2002다74817 판결, 대법원 2006. 10. 27.자 2005마10 결정, 서울동부지방법원 2021. 11. 4.자 2021카합10317 결정 등).

이러한 법리 하에, ① 조합원들 사이에 총회 결의의 효력 또는 임원 지위의 효력에 관하여 다수의 소송이 진행 중인 사실, ② 조합임원들 임기가 이미 종료되어 상당한 기간이 경과하였음에도 조합원들 사이의 법적 분쟁으로 새로운 임원 선임절차가 실시되지 못하고 있는 사실, ③ 조합 정관에 따르면 조합은 매년 1회, 회계연도 종료일부터 2월 이내(다만 부득이한 사정이 있는 경우 3월 범위 내에서 일시를 변경할 수 있다)에 정기총회를 개최하여 법령 또는 정관에서 정한 사항에 대해 의결 등을 하여야 함에도 매년 정기총회를 개최하지 않은 사실, ④ 조합장 공동 직무대행자(2인)가 임시총회 개최를 시도하였으나, 현재는 그 중 1명이 이사직에서 사임하였고, 나머지 한 명이 임시총회 개최를 시도할 경우 그 총회 효력에 대한 추가적인 분쟁을 야기할 우려가 있는 사정, ⑤ 서울북부지방법원은 2018. 10. 24. 변호사 L을 이 사건 조합의 조합장 직무대행자로 선임하는 결정(서울북부지방법원 2018카합20206호 직무대행자선임가처분)을 하였으므로, 중립적인 직무대행자로 하여금 총회를 개최토록 하는 것이 적절하다고 보이는 사정 등을 종합하여, 임기가 만료된 조합임원들의 직무집행정지를 구할 피보전권리 및 보전의 필요성이 충분히 소명된다고 본 사례가 있다(서울고등법원 2018. 12. 20.자 2018라21115 결정).

(2) 또한 총회에서 해임된 조합장의 직무수행이 별도의 이사회의 의결이

있어야만 정지된다고 보는 것은 조합장이 사임하는 경우와는 달리 조합장이 본인의 의사에 반하여 강제로 그 직을 사임하게 한다는 해임의 본질에 어긋날 뿐만 아니라 단체 내부의 의사결정에 불과한 이사회의 의결이 조합의 최고 의사결정기구인 총회결의의 효력 범위를 결정하는 부당한 결과를 초래하므로, 총회결의에 의하여 해임된 조합장은 다른 절차를 거칠 필요 없이 바로 그 직무가 정지되어 조합장의 권한을 행사할 수 없다(서울서부지방법원 2020. 1. 17.자 2019카합50618 결정, 대전고등법원 2021. 1. 11.자 2020라233 결정). 다만, 본항 (4)에서 후술하는 바와 같이 부산지방법원 2021. 7. 2.자 2021카합10393 결정은 조합장이 해임되더라도 직무정지결의가 이루어지지 않은 이상 해임된 조합장 또는 그 직무대행자가 긴급업무수행권으로서 정기총회를 개최할 권한이 있다고 보았다.

(3) 설령 조합 정관이 '임기가 만료된 임원은 그 후임자가 선임될 때까지 그 직무를 수행한다'고 규정하면서, 수행하는 직무의 범위를 제한하지 않고 있더라도, 앞서 본 법리에 비추어 보면 위 정관 조항 역시 민법 제691조와 마찬가지로 대표자의 부재로 인한 조합 업무의 공백 상태를 방지하고 업무의 원활한 수행을 위한 것으로 보이므로, 위 정관 조항에 따라 당연히 임기 만료된 대표자에게 포괄적으로 업무수행권이 부여된다고 볼 수는 없다(서울북부지방법원 2017. 6. 16.자 2017카합118 결정,[24] 서울남부지방법원 2018. 5. 29.자 2018카합20215 결정). 이에 관한 대표적인 사례를 소개한다.

[서울남부지방법원 2018. 5. 29.자 2018카합20215 결정]

이 사건 정관 제15조 제5항은 "임기가 만료된 임원은 그 후임자가 선임될 때까지 그 직무를 수행한다."고 규정하고 있으나, 앞서 본 법리에 따르면 위 정관 조항 역

24) 법원은 "별지 목록 기재 각 안건의 내용은 조합의 운영이나 사업시행방법 등에 관한 주요하고 핵심적인 여러 사항들을 결정하는 것으로서 조합 및 조합원들의 이익에 중대한 영향을 미치는 사안들이고, 위 사안들이 반드시 채무자의 임원들이 임기 만료로 공석인 상태에서 새로운 임원 선출 전에 혹은 그와 동시에 결정되어야만 할 정도로 급박한 사정이 있다고 보이지는 아니하므로, 위 각 안건의 결의를 위해 임기가 만료된 전임 조합장이 총회를 소집하는 것은 그 업무수행권의 범위를 벗어난 것으로서 위법하다. 위 각 안건 상정에 관한 대의원회의 심의·의결이 있었다거나 채무자는 사업이 오랜 기간 정지되어 있었고 경제적으로 열악한 상태인데 총회를 한번 소집하기 위해서는 많은 비용이 소요된다는 등 채무자가 주장하는 사정들만으로는 위 각 안건의 결의를 위한 총회 개최가 정당하다고 보기는 어렵다."는 이유로 총회의 개최금지를 명하였다.

시 민법 제691조와 마찬가지로 임원의 부재로 인한 조합 업무의 공백 상태를 방지하고 업무의 원활한 수행을 위한 것으로 보이므로, 위 정관 조항이 있다고 하여 임기 만료된 임원에게 당연히 포괄적인 업무수행권이 부여된다고 볼 수 없다.
그런데 I는 2011. 5. 28. 채무자의 이사로 선임되었다가, 2014. 5. 28. 그 임기가 만료되었는데, 이후 I의 후임자가 선임되지 아니하였고 채무자의 나머지 임원들이 2017. 12. 23.경 채무자의 임시총회에서 모두 해임됨으로써, I가 이 사건 정관 제15조 제5항을 근거로 조합장 직무대행자로서의 직무를 수행하고 있는 것으로 보인다.
그러나 아래와 같은 사정 등에 비추어 보면, I가 이 사건 임시총회를 소집 개최하려는 것은 이 사건 정관 제15조 제5항에서 따른 업무수행권의 범위를 벗어난 것으로 보인다.
① 채무자의 조합원 약 70명이 2018. 2.경 I에 대하여 이 사건 정관 제20조 제4항 제1호에 따라 '제1호 안건 : 선거관리규정 개정(안) 승인의 건, 제2호 안건 : 선거관리위원 선출을 위한 조합의 기수행업무 추인의 건, 제3호 안건 : 선거관리위원후보자(J, K, L, M, N) 확정의 건, 제4호 안건 : 선거관리위원 선출의 건'에 관한 임시총회의 개최를 요구하였으나, I는 위 요구에 응하지 아니하였고, 이에 따라 채무자의 조합원 52명이 2018. 5. 8. 이 법원 2018비합100032호로 위 임시총회의 소집허가를 신청하였다. 이와 같이 채무자의 조합원들은 채무자의 임원들을 선출하기 위한 절차를 진행 중에 있다.
② 채권자들을 포함한 채무자의 조합원 70명이 2018. 5. 9.경 도시정비법 제43조 제4항에 근거하여 I에 대한 이사 해임 등의 안건을 의결하기 위한 임시총회를 2018. 5. 24.자로 개최한다고 공고하였고, 이에 따라 채무자의 임시총회가 2018. 5. 24. 개최되어 I를 채무자의 이사직에서 해임하기로 의결하였다. I는 위와 같이 자신에 대한 해임안건이 발의된 이후인 2018. 5. 14. 이 사건 임시총회를 개최한다는 공고를 하였다.
③ 이 사건 제1호 안건에 관하여 이 사건 정관 제20조 제4항 제1호에서 정한 발의요건이 인정되지 아니한 점은 앞서 본 바와 같고, 설령 I가 직권으로 이 사건 제1호 안건을 의결하기 위한 임시총회를 개최하는 것이라고 보더라도, 이 사건 제1호 안건은 재건축사업에 관한 시공사의 선정취소 등의 내용으로 채무자에게 중대한 영향을 미치는 안건인데, 채무자에 대하여 새로운 임원의 선출 이전에 위와 같은 안건이 의결되어야 할 급박한 사정이 있다고 볼 자료가 없다.
④ 이 사건 제2호 안건은 이 법원 2018비합100032호 임시총회 소집허가 신청사건에서의 발의안건 내용과 상이하게 채무자의 선거관리위원을 별도로 선임하는 내용(구체적으로 선거관리규정 개정과 선거관리위원 선출절차 없이 선거관리위원후보자들을 그대로 선임하는 내용으로 보인다)으로, 앞서 ①항에서 본 바와 같이 선거관리위원 선출에 관하여 채무자의 조합원들이 먼저 제출한 임시총회 소집 요구에

> 는 응하지 아니한 채 이와 별도로 이 사건 제2호 안건에 관한 의결을 시급히 할 필요성이 있다고 보기 어렵다.

(4) '임기만료 내지 사임'한 대표자에게 인정되는 긴급 업무수행권이 신뢰관계가 파탄되어 '해임'된 조합장에게도 당연히 인정된다고 볼 수 없는 점, 사임한 대표자의 업무수행권은 단체가 정상적인 활동을 중단하게 되는 처지를 피하기 위하여 보충적으로 인정되는 것임에 비추어 볼 때 별다른 급박한 사정이 없는 한 정관에서 정하고 있는 직무대행자 선출을 위한 것이 아닌 새로운 대표자의 선출 등을 위한 총회를 소집하여 이를 제안하는 것은 사임한 대표자에게 수행케 함이 부적당한 임무에 해당하는 점(대법원 1997. 6. 24. 선고 96다45122 판결 등) 등을 고려하면, 해임된 조합장이 후임 조합장 선임총회를 소집하는 것은 허용되지 않는다고 보아야 할 것이다(서울동부지방법원 2019. 12. 20.자 2019카합10489 결정[25]).

다만, 반대로 해임된 조합장 또는 그 직무대행자의 긴급업무수행권을 인정하여 총회개최가 적법하다고 판단한 사례도 있다.

> [부산지방법원 2021. 7. 2.자 2021카합10393 결정]
> 이 사건 기록 및 심문 전체의 취지를 종합하여 소명되는 다음과 같은 사실 내지 사정에 비추어 보면, 후임 조합장이 선임될 때까지 I(조합장)[26] 또는 그 직무대행자가 긴급업무수행권을 가지는 것으로 볼 여지가 있으므로, 채권자들이 제출한 자료만으로는 이 사건 정기총회가 권한 없는 자에 의하여 개최되리라는 점이 고도로 소명되었다고 볼 수 없다.
> (1) 채무자 정관은 조합임원이 해임되더라도 후임자가 선임될 때까지 직무수행을 계속하도록 규정하면서(제15조 제5항, 제18조 제4항 본문 전단), 이사회 또는 대의원회 의결로 직무수행을 정지시킬 수 있는 것으로 규정하는데(제18조 제4항 본문 후단), 이는 조합임원에 대한 해임 결의와 직무정지 결의가 별개임을 전제한다.
> (2) 이 사건 해임총회 개최공고문(소을 제2호증), 회의록(소갑 제5호증)에는 I를 조합장 지위에서 해임한다는 취지만 드러나 있을 뿐 그 직무집행을 정지시킨다는 취지로 결의가 이루어졌다거나 그러한 논의가 진행된 흔적은 발견되지 않고, 달리 I

25) 다만, 위 결정의 사안에서는 해임된 조합장에 대하여 해임결의와 함께 직무집행정지 결의도 이루어졌다.

26) "(조합장)"은 저자가 추가한 문구이다.

에 대한 직무정지 결의가 있었다고 볼 만한 자료가 없다.[27]

(3) 한편, 채무자 정관은 다른 조합임원과 달리 조합장이 해임되는 경우에는 이사들 중에서 연장자 순으로 그 직무를 대행하도록 규정하는바(제18조 제4항, 제16조 제6항), 이와 관련하여 채권자들은 '이 사건 해임총회에서 이사들 전원이 해임되어 I의 직무를 대행할 사람이 없으므로 I 본인도 긴급업무수행권을 행사할 수 없다'는 취지로 주장한다. 그러나 이 사건 해임총회에서 해임된 이사들은 채무자 정관 제15조 제5항에 따라 후임 이사가 선임될 때까지 긴급업무수행권을 가짐이 명백하므로, 이들 중 연장자가 I의 직무대행자로서 이 사건 정기총회를 개최업무를 수행할 수 있다고 여겨진다.[28]

(4) 설령 채권자들의 주장과 같이 I의 직무를 대행할 이사가 없는 것으로 가정하더라도, 채무자 정관은 앞서 (1)항에서 본 바와 같이 조합임원의 긴급업무수행권을 인정하면서 특별히 '조합장을 제외한 임원' 등과 같은 명시적인 예외규정을 두고 있지 아니하고, 업무수행의 공백을 방지할 현실적인 필요성도 존재하므로, 조합장 직무를 대행할 이사가 없는 경우에는 원칙으로 돌아가 조합장 본인이 긴급업무수행권을 가진다고 해석함이 상당하다.[29]

(5) I는 이 사건 해임총회 이전에 이미 이 사건 정기총회를 소집하여 둔 상태였고, 이 사건 정기총회의 안건에는 예산안 승인, 차입금 상환 등 채무자의 재건축사업 진행을 위하여 반드시 필요한 사항이 포함되어 있으며, 이 사건 해임총회 이후 안건을 수정하거나 총회 일시·장소를 변경하는 등의 조치 없이 사전에 공고한대로 이를 개최할 예정인 것으로 보이므로, 이 사건 정기총회를 개최하는 것이 긴급업무수행의 범위를 벗어난다고 단정하기도 어렵다.

---

27) 이 사건에서 법원은 "채권자들은 해임 결의에 직무정지 결의가 당연히 포함되어 있다고 주장하면서 하급심 결정례(의정부지방법원 2016. 11. 23.자 2016카합5303 결정)를 근거로 제시하였으나, 위 사건은 '조합원 1/10 이상의 발의로 소집된 임시총회에서도 임원해임 안건에 부수하여 해임되는 임원의 직무정지에 관한 내용을 안건으로 삼는 것이 가능하다'는 것일 뿐 해임 결의에 직무정지 결의가 포함되어 있다는 취지가 아니므로, 이를 이 사건에 원용하기는 적절치 않다."라고 판시하였다.

28) 이 사건에서 법원은 "채권자들은 I가 아닌 조합을 채무자로 삼아 이 사건 신청을 제기하였으므로, 채무자 내부에 I이든 그 직무대행자이든 이 사건 정기총회를 개최할 권한이 있는 사람이 존재하는 경우에는 채권자들의 주장을 배척할 수밖에 없다."라고 판시하였다.

29) 이 사건에서 법원은 "채권자들은 조합임원 전원이 해임된 경우 조합장의 긴급업무수행권이 인정되지 않는다는 근거로 다수의 하급심 결정례(서울서부지방법원 2014. 5. 21.자 2014비합18 결정, 청주지방법원 2020. 9. 25.자 2020카합50256 결정)를 제시하였으나, 위 사건들은 조합임원 전원 또는 그 대부분이 해임된 상태에서 조합원들이 직접 임시총회를 소집하는 경우 조합장 직무대행자에게 총회 개최를 요구하는 등 절차를 거칠 필요 없이 곧바로 총회를 소집할 수 있다는 취지이므로, 이를 이 사건에 원용하기는 적절치 않다."라고 판시하였다.

(5) 조합장과 해임된 경우와 달리, 임기가 만료된 조합장이 후임 조합장 등 조합임원을 선임하기 위한 총회를 소집하는 것은 임기가 만료된 조합장의 업무수행권의 범위를 벗어났다고 보기는 어려울 것이다(광주지방법원 2019. 9. 27.자 2019카합50488 결정, 인천지방법원 2022. 4. 12.자 2021카합10742 결정).

다만, 임기만료된 조합장이 대의원회를 소집함에 있어서 그 안건에 조합의 구성 및 운영에 중요한 영향을 미칠 수 있는 것이 포함되어 있다면 그 안건의 범위에서는 대의원회의 소집이 업무수행권에 속하지 않는다고 할 것이다.

[서울동부지방법원 2021. 11. 4.자 2021카합10317 결정[30)]]
임기만료된 조합장의 업무수행권은 일반적으로 조합에서 일상적으로 행해져야 하는 사무, 조합운영에 중요한 영향을 주지 않는 통상의 업무 등을 의미하고, 어느 행위가 위 권한에 속하는가 하는 것은 조합 업무의 종류, 성질, 기타 제반 사정을 고려하여 객관적으로 판단되어야 할 것인바, 임기만료된 조합장이 대의원회를 소집함에 있어서도 그 안건에 조합의 구성 및 운영에 중요한 영향을 미칠 수 있는 것이 포함되어 있다면 그 안건의 범위에서 대의원회의 소집이 업무수행권에 속하지 않는다고 할 것이고, 이는 대의원의 소집요구에 의하여 조합장에게 대의원회의 소집의무가 있는 경우에도 동일하다고 할 것이다.
그런데 조합의 해산은 조합의 존속, 유지 여부를 결정하는 중대한 문제로 위 안건이 급박하게 결정되어야 할 안건으로 보이지 않고, 기록 및 심문 전체의 취지에 의하여 인정되는 다음과 같은 사정 즉, C는 직무집행정지가처분 사건(서울동부지방법원 2021카합10080, 같은 법원 2021카합1065)에서 후임 조합장 선출을 위한 총회를 개최할 예정임을 수차례 밝혔음에도 2021. 7. 22.경 총회 개최를 취소한 점, 채무자의 이사회는 2021. 8. 26. 코로나19의 감염 확산에 따른 거리두기 조치로 인하여 총회개최가 어려운 점을 감안하여 전자적 방법에 의한 총회를 개최할 것임을 결의하였으나 현재까지 이를 위한 아무런 조치를 취하지 않은 점 등을 종합하면 C가 대의원 2/3의 요구에 의하여 조합해산을 위한 대의원회의를 소집·개최하는 것은 임기 만료된 조합장의 업무수행권 범위를 벗어난 것이라고 봄이 타당하다.

한편, 조합장의 임기가 만료된 경우 조합장의 유고나 궐위에 해당한다고 볼 수 있는가. 이를 부정한 사례가 있다.

---

30) 임기 만료된 조합장이 대의원 2/3 이상의 요구에 따라 조합 해산을 위한 대의원회를 개최하려고 한 사안이다.

[서울중앙지방법원 2021. 10. 15.자 2021카합21177 결정]
대표자인 조합장의 임기가 만료하였음에도 불구하고 후임 조합장이 선출되지 않은 경우 임기만료된 조합장으로 하여금 그 업무를 수행케 함이 부적당하다고 인정할 만한 특별한 사정이 없는 한 임기만료된 조합장에게는 후임 조합장을 선출하기 위한 총회를 소집할 권한이 있다(대법원 1992. 9. 14. 선고 91다46830 판결 참조). 그런데 일반적으로 유고(有故)나 궐위(闕位)라는 개념은 어떠한 직위에 있는 자가 그 임기가 만료하기 전에 사망, 질병 등 기타 부득이한 사정으로 인하여 그 직무를 집행할 수 없는 경우를 의미하고, 임기만료의 경우에는 그 업무를 수행케 함이 부적당하다고 인정할 만한 특별한 사정이 없는 한 유고나 궐위된 경우로 볼 수 없다.[31)]

조합장이 해임된 경우에도 유고에 해당하지 않는다고 판단한 사례도 있다(인천지방법원 2020. 1. 22.자 2019카합10608 결정).

한편, 조합장 선임결의의 효력을 정지하는 가처분결정은 조합장을 선임한 총회결의의 효력을 장래를 향하여 본안판결 확정시까지 정지시키는 것일 뿐, 조합장을 선임한 총회결의가 있었다는 기왕의 사실 자체까지 없어지게 하는 효과가 있다고 보기 어려우므로, 조합장 직무수행과 관련하여서는 조합장의 유고 등으로 인하여 그 직무를 수행할 수 없는 경우에 적용되는 정관 규정(조합장 유고시 이사 중 연장자 순으로 조합을 대표한다는 취지의 규정)이 적용되어야 한다고 본 사례가 있다(광주지방법원 2020. 8. 21.자 2020카합50532 결정).

(6) 임기가 만료된 조합임원이 업무수행권을 가지고 있는 경우(후임 조합임원이 선임되지 않은 경우 등), 임기 만료된 조합임원을 해임하는 결의를 할 수 있는가. 아래와 같은 이유로 부정하여야 할 것이다.

[서울중앙지방법원 2018. 5. 11.자 2018카합20682 결정]
채권자들의 임기가 만료된 이상 채권자들이 후임 임원의 선임 전까지 업무수행권을 가지는 것과 별개로 임원의 지위를 그대로 보유하는 것은 아니다. 따라서 채무

31) 참고로, 이 사안에서 조합정관은 "조합장이 궐위되었거나 조합장에 유고 있을 때에는 수석이사 중 연장자 순으로 (중략) 조합장의 직무를 대행한다."라고 규정하고 있고, 법원은 임기 만료가 유고 등에 해당하지 않는다는 이유로 임기 만료된 조합장에게는 위 규정에 따른 직무대행이 인정되지 아니하여, 임기 만료된 조합장의 총회소집이 적법하다고 보았다.

> 자들이 임시총회를 개최하여 채권자들을 해임하는 결의를 한다고 하더라도 채권자들에 대하여 해임의 효력이 발생하는 것은 아니어서 그와 같은 목적으로 임시총회를 개최할 필요성이 존재한다고 보기 어렵다(채무자들의 주장과 같이, 채권자들의 임기가 만료된 후 1년이 지나도록 후임 임원이 선출되지 않은 채 채권자들이 임원으로서의 업무를 집행하고 있어서 그들의 업무집행을 막을 필요성이 크다고 하더라도, 그들을 상대로 직무집행정지를 구하는 것은 별론으로 하고 이미 임기가 만료된 채권자들을 상대로 해임 결의를 하는 것은 논리적으로 모순이다).
> 나아가 강남구청에서 2018. 4. 23. 이 사건 조합의 선거관리위원회와 대책회의를 개최하여 선거관리계획을 수립하고 그에 따라 임원 선출 총회를 진행할 수 있도록 행정지원을 하겠다는 입장을 보이고 있는 점, 위와 같은 임원 선출 총회에 앞서 2018. 5. 12. 별지 목록 기재 결의사항을 위한 임시총회(이하 '이 사건 임시총회'라 한다)에서 해임결의가 이루어진다면 또 다른 분쟁을 초래할 우려가 있는 점, 이 사건 임시총회에서 채권자들에 대한 해임이 이루어질 경우 실질적으로 이 사건 조합의 정상적인 활동을 중단하는 상태에 처할 우려가 있는 점, 당사자들의 관계, 이 사건 조합의 상황, 재건축정비사업의 진행 정도, 이 사건 신청에 이르게 된 경위 등 기록 및 심문 전체의 취지를 종합하여 인정할 수 있는 제반사정에 비추어 볼 때, 채권자들에게 이 사건 임시총회의 개최 금지를 구할 피보전권리와 보전의 필요성이 소명된다.

다만, 조합임원의 임기가 만료된 경우에도 해당 조합임원이 조합의 법인등기부등본에 조합임원으로 등기되어 있다면, 조합원들이 임기가 만료된 조합임원 때문에 새로이 조합임원을 선출할 수 없거나 위 조합임원이 새로이 선출된 조합임원의 직무수행을 방해할 가능성을 배제할 수 없으므로, 조합은 임기가 만료된 조합임원이 더 이상 조합임원이 아니어서 그 직무를 수행할 권한이 없음을 확인하기 위하여 총회에서 그들의 해임을 구할 수 있다고 본 사례도 있다(서울남부지방법원 2019. 3. 21.자 2019카합20080 결정).

나. 해임, 사임, 임기만료된 조합임원에 대한 직무집행정지와 직무대행자

(1) 총회의 해임결의가 있었음에도 해임된 조합임원이 직무를 계속 수행하고 있다면, 본안으로서의 결의존재확인청구에 앞서 미리 직무집행정지가처분 신청을 할 수 있다.

마찬가지로 임기가 만료된 후 상당 기간이 경과한 때까지 후임 조합임원을 선임하지 않고 임기가 만료된 조합임원이 계속하여 업무를 수행하고 있다면, 임기가 만료된 조합임원의 직무집행을 정지할 수 있을 것이다.

> **[서울북부지방법원 2018. 7. 4.자 2018카합20124 결정]**
> 앞서 본 바와 같이 채무자들의 임기가 2017. 4. 16. 만료된 이상 채무자들과 이 사건 조합 사이의 위임관계는 종료되었다.
> 나아가 기록 및 심문 전체의 취지를 종합하여 인정되는 다음과 같은 사정, ① 즉 채무자들이 임기 만료 후 약 15개월이 지난 현재까지도 계속 업무를 수행하는 것은 정상적인 조합의 운영이라고 보기 어려운 점, ② 채무자들을 조합 임원으로 선임한 이 사건 선임결의의 효력 유무를 둘러싸고 지속적인 분쟁이 발생하였고, T와 채무자 E, F에 대하여는 그 각 선임결의가 무효라는 취지의 판결이 선고되기도 한 점(서울북부지방법원 2015가합2229 판결, 서울고등법원 2017나2044269 판결), ③ 채무자들은 여전히 업무수행권을 주장하고 있고, 이에 대하여 채권자들을 비롯한 조합원들이 이의를 제기하면서 이 사건 가처분 신청을 한 점 등을 종합하여 보면, 임기가 만료된 채무자들로 하여금 이 사건 조합의 업무를 계속 수행하게 하는 것은 부적절하다고 보이고, 채무자들로 하여금 종전 직무를 처리하게 할 필요성이 있다고 보이지도 아니한다. 따라서 채권자들은 채무자들을 상대로 그 직무집행정지를 구할 피보전권리가 있다고 할 것이다.
> 또한 채무자 M, N이 조합장 직무대행자로서 '조합 정관 추인의 건, 조합 정관 변경(안) 승인의 건, 사업시행계획(안) 승인의 건, 조합 임원 선출의 건, 조합장 직무대행자 지정추인의 건' 등을 안건으로 한 총회를 개최하려고 시도하고 있는데, 이에 관하여도 총회 개최 권한을 둘러싸고 추가적인 분쟁이 발생할 우려가 있어 중립적인 대표자로 하여금 총회를 개최하도록 하는 것이 적절하다고 보이는 점 등 기록에 나타난 제반 사정을 종합하면, 가처분으로써 채무자들의 직무집행정지를 명할 필요성도 있다고 보인다.

(2) 조합장이 직무위배행위로 인한 형사사건으로 기소되어 이사회 또는 대의원회가 정관에 따라 조합장의 직무를 정지하는 결의를 한 이상, 정관이 정한 '조합장이 유고 등으로 인하여 그 직무를 수행할 수 없을 경우'에 해당하고 정관에 따라 직무대행자를 정할 수 있다고 할 것이다.

> **[청주지방법원 2019. 12. 26.자 2019카합50280 결정]**
> 조합장에 대한 대의원회의 위 직무정지 결의가 직무대행 사유에 해당하는지 보건대, 위 기초사실에 의하면, J는 채무자 조합 정관 제17조 제4항이 정한 직무위배행위로 기소된 경우에 해당하고, 채무자 조합 대의원회가 위 규정에 따라 J의 직무를 정지하는 결의를 한 이상 정관 제16조 제6항 제1호가 정한 '조합장이 유고 등으로 인하여 그 직무를 수행할 수 없을 경우'에 해당한다고 할 것이어서, 이사 중 연장자 순으로 조합장의 직무대행을 정할 사유에 해당한다(채무자 조합 정관 제18조 제4항 단서는 조합장의 사임, 퇴임 또는 해임 시 권한대행에 관한 정관 제16조 제6항을 준용한다고 규정하고 있으나, 정관 제16조 제6항의 문언, 조합장이 업무를 수행할 수 없는 경우에도 조합 업무가 원활히 수행될 필요성 등을 고려할 때 위 규정이 오직 조합장의 사임, 퇴임, 해임만을 직무대행사유로 규정하고 있다고 해석하기 어렵다).

(3) 조합장에 대한 직무집행정지 가처분결정을 함에 있어서, 조합 정관 등에 따른 적법한 직무대행자가 존재한다면, 위 가처분결정시 직무대행자 선정은 불필요할 것이다(광주지방법원 순천지원 2020. 1. 21.자 2019카합1164 결정,[32] 서울중앙지방법원 2022. 11. 10.자 2022카합21313 결정).

(4) 조합장 직무대행자가 적법한 권한 내에서 총회를 소집하였다면 위 총회 소집 직후 해임되었다고 하더라도 그 사정만으로 위 총회 소집절차에 하자가 있다고 보기 어렵다고 할 것이다(서울서부지방법원 2020. 7. 3.자 2020카합50439 결정).

> **[서울서부지방법원 2020. 7. 3.자 2020카합50439 결정]**
> 채무자가 이사에서 해임되기 전에 적법한 권한 내에서 행한 이 사건 총회 소집이 그 이후에 위 채무자가 이사에서 해임되었다고 하여 소급적으로 무효가 된다고 볼 수 없고, 채무자 조합 정관 제18조 제4항은 '사임하거나 또는 해임되는 임원이 새

32) 이 사건에서 법원은 채권자의 조합인수인계서류 등의 인도 가처분을 기각하였는데, 그 이유는 다음과 같다. "앞서 본 바와 같이 채권자를 채무자의 직무대행자로 선임하지 아니할 뿐만 아니라 채무자에 대한 직무집행정지 가처분 신청을 인용함으로써 채권자가 이 사건 신청을 제기한 목적을 달성할 수 있을 것으로 보이고, 채권자가 제출한 자료들만으로는 본안판결 전에 미리 채무자에 대하여 조합인수인계서류 등의 인도와 같은 가처분을 명하여야 할 정도로 급박한 사정이 있다고 보기 어려우며, 달리 이를 소명할 자료가 없으므로, 채권자의 이 부분 신청 역시 받아들이지 아니한다."

로운 임원이 선임, 취임할 때까지 직무를 수행하는 것이 적합하지 아니하다고 인정될 때에는 이사회 또는 대의원회의 의결에 따라 그의 직무수행을 정지하고 조합장이 임원의 직무를 수행할 자를 임시로 선임할 수 있다'고 정하고 있는바, 이는 임원이 해임되더라도 이사회나 대의원회에서 직무정지를 결의하지 않는 이상 새로운 임원이 선출될 때까지 직무를 계속 수행할 수 있음을 전제로 하는 것이라 할 것이어서 이사회나 대의원회 결의 또는 총회 결의로 직무집행이 정지되지 않은 채무자가 이 사건 총회 소집 후속 절차를 계속 진행하는 것이 위법하다고 보기도 어려우므로, 이 사건 총회의 소집절차에 하자가 있다는 채권자의 주장은 이유 없다.

(5) 조합장 직무대행자 1순위에 해당하는 조합임원이 조합장 직무대행 사임서를 제출하였다가 상당 기간 경과 후에 발생한 별도의 조합장 유고시에 조합장 직무대행직을 수락할 수 있는가.

위 사임의 의사를 영구히 직무대행직을 수락하지 않겠다는 의사로 해석하기는 어려울 것이다(의정부지방법원 2020. 1. 6.자 2019카합5436 결정).

(6) 가처분에 의한 직무집행정지 시의 직무대행자는 가처분의 잠정성으로 인하여 통상사무에 속한 행위밖에 할 수 없지만 정관에 의한 직무대행자는 원칙적으로 해당 임원의 모든 권한을 행사할 수 있고, 도시정비법과 일반적인 조합 정관에 조합장 직무대행자가 임시총회를 개최하는 것을 금지하는 규정이 없는 점 등에 비추어 보면, 조합 정관에 의하여 조합장 직무대행자로 선임된 자가 조합총회를 소집한 것은 그 권한 내의 행위라고 봄이 타당하다(대전지방법원 2019. 11. 7.자 2019카합50526 결정).

(7) 정관이 "사임하거나 또는 해임되는 임원이 새로운 임원이 선임, 취임할 때까지 직무를 수행하는 것이 적합하지 아니하다고 인정될 때에는 이사회 또는 대의원회의 의결에 따라 그의 직무수행을 정지하고 조합장이 임원의 직무를 수행할 자를 임시로 선임할 수 있다. 다만, 조합장이 사임하거나 해임되는 경우에는 감사가 직무를 수행할 자를 임시로 선임할 수 있다."고 규정하는 경우가 있다. 만일 정관이 위 규정만을 두고 직무수행자(직무대행자)의 결격사유나 지정의 방법에 관하여는 아무런 규정을 두고 있지 않다면, 조합장이 해임 등의 사유로 궐위되는 경우, 조합장 직무대행의 업무는 원칙적으로 조합의 사업을 유지하고, 후임 조합장을 선출하는 것이 될 것이므로, 감사 스스로가 임시로 조합장을 대신하여 직무대행자로서의 업무를 수행한다고 하여, 기관구성의

원칙을 근본적으로 침해한다고 볼 수 없다고 본 사례가 있다(대전지방법원 2020. 8. 31.자 2020카합50402 결정[33]).

만일 위와 같은 정관 하에서 감사가 조합장과 함께 사임 또는 해임되거나 감사가 없는 상태에서 조합장이 사임 또는 해임되는 경우는 어떠한가.

이에 관한 정관 규정이 있으면 그에 따라야 할 것이나, 정관에 규정이 없다면 '조합장이 유고 등으로 인하여 그 직무를 수행할 수 없을 때에는 이사 중에서 연장자 순에 의하여 그 직무를 대행한다'는 정관 규정을 적용('유고 등'에 조합장과 감사가 모두 사임 또는 해임되거나 감사가 없는 상태에서 조합장이 사임 또는 해임되어 조합장의 직무에 공백이 발생하는 경우까지 포함되는 것으로 해석)하여야 한다고 본 사례가 있다(부산지방법원 동부지원 2021. 2. 8.자 2020카합100596 결정).

(8) 조합장 유고에 따른 선순위 직무대행자가 직무대행을 거절함에 따라 후순위자가 직무대행자로서 업무를 수행하는 도중, 선순위 직무대행자가 위 거절의 의사를 철회한 경우, 선순위 직무대행자가 적법하게 업무를 수행하기 위해서는 기존에 직무수행을 하던 후순위자의 직무대행권을 이사회 결의, 대의원회 결의나 총회 결의로 박탈하여야 하는가.

아래와 같은 이유로 부정한 사례가 있으나, 이사회나 대의원회의 결의를 거쳐 정당성을 확보하는 것이 바람직할 것이다.

[춘천지방법원 원주지원 2018. 2. 19.자 2017카합1138 결정]

채무자의 정관 제17조에 의하면 조합장직무대행자는 조합장이 유고로 직무를 수행할 수 없는 등의 경우에 미리 정해진 순서에 따라 임시로 조합장의 직무를 대행하는 자로서, 채권자는 조합장직무대행자로 선출된 것이 아니라 연장자인 다른 이사들이 조합장직무대행자로서의 직무수행을 거절함에 따라 이를 맡아 온 데 불과하다고 할 것이다. 따라서 채무자가 채권자로 하여금 조합장직무대행자의 직무를 수행하지 못하게 하고 연장자인 G로 하여금 조합장직무대행자로서의 직무를 수행하도록 하는 데 있어 이사회결의나 대의원회결의 또는 조합원총회의 결의가 있어야 한다고 할 수 없다. 나아가 도시정비법 또는 채무자 정관상의 조합 임원의 해임에 관한 절차나 요건이 요구된다고도 볼 수 없다. 채무자의 조합장 D의 유고 후 채권자보다 연장자인 채무자의 이사들이 조합장직무대행자로서의 직무수행을 거절하다가 그 가운데 G가 직무수행 거절의사를 철회함에 따라 G가 채무자의 조합장직무

33) 감사가 스스로 직무수행자로서 임시총회를 공고, 개최한 사안이다.

> 대행자로서의 직무를 수행하게 된 것으로 보인다. 따라서 이 사건 대의원회결의가 무효여서 G에 대한 조합장직무대행자 지명의 효력이 없다고 할 수 없으므로, 채권자의 이 부분 주장은 이유 없다.

다. 해임된 조합장의 청산인 선임 가능 여부

조합 정관이 조합이 해산 의결을 한 때에는 해산 의결 당시의 임원이 청산인이 되도록 정하고 있는 사안에서, 조합총회의 안건이 해임된 조합장을 대표청산인으로 선임하는 것이라면, 해당 안건이 원안대로 결의되는 경우 해임된 조합장을 대표청산인으로 선임하게 되어 정관 조항에 반하여 위법하다고 볼 것이다(서울서부지방법원 2019. 11. 8.자 2019카합50626 결정).

8. 법원의 가처분명령에 의하여 선임된 직무대행자의 지위

(1) 법원은 민법 제52조의2를 준용하여 가처분명령에 의하여 조합임원의 직무대행자를 선임할 수 있는데(대법원 2017. 6. 15. 선고 2017도2532 판결), 법원의 가처분명령에 의하여 선임된 조합임원의 직무대행자는 조합을 종전과 같이 그대로 유지하면서 관리하는 것과 같은 조합의 통상사무에 속하는 행위를 할 수 있다(대법원 2017. 6. 15. 선고 2017도2532 판결).

위 직무대행자가 조합의 통상사무에 속하지 않는 행위를 하기 위해서는 법원의 허가를 받아야 하는데(민법 제60조의2 제1항), 여기에서 '통상사무'는 법인을 종전과 같이 그대로 유지하면서 관리하는 한도 내의 것으로 제한되고, 법인의 근간인 정관을 변경하거나 임원의 구성을 변경하기 위한 총회를 소집하는 행위는 법인의 통상사무라고 할 수 없다(대법원 1995. 4. 14. 선고 94다12371 판결, 대법원 2011. 9. 20.자 2011마1438 결정).

법원이 통상사무에 속하지 않는 행위를 허가할 것인지 여부는 일반적으로 당해 상무 외 행위의 필요성과 사건본인(조합)의 운영과 업무 및 재산에 미치는 영향 등을 종합적으로 고려하여 결정하여야 한다(대법원 2008. 4. 14.자 2008마277 결정).

이러한 법리 하에 법원이 시공자 선정, 사업비 예산 변경을 위한 총회소집을 통상사무에 속하지 않는 행위로서 허가한 사례가 있다.

> **[수원고등법원 2022. 8. 19.자 2022라206 결정]**
> 기록 및 심문 전체의 취지에 의해 알 수 있는 다음과 같은 사정들, 즉 ① 신청인을 직무대행자로 선임한 가처분결정은 아직 취소되지 않았고, 향후 그 결정이 취소될 여지가 있다 하더라도 현재 신청인이 직무대행자 지위에 있음은 부인할 수 없는 점, ② 사적 단체는 사적 자치의 원칙에 따라 그 단체의 형성과 조직, 운영을 자유롭게 결정할 수 있으므로, 사건본인의 조합원들은 사건본인 임원 구성, 사업 진행 등에 관하여 직접 의사결정할 기회를 가질 수 있고, 사건본인의 분쟁 경과, 사업 현황 등에 비추어 별지 목록 기재 안건들에 대한 총회 소집 필요성도 상당 부분 인정되는 점, ③ 규약 제22조 제6항은 총회 개최 시 안건 등에 관하여 이사회 의결을 거치도록 규정하고 있으나, 이는 총회를 실제 개최할 때 거쳐야 하는 절차에 관하여 규정한 것이므로, 비송사건으로서 행위의 필요성 등을 허가 요건으로 하는 법원의 상무 외 행위 허가 재판에서도 항상 그와 같은 절차가 사전에 요구된다고 보기는 어려운 점, ④ 별지 목록 기재 안건들에 대해 조합원들 사이에 찬반 의견이 다를 수는 있으나, 그 안건 자체가 사건본인에게 손해를 끼치는 내용이라고 보이지는 않는 점 등을 종합하여 볼 때, 이 사건 소집은 그 필요성이 인정되므로, 이를 허가함이 타당하다.

(2) 법원의 가처분명령에 의하여 선임된 조합장 직무대행자가 총회를 소집하면서 정관 변경과 같이 통상사무에 속하지 아니하는 행위를 안건에 포함시켜 소집을 통지하였다면 그 안건의 범위에서 총회의 소집이 통상사무에 속하지 아니한다고 보아야 하고, 그 정기총회에서 그 안건에 관하여 결의가 있었다고 하더라도 이를 안건으로 한 총회 소집에 관하여 직무대행자 선임 가처분명령에 정함이 있거나 법원의 허가를 얻지 아니한 이상, 그 안건에 관한 총회의 결의는 권한이 없는 자에 의하여 소집된 총회에서 한 부적법한 결의로서 효력이 없다고 보아야 한다(대법원 2007. 6. 28. 선고 2006다62362 판결, 대법원 2016. 3. 10. 선고 2015다220054 판결).

(3) 조합장에 대해 직무집행정지 및 직무대행자선임 가처분이 된 경우에는, 그 가처분에 특별한 정함이 없는 한 그 조합장은 그 본안소송에서 그 단체를 대표할 권한을 포함한 일체의 직무집행에서 배제되고 직무대행자로 선임된

자가 조합장의 직무를 대행하게 되므로, 본안소송에서 그 단체를 대표할 자도 직무집행을 정지당한 조합장이 아니라 조합장 직무대행자로 보아야 한다(대법원 1995. 12. 12. 선고 95다31348 판결 등).

(4) 가처분명령에 의하여 조합장의 직무대행자가 선임된 상태에서 새로운 조합장이 적법하게 소집된 총회의 결의에 따라 새로 선출되었다 해도, 조합장 직무대행자의 권한은 위 총회의 결의에 의하여 당연히 소멸하는 것은 아니므로, 사정변경 등을 이유로 가처분결정이 취소되지 않는 한[34] 직무대행자만이 적법하게 조합을 대표할 수 있고, 총회에서 선임된 조합장은 그 선임결의의 적법 여부에 관계없이 대표권을 가지지 못한다(대법원 2010. 2. 11. 선고 2009다70395 판결).

또한 법원이 선임한 직무대행자가 설령 법원에 사임서를 제출하였더라도 법원이 이를 이유로 직무대행자를 해임하거나 개임하는 결정을 하지 않은 이상, 직무대행자를 선임한 가처분 결정의 효력이 실효된다고 볼 수 없다(수원지방법원 평택지원 2022. 3. 24.자 2022카합1017).

9. 비밀투표의 원칙

가. 기본 법리

도시정비법상 명문의 규정은 없으나 조합임원을 선임 또는 해임하는 과정에서 조합원의 자유로운 의사의 표현과 결정이 가능하기 위해서는 비밀투표의 원칙이 지켜져야 할 것이다.

그런데 문자메시지, 카카오톡 등 SNS(Social Networking Service)를 통해 사진으로 서면결의서를 제출할 경우 총회 전에 일정 부분 결의내용이 공개된다는 점에서 비밀투표의 원칙이 지켜졌다고 보기 어려울 것이다.

---

34) 조합임원을 채무자로 하여 직무집행을 정지하고 직무대행자를 선임하는 가처분이 있은 경우 그 후 사정변경이 있으면 그 가처분에 의하여 직무집행이 정지된 조합임원이 그 가처분의 취소신청을 할 수 있고(조합은 이를 신청할 수 없다), 이 경우 종전의 조합임원이 사임하고 새로 조합임원이 선임되었다고 하여도 가처분 사건의 당사자가 될 수 없는 조합은 그 가처분취소신청을 할 수 없다(대법원 1997. 10. 10. 선고 97다27404 판결 등).

그렇다면 이 경우 해당 총회결의의 효력을 부인할 것인가. 이에 대해서는 아래와 같이 입장이 대립되고 있다.

나. 비밀투표 원칙 위반을 이유로 결의의 효력을 부인한 경우

문자메시지 등의 전송방식에 의한 서면결의서 제출을 허용한 총회결의의 효력을 비밀투표 원칙 위반을 이유로 부인한 대표적인 사례는 아래와 같다.

> [서울중앙지방법원 2022. 11. 10.자 2022카합21313 결정]
> 위 소명사실에다가 기록 및 심문 전체의 취지에 의하여 알 수 있는 아래와 같은 사정을 종합하면, 채무자 B를 채무자 조합의 조합장으로 선출한 이 사건 결의는 비밀투표의 원칙, 투표의 방식 및 선거운동기간에 관한 선거관리규정 등을 위반한 선거절차상 중대한 하자가 있고, 이로 인하여 투표의 자유와 공정을 현저히 침해하고 선출결의의 결과에 영향을 미쳐 무효라고 봄이 상당하므로, 주문 제2항 기재 가처분을 명할 피보전권리가 소명된다. 나아가 이 사건 신청에 이르게 된 경위 및 이후의 경과, 채무자 B의 태도 등 기록에 나타난 제반 사정에 비추어 보면, 그 보전의 필요성도 소명된다.
> 1) 조합장을 선출하는 과정에서 조합원의 자유로운 의사표현이 가능하기 위해서는 투표를 할 때 비밀이 보장되어야 한다. 이는 채무자 조합 선거관리규정에서 비밀투표의 원칙을 규정하고 있는 이유이기도 하다(비밀투표의 원칙은 공정하고 자유로운 선거를 위하여 필요한 원칙이므로 서면투표에 그 원칙이 전면적으로 배제될 합리적 이유가 없는 점, 선거관리규정 제34조 제4항이 조합 임원 등 선출을 위한 의결정족수를 규정하고 있는 점에 비추어, 같은 조 제1항에서 규정하는 비밀투표 원칙이 현장투표에만 적용된다고 보기는 어렵다).
> 비밀투표가 지켜지지 않는다면 다른 사람의 눈이 두려워 자신의 의사를 거짓으로 표출함으로써 왜곡된 의사가 선거에 반영될 수 있다. 또 조합원 신원의 비밀이 보장되지 않으면 조합원에 대한 회유, 외압이 발생할 수 있고, 그러한 조합원이 서면결의를 철회하여 선거 결과에 영향을 미칠 가능성을 배제할 수 없다. 따라서 도시정비법상 조합장 선거에 공직선거법과 같은 엄격한 비밀투표의 원칙이 그대로 적용되기 어려운 면이 있음을 고려하더라도, 비밀투표에 의해서 보장하려는 공정하고 자유로운 선거의 가치가 현저히 훼손될 정도에 이르렀다면, 선거 결과에 영향을 미쳤다고 보아야 한다.
> 2) 문자메시지 전송방식의 투표는, 조합원들이 배부 받은 투표용지에 기표하여 그

원본을 다시 제출하는 것이 아니라 이를 촬영한 사진 내지 사본을 전자적 방식으로 제출하는 것이다. 이는 투표 방식 그 자체로 볼 것이지 채무자 선거관리위원회가 따로 정할 수 있는 우편 투표용지 회송방법에 불과하다고 할 수 없어 이를 선거관리규정 제45조가 정하는 우편에 의한 투표라고 보기는 어렵고, 정관이나 선거관리규정에 근거가 없는 투표방식이라고 봄이 타당하다(이는 팩스 전송방식도 마찬가지이다).

3) 이 사건 총회에 참석한 조합원 1,984명 중 1,790명은 서면결의서의 제출로 투표권을 행사하였고 그중 상당수는 문자메시지 전송방식으로 서면결의서를 제출하였다. 채무자 조합의 선거관리위원회는 위 문자메시지를 수신할 때마다 이를 종이로 인쇄한 뒤 우편으로 송부된 다른 투표용지 등과 함께 보관하였는데, 그 과정에서 선거관리위원은 기표내용을 사전에 집계할 수 있었던 것으로 보이므로, 이는 선거관리규정 제34조 제1항이 정한 비밀투표원칙에 반한다.

이에 대하여 채무자 B는 우편으로 회송되는 우편투표용지 또한 우편봉투 개봉 후 우편투표 용지를 소봉투에 밀봉하여 보관하고, 그 과정에서 선거관리위원이 기표내용을 인지할 수 있음은 마찬가지이므로, 문자메시지 출력 및 밀봉 과정에서 선거관리위원이 기표내용을 인지할 수 있었다는 사정만으로 비밀투표원칙에 위반된다고 볼 수 없다고 주장한다. 그러나 선거관리규정 제45조 제5항에 의하여 준용되는 제44조는 개표가 개시된 이후에야 투표함을 개봉한다고 규정하고 있을 뿐, 우편투표 결과를 선거일 이전에 집계할 수 있다고 규정하지는 않는다. 또 채무자 B가 자인하는 바와 같이 채무자 조합의 선거관리위원회가 우편으로 회송되는 우편투표용지를 사전에 개봉한 뒤 보관한 것이라면, 위와 같은 선거관리방식 역시 선거관리규정 제34조 제1항의 비밀투표원칙에 반하는 위법한 것이므로, 채무자 B의 위 주장은 받아들일 수 없다.

4) 만일 총회 개최자 측이 총회 개최 전에 제출된 서면결의서의 내용을 사전에 집계할 수 있고 그 결과가 자신들에게 불리할 것으로 판단될 경우, 총회 개최자 측으로서는 총회의 개최를 연기하는 등 그 결과를 자신들에게 유리한 방향으로 만들기 위해 인위적으로 개입할 가능성이 생긴다. 그런데 이 사건의 경우에도 실제로 총회 직전에 F가 조합장 후보에서 돌연 사퇴하는 사건이 발생하였는바, 채무자 조합이 기존 집행부를 지지하는 조합원과 이에 반대하여 소위 비대위를 지지하는 조합원이 서로 팽팽히 대립하고 있는 점, 투표 결과 채무자 B가 비교적 근소한 차이로 조합장에 당선된 점 등에 비추어, 이는 기존 조합장으로서 사전에 제출된 서면결의서의 기표결과를 미리 파악하고 있던 채무자 B가 F와의 의사연락 하에 선거에 개입한 것이 아닌가 하는 심각한 의심이 든다.

5) F가 이 사건 총회 당일 전체 조합원들을 상대로 F에게 기표하여 제출한 서면결의서를 철회하고 총회 현장에서 채무자 B에게 투표해 달라는 문자메시지를 발송한

것은 선거관리규정 제28조 제6항에 위반되는 불법선거운동에 해당한다.
6) 도시정비법 제45조 제6항 및 제9항은 조합에 대하여 서면의결권 행사자에 대한 본인확인의무를 부여하면서 그 구체적 방법 등에 관하여는 정관에서 정하도록 규정하고 있는데, 채무자 조합의 정관에는 서면의결권 행사자의 본인확인방법에 관하여 구체적 규정을 두고 있지 아니하다. 이와 관련하여 채무자 B는, 채무자 조합이 서면결의서(투표용지)에 지장을 날인하게 하거나 신분증을 첨부하게 하는 방법으로 본인확인절차를 충분히 이행하였다고 주장한다. 그러나 위 본인확인절차 중 무인 내지 지장을 날인하게 하는 방식은 그 자체로 본인확인이 가능하다고 볼 수 없고 진위 여부 확인을 위한 추가적인 절차가 필요한데, 위 도시정비법 조항의 입법취지가 단체법적 법률관계의 객관성, 명확성, 안정성을 위하여 불필요한 법적 분쟁을 방지하기 위한 것이라는 점을 고려할 때, 정관에 이를 허용하는 명시적인 근거가 없는 현 단계에서 이로써 채무자 조합이 본인확인의무를 준수하였다고 볼 수 있을지 의문이 있다.

다. 비밀투표 원칙 위반에도 불구하고 결의의 효력을 인정한 경우

문자메시지 등의 전송방식에 의한 서면결의서 제출을 허용한 총회결의가 비밀투표 원칙에 위배된다는 점을 인정하면서도 제반 사정을 고려하여 총회결의의 효력을 인정한 대표적인 사례는 아래와 같다.

[수원지방법원 평택지원 2019. 11. 26.자 2019카합1061 결정]
서면결의서가 봉인되지 않은 채 제출되는 경우 서면결의서를 제출받은 사람들이 서면결의서의 내용을 미리 보는 것도 가능하여 비밀투표의 원칙에 위배될 뿐만 아니라 서면결의서 관리 과정에서 위·변조 행위가 개입될 가능성도 배제하기 어렵다. 서면결의서를 미리 개봉한 것은 일응 하자가 있어 보인다.
그러나 주택법 또는 이 사건 조합 규약에 반드시 총회에서 서면결의서가 개봉되어야 한다는 규정이 없을 뿐만 아니라, 문자메시지, 카카오톡에 의한 서면결의서는 사전개봉이 당연히 예정되어 있으며, 조합이 총회 이전에 표결집계 등의 원활한 업무처리를 위하여 서면결의서를 미리 개봉하여 그 결과를 취합하더라도 그 결의내용이 대외적으로 유출되었다고 볼 사정이 없다. 또한 서면결의서 접수시 일부 조합원들에게 누락된 안건의 투표를 독려한 사정이 보이기는 하나, 그와 같은 사정만으로 투표를 행사하는 조합원들의 의사가 왜곡되었다고 볼 수 없다(아울러 임원 후보자의 남편이 서면결의서를 제출받는다는 점이 조합원들에게 알려져 의결권 행사

> 에 영향을 미쳤다고 볼 사정도 없다). (중략)
> 이 사건 조합 규약은 서면결의서 제출에 의한 의결권 행사와 관련하여 제23조 제3항, 제4항에서 '서면으로도 의결권을 행사할 수 있고, 서면으로 의결권을 행사할 때에는 안건 내용에 대한 의사를 표시하여 총회 전일까지 조합에 도착하도록 제출하여야 한다'고 규정하고 있을 뿐 전자서면이나 종이서면 등과 같은 서면결의서의 형태와 그 제출 방식에 특별한 제한을 두고 있지 않다. 또한 이 사건 총회 개최공고에서 문자전송에 의한 서면결의서 제출을 허용한바, 전자파일 형태의 서면결의서 제출이 인정된다면 카카오톡을 통한 파일 전송의 방식으로 이를 제출하는 것도 가능하다고 할 것이므로, 사진 파일을 카카오톡 메시지 등을 통하여 전송하는 방식으로 서면결의서를 제출하였다고 하더라도 이 사건 조합 규약 등에서 정한 서면결의서의 제출 방식을 위반하였다고 볼 수 없다.

한편, 문자메시지, 카카오톡 등 SNS(Social Networking Service)를 통해 사진으로 제출한 서면결의서의 효력을 인정하였으나, 비밀투표의 원칙이 논의되지 않았던 사례들도 있다.

> **[서울중앙지방법원 2020. 5. 22.자 2020카합21007 결정]**
> '서면'이란 일정한 내용을 적은 문서를 의미하고 전자문서와 구별되기는 한다. 그리고 서면에 의하여 조합원의 의사를 표시하도록 한 취지는 조합원으로 하여금 신중을 기하도록 함과 아울러 의사표시의 존부와 내용에 대한 증명을 쉽게 하려는 것인데, 전자문서는 그 자체로서는 전자적 형태의 정보에 불과하여 계속적으로 의사나 관념이 표시되어 있을 것을 전제로 하는 문서 또는 서면과 동일하게 볼 수 없는 측면이 존재한다. 그러나 전자문서 및 전자거래 기본법 제3조는 "이 법은 다른 법률에 특별한 규정이 있는 경우를 제외하고 모든 전자문서 및 전자거래에 적용한다."고 규정하고 있고, 같은 법 제4조 제1항은 "전자문서는 다른 법률에 특별한 규정이 있는 경우를 제외하고는 전자적 형태로 되어 있다는 이유로 문서로서의 효력이 부인되지 아니한다."고 규정하고 있는 점, 문서에 의하여 서면결의서를 작성한 다음 이를 그대로 사진으로 촬영하고 전자적 방법으로 전송하는 등 출력이 즉시 가능한 상태의 전자문서는 사실상 종이 형태의 서면과 다를 바 없고 저장과 보관에 있어서 지속성이나 정확성이 더 보장될 수도 있는 점, 조합원의 의결권 행사를 충분히 보장할 필요가 있으므로 조합원이 진정한 의사로 작성한 서면결의서가 이미 존재하고 법령이나 규약에서 정한 유효요건을 모두 갖추고 있다면 단지 그 서면결의서가 사진이나 팩스에 의하여 전송되었다는 이유만으로 무효로 볼 것은 아니고 이러한 해석론이 법률해석의 한계를 벗어난 것으로 보이지 않는 점, 채무자

조합의 정관이나 이 사건 임시총회 소집 공고에서 서면결의서 원본만을 제출할 것을 요구하고 있지는 않고, 위 공고에서 서면결의서를 '우편, 팩스, 이메일, SNS'를 통하여 제출할 것을 공지한 점 등에 비추어 보면, 위 35장도 이미 조합원들의 진정한 의사에 따라 작성된 이상 유효하다고 봄이 타당하다.

[광주지방법원 2019. 10. 17.자 2019카합50347 결정]
이 사건 규약은 서면에 의한 의결권 행사와 관련하여 제23조 제3항, 제4항에서 '서면으로도 의결권 행사가 가능하고, 서면으로 의결권을 행사할 때에는 안건 내용에 대한 의사를 표시하여 총회 전일까지 조합에 도착하도록 제출하여야 한다'고 규정하고 있을 뿐 전자서면나 종이서면 등과 같은 서면결의서의 형태와 그 제출 방식에 특별한 제한을 두고 있지 않다. 또한 이 사건 임시총회의 경우 전자파일 형태의 서면결의서 제출을 명시적으로 배제하고 있다고 보기 어렵고, 전자파일 형태의 서면결의서 제출이 인정된다면 파일 전송의 방식으로 이를 제출하는 것도 가능하다고 할 것이며, 이 사건 서면결의서에 기재된 '전자문서인증'을 엄격한 요건과 방식이 요구되는 '전자서명인증'과 동일한 의미로 해석하여야 할 이유도 없다[이 사건 임시총회와 관련한 서면결의서 제출방법(소갑 제2호증의 2) 제1, 2항은 '신분증 사본과 함께 전자출력된 서면결의서뿐만 아니라 신분증을 올려 촬영한 서면결의서의 사진도 임시총회 안건에 대한 의사표시의 내용이 명확하고 본인의 의사표시임이 객관적으로 인증되면 조합원 본인의 서면결의로 폭넓게 인정되고, 서면결의서를 작성하여 신분증을 올려 촬영한 후 임시총회 의장의 휴대폰으로 사진을 전송하여 본인의 의사표시임을 증명하는 사전 전자문서인증을 받는 경우 신분증과 전자서면에 의한 확인 절차를 거친 것이므로 본인의 의사표시로 인정된다'는 취지로 규정하고 있다]. 따라서 사진 파일을 휴대폰 문자메시지 등을 통하여 전송하는 방식으로 서면결의서를 제출하였다고 하더라도 이 사건 규약 등에서 정한 서면결의서의 제출 방식을 위반하였다고 단정할 수 없다.

10. 보전의 필요성

임시의 지위를 정하는 가처분은 다툼 있는 권리관계에 관하여 그것이 본안소송에 의하여 확정되기까지의 사이에 가처분권리자가 현재의 현저한 손해를 피하거나 급박한 강포를 막기 위하여, 또는 기타 필요한 이유가 있는 때에 한하여 허용되는 응급·잠정처분이고, 이러한 가처분을 필요로 하는지 여부는 가처분신청 인용 여부에 따른 당사자 쌍방 이해득실 관계, 본안소송에서 장래 승패의 예상, 기타 제반 사정을 고려하여 법원이 재량에 따라 합목적적으로 결정하여야 한다. 단체의 대표자 선임 결의의 하자를 원인으로 하는 가처분신청에 있어서는 장차 채권자가 본안에 승소하여 적법한 선임 결의가 있을 경우, 채무자들이 다시 대표자 등으로 선임될 개연성이 있는지의 여부도 가처분의 필요성 여부 판단에 참작하여야 한다(대법원 1997. 10. 14.자 97마1473 결정).

이러한 법리 하에 장차 채권자가 본안에서 승소한다고 하더라도, 새로운 대표자 등 선출절차에서 채무자들이 조합장 등 임원으로 선출될 개연성이 높다고 보아, 채무자(선임된 조합임원)들에 대한 직무집행정지 가처분을 기각한 사례(수원지방법원 평택지원 2021. 7. 21.자 2021카합1087 결정)와 해임결의에 절차상 하자가 있어 새로 절차를 진행한다 하더라도 다시 해임결의가 이루어질 가능성이 높다는 이유로 해임결의 효력정지 가처분 신청의 보전의 필요성을 부인한 사례가 있다(서울고등법원 2022. 10. 17.자 2022라20815 결정).

제4장

이사회와 대의원회 관련 가처분의 주요 쟁점

1. 대의원회 · 이사회 결의 누락 · 하자

(1) 일반적으로 조합정관은 조합총회 상정안건에 대한 사전심의를 이사회 및 대의원회의 권한으로 정하고 있다. 이와 같이 규정한 취지는 이사회 및 대의원회에서 안건의 적정성 등을 사전에 심사하여 불필요한 안건이 총회에 상정되는 등으로 인한 절차의 낭비를 막고 총회에서 실질적으로 결의가 필요한 안건에 한하여 심의가 이루어지도록 하여 조합원들의 토의권과 결의권 행사를 실질적으로 보장하도록 하기 위한 것이고, 특별히 총회의 결의에 앞서 이사회나 대의원회가 심의 · 의결하여야 하는 사항을 도시정비법 등 관련 법령으로 정하고 있지는 아니하다(반면 총회의 의결사항은 도시정비법 제45조에 규정되어 있다).

또한 총회는 조합의 최고의사결정기관으로 총회의 다수결은 모든 조합원을 구속하는 반면 이사회 및 대의원회의 심의 · 의결은 단체 내부의 의사결정에 불과하므로, 총회에 상정할 안건에 관한 이사회 및 대의원회의 심의 · 의결을 거치지 않았다고 하더라도 이를 두고 총회 결의를 무효로 할 만한 중대한 절차상의 하자로 보기는 어렵다.

나아가 총회 개최 과정에서 이사회 및 대의원회의 심의 · 의결을 적법하게 거치지 않은 하자가 있더라도, 총회에서 상정안건에 대하여 다수의 조합원들의 의사에 따라 결의가 이루어짐으로써 위 절차적 하자가 치유될 가능성이 존재한다.

이러한 이유에서 총회 개최 과정에서 이사회나 대의원회의 심의 · 의결을 누락하거나 해당 결의에 하자가 있더라도, 특별한 사정이 없는 한 이를 이유로 총회의 개최 자체의 금지를 구하는 것은 허용되지 않는다고 보는 것이 다수의 하급심 입장이다(서울서부지방법원 2019. 4. 11.자 2019카합50194 결정, 서울북부지방법원 2019. 6. 21.자 2019카합20179 결정, 의정부지방법원 2021. 4. 23.자 2021카합5196 결정, 서울북부지방법원 2021. 4. 30.자 2021카합20111 결정, 부산지방법원 2021. 6. 25.자 2021카합10366 결정, 수원지방법원 성남지원 2022. 8. 19.자 2022카합50182 결정 등).[1)]

(2) 다만, 도시정비법 및 정관의 대의원회 관련 규정의 취지가 대의원회에서 총회 부의 안건에 대하여 충분한 토론 및 심의를 거치고, 그를 통하여 조합원들에게 결의를 위한 정보를 제공함으로써 총회에서 조합장 및 임원들을 견제하고 총회가 실질적으로 기능할 수 있도록 보장하기 위한 것이라고 보고, 채무자 조합이 임시총회의 각 안건에 대하여 대의원회의 사전심의를 전혀 거치지 않은 사실이 소명된다는 이유로 임시총회의 개최를 금지한 사례도 있다(대구지방법원 서부지원 2021. 7. 29.자 2021카합5167 결정).

또한 대의원회에서 조합원 제명사유 등을 특정하지 않고 소명기회를 부여하지 않는 등의 대의원회 결의의 하자를 이유로, 조합원 제명결의를 위한 총회의 개최를 금지한 사례도 있다(전주지방법원 군산지원 2021. 5. 14.자 2021카합1042

1) 대법원은 도시정비법상 도시환경정비사업조합의 정관에서 '조합장이 총회를 소집, 개최하는 경우 총회의 목적 · 안건 · 일시 · 장소 등에 관하여 미리 이사회의 의결을 거쳐야 한다.'는 규정을 두고 있음에도 조합장이 총회 소집 과정에서 위 정관 규정을 위반한 경우, 그 총회 결의가 무효인지 여부는, 총회 소집, 개최 시 이사회 의결을 거치도록 정한 정관규정을 위반하게 된 경위, 구체적인 위반 내용, 이사회 의결에 존재하는 하자의 내용과 정도, 총회 소집과 관련하여 대의원회 등 조합 내부 다른 기관의 사전심의나 의결 등이 존재하는지 여부, 위 정관 규정을 위반한 하자가 전체 조합원들의 총회 참여기회나 의결권 행사 등에 미친 영향, 조합 내부의 기관으로 두고 있는 총회, 대의원회 등과 이사회의 관계 및 각 기관의 기능, 역할과 성격, 총회의 소집 주체, 목적과 경위 및 총회 참석 조합원들의 결의 과정과 내용 등 여러 사정을 종합적으로 고려하여, 위 정관 규정을 위반한 하자가 총회 결의의 효력을 무효로 할 만한 중대한 소집절차상의 하자라고 볼 수 있는지에 따라 판단하여야 한다고 보고 있다(대법원 2020. 11. 5. 선고 2020다210679 판결 참조). 위와 같은 법리는 조합이 총회 소집 과정에서 대의원회의 의결을 거치지 아니한 경우에도 적용된다고 할 것이다(수원지방법원 성남지원 2022. 8. 19.자 2022카합50182 결정).

결정).

(3) 소수조합원들이 소집을 요구한 총회에서 대의원회의 의결을 얻지 못하였다고 하여 총회를 열 수 없다면, 소수조합원은 총회소집요구권이 있음에도 그 목적을 달성할 수 없게 되므로, 소수조합원의 총회소집권을 인정한 취지에 반한다. 따라서 대의원회의 의결을 얻지 못하였다고 하더라도 소수조합원이 총회를 개최할 수 없다고 해석할 수는 없다(대전지방법원 2020. 7. 17.자 2020카합68 결정).

(4) 다수 업체가 입찰에 참여한 경우 총회에 상정할 업체를 선정하기 위한 대의원회 의결에, 서면결의서를 통한 투표를 금지하고 있는 '정비사업 계약업무 처리기준' 제33조 제3항이 적용된다고 볼 근거를 찾기 어렵다고 본 사례가 있다(서울서부지방법원 2019. 10. 25.자 2019카합50599 결정).

2. 대의원회 정족수 미달시의 조치와 보궐선임

(1) 대의원회는 총회의 권한 대행기관이자 조합원 전체의 대의기관이므로(대법원 2010. 5. 27. 선고 2008다53430 판결), 대의원회가 법정 대의원 수를 충족하지 못하게 되었다면 대의원회는 조합원의 의사를 대신 행사할 수 있는 자격을 갖추지 못하여 결의절차를 진행하여서는 안 되고 원칙으로 돌아가 모두 총회의 결의를 거쳐야 하고, 정원에 미달한 대의원회가 한 결의는 무효라고 봄이 타당할 것이다(대구고등법원 2012. 1. 13. 선고 2011나4224 판결).

따라서 도시정비법이 요구하는 대의원회의 정수를 충족하지 못하여 대의원회 의결사항에 대한 결의가 불가능한 경우, 조합은 총회를 개최하여 대의원을 추가 선임한 후 대의원회의 의결을 거쳐야 할 것이다(의정부지방법원 2017. 1. 4.자 2016카합5357 결정).

(2) 다만, 대의원이 사임한 경우 후임 대의원 선임 시까지 대의원 수가 법정 대의원 수에 충족되지 않아 대의원회가 당장 회의체로서의 정상적인 활동을 중단하지 않을 수 없는 상태에 처한 경우, 이는 민법 제691조에 규정된 위임종료의 경우에 급박한 사정이 있는 때와 같이 볼 수 있으므로, 사임한 대의원이라 하더라도 그 임무를 수행함이 부적당하다고 인정할 만한 특별한 사정이 없는 한 후임 대의원이 선임될 때까지 대의원의 직무를 계속 수행할 수 있다고

볼 수 있을 것이다(서울중앙지방법원 2021. 4. 22.자 2021카합20457 결정).

〈대의원 사임으로 법정 대의원 수를 충족하지 못한 상태에서 이루어진 대의원회 결의의 효력을 인정한 사례〉

[서울중앙지방법원 2021. 4. 22.자 2021카합20457 결정]
이 사건 결의 당시 채권자 A, B를 포함한 대의원 6명이 채무자에게 사퇴서를 제출한 사실은 앞서 본 바와 같으나, 위 사퇴서를 제출한 시기로부터 이 사건 결의가 이루어진 시기나 이 사건 대의원회의 소집 시기가 상당히 근접해 있고, 채무자의 임원들이 임기가 만료되어 재건축사업의 원활한 진행을 위해서도 위 임원들의 선임을 위한 절차가 신속하게 진행될 필요가 있는 점, 대의원회의 규모나 성격 등을 두루 고려해 볼 때, 위 대의원들은 이 사건에서 임기만료된 임원이나 궐위된 대의원의 선임절차와 관련한 대의원의 직무를 계속 수행할 수 있다고 보이고, 위 대의원들이 관련 대의원의 업무를 계속 수행하게 함이 부적당하다고 볼 만한 사정도 없다. 특히 채권자들이 주장하는 바와 같이 위 대의원들은 오로지 대의원회 개최를 막기 위하여 사퇴서를 제출한 것인데, 이러한 경우까지도 위 대의원회 결의가 부적법하다거나 대의원회 개최를 하지 못한다면 이러한 방식이 악용될 가능성을 배제할 수 없다. 이와 같은 사정에 비추어 보면, 이 사건 결의가 법정 대의원 수에 미달한 상태에서 이루어져 효력이 없다는 취지의 채권자들의 주장은 받아들일 수 없다.

〈사임한 대의원이 후임 대의원이 선임될 때까지 직무를 계속 수행함이 부적당하다고 본 사례〉

[의정부지방법원 2021. 8. 25.자 2021카합5277 결정]
이에 대하여 채무자는, 사임한 대의원들 및 예비대의원에게는 민법 제691조에 따라 후속 대의원이 선출되기 전까지 업무를 수행할 권한이 있었다고 할 것이므로, 이 사건 결의는 법정 대의원 수에 미달한 대의원회에서 이루어진 것이 아니라는 취지로 주장한다.
비록 사임한 대의원에게 후임자 보궐 선임시까지 민법 제691조 소정의 업무수행권을 인정할 필요가 있더라도, 그와 같은 업무수행권은 급박한 사정을 해소하기 위하여 필요성을 개별적·구체적으로 가려 인정할 수 있는 것이지 후임자가 아직 선출되지 않았다는 사정만으로 당연히 포괄적으로 부여되는 것이 아니라고 할 것이다(대법원 2003. 7. 8. 선고 2002다74817 판결, 대법원 1996. 12. 10. 선고 96다37206

판결 등 참조).
위 법리에 비추어 이 사건에 관하여 보건대, 이 사건 기록 및 심문 전체의 취지를 종합하여 알 수 있는 다음과 같은 사정들, 즉 ① 채무자 대의원회의 법정 대의원 수는 100명인데, 이 사건 대의원회 소집공고 당시 이미 채무자의 재적 대의원 수는 96명이었고, 이 사건 대의원회 개최 당시 채무자의 재적 대의원 수는 95명이었던 점, ② 채무자 정관 제25조 제1항 제1호는 궐위된 대의원의 보궐선임을 대의원회의 의결사항으로 규정하고 있고, 제24조 제4항 단서는 "궐위된 대의원의 보선은 대의원 5인 이상의 추천을 받아 대의원회가 이를 보궐선임한다."라고 규정하고 있는 점, ③ 이사 보궐선임 등과 같이 채무자의 업무집행에 관하여 중요한 영향을 미치는 결의는 적법한 절차에 따라 이루어져야 할 것인데, 채무자는 위와 같이 정관이 정한 절차에 따라 대의원회에서 결원이 된 대의원을 보궐선임할 수 있었음에도 이 사건 대의원회 안건에는 이사 보궐선임의 건 등이 포함되어 있을 뿐 대의원 보궐선임의 건은 포함되어 있지 않았고, 발의자대표 AC가 이 사건 대의원회에서 출석 대의원 과반수의 동의를 얻어 대의원 보궐선임의 건을 안건으로 채택하기는 하였으나, 위 안건은 후보자 전원이 출석 대의원 과반수의 찬성을 얻지 못하여 부결되었던 점, ④ 당시 채무자는 총회를 개최하여 조합원 전체의 의사에 따라 보궐임원을 선임할 수도 있었던 점, ⑤ 채무자의 사업진행 경과와 이 사건 결의의 내용 등에 비추어 보면, 채무자가 제출한 자료들만으로는 이 사건 대의원회 개최 전에 사임하거나 조합원의 자격을 상실한 대의원들 및 예비대의원에게 별지 목록 기재 사항들을 안건으로 하는 이 사건 대의원회에 관한 업무수행권이 인정된다고 단정하기 어려우므로, 채무자의 이 부분 주장은 받아들이지 않는다.

(3) 조합정관이 대의원의 보궐선임을 대의원회 결의사항으로 정하고 있는 사안에서, 대의원의 사임으로 당해 대의원회를 구성하는 대의원의 수가 법정 대의원의 수에 미달하게 된 경우의 대의원 보궐선임은 법정 대의원의 수가 미달하는 당해 대의원회가 할 수 있다고 본 사례가 있다.

[수원지방법원 성남지원 2022. 8. 19.자 2022카합50182 결정]
관련 법령 및 채무자 조합의 정관에 의하면 채무자 조합의 대의원회는 100인 이상 130인 이하의 대의원으로 구성되어야 한다. 앞서 인정한 사실에 의하면, 2022. 3. 11. 기준 채무자 조합의 대의원 수는 103명이었는데, 이 사건 대의원회 개최 당시에는 4명의 대의원이 사임 또는 사망함에 따라 재적 대의원수가 99명이 되어 100명 미만이었고, 이 사건 대의원회 결의를 통해 27명의 대의원이 선임되었다. 따라

서 이 사건 대의원회 결의의 적법성과 관련된 쟁점은 당초 적법하게 구성된 대의원회에서 결원이 발생하여 법정 대의원수에 미달하게 되는 경우, 그 대의원회의 의결로써 대의원 보궐선임을 할 수 있는지 여부이다.

대의원회의 다수를 점하는 쪽에서 수적 우세를 내세워 반대편 대의원들을 일방적으로 해임한다든지, 그로 인하여 야기된 법령 혹은 정관상 대의원 정수의 결원을 잔여 대의원들만의 자체적 결의로써 보궐선임한다든지 하는 것은, 다수 대의원들에 의해 대변되는 일부 조합원들의 의사와 이해만이 주로 반영되어 조합의 민주적 운영 및 의사형성을 왜곡할 우려가 크므로, 원칙적으로 법령이나 정관 혹은 총회의 결의에 의한 명시적인 위임이 없는 이상 적법한 절차로 용인될 수 없다고 보아야 한다(대법원 2008. 5. 29. 선고 2006다22494 판결 참조). 한편 도시정비법 시행령 제44조 제2항은 "대의원의 선임 및 해임에 관하여는 정관으로 정하는 바에 따른다."고 정하고 있으므로, 채무자 조합 정관 제21조 제8호, 제24조 제4항과 같이 대의원의 보궐선임을 대의원회의 권한으로 정하는 정관을 두고 있는 정비사업조합의 경우에는 대의원의 사임 등으로 결원이 발생한 경우 그 대의원회가 정관에 정한 절차에 따라 대의원 보궐선임을 할 수 있다고 보아야 하고, 이는 대의원의 사임으로 당해 대의원회를 구성하는 대의원의 수가 법정 대의원의 수에 미달하게 된 경우에도 마찬가지라고 봐야 한다.

이와 달리 채무자 조합의 정관에 대의원의 보궐선임을 대의원회의 권한으로 정하면서 아무런 제한을 두지 않았음에도 불구하고, ① 법정 대의원수에 미달하게 된 대의원회의 경우에는 대의원 보궐선임권한이 없다고 해석하는 것은, 다수의 조합원으로 구성된 총회의 의사결정을 통한 사업진행에서 오는 현실적 어려움을 고려하여 사업의 원활한 진행을 위하여 대의원회를 두어 총회의 권한을 대행할 수 있도록 한 관계 법령의 취지에 반하는 점, ② 경우에 따라서는 사업진행을 반대하는 소수의 대의원이 사임하면서 대의원회의 기능을 마비시키는 방법으로 악용될 가능성이 있는 점, ③ 위와 같은 정관은 대의원회가 법정정원의 미달로 적법하게 기능할 수 없게 된 때, 대의원선임을 위한 시간적 제약으로 조합사업에 차질이 발생하는 것을 방지하기 위하여 그 대의원 보궐선임을 대의원회의 권한으로 정한 것으로 볼 수 있는 점 등을 종합하여 보면 받아들이기 어렵다 [이 사건의 경우처럼 피고의 정관은 대의원의 보궐선임은 대의원회의 의결사항으로 정하고(제24조 제4항), 보궐선임을 제외한 대의원의 선임 및 해임은 총회의 의결사항으로 정하고 있어(제21조 제8호), 대의원회의 다수파가 일방적으로 반대파를 해임하고 자신들만의 자체결의로써 대의원 보궐선임을 하여 민주적 의사형성을 왜곡하기 어려운 경우에는 더욱 그러하다].

따라서 이 사건 대의원회가 비록 법정 대의원 수에 미달하는 경우였기는 하나, 이 사건 대의원회 결의로써 대의원 보궐선임을 한 것은 정관에 근거한 것으로서 유효하다고 봄이 타당하다. 이와 다른 전제에 선 채무자의 주장은 받아들이지 않는다.

[서울중앙지방법원 2021. 4. 22.자 2021카합20457 결정]
1) 채무자의 정관 제21조 제8호는 임원 및 대의원의 선임 및 해임을 총회의 의결사항으로 정하고 있으나 임기 중 궐위된 자를 보궐선임하는 경우는 제외하고 있고, 채무자의 정관 제25조 제1항은 궐위된 임원 및 대의원의 보궐선임을 대의원회의 의결사항으로 정하고 있다. 이는 임원 및 대의원의 보궐선임의 경우, 총회보다 대의원회 결의를 통해 간이하고 신속하게 의사결정을 할 수 있도록 하는 데 그 취지가 있다.
이에 채무자의 선거관리규정 제47조 제3항 본문 또한 임원, 대의원 중 궐위된 자가 발생할 경우 조합장이 대의원회 소집을 하여야 한다고 정하고 있고, 다만 그 단서에서 대의원이 임기 중 궐위되어 대의원의 수가 법정 대의원 수에 미달하게 된 경우 총회에서 보궐선임을 한다고 정하고 있는데, 위 단서 규정은 대의원 수가 법정 대의원 수에 미달하는 경우 대의원회가 유효하게 성립될 수 없다는 것을 염두에 두고, 예외적으로 임원, 대의원을 총회에서 선임하는 것으로 정하고 있는 것이다. 따라서 사임한 대의원이 있다고 하더라도 그 대의원이 대의원의 직무를 계속 수행할 수 있어 대의원회가 유효하게 성립될 수 있는 경우라면, 선거관리규정 제47조 제3항 본문 규정에 따라 대의원회에서 보궐선임을 할 수 있고, 이러한 경우가 선거관리규정 제47조 제3항 단서에서 정한 '대의원이 임기 중 궐위되어 대의원의 수가 법정 대의원 수에 미달되게 된 경우'에 해당한다고 볼 수 없다.
2) 그런데 위에서 본 바와 같이 이 사건의 경우 사퇴서를 제출한 채무자의 대의원 6명 또한 대의원 직무를 계속 수행할 수 있어 이들을 포함할 경우 채무자의 대의원회가 유효하게 성립되므로 채무자의 선거관리규정 제47조 제3항 본문에 따라 보궐선임을 할 수 있고, 채무자의 선거관리규정 제47조 제3항 단서가 적용된다고 볼 수 없다.

(4) 이와 반대로 조합정관이 대의원의 보궐선임을 대의원회 결의사항으로 정하고 있더라도, 당해 대의원회를 구성하는 대의원의 수가 법정 대의원의 수에 미달하게 된 경우의 대의원 보궐선임은 조합총회에서 하여야 한다고 본 사례도 있다.

[의정부지방법원 2019. 10. 18.자 2019카합5369 결정]
채권자 조합의 정관 제24조 제4항은 궐위된 대의원의 보선은 대의원 5인 이상의

추천을 받아 대의원회가 이를 보궐선임하도록 규정하고 있다. 그런데 대의원 수를 규정한 도시정비법 제46조는 조합원 수가 100인 이상의 다수인 경우 총회 소집과 의결이 곤란할 수 있으므로 조합의 존립 등과 관련된 핵심사항 이외의 사항에 관해서는 총회의 권한을 대행할 수 있는 대의원회를 둘 수 있도록 하는 한편, 대의원회가 조합원 총회의 의사결정을 갈음할 수 있을 정도의 대표성을 갖추도록 하기 위하여 조합원 총수의 10분의 1 이상 또는 100인 이상의 대의원으로 구성되어야 한다는 요건을 설정한 것으로 보인다. 위 규정에 미달하는 대의원 수로도 유효한 대의원회 의결이 가능하다고 본다면 유효한 대의원회 개최를 위한 대의원의 최소 인원수 제한도 인정될 수 없어 극히 적은 수의 대의원으로 구성된 대의원회가 조합원 총회의 권한을 대행할 수 있게 되어 불합리하고, 대의원 수가 법에서 정한 인원에 미달하면 조합원 총회가 원래의 역할을 수행하도록 하는 것이 합당하다. 이러한 법규정의 취지 등에 비추어 보면, 대의원 수에 관한 위 도시정비법 규정은 강행규정으로 봄이 타당하다. 따라서 결원으로 인하여 대의원 수가 법정 대의원 수에 미치지 못하는 경우에는 그 대의원회에서 대의원을 보궐 선임할 수 없고, 원칙으로 돌아가 총회에서 선출하여야 한다.

(5) 조합정관에서 대의원의 보궐선임을 대의원회 의결사항으로 정하면서 총회의결사항에서 제외한다고 명시한 경우, 조합총회에서 대의원을 보궐선임하는 것은 허용되지 아니한다고 본 사례가 있다.

[수원지방법원 성남지원 2022. 8. 19.자 2022카합50182 결정]

1) 도시정비법 제46조 제5항은 대의원의 수, 선임방법, 선임절차 등은 대통령령이 정하는 범위 안에서 정관으로 정하도록 규정하고 있고, 같은 법 시행령 제44조 제2항은 대의원 선임 등은 정관이 정하는 바에 의한다고 규정하고 있다. 채무자 조합 정관 제21조 제8호는 대의원 선임을 총회 의결사항으로 정하면서도 임기 중 궐위된 자를 보궐선임하는 경우에는 제외한다고 명시하고 있고, 제24조 제4항 단서는 궐위된 대의원 보선은 대의원 5인 이상 추천을 받아 대의원회에서 선출하도록 정하고 있으며, 제25조 제1항 제1호는 궐위된 대의원 보궐선임을 대의원회 의결사항으로 정하고 있다. 위 법령과 정관의 각 규정에 의하면 채무자 조합의 경우 대의원은 총회에서 선임하되 적어도 대의원의 보궐선임은 대의원회의 의결사항으로 봄이 타당하다.

2) 설령 채무자 조합 총회도 대의원 보궐선임 의결을 할 수 있다고 보더라도, 앞서 본 것처럼 채무자 조합은 2022. 3. 21. 48명의 입후보자를 확정하였고, 이 사건 대의원회에서 위 48명의 입후보자들에 대한 투표를 통해 27명의 대의원을 선출하였

는바, 이처럼 대의원의 궐위 상황이 해소된 이상 이 사건 임시총회에서 재차 동일 한 입후보자들 가운데 27명의 대의원을 보궐선임한다는 취지의 이 사건 결의를 할 수는 없다.

(6) 이와 같이 대의원의 사임으로 법정 대의원수를 충족하지 못하는 경우 보궐선임에 관하여 하급심의 판단이 엇갈리고 있으므로, 정관이 대의원의 보궐선임을 대의원회 의결사항으로 정하고 있는 경우에는 대의원회에서 대의원을 보궐선임한 후 총회에서 추인을 받는 것이 가장 안전할 것으로 생각된다.

3. 대의원의 해임과 직무정지

조합정관이 대의원의 해임이나 직무정지를 총회의결사항으로 규정하지 않고 있음에도, 조합총회에서 대의원의 해임이나 직무정지를 의결할 수 있는가. 조합총회가 최고의 의결기관이라는 점 등을 고려할 때 이를 긍정하여야 할 것이다.

[청주지방법원 2021. 1. 25.자 2020카합50228 결정]
조합 정관 제18조 제4항이 해임되는 임원의 직무정지에 관하여 이사회 또는 대의원회 의결 사항으로 규정하고 있는 점은 채권자들이 주장하는 바와 같다.
나) 그러나 이 사건 기록에 심문 전체의 취지를 더하여 알 수 있는 다음과 같은 사정들을 종합하면, 이 사건 임시총회에서 조합임원 해임뿐만 아니라 그 직무정지, 대의원의 해임 및 직무정지를 결의하였다고 하더라도 그 내용에 어떠한 하자가 존재한다고 단정할 수는 없다.
(1) 조합 총회는 모든 조합원이 다수결의 원칙에 따라 조합의 조직 및 운영에 관한 의사결정에 참여할 수 있는 조합 최고 의결기관으로서 도시정비법 제44조에 따라 당연 설치되는 기관이다. 반면, 조합 대의원회는 조합원의 수가 100명 이상인 경우 구성되고(도시정비법 제46조 제1항), 그 역할 또한 정관에서 정하는 바에 따라 총회의 의결사항 중 일부를 대행할 뿐이며(제46조 제4항, 제5항), 조합임원들로 구성되는 이사회의 경우 도시정비법상 근거 없이 다만 조합 정관에 따라 복수의 이사를 선임함으로써 비로소 설립되는 기관이다.
이와 같은 조합 내부 의사결정기관의 법적 지위, 관계 규정에 비추어 볼 때 설령 조합정관에서 이사회 또는 대의원회의 의결사항으로 규정된 조합임원 및 대의원의 직무정지 등을 총회 결의사항으로 삼았다고 하더라도 위법하다고 볼 수는 없고, 오히려 그와 같은 총회 결의가 조합의 총의(總意)에는 더욱 가까울 것으로 보인다.
(2) 또한 도시정비법은 조합임원에 대하여 결격 및 해임사유 등을 법률로 규정함으로써 그 신분을 어느 정도 보장하고 있는 반면 대의원에 대하여는 그와 같은 규정을 전혀 두고 있지 아니 하다. 나아가 조합임원 해임이 직무정지보다 훨씬 중한 처분으로 일반적으로 그 타당성이나 절차 등에 관하여 더욱 엄격한 절차를 거칠 것이 요구된다는 점을 고려하면, 조합원 10분의 1 이상의 요구로 소집된 조합임원 해임을 위한 총회에서 그보다 상대적으로 낮은 지위에 있는 대의원에 대하여 해임이나 그보다 경한 직무정지 처분을 함께 결의하였다고 해서 어떠한 하자가 있다고 볼 수 없다.

제5장

조합총회 관련 가처분의 주요 쟁점

1. 총회소집권자

(1) 도시정비법 제44조 제2항은 "총회는 조합장이 직권으로 소집하거나 조합원 5분의 1 이상(정관의 기재사항 중 제40조 제1항 제6호에 따른 조합임원의 권리·의무·보수·선임방법·변경 및 해임에 관한 사항을 변경하기 위한 총회의 경우는 10분의 1 이상으로 한다) 또는 대의원 3분의 2 이상의 요구로 조합장이 소집한다."고 규정하고 하여 조합 총회의 소집권 또는 소집의무가 조합장에게 전속하는 것으로 규정하고 있고, 대부분 조합의 정관도 같은 취지의 규정을 두고 있다.

따라서 설령 조합의 선거관리규정이 "선거일은 총회 개최일로 하되, 다음 각 호의 경우 조합 선거관리위원회가 총회개최일을 따로 정할 수 있다.", "조합 선거관리위원회는 선거일정 등을 선거일 14일 전까지 조합 클린업시스템에 게시하여야 한다. 이 경우 총회개최 공고와 같이 할 수 있으며, 다음 각 호의 사항을 포함하여야 한다.", "그 밖에 선거 또는 조합 총회 개최에 관하여 필요한 사항"이라고 규정하고 있더라도, 선거관리위원회나 선거관리위원장에게 총회소집권한이 부여된 것으로 해석할 수는 없다(서울서부지방법원 2021. 10. 7.자 2021카합50583 결정).

다만, 아래 본장 3.항에서 보는 바와 같이, 조합임원 선임을 위한 총회가 적법하게 소집된 후 위법하게 위 총회가 연기되었다면, 선거관리위원장이 총회에서의 의장 역할을 포함한 조합임원 선임절차를 계속 진행할 수는 있다고 볼 것이다.

(2) 조합장과 조합이사 전원이 해임된 경우 설령 조합의 법인등기부상 해임된 이사들이 이사로 등재되어 있다고 하더라도, 소수조합원은 바로 감사에게 총회개최를 요구할 수 있고, 이에 따라 감사가 소집한 총회는 적법하고, 감사는 적법하게 소집한 총회의 개최일을 변경할 권한도 갖는다(서울서부지방법원 2022. 7. 28.자 2022카합50377 결정).

(3) 정관이 조합장을 총회에서 직접 선임하고 조합의 대표권이나 총회의 소집권 또는 소집의무를 조합장에게만 전속되도록 하고, 조합장이 궐위된 때의 조합 대표권의 행사에 관해 아무런 보충적 규정을 두고 있지 않은 경우, 다른 조합임원들에게는 처음부터 총회의 소집권은 물론 조합을 대표할 권한이 없기 때문에 조합장이 궐위된 경우에도 조합임원들은 조합의 대표권이나 총회소집권을 가지지 못하며, 사임 조합장으로서는 후임 조합장이 선임될 때까지 조합장의 직무를 계속 수행할 수 있으므로, 이미 사임한 재건축조합장이 사임 후 정관상의 소집절차에 따라 행한 총회소집은 적법하다(대법원 1996. 10. 25. 선고 95다56866 판결).

(4) 총회의 소집권자가 소집에 동의하여 소집권한 없는 자로 하여금 소집하게 한 것이라면 그와 같은 총회소집을 권한 없는 자의 소집이라고 볼 수 없다 할 것이다(대법원 1985. 10. 22. 선고 83다카2396, 2397 판결 등 참조).

따라서 조합장이 해임되자 조합 이사들이 합의하여 조합장 직무대행자를 선임하고 그 직무대행자가 총회를 소집하였으나 위 합의의 효력이 부인된 경우에도, 조합 이사 전원이 위 직무대행자를 조합의 조합장 직무대행자로 선임하기로 하는 합의를 하였고, 이 합의에 따라 위 직무대행자가 조합장 직무대행자의 지위에서 총회의 소집공고를 한 것이므로, 조합 이사들은 위 직무대행자가 합의일 이후 조합장 직무대행자의 지위에서 총회를 소집하는데 동의하였다고 할 것이어서, 위 총회는 소집권한 없는 자가 소집한 것으로 보기 어려울 것이다(부산지방법원 2020. 8. 14.자 2020카합10353 결정).

그러나 단지 소집권한 없는 자에 의한 총회에 소집권자가 참석하여 총회소집이나 대표자선임에 관하여 이의를 하지 아니하였다고 하여 이것만 가지고 총회가 소집권자의 동의에 의하여 소집된 것이라거나 그 총회의 소집절차상의 하자가 치유되어 적법하게 된다고는 할 수 없다(대법원 1994. 1. 11. 선고 92다40402 판결).

2. 소집절차

(1) 단체의 총회에 소집공고 등 절차상 하자가 있다 하더라도 구성원들의 총회 참여에 어떠한 지장도 없었다면 그와 같은 절차상 하자는 경미한 것이어서 총회결의는 유효하다(대법원 1992. 3. 27. 선고 91다29071 판결). 예를 들어, 정관이 정한 총회일 20일 전 안건의 공고·게시절차를 위반하여 총회일 14일 전에 안건을 공고·게시하였다는 점만으로는 총회결의를 무효라고 단정할 수 없다(대법원 2020. 6. 25. 선고 2018두34732 판결).

총회를 개최하기 전 일정한 유예기간을 두고 소집공고를 하도록 규정한 취지는 그 구성원의 토의권과 의결권의 행사를 보장하기 위한 것으로, 구성원에 대한 소집통지가 단순히 법정기한을 1일이나 2일 지연하였을 뿐이고 구성원들이 사전에 회의의 목적사항을 알고 있는 등의 사정이 있었다면 회원의 토의권 및 결의권의 적정한 행사는 방해되지 아니한 것이므로 이러한 경우에는 그 총회결의는 유효하다고 보아야 할 것이다(대법원 1995. 11. 7. 선고 94다24794 판결 등).

따라서 추진위원회가 주민총회의 개최 11일 전에 추진위원회의 토지등소유자에게 주민총회의 소집을 통보하였고, 위 등기우편이 반송된 일부 토지등소유자에 대하여 재차 주민총회의 소집을 통보하였다면, 주민총회의 소집공고가 운영규정에서 정한 기간보다 1일 늦게 이루어졌다고 하더라도 그로 인해 주민총회에 관한 토지등소유자 등의 총회 참여나 의결권 행사의 기회가 침해되었다고 보기 어렵다고 할 것이다(대전지방법원 2021. 8. 12.자 2021카합50558 결정).

마찬가지로 조합이 최초 소집통지시 등기우편이 아닌 일반우편으로 발송하기는 하였으나, 이후 조합원들 전원에게 회의자료가 첨부된 소집통지를 등기우편으로 발송하였다면, 소집통지 방법의 하자는 치유되었다고 봄이 상당하다. 또한 조합원 중 일부에 대하여는 소집통지가 도달하지 않았더라도, 조합 정관이 총회 개최의 요건으로 '각 조합원에게 회의개최 10일 전까지 회의자료를 첨부하여 등기우편으로 이를 발송, 통지하여야 한다'고만 규정하고 있을 뿐, 반송되거나 송달되지 않은 경우에 대하여 추가 발송 등의 방법을 별도로 명시하고 있지 않고 있다면, 조합원들에게 소집통지를 등기우편으로 발송한 이상 소집절차를 모두 거친 것으로 볼 수 있고, 조합원 모두가 소집통지를 송달받아야만 총회를 개최할 수 있다고 보기는 어렵다고 본 사례가 있다(의정부지방법원 고양지원 2021. 4. 29.자 2021카합5229 결정).

일부 조합원에 대한 소집통지가 이루어지지 않은 경우 제반사정을 고려하여 총회결의의 유효성을 인정한 사례가 있으나, 이는 특수한 사정을 전제로 한 것으로서 일반화하기는 어려울 것이다.

[서울서부지방법원 2021. 4. 9.자 2021카합50084 결정[1]]

채권자들이 제출한 자료에 의하면, E가 2021. 1. 6. 조합원 294명에게 등기우편으로 이 사건 총회소집 통지를 하였고, 위 294명 중 비조합원과 2채를 소유하고 있는 조합원에게 중복 발송한 것을 제외하면 이 사건 총회 개최일 기준 채무자의 조합원 328명 중 49명의 조합원에 대하여 총회 소집통지가 이루어지지 않은 것으로 보이기는 한다. 그러나 한편 이 사건 기록과 심문 전체의 취지를 종합하여 인정되는 다음과 같은 사정을 종합하면, E는 회의목적·안건·일시 및 장소 등을 게시판에 게시한 것으로 인정되고, 채권자들이 제출한 자료만으로는 E가 채무자 조합원들 중 일부에게 이 사건 총회 소집통지 등기우편을 발송하지 않은 것을 이 사건 결의를 무효로 볼 만한 하자라고 보기 부족하다.

① E는 도시정비법 제124조 제4항에 근거하여 이 사건 총회소집 통지 전 채권자에게 조합원 명부 제공을 요청하였으나 채권자가 이를 거부하여 이 사건 총회를 5일 앞둔 시점에서야 조합원 명부를 제출받았다.

② E는 채무자 조합원들이 확인할 수 있도록 이 사건 총회 개최일 약 3주 전부터 서울시 조합 게시판, 전체 조합원들이 가입되어 있는 공식 조합 홈페이지 게시판, F아파트 인터넷 카페 게시판, 아파트 전체 각 동과 커뮤니티 시설 등 공용현관 게시판에 이 사건 총회 소집을 공고하였고, 조합원들이 가입한 단체 카카오톡방에도 이 사건 총회 개최공고 메시지를 올리기도 하였다.

③ 위 등기우편에 의한 소집통지를 받지 못한 49명 중 12명은 서면결의서를 제출하여 의결권을 행사하였다.

④ 이 사건 총회 결과 공고에 따르면 전체 조합원 328명 중 244명이 참석하여 231명의 찬성, 4명의 반대, 9명의 기권/무효로 이 사건 결의가 이루어졌고, 채권자들이

1) 소수조합원 발의에 의한 해임총회에 관한 결정이다.

주장하는 총회 소집통지를 받지 못한 49명의 조합원들이 모두 이 사건 총회에 참석하여 반대의 의사표시를 하였다 하더라도 이 사건 결의는 통과되었을 것으로 보이므로, 소집절차의 하자가 이 사건 결의에 영향을 미쳤다고 보이지 않는다.

[수원지방법원 2021. 8. 13.자 2021카합10247 결정[2)]]
채무자 조합원 중 39명에 대하여는 소집통지서가 발송되지 않았던 것으로 보이나, 총회의 소집공고 등 절차상 하자가 있다 하더라도 조합원들의 총회 참여에 지장이 없다면 그러한 절차상 하자는 경미한 것으로 총회는 유효하다고 할 것인데(대법원 2020. 6. 25. 선고 2018두34732 판결,[3)] 대법원 1992. 3. 27. 선고 91다29071 판결[4)] 등 참조), 위 39명 중 W 등 13명의 조합원은 서면결의서 또는 현장참석 등의 방법으로 이 사건 임시총회에 출석하였던 점, 이러한 소집통지 누락은 당시 임원의 직위에 있지 않았던 F 등이 소집통지를 하면서 조합원에 대한 자료를 충분히 가지고 있지 못하여 발생한 것으로 보일 뿐 고의적인 누락으로 보이지는 않는 점, 이 사건 임시총회 소집통지서를 받지 못하고 참석하지도 않았던 조합원은 26명으로 전체 조합원에 비하여 그 수는 10%에도 미치지 못하였던 점, F 등의 소집요구에 따른 임시총회의 소집과 관련된 분쟁이 2021. 4.경부터 계속되고 있었고 별도로 이 사건 임시총회에 대한 공고, 문자발송 등이 이루어져 조합원들로서는 통지가 없더라도 이 사건 임시총회의 개최를 쉽게 알 수 있었을 것으로 보이는 점 등에 비추어 보면, 이러한 소집통지의 하자는 경미한 것이므로, 이러한 사정만으로 이 사건 임시총회를 무효로 볼 수는 없다.

(2) 발의자 대표가 조합 게시판이 아닌 아파트 단지 게시판에 임시총회소집 공고를 한 경우 위법한가.

법원은 조합 정관이 총회개최 14일 전까지 회의목적 · 안건 · 일시 및 장소 등을 '게시판'에 게시하도록 하고 있을 뿐 반드시 조합 사무실 게시판으로 한정하고 있지 않고, 조합원들이 가입한 인터넷 카페가 존재하기는 하나 발의자 대표에게는 조합의 인터넷 카페 게시판에 글을 게시할 권한이 부여되어 있지 않다는 이유로, 발의자 대표가 조합의 사업구역 내 아파트 단지 게시판을 통해 임시총회 소집공고를 한 것은 적법하다는 취지로 판단하였다(대구지방법원 2022.

2) 소수조합원의 발의에 의하여 발의자 대표가 소집한 총회에 관한 것이다.
3) 정관이 총회일 20일 전에 안건을 공고 · 게시하도록 하였으나, 14일 전에 공고 · 게시한 사안에 관한 것이다.
4) 대의원회 소집절차 등에 일부 하자가 있었으나, 대의원 전원이 대의원회에 참석한 사안에 관한 것이다.

3. 30.자 2022카합10098 결정).

3. 총회의 연기 · 철회 · 취소 · 변경

(1) 소집된 총회가 개최되기 전에 당초 그 총회의 소집이 필요하거나 가능하였던 기초 사정에 변경이 생겼을 경우에는, 특별한 사정이 없는 한 소집권자는 소집된 총회의 개최를 연기하거나 소집을 철회 · 취소할 수 있다. 이때 반드시 총회의 소집과 동일한 방식으로 그 철회 · 취소를 조합원들에게 통지하여야 할 필요는 없고, 조합원들에게 소집의 철회 · 취소결정이 있었음이 알려질 수 있는 적절한 조치가 취하여지는 것으로써 충분히 그 소집의 철회 · 취소의 효력이 발생한다(대법원 2007. 4. 12. 선고 2006다77593 판결).

그리고 조합장의 직무대행자가 임시총회를 소집하였다고 하더라도, 그 후 새롭게 조합장 직무대행자로 선임된 자가 위 총회의 연기공고를 한 경우 조합의 임시총회는 일응 적법하게 연기되었다고 볼 수 있으며, 따라서 조합이 연기된 임시총회를 개최하는 것은 허용되지 않는다(의정부지방법원 2021. 6. 24.자 2021카합5288 결정).

다만, 당초 총회의 소집이 필요하거나 가능하였던 기초 사정에 변경이 없을 경우에는 소집권자라도 임의로 소집된 총회의 개최를 연기하거나 소집을 철회 · 취소할 수 없다(대전지방법원 2021. 1. 8.자 2021카합50008 결정[5]). 기초 사정의 변경이 있었다고 본 사례를 소개한다.

[서울고등법원 2019. 4. 19.자 2018라21523 결정]
기록 및 심문 전체의 취지에 의하여 소명되는 다음과 같은 사실 및 사정들, 즉 ① 2018. 6. 18.자 채무자 조합의 이사회 회의와 2018. 6. 22.자 채무자 조합의 대의원 회의에서 이 사건 총회에 대응하기 위해 '임원 및 대의원 해임 관련 임시총회 대응

5) 이 사건에서 법원은 "이 사건 정기총회를 소집한 채무자 D가 이사 및 조합장 직무대행의 지위에서 해임되었다는 사정만으로 이 사건 정기총회 개최가 불필요하거나 불가능하게 되었다고 단정하기 어려운 등 채권자들이 제출한 자료들만으로는 이 사건 정기총회의 개최를 철회 · 취소할 정도의 '기초 사정의 변경'이 소명되었다고 보기 어렵다."라고 판단하였다.

의 건'이라는 안건으로, 조합 예산으로 임시 직원을 채용하고 그에 대한 비용(100인 × 12일 × 170,000원 = 204,000,000원)을 지출하기로 결의하였고, 이에 따라 채용된 직원들이 조합원들로부터 해임반대 서면결의서 또는 해임찬성 서면결의서에 대한 철회서를 받은 것으로 보이는 점, ② 채권자 H가 그와 같이 직원들을 동원하여 조합원들로부터 받은 441명의 임시총회 서면결의서 철회서를 임시총회 개최 전날인 2018. 6. 30. Z 등에게 제출하여 Z 등으로서는 그 철회서의 진위 여부 및 효력 여부를 검토할 필요가 있었던 것으로 보이는 점, ③ 채권자 A가 위와 같이 직원들을 동원하여 조합원들로부터 받은 서면결의서를 총회개최 전까지 Z 등에게 제출하지 아니한 점, ④ 현금청산자들이 2018. 7. 1.자 총회 및 2018. 7. 29.자 총회 개최 예정 장소에 대규모 집회신고를 하는 등 총회 개최 방해 행동을 한 것으로 보이는 점 등에 비추어 보면, 총회 개최를 위한 기초사정에 변경이 있었다고 볼 수 있다. 또한 수개월에 걸쳐 서면결의서를 제출받았다는 사정만으로 조합원의 심의·의결권, 토론권이 배제되고 조합원들의 의사가 왜곡된다고 보기는 어려우며, 기록상 이 사건 총회가 연기됨으로써 조합원들의 총의에 중대한 변화가 생겼음을 확인할 수 있는 소명자료도 없으므로 이 사건 총회가 연기된 데 어떠한 하자가 있다고 할 수 없다(채권자들은 '의사정족수의 부족'은 적법한 총회 연기 사유가 아니라는 취지로 주장하기도 하나, 앞서 본 사실 및 사정들에 비추어 보면 위 주장을 받아들이기 어렵다).

한편, 조합임원 선임을 위한 총회를 조합장 등 총회소집권자가 임의로 연기할 수 있는가. 이를 부정한 사례가 있다.

[서울중앙지방법원 2021. 4. 27.자 2021카합20443 결정]

1) 직무대행자가 2021. 2. 9. 대의원 보궐선거 등을 위한 임시총회를 2021. 3. 3. 19:00 개최할 것을 공고한 사실은 앞에서 살펴본 바와 같으므로 이 사건 총회의 소집 자체는 이미 유효하게 성립되었다. 그런데 선거관리규정 제7조 제1항에 따라 선관위는 조합 조직 및 업무와 독립적으로 선거관리에 관한 총회 등의 업무를 총괄하고, 제8조 제4항에 따라 선관위원장은 조합 선관위를 대표하고 임원선출 총회 등의 임시 의장이 되며, 제9조 제10호에 따라 선거일(총회 등의 개최일) 확정 권한을 가지고 있다. 나아가 선거관리규정 제12조 제1항에 따라 조합은 선관위가 구성되어 선거업무를 개시함과 동시에 선거와 관련된 일체의 업무를 할 수 없다. 이에 비추어 보면 이 사건 보궐선거를 위한 총회 소집이 유효하게 성립된 이상, 직무대행자가 독자적으로 이미 소집된 이 사건 보궐선거를 위한 이 사건 총회를 연기할 수는 없다고 할 것이다.

이점에서 직무대행자가 이 사건 총회를 연기할 권한을 가지고 있고 이에 따라 이 사건 총회를 적법하게 연기하였음을 전제로, 권한이 없는 선관위원장이 별도로 선거일인 총회개최일을 정하고 총회 일정을 통지한 절차상 하자가 이 사건 총회와 이 사건 보궐선거에 있다는 채권자들의 이 부분 주장은 받아들일 수 없다.
2) 나아가 위와 같이 직무대행자는 선거 일정을 임의로 변경할 수 없는데도 임의로 이 사건 보궐선거를 위한 총회 및 선거 일정을 연기하고 총회 개최 금지를 통지한 것을 고려하면, 현재까지 제출된 자료만으로는 선관위원장이 당초 공고된 2021. 3. 3. 19:00에 의장으로서 선거 절차를 진행한 것을 들어 이 사건 보궐선거에 절차상 하자가 있다거나 또는 그러한 하자로 인하여 선거의 기본이념인 선거의 자유와 공정을 현저히 침해하고 그로 인하여 선거의 결과에 영향을 미쳤음이 소명되었다고 볼 수 없다.

(2) 발의자 대표가 조합임원 해임을 위한 총회를 소집한 후 코로나바이러스감염증-19 확산에 따라 위 총회를 연기한 다음, 시간과 장소를 변경하여 다시 해임총회를 개최한 사안에서 법원은 위 해임총회는 이미 적법하게 공고 및 통지하였던 기존 총회를 다시 개최하는 것이므로, 비록 총회 개최 14일 전에 공고를 하지 않았다고 하더라도 적법하다고 할 것이고, 최초 발의 시의 목적과 안건에 변경이 없고 실제로 총회가 개최되고 난 이후에 발의서를 재사용하는 것이 아닌 이상 발의서를 연기된 총회에서 사용하는 것을 두고 위법한 재사용이라고 볼 수도 없다고 보았다(서울중앙지방법원 2020. 12. 18.자 2020카합22297 결정).[6)]

(3) 소집통지 및 공고가 적법하게 이루어진 이후에 당초의 소집장소에서 개회를 하여 소집장소를 변경하기로 하는 결의조차 할 수 없는 부득이한 사정이 발생한 경우 소집권자는 새로운 소집절차를 거치지 아니하고 소집장소를 변경할 수 있고, 이때 소집권자가 대체 장소를 정한 다음 조합원들로 하여금 변경된 장소에 모일 수 있도록 상당한 방법으로 알리고 이동에 필요한 조치를 다 한 때에는 적법하게 소집장소가 변경되었다고 볼 수 있다(대법원 2003. 7. 11. 선고 2001다45584 판결, 대법원 2016. 6. 10. 선고 2016다201685 판결 등).

총회 시간과 장소의 변경이 적법하다고 본 사례는 아래와 같다.

6) 서울서부지방법원 2020. 5. 6.자 2020카합50125 결정도 유사한 취지이다.

[서울중앙지방법원 2020. 12. 18.자 2020카합22297 결정]
채무자들이 '과천시 P에 있는 Q 주차장'에서 이 사건 해임총회를 개최할 예정이었으나, 코로나바이러스감염증-19 확산에 따른 사회적 거리두기 2.5단계 격상에 따라 'R'측으로부터 일방적으로 이용불가 통보를 받자, 곧바로 2020. 12. 16. 장소를 'S주차장'으로 변경한 뒤 이를 조합원들에게 2020. 12. 17. 우편(익일특급)으로, 2020. 12. 18. 문자메시지로 각각 통지하였다. 또한 채무자들은 이 사건 해임총회 당일 원래 장소였던 위 Q 주차장에 안내요원을 배치하여 통지를 받지 못한 조합원들에게 장소 변경을 안내할 예정이다. 따라서 위와 같이 총회 장소를 변경한 것은 코로나바이러스감염증-19 확산에 따른 부득이한 사정으로 인한 것이고(위와 같은 이용불가 통보가 이 사건 해임총회 개최에 반대하는 채권자들 측의 민원 제기에 기인한 것이라고 의심할 만한 정황도 있다), 채무자들이 그 변경 사실을 즉각 상당한 방법으로 조합원들에게 알리고 이동에 필요한 조치를 다하였으므로, 이 사건 해임총회의 장소는 적법하게 변경되었다고 할 것이다.
이 사건 해임총회가 개최되는 시간은 일요일 오후 2시이고, 위와 같이 변경된 장소인 'S주차장'의 경우 코로나바이러스감염증-19 확산에 따라 자동차에 탑승한 상태로 총회 참석 및 의결이 가능하도록 하는 이른바 '드라이브스루(drive-through)' 방식으로 진행될 것인바, 달리 이 사건 해임총회의 안건에 반대하는 조합원들의 총회 출석을 곤란하게 하거나 방해할 의도로 위와 같이 시간과 장소를 섭외하였다고 볼 수도 없다.

[서울중앙지방법원 2020. 12. 4.자 2020카합20994 결정]
채권자들은, 도시정비법 제44조 제4항에 따라 총회가 개최되기 7일 전까지 회의목적 안건 일시 및 장소를 정하여 조합원에게 통지하여야 함에도, 이 사건 임시총회가 수차례 장소 변경을 거쳐 최종적으로는 이 사건 임시총회일 이틀 전인 2020. 5. 8. 장소가 변경되었으므로, 그 소집절차에 절차적 위법이 있다고 주장한다.
기록 및 심문 전체의 취지에 의하면, 이 사건 임시총회 장소가 2020. 4. 25. 공고된 서울 송파구 소재 'D'에서 2020. 5. 7. 공지된 서울 서초구 소재 'E호텔'로 변경되었다가 2020. 5. 8. 공지된 인천 서구 F 소재지로 변경된 사실은 소명되나, 한편 다음과 같은 사정을 종합하여 보면, 이 사건 임시총회 장소 변경은 부득이한 사정이 발생한 경우로서 소집자가 이를 상당한 방법으로 알리고 이동에 필요한 조치를 다한 때에 해당하므로, 총회장소 변경에 위법이 있다는 채권자들의 주장은 이유 없다.
① 이 사건 임시총회 소집자는 2020. 4. 24.경 미리 총회 장소로 'D'를 섭외하고 장소 이용료 중 계약금 상당을 지급했음에도 이 사건 임시총회일 나흘 전인 2020. 5. 6. 'D'로부터 이용불가 통보를 받았고, 이에 그 다음날인 2020. 5. 7. 곧바로 'E호텔'을 섭외하고 장소 이용료를 전부 지급했음에도 이 사건 임시총회일 이틀 전인

2020. 5. 8.에야 'E호텔'로부터 이용불가 통보를 받았다(위와 같은 이용불가 통보가 이 사건 임시총회 개최에 반대하는 측의 민원 제기에 기인한 것이라고 의심할 만한 정황도 있다).
② 이 사건 임시총회 소집자는 위와 같이 거듭된 이용불가 통보를 받고 곧바로 이 사건 임시총회 장소를 섭외하여 아파트 게시판 공고, 네이버밴드 공고, 카카오톡 단체채팅방 공고, 문자메시지 발송 등 이 사건 임시총회 개최를 이틀 앞두고 현실적으로 실행 가능한 방법을 동원하여 조합원들에게 장소 변경을 알렸을 뿐만 아니라, 이 사건 임시총회 당일 변경 전 장소에 장소 변경에 관한 입간판을 미리 설치하고 변경 전 장소로 잘못 출석할 조합원을 곧바로 변경된 총회 장소로 이동시킬 수 있도록 차량과 인력을 별도로 배치하였다(이 사건 임시총회 당일 실제로 변경 전 장소로 출석한 조합원은 없었던 것으로 보인다).
③ 이 사건 임시총회는 관할관청인 서초구청장의 권고에 따라 코로나－19 바이러스 확산 방지를 위한 조치로 자동차에 탑승한 상태로 총회 참석이 가능하도록 하는 이른바 '드라이브스루(drive－through)' 방식으로 진행된바, 앞서 살펴본 장소 변경 경위에 비추어 볼 때, 이 사건 임시총회일 이틀 전 다수의 차량 주정차가 가능한 공간을 섭외하는데 어려움이 있었을 것으로 보여서, 이 사건 임시총회 소집자가 다소 원거리라고 할 수 있는 인천 소재 이 사건 임시총회 장소를 섭외한 사정에 수긍이 가고, 조합원들의 총회 출석을 곤란하게 하거나 방해할 의도로 위와 같이 총회 장소를 섭외하였다고 볼 만한 정황도 없다.

(4) 총회의 일시를 변경함에 있어서 통지기한 등에 일부 하자가 있더라도 그 하자가 중대하고 명백하지 않으면, 변경된 총회의 개최가 적법하다고 본 사례도 있다.

[의정부지방법원 2020. 9. 25.자 2020카합5359 결정]
채무자가 제출한 자료(소을 제2, 3호증)에 의하면, 채무자는 이 사건 임시총회 개최 7일 전인 2020. 9. 18. 조합원들에게 등기우편으로 임시총회 변경(연기) 공고 등 안내문을 발송, 통지한 것으로 보인다.
채무자가 이 사건 총회 14일 전에 임시총회 소집공고를 하지 못한 것으로 보이기는 하나, 채무자 정관 제22조 제5항은 '총회 소집결과 정족수에 미달되는 때에는 재소집하여야 한다'고 규정하고 있어 이 사건 임시총회를 소집하는 것은 위 정관 규정에 따른 것으로 볼 여지가 있다. 채무자 정관에는 정족수 미달로 인하여 임시총회를 재소집하는 경우의 공고 절차에 관하여 별다른 규정이 없는바, 채무자가 총회 개최 13일 전인 2020. 9. 13. 이 사건 임시총회를 공고한 점, 최초 공고된 2020.

8. 23.자 임시총회로부터 이 사건 임시총회에 이르기까지 그 목적사항이 변동된 바 없다는 점 등에 비추어, 채권자들이 주장하는 것과 같은 소집절차상의 하자가 중대하고 명백한 하자라고 단정하기 어렵다.

(5) 다만, ① 조합이 정기총회 개최일로부터 불과 4일 전에 조합원들에게 메시지를 통하여 총회장소의 변경을 통지한 점, ② 이로 인하여 조합원들에게 장소 변경이 충분하게 전달되었는지 확인할 수 없는 점, ③ 기존 총회장소로 공고되었던 F에서 새롭게 총회장소로 지정된 부산 강서구 D는 차량으로 약 30분 거리에 있어서 장소변경을 전달받지 못한 조합원들이 기존 총회장소에 도착해서 새로운 총회장소를 안내받고 새로운 총회장소에 도착하면 일부 안건에 대한 심의에 참여하지 못할 가능성이 있는 점 등을 종합하여, 적법한 총회장소의 변경이 있다고 보기 어렵다고 본 사례도 있다(부산지방법원 동부지원 2020. 9. 25.자 2020카합100455 결정).

(6) 총회의 개회시각이 부득이한 사정으로 당초 소집통지된 시각보다 지연되는 경우에도 사회통념에 비추어 볼 때 정각에 출석한 조합원들의 입장에서 변경된 개회시각까지 기다려 참석하는 것이 곤란하지 않을 정도라면 절차상의 하자가 되지 아니할 것이나, 그 정도를 넘어 개회시각을 사실상 부정확하게 만들고 소집통지된 시각에 출석한 조합원들의 참석을 기대하기 어려워 그들의 참석권을 침해하기에 이르렀다면 총회의 소집절차가 현저히 불공정하다고 하지 않을 수 없다(대법원 2003. 7. 11. 선고 2001다45584 판결, 의정부지방법원 2022. 1. 14.자 2021카합5549 결정).

4. 각종 동의 및 서면결의 등 의결권 행사 방법

가. 서면결의서의 교부 · 징구 방식과 제한

(1) 도시정비법은 조합으로부터 일정한 업무를 위탁받거나 이에 관한 자문을 하려는 자는 정비사업전문관리업의 등록을 하여야 하고(제102조 제1항), 이를 위반할 경우 형사처벌할 수 있는 규정을 두고 있다(제137조 제9호).

그렇다면 해임총회 발의자가 미등록 정비사업전문관리업자를 통하여 조합원들로부터 서면결의서를 징구하는 것은 가능한가. 해임총회의 서면결의서를 징구하는 행위는 도시정비법 제102조 제1항이 정하는 업무에 속하지 아니하므로, 가능하다고 보아야 할 것이다(서울북부지방법원 2020. 6. 26.자 2020카합20029 결정).

(2) 조합이 소집공고문과 함께 보낸 서면결의서 양식을 사용하지 않고 조합원이 다른 양식의 서면결의서를 작성하여 제출한 경우에도 원칙적으로 서면결의의 효력은 인정된다고 보아야 할 것이다.

[서울고등법원(인천) 2021. 11. 3.자 2021라10066 결정[7]]
발의자 대표 측에서 이 사건 총회 개최 전에 조합원들에게 총회 소집 공고문과 함께 서면결의서 양식을 보냈으나, 조합원 H과 I는 발의자 대표 측에서 송부한 것과 다른 양식의 서면결의서에 이 사건 각 안건에 대한 반대의사를 표시하여 제출한 사실은 당사자 사이에 다툼이 없고, 기록에 의하면, 채무자의 정관 제20조 제7항에 '총회를 소집하는 경우에는 회의개최 14일 전부터 회의목적, 안건, 일시 및 장소 등을 게시판에 게시하여야 하며 각 조합원에게는 회의 개최 7일 전까지 등기우편으로 이를 발송, 통지하여야 한다. 이때 서면결의서도 함께 발송한다.'고 규정되어 있음이 소명된다.
그러나 기록과 심문 전체의 취지를 종합하여 알 수 있는 다음의 사정들, 즉 ① 소규모주택정비법 또는 도시정비법에는 서면결의서의 요건이나 양식에 관한 구체적인 규정이 없고, 채무자의 정관 제22조에서도 총회의 의결방법을 규정하면서 서면결의서의 구체적인 요건이나 양식에 관해 규정하지 않은 채 '총회 소집 공고문에 동봉된 서면결의서에 의한 서면결의만 허용된다'는 취지의 명시적인 규정을 두지 않은 점, ② 실제로 이 사건 총회의 소집공고문에 동봉된 서면결의서에는 조합장 또는 선거관리위원회 위원장의 직인 등 서면결의서의 위조를 방지하기 위한 특별한 장치가 없는 점, ③ 조합원 H, I는 자신들이 임의로 작성한 서면결의서를 제출한 것이 아니라, 이 사건 조합의 총회 개최 및 진행 등 조합 관련 업무를 보조하던 정비업체로부터 이전의 총회에서 사용하던 양식을 일부 수정하여 만든 서면결의서

7) 서울중앙지방법원 2019. 5. 13.자 2019카합20283 결정도 일부 서면결의서 상단에 다른 서면결의서와 달리 '안건별로 의사 표시란에 조합원 본인의 서명 또는 지장날인합니다'라는 내용이 기재되어 있지 않으나, 위 각 서면결의서의 나머지 부분이 다른 서면결의서 양식과 모두 동일한 것으로 보이고, 작성명의자의 진정한 의사에 반하여 작성되었다고 볼 만한 사정이 없는 이상 위 각 서면결의서를 무효라고 보기는 어렵다고 보았다.

양식을 교부받아 이를 작성하여 제출하였던 점, ④ 이 사건 총회에서 애초 의사정족수 충족 여부를 확인하는 과정에서 H, I의 위 각 서면결의서가 모두 유효함을 전제로 개표를 진행하여 개표결과까지 발표하였다가 총회가 끝난 후 의결정족수가 충족되지 않았다는 채권자 측의 문제제기가 있자, 비로소 위 각 서면결의서가 무효인 것으로 애초의 결정이 번복되었던 점, ⑤ 조합원 H, I가 위 각 서면결의서에서 밝힌 이 사건 각 안건에 대한 반대의사가 자신들의 진정한 의사임이 당심의 심리과정에서 분명하게 밝혀진 점, ⑥ 조합이 총회 의결 당시 나름의 기준에 의하여 서면결의서의 유효 여부를 판단하였다 하더라도, 조합원들 사이에 분쟁이 발생하여 법원이 사후적으로 그 유효 여부를 다시 판단하는 경우에는 총회 의결 이후에 작성·제출된 자료나 증거를 토대로 판단할 수 있다 할 것인데, 앞서 본 바와 같이 위 조합원들의 진의가 법원의 심리과정에서 분명히 드러난 이 사건과 같은 경우에도, 서면결의서가 소정의 양식과 다르다는 다소 형식적인 이유를 들어 조합원들의 분명한 의사에 반하는 쪽으로 그 유효 여부를 판단한다면, 결국 채무자로 하여금 조합원들의 진의를 확인하기 위해 또다시 무의미한 총회를 반복하게 하는 부당한 결과가 초래되는 점 등을 고려하면, H과 I 명의의 각 서면결의서는 그들의 진정한 의사에 기하여 작성된 것으로서 유효라고 봄이 타당하다.

다만, 총회 소집통지시 서면결의서를 함께 발송하게 한 취지를 총회 소집권자가 송부한 특정 양식의 서면결의서에 의하여 투표가 이루어지게 함으로써 서면결의서를 손쉽게 위조하여 투표 결과를 왜곡하는 것을 방지하기 위한 것으로 보고(선거관리위원회의 직인이 날인된 투표용지에 의한 투표만을 유효한 것으로 보는 것과 유사한 취지), 발의자 대표 측에서 송부한 것과 다른 양식을 사용한 서면결의서가 조합원의 진정한 의사에 기하여 작성된 것이라고 하더라도 무효로 봄이 타당하다고 한 사례도 있다(인천지방법원 2021. 6. 16.자 2021카합10209 결정).

(3) 서면에 의하여 의결권을 행사하고자 하는 자는 총회 전일까지 서면을 제출하여야 한다는 조합 정관 규정의 취지는 총회의 원활한 의사진행을 위한 것으로 보아야 하며, 총회 당일 안건에 대한 결의 전까지 서면이 제출된 경우 일률적으로 그 의결권 행사를 부정하는 취지로 해석할 수는 없다(대법원 2004. 6. 11. 선고 2003다46710 판결, 인천지방법원 2021. 6. 16.자 2021카합10209 결정).

나. 발의서, 서면결의서 등의 진정성립

(1) 임시총회 소집 동의 발의서에 해당 조합원의 신분증 사본 또는 인감증명서 등이 첨부되어 있지 않았으면, 위 발의서가 해당 조합원의 진정한 의사에 따라 작성되었다고 보기에 부족하다(대전지방법원 2021. 5. 28.자 2021카합50370 결정).

(2) 조합원이 직접 자필로 서면결의서를 작성하고 하단 조합원 성명란에도 자필로 서명한 경우, 비록 '(지장날인 또는 서명)'란에 아무런 서명이나 날인이 없거나 제출일란이 공란이라고 하더라도 이는 조합원이 진정한 의사로 작성하였음이 성명란의 자필 서명으로 인정된다고 할 것이므로, 위 서면결의서는 유효하다고 보아야 할 것이다.

반면, 서면결의서의 내용이 모두 인쇄되어 있고, 조합원의 자필이나 서명이 전혀 없는 경우에는 문서로서 성립하였다고 보기 어려우므로 무효로 보아야 할 것이다(서울중앙지방법원 2020. 5. 22.자 2020카합21007 결정).

이에 관하여 상세한 판단을 한 하급심결정례를 소개한다.

[부산지방법원 2021. 6. 25.자 2021카합10366 결정]

채권자 C는, 이 사건 임시총회 결의 당시 전체 조합원 1332명의 과반수인 770명(서면결의서 727명 + 직접 출석 43명)이 출석한 것으로 되어 있으나, 서면결의서 727개 중 143개에는 명의 상이(1개), 서명 지장 부재(6개), 제출일 미기재(10개), 중복 제출(3개), 철회 또는 허위 작성 확인(31개), 대표소유자 미선임(48명), 재결의서 허위작성(63명) 등 하자가 있어 그 효력을 인정할 수 없고, 직접 참석자 43명 중에는 중복 산입된 1명, 대표소유자를 선임하지 않은 공유자 1명이 포함되어 있으므로 이 사건 임시총회 결의가 의사정족수인 조합원 과반수 출석 요건을 충족하지 못하였다고 주장한다.

살피건대 기록에 의하여 인정되는 다음과 같은 사정들, 즉 ① 서명 지장이 없는 서면결의서(6개)도 소유권의 표시란에 자필로 성명, 지번, 생년월일, 휴대전화번호 등이 기재되어 있어 서명 지장 부분이 공란이라는 사정만으로는 그 효력이 없다고 단정하기 어려운 점, ② 제출일란이 기재되지 않은 서면결의서에도 자필서명이나 날인이 있고, 해당 조합원이 통장사본 또는 계좌정보가 기재된 서면을 제출한 점, ③ 이 사건 임시총회 당시 서면결의서를 철회하였다는 내용의 사실확인서(소갑 제19호증의 1 내지 32)는 모두 사후에 작성된 것으로서 그 기재만으로 서면결의가 이 사건 임시총회 결의 당시 이미 철회된 상태였다고 단정하기 어려울 뿐만 아니

> 라, 대다수가 통장사본이나 계좌정보를 제출하였으며, 일부 조합원들은 철회를 번복하여 서면재결의서를 제출한 것으로 보이는 점, ④ 대표소유자 선임과 관련하여 각 동의서에 신분증사본이 첨부되어 있다는 점에서 위임자와 선임자 필적이 동일하다거나 제출일이 기재되지 않았다는 사정만으로 공유부동산에 대한 대표소유자 선임 동의가 없었다고 보기 어려운 점 등에 비추어 볼 때, 제출된 소명자료만으로는 이 사건 임시총회 당시 조합원 과반수 출석 요건을 충족하지 못하였다고 보기에 부족하다.

(3) 서면결의서 양식 하단에 작성자 성명 옆에 지장을 날인하거나 자필서명을 하도록 되어 있더라도, 이는 그 명의인에 의하여 서면결의서가 작성되었음을 확인하기 위한 취지이므로 반드시 지장이나 자필서명에 의해야 한다고 볼 수 없고, 따라서 자신의 성명 옆에 인장을 날인한 조합원들의 서면결의서도 무효라고 할 수 없을 것이다(서울중앙지방법원 2019. 5. 13.자 2019카합20283 결정, 서울북부지방법원 2021. 1. 8.자 2020카합20345 결정).

(4) 가처분 절차에서 조합원이 자신 명의의 서면결의서를 제출한 사실이 없다는 등 서면결의서의 진정성립을 부인하는 사실확인서를 제출한 경우, 서면결의서의 효력을 인정할 것인가.

결국 총회의 경과, 서면결의서의 제출 경위, 사실확인서의 신빙성 등 여러 사정을 종합하여 판단하여야 할 것이다. 제반 사정을 종합하여 위와 같은 사실확인서에도 불구하고 서면결의서의 효력을 인정한 사례를 소개한다.

> **[서울고등법원 2019. 4. 19.자 2018라21523 결정]**
> 기록에 의하면, 서면결의서를 제출하였다고 되어 있는 채무자 조합원들 중, ㉠ 42명이 "2018. 9. 30. 임시총회에 서면결의서를 제출하거나, 서면결의서에 날인이나 서명을 한 사실이 없다"는 내용의 사실확인서를, ㉡ 2명이 "가족이 적법한 위임 없이 서면결의서를 작성하여 제출하였다"는 내용의 사실확인서를, ㉢ 8명이 "2018. 7. 29. 총회까지만 서면결의서가 유효하고 그 이후는 인정할 수 없다.", "개최일 이후에 진행하는 총회에는 서면을 제출하지 않았다", "9월 30일 임대의원 해임 임시총회에 서면결의서를 제출한 사실이 없다", "7월 1일 총회가 연장되어 철회하고 싶었으나 방법을 몰라 철회하지 못하였다, 총회가 9월 30일까지 연장될 줄 몰랐다"는 내용의 사실확인서를 각 제출한 사실, 서면결의서를 제출한 채무자 조합원들 중 6명이 철회서를 제출한 사실, 서면결의서를 제출했던 채무자 조합원들 중 2명이

2018. 9. 30. 전에 조합원 자격을 상실한 사실, 채무자 조합원들 중 3명의 서면결의서가 이 사건 총회가 최초로 공고된 2018. 6. 16. 이전에 작성된 사실이 소명된다. 그러나 기록 및 심문 전체의 취지를 종합하여 소명되는 다음과 같은 사실 및 사정들, 즉 ① 위 사실확인서상 서면결의서를 제출하지 않았다는 의미가 '2018. 7. 1.자 총회나 2018. 7. 29.자 총회에 서면결의서를 제출하기는 하였으나 2018. 9. 30.자 총회에 별도로 서면결의서를 제출하지 않았다'는 것인지 또는 '서면결의서를 제출한 사실 자체가 없다'는 것인지 분명하지 않고, 일부 조합원들(7명)이 위 사실확인서를 반박하는 취지의 사실확인서를 다시 제출하였는바, 사실확인서를 제출한 조합원들 명의의 서면결의서 작성 및 제출 경위에 대한 충분한 심리 없이 보전처분 단계에서 채권자들이 제출한 사실확인서의 기재를 일방적으로 믿기는 어려운 점, ② 채무자 조합 정관 규정(제22조 제3항)이나 Z 등의 총회 연기 공고 내용 등에 의하면, 이미 제출한 서면결의서를 연기된 총회에 사용하기를 원하지 않았다고 하더라도 이 사건 총회 개회 전에 Z 등에게 서면결의서 철회의사를 표명하지 않은 이상 이 사건 결의 후 서면결의서의 효력을 다툴 수 없다고 보이는 점, ③ 비록 서면결의서가 공고일 이전에 제출되었다 하더라도, 이미 발의 안건이 조합 임원과 대의원의 해임으로 특정된 후에 서면결의서가 작성되었고, 실제로 이 사건 총회에서도 그 안건에 대하여 결의가 이루어졌으므로, 이 사건 총회 공고 전 서면결의서를 작성한 채무자 조합원 3명은 해당 안건에 대한 의사를 서면에 표시한 것으로도 볼 수 있는바, 이러한 점을 고려하면 해당 조합원들로부터 서면결의서를 제출받은 구체적 과정이 확인되지 않은 상황에서 단순히 최초 총회 공고일 전의 일자로 작성되었다는 이유만으로 그 서면결의서를 무효로 단정하기 어려운 점, ④ 채권자들은 그 외에도 일부 서면결의서가 위조되었다거나, 서면결의서의 재사용에 대한 조합원의 동의를 받지 못했다는 주장을 하나, 채권자들이 제출한 필적감정서의 기재만으로는 서면결의서가 위조되었다고 단정하기 어려우며, 앞서 본 바와 같이 Z 등이 서면결의서를 법적으로 재사용하였다고 볼 수도 없는 점 등에 비추어 보면, 서면결의서를 철회한 6명과 2018. 9. 30. 당시 채무자 조합원이 아닌 2명을 제외하더라도 이 사건 총회에 참석한 조합원들의 수가 채무자 조합의 조합원 과반수를 초과하는 것으로 보여, 본안소송에서 증거조사 결과에 따라 달리 판단될 여지는 있으나, 의사정족수가 미달되었다는 채권자들의 주장도 받아들이기 어렵다(앞서 본 바와 같이 채권자측이 임시 채용한 직원들을 통하여 조합원들로부터 받은 해임반대 서면결의서를 이 사건 총회 진행 주체인 Z 등에게 제출하지 않았는데, 이는 이 사건 총회가 의사정족수를 충족하지 못하도록 해임반대 서면결의서를 보관하고 있으면서 일부러 제출하지 않은 것으로 보인다. 이러한 행위는 조합원들이 서면결의서 제출 여부를 채권자측에게 일임한 것이 아닌 이상, 해임반대 의사를 표시한 조합원들의 의결 참여를 막고 전체 조합원들의 총의를 왜곡한다는 점에서 문제가 있다).

다만, 제반 사정을 종합하여 사실확인서에 근거하여 서면결의서의 효력을 부인하는 경우도 있을 것이다.

> [인천지방법원 2021. 8. 27.자 2021카합10349 결정]
> 이 사건 총회에 제출된 서면결의서 3장(P, Q, R)은 이 사건 총회 개최 전에 사망한 조합원의 명의로 작성되었다. 서면결의서 23장은 이 사건 총회 개최 전에 재개발정비사업부지 내 부동산을 처분하여 조합원 지위를 상실한 종전 조합원의 명의로 작성되었다. 서면결의서 6장에는 서면결의서를 작성한 해당 조합원의 생년월일, 주소, 전화번호가 아닌 종전 또는 다른 조합원의 것이 기재되어 있다. 조합원들 약 175명은 '이 사건 총회에 제출된 본인들 명의의 서면결의서를 직접 작성·제출한 사실이 없다.'라는 취지의 사실확인서를 제출하였다. 앞서 본 바와 같이 위조의 의심이 드는 서면결의서가 확인되는 이상 위 사실확인서를 배척하기 어렵다.

(5) 서면결의서의 필적이 조합원 본인의 필적과 다르다는 이유로 서면결의서가 위조되었다고 보아 그 효력을 부인할 수 있는가.

가족 등이 위임을 받아 서면결의서를 작성하였을 가능성 등이 있으므로, 위 사정만으로 서면결의서의 효력을 부인하기는 어려울 것이다.[8)]

> [서울고등법원 2020. 9. 28.자 2020라20552 결정[9)]]
> 이 사건 총회에 제출된 몇몇 서면결의서에 대하여는 서면결의철회서가 제출되었다가 다시 재철회서가 제출되는 등 이 사건 해임결의에 관하여 채무자 구성원의 의사 번복이 이루어지는 경우도 여러 건 있어 보이는 점, 서면결의서의 명의인 본인이 아니라 그 위임을 받은 가족에 의하여 서면결의서가 작성된 경우도 있어 보이는 점(이러한 경우 서면결의서의 필적이 명의인 본인의 필적과 다를 수 있다), 채권자 A가 이 사건 총회 당시 제출한 서면결의철회서의 명의인 중 일부는 위 철회서가 위조되었다는 취지의 사실확인서를 제출하기도 한 점, 채권자 측에서 이미 채무자 보조참가인 측을 업무방해 등으로 고소하기도 하였고, 양측이 이 사건 총회 개최 등에 관하여 첨예하게 대립하고 있는 상황에서 채무자 보조참가인 측이 일방

8) 서울중앙지방법원 2022. 3. 21.자 2021카합22041 결정은 조합원이 '서면결의서를 제출한 사실이 없고 제출된 서면결의서는 위조된 것이다'라는 사실확인서에 근거하여 서면결의서가 위조된 것으로 볼 여지가 있다고 판시하였으나, 위 사안에는 본인확인의무의 불이행이라는 별도의 총회결의 무효사유가 있었다.

9) 서울북부지방법원 2021. 1. 8.자 2020카합20345 결정도 유사한 취지이다.

적으로 20여 장의 서면결의서를 위조하여 이 사건 해임결의를 의결하였다는 것은 명확한 증거 없이는 경험칙상 쉽사리 믿기 어려운 점 등의 사정에 비추어 보면, 고소장 및 고발장(소갑 제23호증, 가지번호 포함, 이하 같다), 사실확인서(소갑 제41호증), 필적감정서(소갑 제42호증) 등 채권자가 제출한 자료만으로는 이 사건 해임결의에 제출된 일부 서면결의서가 위조되었다는 점에 관하여 충분한 소명이 있다고 보기 어렵고, 민사본안이나 형사재판에서의 면밀한 증거조사가 없는 현 상황에서 일부 서면결의서가 위조되었다고 단정하기도 어렵다.

다. 서면결의서 등의 철회와 재철회

1) 철회의 가능 여부

(1) 임시총회 소집에 관한 조합원들의 동의 의사표시를 바탕으로 총회소집 공고 및 통지가 이루어졌다고 하더라도, 위 임시총회가 실제로 개최되기 전까지는 임시총회 소집 동의 의사를 철회하는 것이 금지된다고 볼 이유가 없고, 철회 의사표시도 반드시 일정한 절차와 방식에 의할 것이 요구되지도 않으며, 그 철회의 의사를 분명히 추단할 수 있는 행위나 외관이 있는 것으로 충분하므로(대법원 2008. 8. 21. 선고 2007다83533, 83540 판결 참조), 조합원의 임시총회 소집 동의 의사의 철회는 적법하다(인천지방법원 2019. 11. 1.자 2019카합10278 결정, 대전지방법원 2021. 5. 28.자 2021카합50370 결정).

다만, 발의자 대표가 총회의 소집통지를 함으로써 발의의 의사표시가 효력을 발생한 이상 그 의사표시의 무효 또는 취소 사유가 없는 한 그 이후에 발의의 의사표시를 임의로 철회할 수 없고, 위 발의에 따라 소집된 임시총회가 연기된 경우에도 마찬가지라고 판단한 사례도 있다.[10]

[의정부지방법원 고양지원 2021. 4. 29.자 2021카합5229 결정]

47명 조합원들의 발의요구로 발의자 공동 대표인 R이 D의 승인을 얻어 2021. 3. 9 및 같은 달 10. 일반우편의 방법이기는 하나 조합원들에 대하여 소집통지를 하였고, 이후 2021. 3. 12. 이 사건 제1호 안건을 회의 목적으로 하는 이 사건 총회의 개최를 알리는 소집공고까지 하였는바, 이로써 이 사건 총회에 관한 발의 의사는

10) 방론으로 임시총회 소집공고 후에는 소집요구서의 철회가 가능한지 의문이라고 판시한 사례도 존재한다(서울서부지방법원 2019. 11. 1.자 2019카합50608 결정).

> 그 효력이 이미 발생하였으므로, 효력 발생 이후부터는 발의 의사표시에 대하여 무효 또는 취소 사유가 없는 이상 이를 임의로 철회할 수 없다고 봄이 상당하다(의사표시의 효력이 발생한 이상 이 사건 총회가 이후 연기되었다고 하더라도 마찬가지이다).
> 채권자들이 제출한 13명의 발의철회서(소갑 제9호증의 2)에 작성일자가 기재되어 있지는 않으나, 이 사건 총회가 2021. 4. 10.로 연기되었다는 내용이 기재된 점 등에 비추어, 위 발의철회서는 위 소집통지 및 공고 이후에 작성된 것으로 보이므로, 발의 철회의 의사는 그 효력이 없다(채권자들이 제출한 발의요구 철회서는, 그 작성자 중 일부가 철회서를 작성한 적이 없다고 하는 점, 발의요구를 철회한 13명 중 10명이 재철회하는 의사를 표시한 점 등에 비추어, 이를 그대로 믿기도 어렵다).

(2) 도시정비법 시행령 제33조에 의하면 동의의 철회는 해당 동의에 따른 인·허가 등을 신청하기 전까지 할 수 있는데, 동의 철회가 조합에 대한 사업시행자 지정고시 이후에 이루어진 것이라면 철회로서의 효력이 없다고 본 사례가 있다(서울동부지방법원 2020. 9. 29.자 2020카합10292 결정).

(3) 서면결의의 방법에 의한 결의에 있어서 결의가 유효하게 성립하기 전까지는 결의에 대한 동의를 철회할 수 있고, 그 철회의 의사표시는 결의에 대한 동의의 의사표시와 마찬가지로 조합규약이나 정관에 다른 정함이 없는 이상 반드시 일정한 절차와 방식에 따라서만 하여야 하는 것은 아니며, 그 철회의 의사를 분명히 추단할 수 있는 행위나 외관이 있는 것으로 충분하다고 할 것이다(광주지방법원 2019. 9. 26.자 2019카합50302 결정, 광주지방법원 2021. 6. 24.자 2021카합50370 결정).

또한, 서면에 의한 의결권 행사는 어디까지나 총회에 참석할 수 없는 조합원들을 위해 보충적으로 마련된 제도로서 토론 없이 결의자의 의사를 미리 표시하는 것에 불과하고, 총회 당일 당해 안건에 관한 결의가 이루어지기 전까지는 서면에 의한 의결권이 행사되었다고 볼 수 없으며, 따라서 그 전까지는 얼마든지 그 철회 역시 허용되어야 하고, 이를 허용하지 않는다면 토론과 결의 내용의 변경가능성을 본질로 하는 회의의 개념에 어긋나게 되므로, 서면결의의 방법에 의한 결의에 있어서 그 결의가 유효하게 성립하기 전까지는 결의에 대한 동의를 철회할 수 있다고 본 사례도 있다(서울중앙지방법원 2021. 2. 8.자 2020카합22332 결정).

다만, 서면결의서의 철회서에 대하여 재철회서가 제출된 경우 철회의 의사를 분명히 추단할 수 있는 행위나 외관이 있는 것으로 보기 어렵다고 본 사례가 있다(서울북부지방법원 2022. 4. 15.자 2021카합83 결정).

(4) 우편투표는 철회할 수 없고, 설령 철회가 가능하다고 하더라도 대리인이 서면결의 철회서를 제출한 것으로는 우편투표 철회의 효력을 인정할 수 없다고 본 사례가 있다.

[서울중앙지방법원 2021. 4. 27.자 2021카합20443 결정]

이 사건 총회[11]에 앞서 조합원 202명이 대리인을 통해 이 사건 총회에 대한 서면결의 철회 및 확인서를 제출한 사실이 소명된다. 그러나 위 서면에 우편투표를 철회하는 의사까지 포함되어 있다고 본다고 하더라도, 아래와 같은 이유로 그 우편투표의 철회가 효력이 있음이 소명되었다고 보기 어렵다.

가) 선거관리규정 제34조 제1항에 의하면 선거는 기표방법으로 하며 무기명 비밀투표로 하고, 제45조 제2항, 제5항에 의하면 우편투표는 송부 받은 우편 투표용지에 기표한 후 선거인이 직접 우편발송 하여야 하고 선관위는 제출된 우편 투표용지를 훼손하지 아니하고 즉시 봉인된 투표함에 보관하여야 한다. 이처럼 선거는 무기명 비밀투표가 원칙이고 우편투표의 경우 우편 투표용지는 선관위에 도착하는 즉시 봉인된 투표함에 보관하게 되어 있으므로, 이러한 규정들의 해석상 선거관리규정은 우편투표가 이루어진 경우 그 철회를 허용하지 않음을 예정하고 있다고 볼 수 있다. 따라서 선관위에 우편투표가 도착한 이후에는 우편투표의 철회를 인정하기 어렵다.

나) 나아가 그 철회가 인정된다고 보더라도, 대리인에 의한 출석과 의결권 행사가 가능한 일반적인 총회 의결과 달리 선거의 경우 선거관리규정 제34조 제2항에서 선거방법에 대하여 선거인 1인이 1표로 직접 선거한다고 규정하고 제45조 제2항에서 우편에 의한 방식으로 투표하고자 할 경우 선거인이 우편 투표용지를 직접 발송하여야 한다고 규정하고 있는 점과 제3자에 의한 선거개입을 방지하고자 우편투표에서도 선거인이 직접 우편 투표용지를 발송하도록 하고 제3자에 의한 발송을 금지한 취지를 아울러 고려하면, 우편투표를 할 때와 다르게 이미 이루어진 우편투표를 철회할 때에는 대리인의 철회가 가능하다고 단정하기 어렵다.

11) 대의원 보궐선임을 위한 총회이다.

2) 서면결의의 철회 방식과 그 제한

(1) 정관에서 서면결의서 내지 그 철회서의 제출방식에 관하여 별다른 제한을 두지 않고 있다면, 서면결의서의 철회 방식을 본인이 직접 철회하는 방식만으로 제한된다고 볼 수는 없고, 결의가 성립하기 이전에 철회의 진정한 의사가 분명히 기재된 본인 명의의 철회서를 대리 제출하는 등의 방법으로도 적법하게 기제출한 서면결의서를 철회할 수 있다고 보아야 할 것이다(서울고등법원 2021. 7. 27.자 2021라20701 결정).

따라서 총회 공고시 소집권자가 서면결의서를 '직접(인편) 방문하여 제출하거나 우편으로 제출하도록' 고지하였다고 하더라도, 그러한 고지만으로 위 각 철회서의 제출 방법이 해당 작성자가 반드시 직접 제출하거나 우편으로만 제출하는 것에 한정된다고 해석할 수는 없다(인천지방법원 2020. 1. 15.자 2019카합10566 결정).

(2) 다만, 서면결의 철회를 총회 전일 18시까지 등으로 시간적 제한을 두거나, 조합원이 직접 또는 정관에서 정한 대리인을 통해 방문, 등기우편으로 조합 사무실에 제출하여야 한다(대리인을 통해 철회서를 제출할 경우 위임장, 위임인 및 대리인 신분증 사본, 관계증명서류가 포함되어야 함)는 방법상 제한을 두는 것이 가능하고 해석하여, 이러한 제한에 위배하여 제출된 서면결의 철회서의 효력을 인정하기는 어렵다고 본 사례도 있다(서울서부지방법원 2020. 5. 6.자 2020카합50125 결정, 인천지방법원 2021. 5. 25.자 2021카합10101 결정).

(3) 전자적 방법으로 하는 의결권 행사를 허용하였다고 해서 그 철회도 반드시 전자적 방법으로 허용할 필요는 없다. 따라서 조합이 전자투표를 한 다음 철회의사표시를 한 조합원에 대하여 본인 확인을 거친 다음 철회서를 제출받는 방법으로 철회를 인정한 것은 서면결의서를 철회하는 경우와 차이가 없는 것으로서 적법하다(서울고등법원 2022. 10. 17.자 2022라20815 결정).

(4) 그렇다면 서면결의서의 철회 방법을 엄격히 하는 내용의 정관 규정은 유효한가.

아래와 같이 견해가 대립된다. 다만, 위 견해의 대립은 과거부터 정관에 규정된 것인지 아니면 특정 총회를 위하여 정관 규정을 변경한 것인지에 따라

달리 판단한 것으로 볼 여지도 있다.[12)]

〈변경된 정관의 효력을 부인한 사례〉

[광주지방법원 2021. 12. 3.자 2021카합50841 결정[13)]]

가) 도시정비법(2021. 8. 10. 법률 제18388호로 개정된 것) 제45조는 제3 내지 8항에서 총회 의결은 조합원 과반수의 출석과 출석 조합원 과반수 찬성으로 하는 것을 원칙으로 하되, 서면으로 의결권을 행사하거나, 전자적 방법으로 의결권을 행사하는 경우에는 출석한 것으로 본다고 정하면서, 제9항에서 의결방법, 서면의결권 행사 및 본인확인방법 등에 필요한 사항은 정관으로 정하도록 규정하고 있는바, 위와 같은 개정 내용을 종합하면 조합이 총회 의결방법에 관하여 정관으로 도시정비법 제45조 제3 내지 8항에서 정한 것보다 더 엄격하게 규정하더라도 그것이 소수 조합원의 권리를 부당하게 제한하지 않은 이상 유효하나, 도시정비법의 위 각 규정이 형해화될 정도로 더 완화된 요건으로 정하는 것은 상위법령에 위배된 것으로 무효라고 할 것이다. 즉 개정된 도시정비법은 직접 출석을 원칙으로 하되 서면으로 의결권을 행사한 경우에 출석 간주의 효력이 발생한다고 정하고 있고, 재난 등 사유가 발생하여 시장 군수 등이 인정하는 경우에 한하여 전자적 방법으로 의결권을 행사한 경우에 출석 간주의 효력이 발생한다고 정하고 있으므로, 개정된 도시정비법이 예외로 인정한 경우에 한하여 출석 간주의 효력이 발생한다고 할 것이고, 정관에서 출석의 예외를 규정한다고 하더라도 출석 간주의 효력이 발생한다고 할 수는 없다.

12) 대법원은 '조합에서 일단 내부 규범이 정립되면 조합원들은 특별한 사정이 없는 한 그것이 존속하리라는 신뢰를 가지게 되므로, 내부 규범 변경을 통해 달성하려는 이익이 종전 내부 규범의 존속을 신뢰한 조합원들의 이익보다 우월해야 한다. 조합 내부 규범을 변경하는 총회결의가 신뢰보호의 원칙에 위반되는지를 판단하기 위해서는, 종전 내부 규범의 내용을 변경하여야 할 객관적 사정과 필요가 존재하는지, 그로써 조합이 달성하려는 이익은 어떠한 것인지, 내부 규범의 변경에 따라 조합원들이 침해받은 이익은 어느 정도의 보호가치가 있으며 침해 정도는 어떠한지, 조합이 종전 내부 규범의 존속에 대한 조합원들의 신뢰 침해를 최소화하기 위하여 어떤 노력을 기울였는지 등과 같은 여러 사정을 종합적으로 비교·형량해야 한다.'고 판시하였다(대법원 2020. 6. 25. 선고 2018두34732 판결).

13) 서면결의철회서는 총회 전날 18:00까지 도달하여야 한다고 서면결의 철회 요건을 엄격하게 정하고, 서면으로 의결권을 행사하거나 서면의결권행사를 철회하는 경우 전자서명인증서 또는 전자우편, 문자메시지를 통하여 본인인지를 확인하여야 한다고 정함으로써 본인확인방법을 한정적으로 열거하여 제한하였으며, 호별방문에 의한 서면결의서 또는 서면결의철회서 징구를 금지하는 내용으로 정관을 변경한 사안에 관한 것이다.

나) 서면의결권 행사는 서면을 작성하여 제출하는 요식행위인바, 문서는 문자나 기타 가독적 부호에 의해 계속적으로 의사나 관념이 표시되어 있는 것에 비하여 전자문서나 전자투표는 그 자체로서는 전자적 형태의 정보에 불과하지 문서가 아님은 명백하므로, 전자문서 및 전자거래 기본법(이하 '전자문서법'이라 한다) 제4조의2의 요건을 갖춘 문서라는 등 특별한 사정이 없는 한 전자적 의결방법이 도시정비법 제45조 제5항이 정한 서면에 해당한다고 할 수 없다.

다) 일단 내부 규범이 정립되면 조합원들은 특별한 사정이 없는 한 그것이 존속하리라는 신뢰를 가지게 되므로, 내부 규범 변경을 통해 달성하려는 이익이 종전 내부 규범의 존속을 신뢰한 조합원들의 이익보다 우월하여야 한다. 조합 내부 규범을 변경하는 결의가 신뢰보호원칙에 위반되는지를 판단하기 위해서는, 한편으로는 침해받은 이익의 보호가치, 침해의 중한 정도, 신뢰가 손상된 정도, 신뢰침해의 방법 등과 다른 한편으로는 조합 내부 규범의 변경을 통해 실현하고자 하는 공익적 목적을 종합적으로 비교·형량하여야 한다(대법원 2009. 4. 23. 선고 2008두8918 판결, 대법원 2018. 3. 13. 선고 2016두35281 판결 등 참조).

살피건대, 이 사건 대의원회에서 서면결의철회서는 총회 전날 18:00까지 도달하여야 한다고 서면결의 철회 요건을 엄격하게 정하고, 서면으로 의결권을 행사하거나 서면의결권행사를 철회하는 경우 전자서명인증서 또는 전자우편, 문자 메시지를 통하여 본인인지를 확인하여야 한다고 정함으로써 본인확인방법을 한정적으로 열거하여 제한하였으며, 호별방문에 의한 서면결의서 또는 서면결의철회서 징구를 금지하는 내용으로 정관을 개정한 것은 이 사건 임시총회가 종전 정관 규정에 의하여 의결이 이루어지리라고 신뢰한 채권자들 등 서면결의철회서를 제출한 84명의 신뢰를 침해하였다고 할 것이다.

더 나아가 기록에 의하여 인정되는 다음과 같은 사정, 즉 발의자 대표가 2021. 10. 2. 임시총회를 2021. 10. 23. 14:00에 개최할 것을 공고한 후 2021. 10. 21. 임시총회 일자를 2021. 10. 29. 19:00로 변경한다고 공고하여 2021. 10. 29. 19:00경 이 사건 임시총회가 개최되었는데, 그 공고 기간 중인 2021. 10. 20. 대의원회에서 위와 같이 정관을 개정하였고, 사전에 조합원들에게 그 정관 개정을 예고하지 않았고, 그 개정 규정의 시행 유예기간을 두지도 않았으며, 그 정관 개정 사실을 조합원들에게 통지 등으로 알리지 않았고, 그리하여 위 84명이 그 개정 내용을 모른 채 서면결의철회서를 총회 당일인 2021. 10. 29. 제출하여 의결권 행사를 방해받았으며, 위와 같이 정관을 개정하지 않더라도 이 사건 임시총회에서 조합원들의 자유로운 의사에 의한 결의가 가능한 것으로 보이는 점 등을 종합하면, 위 정관 개정은 위 84명의 의결권 행사할 기회를 중대하게 침해하였고, 정관 개정에 의하여 달성하고자 하는 공익이 위 84명의 의결권보다 우월하다고 할 수 없고, 채무자 조합이 위 84명의 신뢰침해를 최소화하기 위하여 어떠한 노력도 하지 않았으므로, 위 정관 개정은 신뢰보호원칙에 위반한 것으로 위법하다고 봄이 타당하다.

〈정관의 효력을 인정한 사례〉

[서울중앙지방법원 2020. 12. 4.자 2020카합20994 결정]
채무자조합은, 서면결의서를 제출하였던 조합원들이 아닌 채권자 A가 대신하여 이 사건 임시총회 당일 서면결의철회서를 제출하고자 하였는데 이는 채무자조합 정관에서 정한 철회 절차 및 방식에 어긋나므로 그 접수를 거부하였던 것이고, 위와 같은 서면결의철회서 제출이 적법한 철회라고 볼 수 없다고 주장한다.
살피건대, 채무자조합 정관 제22조 제5항은 '서면에 의한 의결권행사는 이를 철회할 수 없고, 다만 서면결의서를 제출한 조합원이 총회에 직접 참석하여 제출한 서면결의서를 무효로 하고 직접 투표를 요구하여 투표용지를 교부(서면결의서 개표개시 및 투표개시 전까지만 가능)받은 경우에는 그러하지 아니하다'고 규정함으로써, 총회 결의 전까지 기존의 서면에 의한 의결권행사를 철회할 수 있도록 하되 해당 조합원이 직접 철회할 것을 요구하여 철회의 절차와 방식을 제한하고 있다. 그렇다면 채무자조합이 위 정관 규정에 따라, 해당 조합원이 아닌 채권자 A가 제출한 서면결의철회서 접수를 거부한데 어떠한 하자가 있다고 볼 수 없다. 채권자들의 이 부분 주장 역시 이유 없다. 한편 채권자들은 위 정관 규정이 무효라고 주장하나, 정관에서 위와 같은 규정을 둔 이유가, 단체법적 의사표시에 해당하는 의결권행사에 있어 서면결의서를 철회하는 경우 그러한 의사를 분명히 추단할 수 있는 행위나 외관을 담보하는 데 있는 것으로 보일 뿐, 서면결의제도를 둔 취지에 반하여 조합원들의 의사의 자유의 본질적인 부분을 과도하게 침해하는 제한이라고 단정할 수 없으므로, 위 무효 주장은 이유 없다.

3) 서면결의 철회서의 수령을 거부한 경우의 법률효과

(1) 조합이 조합원의 서면결의 철회서의 수령을 거부하면 조합원들의 철회의사가 총회 결의에 반영되지 못한 것이므로, 해당 결의는 절차상 중대한 하자가 있어 무효로 봄이 상당하다(광주지방법원 2019. 9. 26.자 2019카합50302 결정, 광주지방법원 2021. 12. 3.자 2021카합50841 결정, 부산지방법원 동부지원 2021. 8. 19.자 2021카합100303 결정, 인천지방법원 2021. 8. 27.자 2021카합10349 결정, 전주지방법원 군산지원 2022. 9. 6.자 2022카합10045 결정).

(2) 또한 조합이 정당한 사유 없이 위 철회서의 수령을 거절하였으나, 조

합이 위 철회서의 내용을 알 수 있는 객관적 상태에 놓여 있는 때에는 철회의 효력이 생기는 것으로 볼 수 있을 것이다.

> [서울북부지방법원 2022. 4. 15.자 2021카합83 결정[14)]]
> 도달이라 함은 사회통념상 상대방이 통지의 내용을 알 수 있는 객관적 상태에 놓여 있는 경우를 가리키는 것으로서, 상대방이 통지를 현실적으로 수령하거나 통지의 내용을 알 것까지는 필요로 하지 않는 것이므로(대법원 1983. 8. 23. 선고 82다카439 판결 등 참조), 상대방이 정당한 사유 없이 통지의 수령을 거절한 경우에는 상대방이 그 통지의 내용을 알 수 있는 객관적 상태에 놓여 있는 때에 의사표시의 효력이 생기는 것으로 보아야 한다(대법원 2008. 6. 12. 선고 2008다19973 판결 등 참조).
> 기록에 의하면, 채권자들이 DL 등 조합원 218명의 위임을 받아 이 사건 총회 개최일인 2021. 8. 13. 11:00경 채무자 조합의 조합장 직무대행자인 BT에게 위 조합원들 명의의 서면결의 철회서 218장을 제출하려고 하였으나, BT가 그 수령을 거절한 사실, 이에 채권자들이 같은 날 12:14경 채무자 조합의 선거관리위원회 간사 DM에게 위 서면결의 철회서 218장을 접수하려고 하였으나, DM도 그 수령을 거절한 사실, 위 서면결의 철회서를 작성한 조합원 218명 중 위 표의 DN(연번 73), DO(연번 84-3)를 제외한 나머지 107명의 조합원들이 이 사건 총회에 서면결의서를 제출한 사실이 소명되는바, 위 소명사실에 의하면, DN(연번 73), DO(연번 84-3)를 제외한 나머지 107명의 조합원들 명의의 서면결의 철회서는 채무자 조합이 정당한 사유 없이 그 수령을 거절한 것으로 볼 수 있고, 이러한 경우 채권자들이 위 서면결의 철회서의 접수를 요청하며 BT 등에게 이를 제출하였을 때 그 상대방인 채무자 조합이 위 철회서의 내용을 알 수 있는 객관적인 상태에 놓여 서면결의 철회의 의사표시가 채무자 조합에 도달하였다고 봄이 타당하다. 그러나 한편, 기록에 의하면 위 표의 '비고'란 기재와 같이 이 사건 총회에 서면결의 철회서를 제출한 위 107명의 조합원들 중 DP 등 25명의 조합원들이 서면결의 철회서를 제출한 이후 채무자 조합에 서면결의서 내지 서면결의 철회서에 대한 재철회서를 제출하거나, 이 사건 총회에 직접 출석한 사실이 소명되므로, 채권자들이 제출한 자료만으로는 위 DP 등 25명의 조합원들이 제출한 서면결의서에 대하여는 그 철회의 의사를 분명히 추단할 수 있는 행위나 외관이 있었다고 보기 어렵고, 결국 서면결의 철회서를 제출한 위 표 기재 109명의 조합원들 중 82명(= 109명 − DN, DO 등 2명 − DP 등 25명)의 조합원들만이 제1, 5 결의 이전에 자신들의 서면결의 의사를 각 철회하

14) 서울중앙지방법원 2019. 12. 4.자 2019카합21387 결정, 서울고등법원 2021. 7. 27.자 2021라20701 결정도 같은 취지이다.

였다고 할 것이다. 따라서 위 조합원 82명은 의사정족수에서 제외되어야 하고, 채권자들의 위 주장은 위 인정 범위 내에서 이유 있다.

다만, 아래와 같은 특수한 상황을 전제로 서면결의 철회서의 수령을 거부한 행위가 위법하기는 하지만 그 하자가 총회 결의를 무효로 볼 정도로 중대하다고 보기는 어렵다고 한 사례가 있다.

[광주고등법원 2021. 6. 3.자 2020라1167 결정]
이 사건 기록 및 심문 전체의 취지에 의하면, 채권자 C 등은 이 사건 임시총회 당일 13:51경 이 사건 임시총회 장소인 F아파트 단지 내 공터에 찾아가 일부 조합원들의 서면결의 철회서를 제출하려고 하였으나, 보조참가인 등으로부터 접수를 거부당한 사실이 인정된다.
그러나 채권자들은 이 사건 임시총회가 개최되기까지 10분이 채 남지 않은 시점에 서면결의 철회서를 제출하려 하였는바, ① 10분 이내에 서면결의서를 제출한 조합원과 서면결의 철회서를 제출한 조합원을 대조하여 서면결의서의 유효여부를 확인하는 것은 어려웠을 것으로 보이는 점, ② 총회의 참석을 저지하거나 서면결의서 접수를 거부하는 등의 행위는 조합원의 의결권 행사 또는 총회 개의 자체를 방해하는 것인 반면에, 서면결의 철회서 접수를 거부하는 것은 우선 총회를 개의하여 조합원들이 의결권을 행사하도록 한 후 추후 철회서 제출의 효력 여부에 따라 총회결의의 유효 여부를 판단할 수 있어 서면결의 철회서 접수 거부에 서면결의서의 접수를 거부하는 정도의 하자가 있다고 보기는 어렵고, 의사정족수 산정에 있어 이를 고려하면 충분할 것으로 보이는 점 등을 종합하면, 보조참가인 등이 서면결의의 철회서의 수령을 거부한 행위가 위법하기는 하지만 그 하자가 중대하여 이 사건 임시총회 결의가 무효라고 보기는 어렵다.

4) 서면결의의 재철회

(1) 서면결의 철회서에 대한 재철회가 가능한가.

하급심은 엇갈리는 판단을 하고 있다. 따라서 실무적으로는 재철회서가 새로운 서면결의서의 형식과 내용을 갖추도록 하거나, 재철회서와 함께 서면결의서를 별도로 제출하는 것이 안전할 것이다.

〈재철회의 효력 부인〉[15)]

[대전지방법원 2021. 12. 7.자 2021카합50688 결정]

재철회서가 이 사건 결의 전에 제출되었다고 하더라도 조합원이 자신의 서면결의서 제출을 철회한 이상 그 서면결의서는 이미 제출이 철회되어 무효가 된 것으로 보아야 하며, 해당 조합원이 다시 서면결의서를 작성·제출하는 것은 별론으로 하더라도 그 철회의 의사표시를 다시 철회한다고 하여 이미 무효가 된 서면결의서 제출의 효력이 부활한다고 볼 수는 없다(민법 제139조 참조). 한편 채무자 조합이 위 주장에 관한 소명자료로 제출한 재철회서(소을 제20호증)에는 조합원들이 '자신이 제출한 철회서는 기망 또는 착오에 의한 것이므로 무효이다'는 내용이 기재되어 있으나, ① 이는 '서면결의 철회서를 자신의 의사에 기하여 제출한 사실이 있으나 이를 다시 철회하고자 한다'는 의미로 이해되고, ② 위 재철회서에 이 사건 각 안건에 대한 찬반의사 등 이 사건 임시총회에 관한 서면결의서로서 기재되어야 할 사항이 포함되어 있지 않은 이상 위 재철회서를 이 사건 임시총회에 관한 새로운 서면결의서로 볼 수도 없다.

[광주지방법원 2021. 6. 24.자 2021카합50370 결정]

2) 일반적으로 상대방 있는 의사표시는 상대방에게 도달한 때로부터 그 효력이 생기므로(민법 제111조 제1항), 발신 후이더라도 도달하기 전에는 철회할 수 있다. 이때 철회의 의사표시는 늦어도 먼저 발신한 의사표시와 동시에 도달하여야 한다. 의사표시가 도달하여 효력이 발생한 후에는 표의자가 이를 철회하지 못한다.

서면 제출 방법에 의한 의결권 행사의 철회가 허용되는 것은 조합원이 사전에 서면을 제출하였다고 하더라도 의결권 행사의 효력은 총회 결의 성립 당시에 발생하므로 그 효력이 발생하기 전인 결의 성립 전에는 철회를 금지하는 명문의 규정이 없는 이상 서면제출에 의한 의사를 철회할 수 있다고 봄이 타당하다.

반면에, 서면 제출 방법에 의한 의결권 행사를 철회한다는 조합원의 의사표시가 조합에 도달하면 이미 한 의결권 행사를 소멸시키는 효력이 즉시 발생하므로, 조합원은 이미 한 철회의 의사표시를 철회할 수 없다. 따라서 서면 제출에 의한 의결권 행사를 철회한 조합원은 다시 서면을 제출하거나, 총회에 출석하여 현장 투표하는 방법으로 의결권을 행사하여야 한다.

3) 위와 같은 법리에 따르면, 서면결의 철회서를 제출한 조합원 238명 중 197명이 서면결의 철회에 대한 철회서를 제출하였다고 하더라도, 이미 효력이 발생한 철회의 의사표시에 대하여는 아무런 영향이 없어, 서면 제출 방법에 의한 의결권 행사

15) 대전지방법원 2022. 1. 17.자 2021카합50752 결정도 같은 취지이다.

의 효력이 부활하지 아니한다.
4) 설령 조합원이 의결권 행사 서면을 제출한 후 그에 대한 철회 서면을 제출하고, 다시 철회에 대한 철회 서면을 제출한 일련의 행위 전체를 통틀어 서면으로 의결권을 행사한 것으로 선해한다고 하더라도, 앞서 본 바와 같이 정관 제22조 제4항은 '의결권 행사 서면은 총회 전일 18시까지 도착되도록 하여야 한다'라고 정하고 있는데, 소을 제6호증의1~197의 각 기재에 의하면 서면결의 철회에 대한 철회서 170장은 총회 당일인 2021. 5. 11.에야 제출된 사실이 소명되므로, 그 170장에 해당하는 서면 의결권 행사는 정관 제22조 제4항을 위반한 것으로서 효력이 없다고 할 것이니, 이 사건 각 결의의 의사정족수에 산입될 수 없다.

〈재철회의 효력 인정〉16)

[광주고등법원 2021. 6. 3.자 2020라1167 결정]
조합원이 서면에 의하여 총회에서의 의결권을 행사하기로 의사를 표시하였더라도 총회에서 결의가 유효하게 성립하기 전까지는 그러한 의사표시를 철회할 수 있고, 그 철회의 의사표시는 규약 내지 정관에 다른 정함이 없는 이상 반드시 일정한 절차와 방식에 따라서만 하여야 하는 것은 아니며, 그 철회의 의사를 분명히 추단할 수 있는 행위나 외관이 있는 것으로 충분하다고 할 것인바(대법원 2008. 8. 21. 선고 2007다83533, 83540 판결 등 참조), 이는 그 철회의 의사표시를 다시 철회하는 경우에도 동일하게 보아야 한다.
이 사건 기록 및 심문 전체의 취지에 의하면, 채무자의 조합원인 BF 등은 각 이 사건 임시총회에 관한 서면결의서를 작성한 후, 다시 "서면결의서를 철회하고 총회에 참석의사가 없다"는 내용의 서면결의 철회서를 작성한 사실, BF 등은 이 사건 총회 전일인 2020. 11. 13.(BK의 경우 2020. 11. 6.) 임시총회 최종 의사 확인서를 작성하였는데, 그 확인서에는 "임시총회의 서면결의서를 제출한 사실이 있으며, 제출한 서면결의서가 본인의 명확한 최종의사임을 확인한다. 서면결의서에 대한 철회서는 잘못된 판단으로 제출하게 되었으므로 무효임을 확인한다."고 기재되어 있는 사실이 인정된다.
위 인정사실에 의하면 BF 등의 서면결의서 철회 의사표시는 다시 철회되어서 효력이 없다 할 것이므로, 결국 BF 등의 서면결의서는 유효하다.

16) 부산지방법원 2019. 11. 4.자 2019카합10366 결정, 서울북부지방법원 2022. 4. 15.자 2021카합83 결정, 서울고등법원 2022. 6. 27.자 2022라20436 결정은 상세한 이유를 설시하지 않고 재철회가 유효함을 전제로 판단하였다.

(2) 재철회서의 효력 자체는 인정하면서도 총회 이전에 재철회서가 제출되었다고 보기 어렵다고 사실인정을 한 사례도 있다.

> [서울중앙지방법원 2019. 12. 4.자 2019카합21387 결정]
> 채무자는 위 서면결의 철회자 57명 중 철회서를 재철회한 조합원이 19명에 달한다고 주장하나, 아래 ① 내지 ③과 같은 사정에 비추어 볼 때, 채무자가 주장하는 위 19장의 재철회서가 작성자의 진정한 의사에 기하여 작성되어 '이 사건 해임총회 이전에' G 등에게 제출된 것이라고 보기 어려우므로, 채무자의 위 주장은 받아들이지 않는다.
> ① 채권자들은 2019. 8. 12. 이 사건 신청을 제기하면서 서면결의 철회자들이 다수 존재함을 주장하였고 2019. 8. 20.경 철회서를 모두 증거로 바로 제출하였음에 반하여, 채무자는 2019. 10. 16.자 서면 및 2019. 10. 29.자 서면까지 재철회자의 존재에 대해 전혀 언급이 없다가 2019. 10. 30.자 서면에 이르러서야 '철회자 57명 중 19명이 이 사건 해임총회 이전에 G 등에게 재철회서를 제출한 바 있다'고 주장하면서 재철회서(소을 제32호증의 1 내지 22호증)를 증거로 제출하였다.
> ② 채무자는 작성일자란을 공란으로 하여 재철회서를 징구하였음을 자인하고 있다. G 등 측이 공란으로 된 작성일자란을 일괄적으로 '2019. 8. 9'(이 사건 임시총회 개최일 전날)로 기재하였다.
> ③ 채무자가 주장하는 재철회자 중 4명(M, N, O, P)은 '이 사건 임시총회가 개최된 2019. 8. 10. 이후에 G 등의 요청에 따라 제출일자를 공란으로 하여 G 등에게 재철회서를 작성하여 준 적이 있다'는 취지의 사실확인서를 작성한 바 있다.

(3) 재철회서의 효력 인정 유무와 무관하게, 재철회서를 제출한 조합원이 총회에 직접 출석하여 의결권을 행사하였다면 총회에서 행사한 의결권을 최종적인 것으로 보아야 할 것이다(서울북부지방법원 2020. 6. 26.자 2020카합20029 결정).

라. 의결권의 행사방법

1) 기본 원칙

총회의 의결방법 등에 필요한 사항은 정관으로 정한다(도시정비법 제45조 제6항).

다만, 정관에 다른 규정이 없는 한 총회의 결의는 조합원들이 결의사항에 대하여 찬부를 표명함으로써 행하여지는 것으로 거수, 기립, 투표 등 어느 방법을 택하여도 무방하다(대법원 2006. 2. 23. 선고 2005다19552,19569 판결).

같은 취지에서 서면결의서 양식 중 '찬성' 또는 '반대'란 하단에는 '지장 또는 서명'이라는 기재가 있더라도, 이는 찬반 의사를 표시하는 방법을 예시한 것에 불과하다고 보아야 할 것이므로, 그에 의하지 아니한 표시를 무효로 볼 수 없을 것이고(서울북부지방법원 2021. 1. 8.자 2020카합20345 결정), 정관에 다른 규정이 없는 한 의사표시란에 서명을 하거나 지장을 찍지 않고 O 또는 V 표를 한 서면결의서도 조합원의 진정한 의사로 투표를 하였음이 인정된 이상 이를 무효라고 보기는 어렵다(서울중앙지방법원 2020. 5. 22.자 2020카합21007 결정).

도시정비법은 대리인에 의한 의결권 행사의 구체적인 방법을 제한하고 있지 아니하므로, 정관에 다른 규정이 없는 한 대리인이 현장에 직접 참석하지 아니한채 서면결의서 제출의 방식으로 의결권을 행사하더라도 이를 위법하다고 볼 수는 없다. 또한, 가족의 경우 묵시적인 의결권 위임이 있었다고 볼 수 있다(서울중앙지방법원 2020. 5. 22.자 2020카합21007 결정).

도시정비법 제36조 제1항 제8호는 '조합설립에 대한 서면동의서에는 토지등소유자가 지장을 날인하고 주민등록증 등 신분증명서의 사본을 첨부하여야 한다'고 규정하고 있고, 도시정비법 제35조 제5항, 같은 법 시행령 제31조 제4호는 '조합이 정비사업비, 조합의 임원 등 인가받은 사항을 변경하고자 할 때에는 총회의 의결을 거쳐야 한다'고 규정하고 있으나, 법문상 조합설립 등에 대한 서면동의의 방식을 정한 도시정비법 제36조 제1항의 규정은 도시정비법 제45조에서 정한 총회의 의결에는 적용되지 않는다고 볼 것이다(서울북부지방법원 2022. 4. 15.자 2021카합83 결정, 서울북부지방법원 2022. 4. 15.자 2021카합120 결정).

2) 인감증명서

(1) 조합이 제출된 서면결의서에 조합이 보관 중인 인감증명서와 동일한 인감증명서가 첨부되지 아니한 경우 이를 무효로 처리하고, 조합원 본인이 아닌 대리인에 의하여 서면결의서가 제출될 경우 해당 서면결의서 역시 무효로 처리한다는 취지의 공지를 하였더라도, 위와 같은 제한은 서면결의서가 해당 조합원의 의사에 따라 진정하게 작성된 것인지를 확인하기 위한 합리적인 제한

의 범위를 넘어서서 채무자 조합원들의 의결권 행사를 부당하게 제한하는 것으로 보아야 할 것이다(서울남부지방법원 2018. 5. 29.자 2018카합20215 결정[17]).

또한, ① 인감증명서는 어떤 인영이 신고된 인영과 동일함을 증명하는 문서로서 중요한 거래행위 등에 있어 본인이 작성한 문서임을 증명하기 위하여 제출 또는 사용되는 것일 뿐이고, 특별한 사정이 없는 한 인감증명서의 첨부 여부에 따라 해당 인영이 날인된 문서의 효력 유무가 결정되지는 않는 점, ② 정관에서 서면결의서를 제출하거나 대리인에 의하여 의결권을 행사하는데 있어 일정한 방식과 첨부서류 등을 제출하도록 한 경우, 이는 다수의 이해관계가 얽혀있는 사업을 진행하는 과정에서 조합원들의 의사 수렴 및 권한 행사 절차를 투명하게 하고 조합의 사무 처리 편의를 도모하려는 취지로서, 조합원 본인에 의해 작성된 것인지 및 본인의 의사로 대리인 위임을 하였는지 여부를 명확히 하기 위해 인감증명서 등을 첨부하도록 한 것일 뿐 그와 같은 방법을 따르지 않았다 하여 곧바로 의결권 행사를 무효로 한다는 취지로 볼 수 없는 점, ③ 조합원 상당수가 진정하게 의결권이 행사된 것이라고 주장하며 이를 뒷받침할 자료를 제출하고 있는 반면, 조합원의 진정한 의사에 기한 것이 아님을 의심할 만한 별다른 자료는 제출되지 않은 점 등을 종합하면, 인감증명서가 첨부되지 않은 서면결의서의 효력도 인정하여야 할 것이다(수원지방법원 평택지원 2019. 11. 26.자 2019카합1061 결정).[18]

(2) 총회 공고문, 위임장 양식 등에서 대리인 출석에 의하여 의결권을 행사하는 경우 조합원의 위임장에 조합원의 인감증명서와 조합원과의 관계를 증명하는 서류를 첨부하고 대리인 신분증을 지참하여 출석하도록 안내한 경우, 대리인 자격이 없거나 자격 증명서류를 지참하지 않고 대리인이 총회에 출석하였다면, 위 조합원의 대리인에 의한 의결권 행사는 무효라고 본 사례도 있다(수원지방법원 평택지원 2019. 11. 26.자 2019카합1061 결정[19]).

---

17) 위 사안에서는 정관에 위와 같이 서면결의서의 제출방법을 제한할 수 있는 근거규정이 없었는데, 설령 정관에 그러한 제한규정이 있었다고 하더라도 그 규정의 효력이 인정되기는 어려울 것이다.

18) 부산지방법원 2020. 9. 11.자 2020카합10316 결정, 서울동부지방법원 2022. 8. 31.자 2022카합10142 결정도 유사한 취지이다.

19) 다만 위 결정도 조합원 R의 경우, 이 사건 총회 공고 전인 2019. 5. 20.자로 인감증명서가 발급되었다는 사정만으로 무효로 볼 이유가 없고, 조합원 S의 경우 대리인 자격이 있는 T이 출석하여 가족관계증명서, 신분증 등을 제출하였으나 조합원 인감증명서를

3) 법인인 조합원의 권리행사방법

법인인 조합원이 총회를 소집할 때에는 법인인 조합원의 적법한 대표자 또는 대리인이 법인인감, 인감증명서, 위임장 등을 통하여 법인인 조합원의 대표자 또는 대리인의 지위에서 하는 것임을 명시하여야 하고, 총회 소집공고에 법인인 조합원의 대표자 등의 개인 이름만 기재된 경우 해당 임시총회소집은 위법하다(인천지방법원 2021. 3. 2.자 2021카합10090 결정, 서울동부지방법원 2019. 5. 24.자 2019카합10192 결정[20]).

조합원인 재단법인이 작성한 서면결의서에 재단의 이름이 기재되어 있지 않고 재단의 대리인만이 서면날인한 경우 서면결의서의 효력이 인정되는가.

이에 대해서는 민법 제115조 단서에 따라 상대방이 대리인으로서 한 것임을 알았거나 알 수 있었을 때에는 대리인이 본인을 위한 것임을 표시하지 않더라도 본인에 대하여 직접 효력이 생기는데, 이미 재단인 조합원이 과거부터 H에게 조합이 진행하는 각종 업무와 관련된 일체의 권한을 위임하였고 조합도 H를 위 재단의 대리인으로 알고 있었다는 이유로, 위 서면결의서에 본인인 위 재단을 표시하지 않았다고 하더라도 서면결의서가 유효하다고 본 사례가 있다(서울중앙지방법원 2020. 5. 22.자 2020카합21007 결정).

4) 공유자인 조합원의 의결권 행사방법

도시정비법은 토지 또는 건축물의 소유권과 지상권이 여러 명의 공유에 속하는 때 그 여러 명을 대표하는 1명을 조합원으로 보도록 규정하고 있고(도시정비법 제39조 제1항), 통상 조합 정관에는 '하나의 소유권이 수인의 공유에 속하는 때에는 그 수인을 대표하는 1인을 조합원으로 본다. 이 경우 그 수인은 대표자 1인을 대표조합원으로 지정하고 대표조합원선임동의서를 작성하여 조합에 신고하여야 하며, 조합원으로서의 법률행위는 그 대표조합원이 행한다'는

첨부하지 않았는데, 그와 같은 사정만으로 조합원 S의 의결권 행사를 무효로 볼 수는 없다고 보았다.

20) 이 사안에서는 법인인 조합원의 지배인으로 등기된 자(채무자)가 해임총회를 소집하면서 소집 공고 및 총회회의자료에 '임시총회 발의자 대표'의 명칭에 자신의 이름을 기재하였고, 해임 발의서에도 발의자 대표란에 자신의 이름, 생년월일, 주소, 연락처를 기재하였다.

취지의 규정이 있다. 따라서 공유자 중 대표조합원의 정함이 있는 경우에는 그 대표조합원이 조합원으로서의 권리를 행사하여야 할 것이다(서울동부지방법원 2018. 3. 19.자 2018카합10001 결정).

공유자인 조합원들이 대표조합원을 선임하지 않고 직접 의결권을 행사할 경우 원칙적으로 그 효력을 인정하기는 어려울 것이고(서울북부지방법원 2020. 6. 26.자 2020카합20029 결정), 다만 공유자인 조합원 1인이 다른 공유자인 조합원의 동의를 받아 의결권을 행사한 경우, 공유자인 조합원들의 각각 의결권을 행사하였는데 그 내용이 동일한 경우에는 적법한 의결권 행사로 보아야 할 것이다.[21] 물론 이 경우에도 의결권은 공유자인 조합원들 전체에 대하여 1개만 인정된다.

다만, 공유자인 조합원들이 대표조합원 선임동의서를 제출하지 않은 경우에도 여러 사정을 종합하여 대표조합원 선임을 인정할 수 있을 것인데, 아래 사례에서는 조합원으로서의 법률행위 중 가장 중요한 것이라고 볼 수 있는 분양계약을 자신의 명의로 체결한 조합원을 대표조합원으로 추정하였다.

[서울고등법원 2018. 6. 29.자 2018라20386 결정]

다만 세대 공유자들 중 이 사건 결의에서 의결권을 행사한 자가 대표조합원으로 지정된 공유자인지 알 수 있어야 하는데, 채권자는 대표조합원선임동의서 중 일부만을 제출하였고, 채무자는 분양계약을 체결한 조합원으로부터 조합원 지위를 공동으로 승계한 공유자들로부터 제출받은 대표조합원 선임동의서밖에 제출하지 못하고 있으므로, 모든 공유세대의 대표조합원을 명확하게 알 수 없는 한계가 있다. 이에 이 사건 결의의 의사정족수 구비여부를 판단하기 위한 요건으로서 이 법원에 대표조합원 선임동의서가 제출되지 않은 공유세대의 의결권 행사 내용을 판단하기 위해서는, 채무자의 정관에 의하면 공유자의 경우 대표조합원이 조합원으로서의 법률행위를 하는 것으로 규정하고 있고(제9조 제4항 제1호), 그러한 조합원으로서의 권리·의무로 건축물의 분양청구권을 명시하고 있는 점(제10조 제1항 제1호)에

21) 대법원도 같은 취지에서 도시정비법 제35조 제4항에 따라 토지 또는 건축물 소유자의 동의율을 산정함에 있어서 1필지의 토지 또는 하나의 건축물을 여럿이 공유하고 있는 경우 그 토지 또는 건축물의 소유자가 조합설립에 동의한 것으로 보기 위하여는, 그 공유자 전원의 동의로 선임된 대표자가 조합설립에 동의하거나 대표자의 선임 없이 공유자 전원이 조합설립에 동의할 것을 요하고, 그중 일부만이 조합설립에 관하여 동의한 경우에는 유효한 조합설립 동의가 있다고 볼 수 없다고 판시하였다(대법원 2017. 2. 3. 선고 2015두50283 판결).

비추어, 조합원으로서의 법률행위 중 가장 중요한 것이라고 볼 수 있는 분양계약을 자신의 명의로 체결한 조합원을 대표조합원으로 추정할 수밖에 없다.
그런데 분양계약서의 '공급받는 자'란에는 한 명의 공유자의 이름, 주민등록번호, 전화번호가 미리 인쇄되어 있고, 다른 공유자의 이름이 기재된 경우에는 인쇄된 공유자 이름 옆에 수기로 기재되어 있는 점에 비추어 보면, 분양계약서의 '공급받는 자' 란에 이름이 인쇄된 공유자를 해당 세대의 대표조합원이라고 추정할 수 있고, 위 추정을 번복할 소명자료는 없다.
라) 분양된 공유세대들의 공동소유자와 대표조합원 및 이 사건 의결에 대한 의결권 행사 내역은 아래 표 기재와 같고(표 생략), 이 표 내용을 기준으로 쟁점이 된 세대의 구체적인 의결권 행사내역을 살펴본다.
① BV호(BW, BX), CH호(CI, CJ), DS호(DT, DU, DV)의 경우 분양계약서에 기재된 대표조합원인 BW, CI, DV가 서면결의서를 작성한 것이므로, 서면결의서 산정에서 제외하지 않는다.
② 분양계약서에 서명한 자와 다른 공유자가 함께 하나의 서면결의서에 서명한 경우[AU호(AV, AW), BJ호(BK, BL), BS호(BT, BU), CK호(CL, CM)] 적어도 한 명은 대표조합원일 것이므로, 서면결의서 산정에서 제외하지 않는다.
③ BG호(BH, BI), V호(BN, W), CN호(CO, CP), M호(O, N)의 경우 대표조합원뿐만 아니라 다른 공유자도 별개의 서면결의서를 제출하였으므로, 서면결의서 산정에서 대표조합원이 아닌 공유자의 위 서면결의서 4개는 제외한다.
④ 분양계약서에 서명한 자가 아닌 자가 의결권을 행사한 경우[AE호(AF, AG)의 AG가 작성한 서면결의서, AH호(AI, AJ)의 AJ가 작성한 서면결의서, AN호(AO, AP)의 AO 현장투표]는 분양계약서에 서명한 대표조합원이 아닌 공유자가 행사한 것이므로, 서면결의서 산정에서 위 위 서면결의서 2개를, 현장투표 산정에서 위 현장투표 1개를 각 제외한다.
⑤ BY호(BZ, CA)의 경우 분양계약서도 제출되지 않았으므로 누구를 대표조합원으로 선임하였는지 확인할 수 없는데, BZ가 단독으로 현장투표를 하였으므로, 현장투표 산정에서 위 현장투표 1개를 제외한다.

5) 신탁된 경우의 의결권 행사방법

조합원이 소유부동산을 신탁한 경우 의결권은 누가 행사하여야 하는가. 신탁에 따라 대내외적으로 소유권이 신탁회사로 이전되었으므로, 조합원은 의결권을 행사할 수 없다고 본 사례가 있다.

[서울고등법원 2020. 9. 1.자 2020라20736 결정]
이 사건 기록에 의하면 F는 2020. 1. 13. 서울 중랑구 M 지상 건물에 관하여 자기 명의로 소유권이전등기를 마쳤고, 같은 날 주식회사 N에게 위 건물을 신탁하면서 소유권이전등기를 마쳐 준 사실이 소명된다.
그런데 신탁법상의 신탁은 위탁자가 수탁자에게 특정의 재산권을 이전하거나 기타의 처분을 하여 수탁자로 하여금 신탁 목적을 위하여 그 재산권을 관리·처분하게 하는 것이므로(신탁법 제1조 제2항), 부동산의 신탁에 있어서 수탁자 앞으로 소유권이전등기를 마치게 되면 대내외적으로 소유권이 수탁자에게 완전히 이전되고, 위탁자와의 내부관계에 있어서 소유권이 위탁자에게 유보되어 있는 것은 아니라 할 것이며, 이와 같이 신탁의 효력으로서 신탁재산의 소유권이 수탁자에게 이전되는 결과 수탁자는 대내외적으로 신탁재산에 대한 관리권을 갖는 것이고, 다만, 수탁자는 신탁의 목적 범위 내에서 신탁계약에 정하여진 바에 따라 신탁재산을 관리하여야 하는 제한을 부담함에 불과하다(대법원 2002. 4. 12. 선고 2000다70460 판결 참조). 그렇다면 F는 위 건물의 신탁으로 인하여 소유자의 자격 및 조합원 지위를 상실하였으므로 의사정족수 산정에서 제외되어야 한다.
한편 채무자는 대법원 2015. 6. 11. 선고 2013두15262 판결[22]을 근거로 토지 등 소유자의 자격 및 의사정족수 산정은 위탁자(F)를 기준으로 해야 한다고 주장하나, 위 판결은 도시환경정비사업에 있어서 토지 등 소유자가 직접 정비사업의 시행자가 된 경우에 관한 것으로서, 도시환경정비사업이 아닌 주택재개발사업에 있어서 재개발조합이 시행자가 된 이 사건과는 사안을 달리하므로 이 사건에 원용하기에 적절하지 아니하다.

반면, 조합원이 소유재단을 담보신탁하였다고 하더라도 조합원 자격을 계속 보유하므로, 그 조합원을 조합장 직무대행자로 선임한 결의가 유효하다고 본 사례도 있다.

---

22) "도시환경정비사업 시행을 위하여 또는 사업 시행과 관련하여 부동산에 관하여 담보신탁 또는 처분신탁 등이 이루어진 경우에, 구 도시 및 주거환경정비법(2010. 4. 15. 법률 제10268호로 개정되기 전의 것) 제28조 제7항에서 정한 사업시행자로서 사업시행인가를 신청하는 토지 등 소유자 및 신청에 필요한 동의를 얻어야 하는 토지 등 소유자는 모두 수탁자가 아니라 도시환경정비사업에 따른 이익과 비용이 최종적으로 귀속되는 위탁자로 해석하는 것이 타당하며, 토지 등 소유자의 자격 및 동의자 수를 산정할 때에는 위탁자를 기준으로 하여야 한다."

[인천지방법원 2021. 5. 25.자 2021카합10101 결정]
기록 및 심문 전체의 취지에 의하면, D가 이 사건 총회가 개최되기 이전에 사업시행구역 안에 있는 <주소>에 관하여 주식회사 J와 담보신탁계약을 체결하고 신탁회사 명의로 소유권이전등기를 마쳐준 사실이 소명된다. 조합 정관 제9조 제1항은 '정비사업의 조합원은 사업시행구역 안의 토지 또는 건축물의 소유자 또는 그 지상권자(이하 '토지등소유자'라고 한다)로 한다.'고 규정하고 있다.
그러나 다음과 같은 사정들, 즉 ① 도시 및 주거환경정비법의 재개발사업은 정비기반시설이 열악하고 노후·불량건축물이 밀집한 지역에서 주거환경을 개선하기 위하여 시행하는 공익적 사업의 성격을 가지고 있으므로, 재개발사업에서의 토지등소유자 내지 조합원의 자격을 반드시 일반적인 사법(私法)관계와 동일하게 해석할 수 없는 점, ② 재개발사업의 시행에 직접적인 이해관계를 가지는 당사자의 의견이 반영될 수 있도록 하는 것이 합리적인 점, ③ 신탁법 제37조 제1항은 '수탁자는 신탁재산을 수탁자의 고유재산과 분별하여 관리하고 신탁재산임을 표시하여야 한다.'고 규정하고 있는 등 신탁재산을 수탁자의 고유재산과 구분하여 권리·의무관계를 정하고 있으므로, 비록 신탁재산의 소유권이 대내외적으로 수탁자에게 이전된다고 하더라도 이에 대한 권리관계를 수탁자의 고유재산과 마찬가지로 취급할 수 없고, 부동산담보신탁에서 수탁회사는 신탁계약에 따라 신탁재산을 관리하기 위하여 그 부동산의 소유권을 이전받는 것에 불과한 점 등을 종합하면, D가 담보신탁계약에 기하여 사업시행구역 내에 있는 자신소유의 토지에 관하여 신탁등기를 마쳤다고 하더라도, 채무자의 조합원 자격은 신탁회사가 아닌 위탁자인 D에게 있다고 봄이 타당하다.

6) 조합설립동의시의 검인 서면동의서 사용

도시정비법이 2016. 1. 27. 법률 제13912호로 개정(이하 "구 도시정비법")되면서, 재건축정비사업조합 설립을 위한 서면동의서를 작성하는 경우 시장·군수가 검인한 서면동의서를 사용하도록 규정하였다(구 도시정비법 제17조 제2항).

그런데 구 도시정비법 부칙 제6조 제2항에 따르면, 조합 설립을 위한 서면동의서(구 도시정비법 제16조 제2항)의 경우 '이 법 시행 후 제13조 제2항에 따라 최초로 추진위원회 승인을 받은 분부터' 검인된 서면동의서를 사용하여야 한다.

따라서 구 도시정비법 시행 후 최초로 설립 승인을 받은 추진위원회는 검인된 서면동의서를 사용하고, 그 이전에 설립 승인을 받은 추진위원회는 검인된 서면동의서를 사용할 의무가 없다(수원지방법원 안산지원 2020. 7. 17.자 2020카합50081 결정).

마. 전자적 방법에 의한 의결권 행사

(1) 2021. 8. 10. 법률 제18388호로 개정되어 2021. 11. 11. 시행된 도시정비법은 '「재난 및 안전관리 기본법」 제3조 제1호에 따른 재난의 발생이나 「감염병의 예방 및 관리에 관한 법률」 제49조 제1항 제2호에 따른 집합 제한 또는 금지 조치가 있어 시장 · 군수 등이 조합원의 직접 출석이 어렵다고 인정하는 경우 전자적 방법으로 의결권을 행사할 수 있다'고 규정하고 있다(도시정비법 제45조 제8항, 같은 법 시행령 제42조 제3항).

이러한 재난 발생 등의 사유가 없는 경우에도 정관에 근거규정이 있는 경우 전자적 방법에 의한 의결권 행사를 할 수 있는가. 이를 인정한 사례들이 있다.

[서울서부지방법원 2022. 7. 28.자 2022카합50377 결정[23]]
채무자는 2022. 5. 18. 대의원회 결의로 종래 '조합원은 서면 또는 제10조 제2항 각호에 해당하는 대리인을 통하여 의결권을 행사할 수 있다.'라고 정하고 있던 정관 규정을 '조합원은 서면(전자적 의결방법에 의한 전자문서가 열람 또는 재현 가능한 형태인 경우 포함) 또는 제10조 제2항 각호에 해당하는 대리인을 통하여 의결권을 행사할 수 있다.'로 개정하여, 정관으로 전자적 방법에 의한 의결권 행사를 허용하고 있다(제22조 제4항). 다음과 같은 사정을 종합하면, 이와 같은 채무자의 정관 규정은 적법하다.
1) 도시정비법은 조합원은 서면으로 의결권을 행사하여야 하고, 그럼에도 재난 등 상황에서 시장 · 군수등의 인정을 받는 경우에는 전자적 방법으로 의결권을 행사할 수 있다고 정하고 있다(제45조 제5항, 제8항). 위 규정의 문언을 보았을 때 제45조 제5항에서 정한 '서면'에 전자적 방법이 포함된다고 해석하기는 어려우나, 한편으로 재건축정비사업조합이 도시정비법 제40조 제1항 제10호, 제45조 제9항에 따라 정관에서 전자적 방법을 총회의 의결방법으로 정하는 것을 금지하는 것으로 해석되지도 않는다. 도시정비법 제45조 제8항의 입법 취지는 재난이나 감염병의 발생 등으로 조합원들의 총회 출석이 불가능한 상황에서는 정관에서 달리 정하지 않은 경우에도 전자적 방법으로 의결권을 행사할 수 있도록 하여 조합의 사업진행에 공

23) 서울서부지방법원 2022. 7. 28.자 2022카합50372 결정도 같은 취지이다.

백이 발생하는 것을 방지하고자 하는 것이므로 정관에서 그 요건을 완화하는 것이 위 규정의 입법 취지를 몰각시키는 것도 아니다.
2) 조합원의 이익을 보호하고 권리관계의 안정과 재건축사업의 원활한 진행을 도모하고자 하는 도시정비법의 취지에 반하지 않는다면 서면 외의 방법에 의한 의결권 행사를 금지할 이유가 없다. 전자적 방법은 그 편의성 및 효율성에 비추어 보았을 때 조합원의 의사를 보다 충실하게 반영할 수 있는 수단이 될 수 있으므로 오히려 도시정비법의 취지에 부합한다고 볼 수 있다. 휴대전화로 각종 본인 인증을 비롯하여, 금융업무 및 상품거래가 일상적으로 이루어지고 있는 현실을 고려하면, 본인 확인이라는 측면에서도 서면이 전자적 방법보다 더 우월한 의결권 행사방법이라고 단정하기도 어렵다.
3) 집합건물의 관리에 관한 법률, 공동주택관리법, 상법 등은 전자적 방법에 의한 의결권행사를 원칙적으로 허용하고 있다. 위 법률이 규율하는 단체들은 다수의 이해관계인들에 의한 의사결정이 상시 이루어진다는 점에서 재건축정비사업조합과 실질적 차이가 없으므로 유독 도시정비법에서만 전자적 방법에 의한 의결권 행사를 금지할 필연적 이유도 없다.
4) 이와 같은 사정을 종합하면, 재건축정비사업조합이 정관에 전자적 방법을 의결권 행사 방법으로 정하는 것은 적법하다고 볼 수 있다.

[서울고등법원 2022. 10. 17.자 2022라20815 결정]
전자문서법 제4조의2 규정과의 관계를 고려하면, 도시정비법 제45조 제8항의 '제5항에도 불구하고'는 전자적 방법에 의한 의결권 행사와 서면에 의한 의결권 행사가 엄격히 구별되거나 양립할 수 없다는 취지라기보다는, 전자투표가 전자문서법에서 정하는 전자문서의 서면요건을 갖추었는지 여부와 상관없이 제8항에서 정한 요건을 갖춘 경우에도 의결권 행사 및 직접출석의 효력을 인정하려는 취지로 봄이 타당하다.
개정된 채무자 정관 제22조 제4항은 전자문서법 제4조의2에 따른 전자문서의 서면요건을 반영하여 '서면(전자적 의결방법에 의한 전자문서가 열람 또는 재현 가능한 형태인 경우 포함)'이라고 정하고 있다. 또한 이 사건 총회에서 실제 사용된 전자투표지(소갑 제5호증)는 전자문서의 서면요건을 갖추었다고 보인다. 따라서 이 사건 총회에 전자투표 방식으로 의결권을 행사한 172명은 도시정비법 제45조 제5항, 채무자 정관 제20조 제2항에서 정한 서면에 의한 의결권 행사로서 의사정족수에 포함된다. 채권자들 주장은 이유 없다. (채무자가 조합원들에게 제공한 전자투표 플랫폼 내에는 투표 철회 기능이 없었던 것으로 보인다. 그러나 전자적 방법으로 하는 의결권 행사를 허용하였다고 해서 그 철회도 반드시 전자적 방법으로 허용할 필요는 없다. 채무자는 전자투표를 한 다음 철회의사표시를 한 조합원에 대하여 본인 확인을 거친 다음 철회서를 제출받는 방법으로 철회를 인정하였다. 이러한 철회 방법은 서면결의서를 철회하는 경우와 차이가 없었던 것으로 보이므로 특별히 부당하다고 볼 수 없다.)

(2) 도시정비법 제45조 제9항은 총회의 의결방법 등에 필요한 사항은 정관으로 정하도록 규정하고 있는데, 조합이 총회에서 총회의 전자적 의결 방법을 허용하는 내용의 정관 변경안을 의결하였다면, 이러한 정관 변경은 총회의 의결방법에 관한 사항으로 도시정비법 제40조 제4항의 '경미한 사항'에 해당하여 관할관청의 인가가 없더라도 효력이 있다(부산지방법원 2021. 8. 27.자 2021카합10496 결정, 서울서부지방법원 2022. 7. 28.자 2022카합50372 결정, 서울고등법원 2022. 10. 17.자 2022라20815 결정).

(3) 전자적 방법에 의한 의결권 행사를 허용한 도시정비법 개정 전에도 전자적 방법으로 의결권을 행사할 수 있는가. 견해가 대립되고 있다.

〈허용되지 않는다고 본 사례〉

[부산고등법원 2021. 10. 26.자 2021라5130 결정]
관계 법령규정과 위 인정사실에 앞서 인정한 기초사실을 종합하여 인정되는 다음과 같은 사정에 의하면 이 사건 결의에서 이뤄진 전자적 결의방법이 도시정비법 제45조 제3항의 서면결의에 해당한다고 볼 수 없고, 달리 전자적 결의방법에 의한 의결권 행사의 효력을 인정할 증거가 없다.
(1) 도시정비법 제45조 제5항은 "조합원은 서면으로 의결권을 행사하거나 다음 각 호의 어느 하나에 해당하는 경우에는 대리인을 통하여 의결권을 행사할 수 있다. 서면으로 의결권을 행사하는 경우에는 정족수를 산정할 때에 출석한 것으로 본다."고 규정하여 '서면'으로 의결권을 행사할 수 있도록 하였는데, 전자문서나 전자투표는 그 자체로서는 전자적 형태의 정보에 불과하여, 문자나 기타 가독적 부호에 의해 계속적으로 의사나 관념이 표시되어 있을 것을 전제로 하는 '문서' 또는 '서면'과 동일하게 볼 수 없으므로, 법률에서 명문으로 이를 허용하고 있지 않는 이상, 전자문서 등 전자적 형태의 기록으로 위 조항의 '서면'을 대신할 수는 없다고 보아야 하는데(대법원 2012. 3. 29. 선고 2009다45320 판결 참조), 도시정비법은 달리 전자적 결의방법에 의한 의결권의 행사를 허용하거나 이를 서면결의로 보는 규정을 두고 있지 아니하다.

(2) 게다가, 전자문서 및 전자거래 기본법(이하 '전자문서법'이라고 한다) 제4조 제1항은 "전자문서는 전자적 형태로 되어 있다는 이유만으로 법적 효력이 부인되지 아니한다."고 규정하고 있으나, 같은 법 제4조의2는 전자문서를 서면으로 보기 위해서는 전자문서의 내용을 열람할 수 있을 뿐만 아니라(같은 조 제1호) 전자문서가 작성·변환되거나 송신·수신 또는 저장된 때의 형태 또는 그와 같이 재현될 수 있는 형태로 보존되어 있어야 한다(같은 조 제2호)고 규정하고 있다.

그런데 이 사건 임시총회는 2021. 6. 30. 개최될 예정이었다가 2021. 6. 21. 공고에 의하여 총회 개최일자가 2021. 6. 24.로 변경되었는데, 총회 개최일자 변경 공고·통지일인 2021. 6. 21. 전인 2021. 6. 9.부터 2021. 6. 20.까지의 기간에 전자적 결의방법에 의하여 의결권을 행사한 조합원들의 결의서에는 총회 개최일자가 변경 전 개최일자인 2021. 6. 30.이 아닌 변경된 총회 개최일자인 2021. 6. 24.로 기재되어 있다. 이는 위 결의서가 조합원들에 의해 작성되어 저장된 후 수정되었다는 것을 의미하고, 결국 2021. 6. 9.부터 2021. 6. 20.까지의 기간 동안 전자적 결의방법에 의하여 작성된 결의서는 전자문서법 제4조의2 제2호의 요건을 갖추었다고 볼 수 없어 전자문서법에 의한 서면으로 평가할 수 없다.

이에 대하여 채무자는 총회일시 등 안내문구 부분만 수정되었을 뿐 조합원들의 투표 일시 및 투표결과 부분은 수정이 가해지지 않았으므로 이 사건 전자투표 서면결의서는 전자문서가 작성, 변환되거나 송신 수신 또는 저장된 때의 형태 또는 그와 같이 재현될 수 있는 형태로 보존되어 있다고 보아야 한다고 주장하나, 서면결의서는 결의가 이루어지는 총회의 일시 및 장소, 서면으로 의결권을 행사한다는 취지의 내용, 투표결과 등 모든 요소가 합쳐져서 하나의 서면결의서라는 독립된 문서로서의 기능을 하는 것이지, 각 부분을 별도의 문서로 평가할 수는 없으므로 채무자의 이 부분 주장은 받아들일 수 없다.

(3) 한편 2021. 8. 10. 법률 제18388호로 개정되어 2021. 11. 11. 시행될 예정인 도시정비법 제45조 제8항은 '재난의 발생 등 대통령령으로 정하는 사유가 발생하여 시장 등이 조합원의 직접 출석이 어렵다고 인정하는 경우에는 전자적 방법으로 의결권을 행사할 수 있다'고 규정하고 있으나, 이는 재난 등 제한적인 상황에서만 예외적으로 전자적 결의방법을 통해 의결권을 행사할 수 있다는 취지로 보아야 하고, 위 조항을 근거로 현행 도시정비법이 전자적 결의방법에 의한 의결권 행사를 허용하고 있다고 해석할 수는 없고, 오히려 현행 도시정비법에서는 허용되지 않는 전자적 결의방법에 의한 의결권 행사를 예외적으로나마 허용하기 위한 근거를 마련하기 위하여 위 조항이 신설된 것이라고 보는 것이 타당하다.

(4) 집합건물의 소유 및 관리에 관한 법률, 공동주택관리법, 상법 역시 의결권 행사와 관련하여 서면에 의한 의결권의 행사 방법을 규정하는 외에 전자적 방법에 의한 의결권의 행사 방법을 별도로 규정하고 있는데, 만약 '서면'에 의한 결의방법에

전자적 결의방법이 포함되는 것으로 본다면 위 각 법에서 전자적 방법에 의한 의결권 행사 방법을 별도로 규정할 필요도 없을 것이다.

〈원칙적으로 허용되나 전자문서법 규정에 위배된다는 이유로 결의의 효력을 부인한 사례〉

[광주지방법원 2021. 12. 3.자 2021카합50841 결정]
1) 2021. 8. 10. 법률 제18388호로 개정된 도시정비법 제45조 제8항은 '재난의 발생 등 대통령령으로 정하는 사유가 발생하여 시장 등이 조합원의 직접 출석이 어렵다고 인정하는 경우에는 전자적 방법으로 의결권을 행사할 수 있다'고 규정하고 있으나, 개정 도시정비법은 2021. 11. 11.부터 시행되고, 위 개정 조항은 부칙 제3조에 따라 개정 도시정비법 시행 이후 총회를 소집하는 경우부터 적용되므로, 위 개정 법률 시행 전인 2021. 10. 29.에 총회가 개최된 이 사건에는 위 조항이 적용될 여지가 없다.
2) 전자문서법 제4조의2, 제11조, 전자서명법 제2조 제2호, 제3조 등에 의하면, 전자문서가 도시정비법 제45조 제5항이 정한 서면에 해당하기 위해서는, 전자문서의 내용을 열람할 수 있을 뿐만 아니라 전자문서가 작성·변환되거나 송신·수신 또는 저장된 때의 형태 또는 그와 같이 재현될 수 있는 형태로 보존되어 있어야 하고, 서명자의 신원과 서명자가 해당 전자문서에 서명하였다는 사실을 나타내는 전자적 형태의 정보인 전자서명이 전자문서에 첨부되거나 논리적으로 결합되어 있어야 할 것이나, 이 사건 임시총회에 관하여 이루어진 인터넷 투표에 전자서명이 첨부되거나 논리적으로 결합되었음을 인정할 자료가 없으므로, 서면에 의한 의결권 행사에 해당한다고 할 수 없다.
3) 따라서 이 사건 임시총회에서 이루어진 337명의 인터넷 투표는 효력이 없다.

〈허용된다고 보고 결의의 효력을 인정한 사례〉

[부산지방법원 2021. 8. 31.자 2021카합10408 결정]
이 사건 결의에 전자적 결의방법으로 인한 결의방법상 하자가 있었는지 여부에 관하여 보건대, 이 사건 기록과 심문 전체의 취지에 의하여 알 수 있는 아래와 같은 사정 등에 비추어 보면, 전자적 결의방법은 서면결의서에 의한 결의방법 중 하나로 허용된다고 봄이 상당하고 실제 운영과정에서도 조합원의 의결권 행사를 침해하였다고 보이지는 아니한다는 점에서, 이 사건 결의에 결의방법상 하자가 있음을 인정하기 어렵고 달리 이에 대한 소명이 없다.

1) 조합원이 전자적 결의방법에 따라 지정된 웹사이트에 접속한 후 안건에 대하여 입력한 '찬성, 반대, 기권'의 의사표시는, '정보처리시스템에 의하여 전자적 형태로 송신 수신 또는 저장된 정보'에 해당하여 전자문서 및 전자거래 기본법(이하 '전자문서법'이라고 한다) 제2조 제1호가 정하는 전자문서에 해당하고, 동법 제4조 제1항에 따라 전자적 형태로 되어 있다는 이유만으로 법적 효력이 부인되지 아니한다. 나아가 전자적 결의방법에 의하여 생성된 전자문서는 통상적인 방법으로 작성된 서면결의서와 유사하게 조합원이 입력한 의사표시가 안건별 의결란에 표시되는 방법으로 저장된 후 이를 출력할 수 있으므로, 동법 제4조의2 각 호가 정하는 서면요건(전자문서의 내용을 열람할 수 있을 것, 전자문서가 작성되거나 송신 수신 또는 저장된 때의 형태 또는 그와 같이 재현될 수 있는 형태로 보존되어 있을 것)을 충족하여 원칙적으로 서면으로 보아야 하므로, 이는 도시정비법 및 이 사건 정관이 정하는 '서면결의서'에 해당한다.

2) 한편 전자문서법 제4조의2 단서는 전자문서가 서면요건을 모두 갖추었다고 하더라도 다른 법령에 특별한 규정이 있거나 성질상 전자적 형태가 허용되지 아니하는 경우에는 서면으로 보지 아니한다고 정하고 있으나, 앞서 본 바와 같이 도시정비법 및 이 사건 정관은 서면결의서를 통한 결의방법을 정하고 있을 뿐 서면결의서의 양식에 관하여 특별한 제한을 두거나 전자적 결의방법을 명시적으로 금지하고 있지는 아니하고, 총회에서의 의결권 행사를 성질상 전자적 형태가 허용되지 않는 경우에 해당한다고 볼 수도 없다. 이에 대하여 채권자는 채무자의 선거관리규정이 투표용지를 이용한 서면의결만 허용하고 있다는 취지로 주장하나, 채무자의 선거관리규정상 '선거'라 함은 임원의 선임, 보궐선임을 말하는 것으로 정의(제2조 제1호)하고 있고, 그 적용범위는 임원의 선출에만 적용(제3조)된다고 규정하고 있어서, 위 선거관리규정은 임원해임을 안건으로 하는 이 사건 임시총회에서의 의결권 행사에는 적용될 여지가 없으므로, 채권자의 위 주장은 이유 없다.

3) 2021. 11. 11.부터 시행될 예정인 개정 도시정비법(2021. 8. 10. 법률 제18388호로 개정된 것) 제45조 제8항은 "재난 및 안전관리 기본법 제3조 제1호에 따른 재난의 발생 등 대통령령으로 정하는 사유가 발생하여 시장 군수등이 조합원의 직접 출석이 어렵다고 인정하는 경우에는 전자적 방법으로 의결권을 행사할 수 있다"고 정하고 있다. 그러나 위 조항은 문언상 전자적 결의방법이 예정되어 있지 않던 총회에서도 일정한 요건 하에서 조합원이 전자적 방법으로 의결권을 행사할 수 있도록 그 허용범위를 확대한 것으로 해석함이 타당하므로, 그 시행일 이전에는 전자적 결의방법이 원칙적으로 금지되고 있음을 전제로 하고 있는 것으로 보기 어렵다.

4) 조합원이 전자적 결의방법으로 의결권을 행사하기 위해서는 채무자에게 등록된 휴대전화번호, 성명, 생년월일 8자리로 된 초기 비밀번호를 입력하여 접속한 다음 위 휴대전화번호로 전송된 인증번호를 입력하여 본인인증을 마쳐야 하며, 의결을

마친 이후에는 위 휴대전화번호로 이를 알리는 문자가 발송된다. 이러한 본인인증 절차는 조합원 본인 확인을 통하여 의결권의 불법적인 대리행사나 의결권 행사 결과의 조작을 방지할 수 있는 신뢰성 높은 방법이라고 할 것이고, 휴대전화를 통한 본인인증을 정보통신망 이용촉진 및 정보보호 등에 관한 법률 제23조의3에 따른 본인확인기관이 제공하는 것으로 한정하고 있는 명시적인 규정(예컨대, 공동주택 관리법 제22조 제1항, 동법 시행령 제22조 제1항 제1호)이 없는 이상(앞서 본 개정 도시정비법에도 이러한 명시적인 규정은 없다), 이 사건 임시총회에서 본인인증 서비스를 제공하였던 주식회사 R이 위 본인확인기관에 해당하지는 않는다는 사정만으로는 본인인증절차의 신뢰성이 크게 침해되는 것으로 보기 어렵다. 채권자는 발의자 대표들이 주식회사 R과 결탁하여 인증번호를 알아내거나 조작하였을 수 있다는 취지로도 주장하나, 이를 인정할 아무런 자료가 없다.

5) 채권자는 위 본인인증절차에서 사용되는 휴대전화번호 중 일부가 조합원의 실제 휴대전화번호가 아닌 경우가 있어 해당 조합원은 전자적 결의방법을 행사할 수 없었고, 불법적인 대리행사가 이루어졌을 가능성이 있다는 취지로 주장한다. 그러나, 채무자는 조합원 명부에 기재된 조합원의 휴대전화번호를 사용하였을 뿐이고, 실제 휴대전화번호와 다른 경우에는 휴대전화번호를 수정한 후 전자적 결의방법을 이용하는 것이 가능하였던 것으로 보인다. 또한 실제로 조합원의 휴대전화번호를 허위로 등록하는 방법으로 불법적인 대리행사가 이루어졌음을 인정할 자료는 없다. 따라서 채권자의 위 주장은 이유 없다.

6) 채권자는 전자적 결의방법이 전자기기 사용에 익숙하지 않은 고령의 조합원들에게는 투표 기회가 평등하게 부여되지 않는 문제가 있다는 취지로 주장하나, 발의자 대표들은 이 사건 임시총회를 처음 공고할 때부터 전자적 결의방법이 가능함을 조합원 모두에게 공고하였고, 이 사건 임시총회에서는 전자적 결의방법 이외에 통상적인 서면결의서를 통한 결의방법도 허용되었다는 점에서 채권자의 위 주장은 이유 없다. (중략)

8) 이 사건 임시총회에서의 전자적 결의방법에 따른 의결권 행사는 2021. 6. 9.부터 가능하였고, 이 사건 임시총회에 관한 자료는 전자파일 형태로 “(인터넷주소 1 생략)” 사이트에 모두 업로드되어 조합원 누구나 이를 열람할 수 있는 상태였으므로, 이 사건 임시총회 책자와 서면결의서가 조합원들에게 도달하기 전부터 전자적 결의방법에 따른 의결권 행사가 가능하였다는 사정만으로 조합원의 의사결정에 지장을 초래한 것으로 보기 어렵다.

[부산지방법원 2021. 6. 24.자 2021카합10379 결정]

총회의 의결방법에 대해 도시정비법 제45조 제7항에서 정관에 위임하고 있고, 채권자 조합 정관 제22조에서 의사정족수 및 의결정족수, 서면 또는 대리인을 통하여 의결권을 행사할 수 있는 경우에 대해 규정하고 있을 뿐 의결방식을 한정하고 있거나 전자적 방식을 금지하고 있다고 보기 어렵다.
이 사건 임시총회에 도입된 전자투표의 경우, 조합원이 전자투표 사이트(H)에 휴대전화번호, 성명, 초기비밀번호(생년월일 8자리)를 입력하여 로그인한 다음, 비밀번호를 각자 변경하여 변경된 정보를 저장할 수 있고, 조합원의 인터넷 등록정보가 조합에 등록된 정보와 동일할 때 투표가 가능하게 된다. 위와 같은 이 사건 임시총회의 전자투표 방식은 총회에 직접 참석하지 못하는 조합원들의 서면결의서 제출을 통한 의결 방식과 본질적으로 다르지 않다고 보이는바, 현재까지 채권자가 제출한 자료만으로 일반적인 서면결의서 제출 방식과 달리 이 사건 임시총회의 전자투표에 불법적 대리투표가 이루어지거나 투표결과가 조작될 가능성이 높다는 점이 소명되었다고 보기 부족하다. 또한 현장 투표나 서면결의서 제출의 경우에도 투표 이후 철회가 원칙적으로 가능하지 않으므로 전자적 투표방식에서 철회 방법이 부존재하다는 사정만으로 위법하다고 볼 수도 없다.

(4) 주택법상 지역주택조합의 추진위원회에 대한 것이기는 하나, 주택법상 근거규정이 있다는 이유로, 규약에 전자투표에 관한 근거규정이 없는 경우에도 전자투표가 허용된다고 본 사례가 있다.

[수원지방법원 2021. 4. 26.자 2021카합10182 결정]
이 사건 임시총회에서 진행되는 전자투표는 2021. 2. 19. 신설된 주택법 시행령 제20조 제5항, 제6항에 의한 것인바, 위 규정은 코로나19 등으로 인한 집합제한조치가 내려진 경우 조합원이 총회 의결에 일정 비율 직접 출석해야 하는 요건의 예외를 인정하되 전자적 방법으로 총회를 개최하여 의결권을 행사할 수 있는 근거를 마련한 것으로, 위 규정에도 불구하고 이 사건 임시총회에 조합원의 직접 출석이 필요하다거나 사전에 조합규약을 개정하여 그 내용을 규약에 포함시켜야 한다고 보기 어렵다. 또한 위 규정에 의하면 전자서명 및 인증서를 통한 본인확인을 거쳐 전자적 방법으로 의결권을 행사하도록 규정하고 있는바, 휴대전화 인증으로 본인확인절차를 거치는 것이 위법하다고 보기 어렵고, 사전에 전자투표 방법 및 기간을 통지하도록 정하고 있는 것에 비추어 투표기간이 7일이라는 사정만으로 투표방식이나 절차가 위법하다고 보기도 어렵다.

(5) 전자적 방법에 의한 의결권 행사를 가족 등에게 위임하는 것을 허용할 수 있는가. 아래와 같이 허용된다고 보아야 할 것이다.

[인천지방법원 부천지원 2022. 1. 24.자 2022카합10018 결정]
이 사건 임시총회에서는 부득이한 사정으로 본인이 직접 투표할 수 없는 경우에 의결권을 위임할 수 있다고 하면서 수임인을 조합원의 배우자, 직계존비속, 형제자매 중 성년자로 제한하고 있고, 인감증명서와 주민등록등본 또는 가족관계증명서를 첨부할 것을 요구하고 있는 사실, 주택법 시행령이나 채권자 조합의 규약에 전자투표를 실시할 경우 의결권을 위임할 수 있는지 여부에 관하여 아무런 규정이 없는 사실이 소명된다. 본인 명의의 휴대전화가 없는 경우 등 본인이 직접 전자투표를 할 수 없는 경우가 충분히 발생할 수 있고, 채무자는 이에 대비하여 의결권을 위임할 수 있도록 하되, 그 사유와 수임인의 범위를 비교적 엄격하게 제한한 것으로 보이므로, 전자투표에서의 의결권 위임이 위법하여 허용되지 않는다고 단정하기 어렵다.

(6) 전자적 방법에 의한 의결권 행사방법을 총회 소집공고문에 구체적으로 기재하여야 할 것인가. 아래와 같은 이유로 부정하여야 할 것이다.

[인천지방법원 부천지원 2022. 1. 24.자 2022카합10018 결정]
이 사건 기록 및 심문 전체의 취지에 의하면, 주택법 시행령 제20조 제6항에서는 조합원들에게 사전 통지하여야 하는 사항으로 총회의 의결사항, 전자투표를 하는 방법, 전자투표 기간, 그 밖에 전자투표 실시에 필요한 기술적인 사항을 규정하고 있는 점, 채권자 조합의 규약에는 전자투표에 관한 별도의 규정이 없는 사실, 채무자는 임시총회 소집공고문에 구체적인 전자투표 방법을 기재하지 않았으나 별도로 총회책자에서 안내할 예정이라고 기재하였고, 실제로 채무자가 조합원들에게 등기우편으로 발송한 회의자료에 구체적인 전자투표 방법이 기재되어 있는 사실이 소명된다.
채무자는 전자투표의 방법을 임시총회 소집공고문에 자세히 기재하는 것이 현실적으로 어려워 이를 회의자료에 기재하여 조합원들에게 등기우편으로 발송한 것으로 보이고, 일정한 기간 동안 전자적 방법으로 의결권을 행사하는 전자투표의 특성상 총회 개최의 일시와 장소라는 개념을 상정하기 어려우므로, 채무자가 임시총회 소집공고문을 통하여 총회 개최일시와 장소, 전자투표 방법을 조합원들에게 통지하지 않았다고 하여 이를 위법하다고 볼 수는 없다.

(7) 전자적 방법에 의하여 의결권을 행사한 후 이를 철회할 수 있는가. 이를 긍정한 사례가 있다.

> **[부산지방법원 2021. 8. 31.자 2021카합10408 결정]**
> 채권자는 발의자 대표들이 이 사건 임시총회의 의사정족수를 충족시키기 위하여 전자적 결의방법으로 의결권을 행사한 조합원이 같은 방법으로 이를 철회하는 것을 불가능하게 하였다는 취지로 주장한다. 그러나, 전자적 결의방법으로 의결권 행사를 마쳤다가 같은 방법으로 이를 철회한 후 다시 의결권을 행사하여 전자투표 완료 안내 문자메시지를 중복하여 받은 조합원이 있는바, 이에 비추어 보면 위와 같은 철회가 실제로 가능하였던 것으로 보인다.
> 또한, 서면결의서에 의하여 의결권을 행사한 후 이를 철회하는 것은 반드시 일정한 절차와 방식에 따라서만 하여야 하는 것은 아니며, 그 철회의 의사를 분명히 추단할 수 있는 행위나 외관이 있는 것으로 충분하므로(대법원 2008. 8. 21. 선고 2007다83533,83540 판결 참조), 설령 전자적 결의방법과 같은 방법으로 의결권 행사를 철회할 수 없었다고 하더라도, 이를 철회하고자 하는 조합원으로서는 그 철회의 의사를 채무자에게 전달하면 충분하였던 것이고, 실제로 서면결의서를 제출함으로써 전자적 결의방법에 의한 의사표시를 철회한 조합원(S)이 있다는 점에서, 발의자 대표인 C이 일부 조합원에게 이 사건 임시총회에 직접 참석하여 의결권 행사를 철회하여야 한다고 잘못 안내하였고 일부 조합원이 의결권 행사를 철회하지 못하였다는 사정만으로 이 사건 임시총회에서의 전자적 결의방법을 부적법한 것으로 볼 수 없다. 따라서 채권자의 위 주장은 이유 없다.

(8) 한편, 주택법상 지역주택조합에 관하여, 관할관청의 집합제한 등 조치가 내려져 주택법 시행령 제20조 제5항에 따라 전자적 방법으로 총회를 개최하는 경우에는 전자적 방법으로만 의결권을 행사할 수 있고, 서면결의서의 제출은 허용되지 않는다고 판단한 사례가 있다(수원고등법원 2022. 2. 17.자 2021라10261 결정, 수원지방법원 2021. 10. 29.자 2021카합10396 결정).

다만, 주택법 시행령 제20조 제5항은 “제4항에도 불구하고 총회의 소집시기에 해당 주택건설대지가 위치한 특별자치시·특별자치도·시·군·구(자치구를 말하며, 이하 “시·군·구”라 한다)에 「감염병의 예방 및 관리에 관한 법률」 제49조 제1항 제2호에 따라 여러 사람의 집합을 제한하거나 금지하는 조치가 내려진 경우에는 전자적 방법으로 총회를 개최해야 한다.”라고 규정하여 전자적 방법에 의한 총회가 강제되는 반면, 도시정비법 제45조 제8항은 “제5항에도 불구하고 「재난 및 안전관리 기본법」 제3조 제1호에 따른 재난의 발생 등 대통령령으로 정하는 사유가 발생하여 시장·군수등이 조합원의 직접 출석이 어렵다고 인정하는 경우에는 전자적 방법(「전자문서 및 전자거래 기본법」 제2조 제2호에 따른 정보처리시스템을 사용하거나 그 밖의 정보통신기술을 이용하는 방법을 말한다)으로 의결권을 행사할 수 있다."라고 규정하여 전자적 방법에 의한 의결권 행사를 재량으로 규정하고 있으므로, 주택법 시행령에 관한 위 법리가 도시정비법에 그대로 적용되기는 어려울 것이다.

[수원고등법원 2022. 2. 17.자 2021라10261 결정]

기록 및 심문 전체의 취지에 의하여 소명되는 다음과 같은 사정들을 종합하여 볼 때, 이 부분 가처분신청은 피보전권리와 보전의 필요성이 소명된다.

① 이 사건 임시총회 당시 이 사건 주택건설대지에 대하여 감염병의 예방 및 관리에 관한 법률(이하 '감염병예방법'이라 한다) 제49조 제1항 제2호에 따른 집합제한 등 조치(경기도 공고 제2021－1143호)가 내려졌고, 채무자 조합은 그에 따라 주택법 시행령 제20조 제5항에 따른 전자적 방법으로 총회를 진행하기로 하였다.

② 주택법 시행령 제20조 제4항은 '총회의 의결을 하는 경우에는 조합원의 100분의 10 이상(일정한 경우 100분의 20 이상)이 직접 출석하여야 한다'고 규정함으로써 총회에 일정 비율의 조합원이 반드시 '직접출석'할 것을 의결요건으로 하고 있다. 이는 지역주택조합의 총회 절차에서 서면결의서 일괄징구, 서면결의서 매수 등의 폐해로 서면결의가 악용되어 조합원의 의결권 행사가 제한되는 폐단을 방지하기 위한 목적으로 2017. 6. 2. 대통령령 제28095호로 신설된 것이다. 그런데 주택법 시행령 제20조 제5항은 코로나19의 장기적인 유행으로 감염병 확산을 방지하기 위하여 2021. 2. 19. 대통령령 제31468호로 전자적 방법에 의한 투표(이하 '전자투표'라 한다)를 신설하면서 '제4항에도 불구하고'라고 명시함으로써 같은 조 제4항의 총회의 조합원 직접출석 요건에 대한 예외를 인정하였다.

③ 이와 같은 주택법 시행령 제20조 제4항, 제5항의 입법목적, 개정경위 등에 비추어 보면, 전자투표 규정은 직접출석에 대한 예외를 인정한 특별규정이므로 그에 대한 해석은 문언과 그 목적에 따라 엄격히 이루어져야 한다.

그런데 같은 조 제5항의 전자투표에 대한 규정은 감염병예방법에 따라 집합을 제한하거나 금지하는 조치가 내려진 경우에는 '전자적 방법으로 총회를 개최해야 하고, 이 경우 조합원의 의결권 행사는 전자서명 및 인증서를 통해 본인 확인을 거쳐 전자적 방법으로 해야 한다'고 규정하여 집합제한 조치 등이 있는 경우에는 '전자적 방법'에 의한 총회의 개최가 임의적인 것이 아니라 의무적인 것으로 규정하고 있으며, 기존의 직접출석 또는 서면결의서에 의한 출석은 예정하고 있지 않은 것으로 보인다. 이는 전자투표에 대한 통지사항을 규정한 같은 조 제6항에서도 전자투표의 방법이나 기술적인 사항 등만을 통지하도록 하고 있을 뿐, 기존의 투표방식에 대한 내용은 통지사항에 들어가 있지 아니한 점에서도 뒷받침된다.
④ 이에 대해 채무자는 서면결의서와 전자투표 모두 비대면 형식이므로 동일하게 취급하여야 한다고 주장한다. 그러나 서면결의서에 의한 투표에는 여전히 주택법 시행령 제20조 제4항에 따른 '직접출석' 요건이 적용되는 반면, 전자투표는 같은 조 제5항에 따라 직접출석의 요건이 적용되지 않으므로 그 성격이 동일하다고 볼 수 없다. 앞서 본 바와 같은 직접출석 요건을 신설한 목적에 비추어 보더라도 전자투표에 의하여 직접 출석요건이 배제되는 기회에 서면결의서에 의한 투표를 병행하는 것은 제4항의 취지를 잠탈하는 것이어서 허용될 수 없다. 또한 서면결의서를 제출하는 과정에서 대면접촉의 빈도가 늘어나 감염병 확산을 방지하기 위하여 직접출석의 예외를 인정한 주택법 시행령의 입법취지에도 반하는 결과가 된다.
채무자들은 이 사건 규약 제24조에서 '서면결의'를 유효한 결의 방법으로 규정하고 있으므로 유효하다는 취지로도 주장하나, 이 규약은 주택법 시행령 제20조 제5항이 신설되기 전에 개정된 규약으로, 전자투표 방식에 의한 총회 결의에는 적용될 수 없다고 보아야 한다.
따라서 주택법 시행령 제20조 제5항에 따라 전자적 방법으로 총회를 개최하는 경우에는 전자적 방법으로만 의결권 행사가 가능하고, 서면결의서의 제출은 허용되지 아니한다고 봄이 옳다.
⑤ 설령 채무자들 주장과 같이 이 사건 임시총회 당시 전자투표 방식과 서면결의서 제출 방식을 병행하여 진행하는 것이 허용된다고 보더라도 전자투표 이외의 서면결의 방식으로 할 경우 주택법 시행령 제20조 제4항의 직접출석 요건을 충족해야 하는데, 제출된 자료들만으로는 이 사건 결의 당시 조합원의 1/20에 해당하는 수(101명 이상)의 조합원이 직접 출석하였음을 인정할 자료가 없다.
나아가 주택법 시행령 등 관련 법령에서는 전자투표를 직접출석 정족수 산정에 포함시키는 규정을 두고 있지 않으므로 주택법 시행령 제20조 제5항에 따라 전자투표를 시행한 것을 두고 서면결의에 필요한 직접출석 요건을 충족하였다고 볼 수는 없다. 따라서 이 사건 서면결의가 직접출석 요건을 충족한 유효한 서면결의라는 점을 인정하기 어렵다.
⑥ 민법 제75조 제2항, 민법 제73조, 이 사건 규약 등에 비추어 보면 통상적인 대면총회를 개최하는 경우에는 서면결의서를 제출한 조합원의 수를 의사정족수에 포함시켜야 할 것이나, 앞서 본 바와 같이 전자적 방법으로 총회를 개최하는 경우에는 투표방법이 전자투표로 일원화되어 서면결의서 제출이 제한되고 직접출석 요건도 적용되지 아니하는 만큼, 서면결의서만 제출하고 전자투표에 참여하지 아니한 조합원 수를 의사정족수에 포함시킬 수 없다고 봄이 옳다.
그런데 채무자 전체 조합원이 501명인 사실, 이 사건 임시총회 당시 서면결의서만 제출하고 전자투표에 참여하지 아니한 조합원이 105명이고, 전자투표에 참여한 조

합원이 157명인 사실은 앞서 본 바와 같으므로, 서면결의서를 제출한 조합원 수를 제외할 경우 나머지 157명이 전체 조합원의 과반수에 이르지 못함은 계산상 명백하여 이 사건 결의에는 의사정족수를 충족하지 못한 중대한 하자가 존재한다. 따라서 이 사건 결의의 효력을 인정할 수 없다.
⑦ 한편 별지1 목록 안건에 대하여 재투표를 실시할 경우 이 사건 임시총회와 유사한 투표결과가 나오리라고 단정할 만한 특별한 사정이 없는 점, 이 사건 임시총회에서 가결된 별지1 목록 기재 안건에는 조합장 및 조합임원을 선출 해임하는 안건뿐만 아니라 계약체결 및 시공사 선정 등 중요사항에 대한 안건도 포함되어 있어 그 결의에는 조합원 의사가 정당하게 반영될 수 있도록 관계법령 및 규약이 정한 절차를 준수하여야 할 뿐만 아니라 해당 결의에 하자가 존재하는 상태로 그 효력을 방치하여 둘 경우에는 채무자 조합을 둘러싼 법률관계가 더욱 복잡해질 염려가 있는 점 등을 비롯하여 채권자들과 채무자들의 관계, 이 사건 임시총회에 이르게 된 경위, 이 사건 임시총회 결의의 내용, 이 사건 결의에 존재하는 하자의 정도, 이후의 경과 등 이 사건 기록 및 심문 과정에서 나타난 제반 사정에 비추어 보면, 이 사건 임시총회 결의의 효력 및 채무자 조합을 제외한 나머지 채무자들의 조합장, 이사, 감사로서의 직무집행을 정지할 보전의 필요성도 소명된다.

바. 본인확인의무

(1) 도시정비법은 2021. 8. 10. 법률 제18338호로 개정되면서 서면결의서에 대한 본인확인의무 규정을 도입하고, 본인확인방법 등에 필요한 사항을 정관에 위임하였다(도시정비법 제45조 제6항, 제9항).

따라서 정관이 본인확인방법 등을 규정하고 있다면 그에 따라야 할 것이고, 이를 위반한 경우 해당 서면결의서는 효력이 없다고 보아야 할 것이다.

(2) 개정 도시정비법 제45조 제6항에도 불구하고 정관이 본인확인의무에 관한 규정을 두고 있지 않는 경우에도 조합이 본인확인의무를 부담하지 않는다고 해석하기는 어렵고, 조합은 적절한 방법으로 서면결의서 작성자가 본인인지 확인할 의무를 부담하고, 이러한 본인확인의무를 이행하지 않을 경우 당해 서면결의서의 효력은 부인되어야 할 것이다.

[서울중앙지방법원 2022. 3. 21.자 2021카합22041 결정[24]]
기록 및 심문 전체의 취지에 의하여 알 수 있는 아래와 같은 사정을 종합하면, 이 사건 결의는 의사정족수가 충족되지 아니한 상태에서 이루어진 절차상 하자가 있어 무효라고 볼 여지가 상당하므로, (중략) 채권자 시공사들에게 이 사건 결의에 대한 효력정지 가처분을 구할 피보전권리가 소명되고, (중략) 그 보전의 필요성도 소명된다. (중략)
3) 나아가 도시정비법 제45조 제6항(2021. 8. 10. 개정되어 2021. 11. 11.부터 시행)은 '조합은 제5항에 따른 서면의결권을 행사하는 자가 본인인지를 확인하여야 한다.'라고 규정하고 있다. 위 개정조항의 취지가 단체법적 법률관계의 객관성, 명확성, 안정성을 위하여 불필요한 법적 분쟁을 방지하기 위한 것이라고 이해되는 이상, 비록 위 법률 조항 시행에 따른 구체적인 본인확인방법이 채무자의 정관에 반영되어 개정되지는 않았더라도 이 사건 총회 당시 채무자로서는 서면의결권을 행사하는 자가 본인인지 여부를 확인하였어야 할 것이다. 그러나 보조참가인들이 제출한 서면결의서에는 신분증 사본 등 본인인지 여부를 확인할 수 있는 자료가 첨부되어 있지 아니하고, 달리 채무자나 조합장의 권한을 대행하는 보조참가인들이 이들의 본인 여부를 확인하였다고 볼 만한 아무런 자료가 없다.

(3) 정관에 본인확인의무에 관한 규정이 없는 경우 조합은 어떠한 방법으로 본인확인의무를 이행하여야 할 것인가.

대법원은 법무사가 부담하는 본인확인의무의 내용과 관련하여, "법무사 등은 등기신청을 위임하는 자와 등기부상의 등기의무자로 되어 있는 자가 동일인인지 여부를 그 직무상 요구되는 주의를 다하여 확인하여야 할 의무가 있고, 법무사가 위임인이 본인 또는 대리인임을 확인하기 위하여 주민등록증, 여권, 자동차운전면허증이나 인감증명서를 제출 또는 제시하도록 하여 특별히 의심할 만한 사정이 발견되지 아니하는 경우에는 그 증명서만으로 본인임을 확인할 수 있을 것"이라고 하여 법무사가 부담하는 본인확인의무의 내용이 주민등록증, 여권, 자동차운전면허증이나 인감증명서를 제출 또는 제시하도록 하는 것이라고 판시한 바 있으므로(대법원 2006. 9. 8. 선고 2006다24407 판결), (정관에 규정이 없는 경우) 서면결의서의 본인확인의무 또한 위와 같이 최소한 신분증이나 인감증명서를 제출 또는 제시하도록 하여 확인하는 수준에는 이르러야 할 것이다.

24) 부산지방법원 2022. 2. 16.자 2022카합10003 결정, 서울중앙지방법원 2022. 11. 10.자 2022카합21313 결정도 같은 취지이다.

한편, 서울고등법원 2022. 10. 17.자 2022라20815 결정[25]은 "신분증 사본을 같이 동봉하여 우편 발송 부탁드립니다"고 기재된 서면결의서를 사용하고, 휴대전화 본인인증을 거친 조합원들에 한하여 전자투표를 허용하면서 전자투표를 마친 조합원에게는 확인 문자를 발송한 것을 적법하게 본인확인의무를 이행한 것으로 보았다.

(4) 주택법 시행령 제20조 제5항 제2문은 "조합원의 의결권 행사는 「전자서명법」 제2조 제2호 및 제6호의 전자서명 및 인증서(서명자의 실제 이름을 확인할 수 있는 것으로 한정한다)를 통해 본인 확인을 거쳐 전자적 방법으로 해야 한다."고 규정하고 있다. 주택법상 주택조합에 대하여 주택법 시행령 규정에 따른 본인 확인을 거치지 않고 전자적 방법으로 실시된 총회결의의 효력을 부인한 사례가 있다.

[의정부지방법원 2022. 3. 7.자 2022카합5011 결정]

채무자 추진위원회는 장차 남양주시장의 주택조합 설립인가를 받아 조합원들에게 건설주택을 우선 공급하는 것을 목적으로 하고 있다. 따라서 설립인가를 위하여 주택법이 정한 절차를 따라야 한다(주택법 제11조 제7항). 그러므로 전자적 방법으로 총회를 개최하는 경우에 조합원의 의결권 행사는 「전자서명법」 제2조 제2호 및 제6호의 전자서명 및 인증서(서명자의 실제 이름을 확인할 수 있는 것으로 한정한다)를 통해 본인 확인을 거친 전자적 방법으로 실시되어야 한다(주택법 시행령 제20조 제5항). 다른 법령, 예를 들어 공동주택관리법 시행령 제22조 제1항의 경우에는 본인확인 방법으로 위 주택법 시행령이 정한 것 외에도 다른 본인확인 방법을 명시하고 있는 점을 고려하면 주택법 시행령에서 정한 본인확인 방법을 예시일 뿐이라고 해석하기 어려우므로, 채무자들은 이 사건 임시총회에서 전자투표를 실시할 때 「전자서명법」 제2조 제2호 및 제6호의 전자서명 및 인증서를 통해 본인 확인을 거쳤어야 한다.

나) 그런데 채권자들이 제출한 자료를 보면, 조합원은 채무자 G 등이 문자메시지를 보내주면 거기에 링크된 전자투표 시스템 URL에 접속하여 이름만 입력하고 투표를 할 수 있고, 이 과정에서 전자서명 인증을 위한 본인확인 과정은 이루어지 않아, 문자메시지를 전달받거나 위 URL에 접속한 다른 사람도 조합원의 개인정보를

25) 총회효력정지를 명하는 인용결정에 대하여 채무자 조합이 이의신청을 하여 법원이 위 인용결정을 취소하였으며, 이 결정은 이에 대한 항고심 결정으로서 채권자의 항고가 기각되었다.

넣어 대리투표를 할 수 있는 사실이 확인된다.
채무자들은 한 조합원에게 부여된 URL은 고유의 것이어서 중복투표가 불가능하고, 위임에 의한 결의가 허용되는 이상 전자투표에서 다른 사람에게 문자메시지를 보내어 대신 투표하게 하여도 문제가 되지 않는다고 주장한다. 그러나 한 사람의 이름과 휴대전화번호에 연결된 고유의 URL이 있을 뿐 해당 URL을 받은 사람이 바로 그 URL을 부여받은 그 '한 사람'이 맞다는 점을 확인할 방법은 없어 보인다. 즉, 전자서명법상 '인증서'는 '전자서명 생성정보가 가입자에게 유일하게 속한다는 사실 등을 확인하고 이를 증명하는' 역할을 해야 하고, 주택법 시행령은 '인증서'는 '서명자의 실제 이름을 확인할 수 있는 것으로 한정한다'고 정하고 있음에도, 채무자들이 취한 방식은 해당 URL에 접속하여 이름을 적어 넣은 사람이 바로 그 이름을 가진 본인인지 여부를 확인할 장치를 마련하지 않고 있는 것이다. 더구나 채무자들은 채권자들이 지속적으로 요구해 온 이 사건 임시총회 투표자들 명단 등의 정보를 제출하지 않고 있어 조합원의 성명과 전화번호가 올바르게 기재되어 있는지도 확인할 수 없다. 나아가 이 사건 조합규약에서 대리인을 통한 의결권 행사를 허용하고 있기는 하나(제24조 제4항), 대리인을 통한 의결권 행사시 조합에 위임장을 제출하도록 하는 규정(제24조 제6항)을 두어 위임관계를 확인할 수 있도록 하고 있는데, 이 사건 임시총회에서 이루어진 전자투표에서 누군가 자신에게 온 문자메시지를 타인에게 전달하여 대리인을 통한 의결권을 행사하도록 하였더라도 위임관계를 확인할 자료가 없어 그것이 진정한 위임의사에 의한 것인지 알 수 없다(더구나 앞서 살펴본 바와 같이 본인확인부터 확실히 할 수 없으므로 누군가 투표결과를 조작할 의도로 전화번호를 다르게 기재하여 전송받은 후 투표에 참여할 가능성도 배제할 수 없다).
다) 위와 같은 전자투표의 절차상 하자는 분명하고 중대하다. 특히 이 사건 임시총회에 투표한 인원 비율이 54.8%로서 근소한 차이로 과반수를 달성한 것을 고려하면 위와 같은 절차상 하자로 인해 투표 결과에 영향을 미쳤을 가능성이 적지 않다. 또한 채무자 추진위원회의 임원 자격에 관해 분쟁이 계속되는 상황에서 조합원들의 의사표명이 제대로 보장되었는지 확인할 수 없는 전자투표 결과를 용인할 경우 조합원들에게 회복하기 어려운 손해가 발생할 위험도 있다.
3) 따라서 이 사건 임시총회의 효력에 관한 본안 사건의 판결 확정시까지 별지1 목록 제2, 3호 기재 각 안건에 관한 결의의 효력을 정지하고, 이 사건 임시총회 결의에 의하여 선출된 채무자 G 등의 직무집행을 정지하여야 한다.

다만, 도시정비법 제45조 제8항은 주택법 시행령과 달리 "제5항에도 불구하고「재난 및 안전관리 기본법」제3조 제1호에 따른 재난의 발생 등 대통령령으로 정하는 사유가 발생하여 시장·군수등이 조합원의 직접 출석이 어렵다고 인정하는 경우에는 전자적 방법(「전자문서 및 전자거래 기본법」 제2조 제2호에 따른 정보처리시스템을 사용하거나 그 밖의 정보통신기술을 이용하는 방법을 말한다)으로 의결권을 행사할 수 있다."라고 규정하여, 본인확인 방법을 한정하고 있지 아니하므로, 주택법 시행령에 대한 위 법리가 그대로 적용되기는 어려울 것이다.

그러나 이 법리는 정관이 본인확인방법을 명시하였음에도 이에 반하는 다른 방법으로 본인확인을 한 경우에는 적용될 수 있을 것이다.

사. 기타

(1) 서면결의서를 임시총회 전날 미리 개봉하면 무효인가.

의결권 행사를 위해 제출된 서면의 내용이 해당 총회 개최 전에는 알려져서는 아니된다는 취지의 규정이 정관에 별도로 없는 반면, 채무자 의사진행규정 제24조에 따르면 서면결의서는 투표 종료 후 개봉하는 것을 원칙으로 하되 원활한 회의 진행을 위해 서면결의서 제출 마감 이후 총회 개최 전이라도 감사 1인, 조합원 또는 대의원 3인 이상 입회하여 개봉할 수 있다고 되어 있다면, 위 의사진행규정에 따라 감사와 조합원 3인이 총회 하루 전날 서면결의서를 개봉하였다고 하여 서면결의서를 무효로 보기는 어려울 것이다(서울동부지방법원 2022. 8. 31.자 2022카합10142 결정).

(2) 도시정비법 시행령 제33조 제1항 제5호는 국·공유지에 대해서는 재산관리청 각각을 토지등소유자로 산정한다고 규정하고 있으므로, 전체 조합원 수를 산정할 때는 재산관리청을 모두 포함하여야 한다.

한편, 토지등소유자인 국가 또는 지방자치단체의 정비사업조합 설립을 비롯한 정비사업의 추진에 관한 동의의 의사는 반드시 서면 등에 의하여 명시적으로 표시될 필요는 없고, 정비기본계획의 수립 및 정비구역의 지정으로부터 관할관청의 구체적인 조합설립인가처분에 이르기까지의 과정에서 협의 절차 등을 통하여 정비사업 자체나 해당 정비사업조합에 의한 사업추진에 대하여 명시적으로 반대의 의사를 표시하거나 반대하였다고 볼 수 있는 행위를 하지 아니하였다면, 국가 또는 그 지방자치단체는 관할관청의 인가에 의하여 이루어지는 해당 정비사업조합의 설립에 동의한 것으로 볼 수 있다(대법원 2014. 4. 14. 선고 2012두1419 전원합의체 판결, 대법원 2014. 4. 24. 선고 2012두29004 판결 등).

그러나 도시정비법 시행령 제33조 제1항 제5호를 고려할 때, 이 법리를 해임총회에 그대로 적용하기는 어렵고, 토지등소유자인 국가 등의 재산관리청이 해임총회에 출석하거나 서면결의서를 제출하지 않은 경우에는 국가 등이 총회에 출석하고 안건에 관하여 동의한 것으로 의제할 수는 없을 것이다(서울중앙지방법원 2020. 9. 25.자 2020카합21043 결정).

5. 발의서와 서면결의서의 재사용

(1) 선행총회를 위하여 징구된 발의서나 서면결의서를 다음 총회에서 사용할 수 있는가. 선행총회가 개최된 것이 아닌 한 원칙적으로 긍정하여야 할 것이다.

[서울서부지방법원 2022. 7. 28.자 2022카합50377 결정[26]]

① 이 사건 선행총회와 이 사건 총회는 개최일이 변경된 외에 목적사항 등 나머지 부분은 전부 동일한 점, ② 이 사건 선행총회의 소집요구서(발의서)에는 '총회개최금지 또는 절차적 사유로 무효가 될 때에는 절차적 사유를 보완하여 다시 개최하는 총회에서 이 총회소집요구서를 재사용하여 주시기 바랍니다.'라고 기재되어 있는 점, ③ 조합원은 이미 제출한 발의서나 서면결의서를 자신의 의사에 따라 철회할 수 있으므로 재사용으로 조합원의 의사가 왜곡될 염려도 거의 없어 보이는 점 등을 종합하면 발의서나 서면결의서를 재사용하는 것이 위법하다고 보기 어렵다.

[서울고등법원 2019. 4. 19.자 2018라21523 결정]

기록에 의하면, 이 사건 총회에 제출된 서면결의서에 2018. 7. 1.자 총회에 제출된 서면결의서, 2018. 7. 29.자 총회에 제출된 서면결의서, 2018. 9. 30.자 총회에 제출된 서면결의서가 혼입되어 있는 사실이 소명된다.

그러나 기록 및 심문 전체의 취지를 종합하여 소명되는 다음과 같은 사실 및 사정들, 즉 ① <u>이 사건 총회의 연기가 적법함은 앞서 본 바와 같으므로, 2018. 9. 30.자</u>

26) 위 사례는 선행총회에 대한 개최금지 가처분결정이 내려져 선행총회가 개최되지 못한 상태에서 이 사건 총회(기존 조합임원 해임에 따른 조합임원 신규 선임을 위한 것임)가 소집된 것이고, 위 개최금지 가처분결정은 해임결의에 대한 효력정지가처분 결정을 전제로 하는 것인데, 이미 위 효력정지가처분이 취소된 사안에 관한 것이다.

총회를 2018. 7. 1.자 총회 내지 2018. 7. 29.자 총회와 별개의 총회라고 볼 수 없는 점, ② 채무자 조합 정관에서 조합원이 총회에서 의결권을 서면 행사하는 경우에는 출석한 것으로 보고, 서면결의서와 서면결의서의 철회서는 총회 전일까지 조합에 도착되어야 한다고 정하고 있는 점(제22조 제2항, 제3항), ③ 당초 배포된 서면결의서에 총회 일자로 표시된 '2018. 7. 1.' 또는 '2018. 7. 29.'는 조합원에게 총회 개최 일자와 위 총회일을 기준으로 한 제출기한을 안내하는 의미 정도라고 보이는 점, ④ 2018. 7. 1.자 총회 내지 2018. 7. 29.자 총회에 서면결의서를 제출한 조합원들도, 총회일 변경 등의 사정에도 불구하고 무조건 그 날짜에 개최한 총회에 한정하여 서면결의서의 효력을 인정하겠다는 의사를 표시한 것으로는 보이지 않는 점, ⑤ 2018. 7. 29.자 총회에 제출된 서면결의서에 "발의자 대표가 임시총회를 개최하는 과정에서 총회의 일정이 연기되거나 장소를 변경하는 경우에도 아래 안건에 대한 본인의 의사표시 내용에는 변경이 없으므로 이 결의서를 재사용하여 주기 바란다"고 기재되어 있으며, AF 등이 임시총회 연기 공고를 할 당시 "이미 제출한 서면결의서의 경우 본인의 철회 의사를 표명하지 않는 한 변경 공고된 총회에 유효하므로 다시 제출할 필요가 없다. 기 송부한 서면결의서의 총회 날짜를 수정하여 제출할 수 있고 기 제출한 서면결의를 철회하고자 하는 조합원은 총회일 전에 본인 또는 대리인을 통해 철회의사를 표명할 수 있다"고 알린 점, ⑥ AF 등이 조합원들에게 문자메시지로 임시총회 연기를 알리면서 "총회목적 등은 변경이 없으므로 기 제출한 서면결의서는 유효하고, 추가로 서면결의서를 제출하고자 하는 경우에는 변경총회 일시 전일까지 임시총회 발의자 대표에게 제출했을 경우에 유효하다"고 통지한 점, ⑦ 앞서 본 바와 같이 이 사건 총회의 연기가 적법한 이상, 2018. 7. 1.자 총회 내지 2018. 7. 29.자 총회에 제출한 서면결의서를 2018. 9. 30.자 총회에 사용하는 것을, 단순히 총회를 개최하여 서면결의서에 기재된 찬반의사를 확인하는 등 의결권 행사가 이루어진 후에 그 서면결의서를 나중의 다른 총회에서 의사정족수 및 의결정족수에 산입하여 재사용하는 것과 동일하게 볼 수는 없는 점, ⑧ 채권자들은 조합원들의 총의가 왜곡되는 것을 방지하기 위해 해임총회를 위한 서면결의서 제출 기간이 엄격히 제한되어야 한다고 주장하나, 조합원들로서는 오히려 서면결의서를 자유로이 제출하거나 철회할 수 있는 시간적 여유가 늘어나므로, 조합원들의 총의가 왜곡된다고 섣불리 단정하기 어려운 점, ⑨ 채권자들은 서면결의서의 제출기한을 제한하지 않으면 무기한 징구가 가능해진다고 주장하나, 반드시 그렇다고 볼 수는 없고, 실제로 이 사건의 경우에도 3개월 정도 연기한 것에 불과하여 그 기간이 지나치게 장기간이라고 보이지도 않는 점 등을 종합하면, 이 사건 총회의 서면결의서의 제출기한은 2018. 9. 30.자 총회의 전일인 2018. 9. 29.까지로 연장되었다고 할 것이고, 그 전일인 2018. 9. 29.까지 제출된 서면결의서 모두를 이 사건 총회의 의사정족수 및 의결정족수에 산입한 것은 일응 적법하다고 판단된다.

(2) 발의자 대표가 조합임원 해임을 위한 총회를 소집한 후 코로나바이러스감염증-19 확산에 따라 위 총회를 연기한 다음, 시간과 장소를 변경하여 다시 이 사건 해임총회를 개최한 사안에서 법원이, 이 사건 해임총회는 이미 적법하게 공고 및 통지하였던 기존 총회를 다시 개최하는 것이므로, 최초 발의 시의 목적과 안건에 변경이 없고 실제로 총회가 개최되고 난 이후에 발의서를 재사용하는 것이 아닌 이상 발의서를 연기된 총회에서 사용하는 것을 두고 위법한 재사용이라고 볼 수도 없다고 판단한 것도 같은 취지로 보아야 할 것이다(서울중앙지방법원 2020. 12. 18.자 2020카합22297 결정).[27]

또한 "최초 공고된 2020. 8. 23.자 임시총회 및 같은 해 9. 13.자 임시총회와 이 사건 임시총회의 목적사항이 동일한 점, 채무자 정관에도 서면결의서 재사용에 관하여 별다른 제한이 없는 점, 이미 서면결의서를 제출한 조합원들도 다시 서면을 제출하거나 이 사건 임시총회에 직접 출석하는 방법으로 의견을 번복할 수 있는 것으로 보이는 점 등을 종합하여 보면, 채무자가 2020. 8. 23.자 임시총회 및 같은 해 9. 13.자 임시총회[28]를 위하여 제출받았던 서면동의서를 재사용하는 것이 위법하다고 단정하기도 어렵다."고 본 사례도 있다(의정부지방법원 2020. 9. 25.자 2020카합5359 결정).

(3) 조합원들의 발의에 의한 총회가 소집되었다고 하더라도 해당 총회가 실제로 개최되지 못한 이상, 기존의 발의서를 이용하여 다시 총회를 소집하는 것은 발의서의 "재사용"에 해당한다고 보기 어렵다고 본 사례도 있다(서울동부지방법원 2021. 7. 9.자 2021카합10199 결정).

(4) 그렇다면 서면결의서의 재사용에는 아무런 제한이 없는가. 서면결의서를 징구한 후 상당한 기간이 경과하고 사정변경이 생겼다는 이유로 서면결의서의 효력을 부인한 사례가 있다.

[서울중앙지방법원 2019. 12. 4.자 2019카합21387 결정]
<u>이 사건 결의서는</u> 2018. 5.경부터 2019. 8.경까지 <u>15개월 동안 징구</u>된 것인데, 그러한 장기간의 징구 기간, 조합원들의 이주 및 기존 건축물의 철거가 이미 완료되어

27) 서울동부지방법원 2022. 8. 31.자 2022카합10142 결정도 유사한 취지이다.
28) 위 각 임시총회가 적법하게 연기된 것인지 등의 구체적인 사정은 결정문상 명백히 드러나지 않는다.

있는 점 등의 채무자 사업의 진행 정도에다가 아래 ㉮ 내지 ㉰과 같은 사정을 종합하면, 위 15개월 동안 채권자들의 해임에 관한 조합원들의 총의에 상당한 변화가 있었을 가능성을 배제하기 어려워 이 사건 결의서 전체가(특히 오래 전에 징구된 결의서의 경우) 이 사건 해임결의의 안건에 대한 조합원들의 진정한 의사를 제대로 반영하고 있다고 보기도 어렵다.

㉮ 이 사건 결의서가 징구된 15개월의 기간 동안 조합 내·외부에서 조합원들의 실질적 의사 결정에 영향을 미칠만한 여러 가지 새로운 상황의 변화가 있었던 것으로 보인다(G 등의 변경공고에 기재된 내용만 보더라도, 조합 상대 행정소송 판결, 사업설명회 개최, 착공 약속 준수 여부, 조합 관련 공영방송의 시사프로그램 방영 등 실질적으로 조합원들의 의사에 영향을 미칠 수 있을 것으로 보이는 내·외부 상황이 제시되어 있음).

㉯ 이 사건 결의서를 작성하여 제출한 조합원들이 위 결의서의 유용에 대하여 동의한다는 내용의 의사표시, 즉, 임시총회가 연기되거나 무산될 경우 추후 동일한 안건으로 개최되는 총회에서 위 결의서를 그대로 사용할 수 있음에 동의한다는 등 내용의 의사표시를 명시적으로 한 바 없는 것으로 보이고, 조합원들이 이 사건 결의서를 작성할 당시 조합원들에게 위 결의서가 연기총회 내지 새로운 총회에 있어 추후 유용될 수 있다는 점이 사전 안내된 적도 없는 것으로 보인다. 다만, 이 사건 임시총회의 개최일자가 5차례 변경되는 과정에서 G 등이 작성하여 게시한 변경공고문상에 '기제출하신 전자투표 또는 서면결의서의 경우 총회에 유효하므로 착오 없으시기 바랍니다'라는 내용의 문구가 기재되어 있기는 하다. 그러나 위와 같이 개최일자가 장기간 연기되고 있고 조합원들의 총의에 변화가 있을 수 있는 사정변경도 있는 상황에서 그와 같은 문구가 변경공고문에 기재되어 있었다는 점만으로 기제출된 결의서 작성자들의 의사가 이 사건 해임결의가 실제 이루어질 당시에도 그대로 유지되고 있었다고 보기 어렵고, 위와 같은 사정만으로 기제출한 결의서 작성자들이 결의서의 유용에 동의하였다고 볼 수도 없다.

㉰ G 등의 공고문상으로도 2019. 2.경까지는 조합 내·외부에서 새로운 상황이 발생하였던 것으로 보이고(특히, 조합을 상대로 한 행정소송인 서울행정법원 2018구합55708호 관리처분계획무효확인의 소에 대한 판결이 2019. 2. 13. 이루어짐), 그 후부터 2019. 8. 10.경까지 사이에는 특별한 내·외부 상황의 변화가 있었던 것으로 보이지는 않는다.

그런데 이 사건 결의서 중 전자결의서의 내용을 살펴보면, 최초 변경공고일인 2018. 5. 말경까지의 전자결의서 제출자 150여명 중 안건의 일부에라도 '반대'의 의사표시를 제출한 자가 단 한 명도 없으나(기권자만 몇 명 있음), 그 이후 2019. 1. 말경까지의 전자결의서 제출자 150여명 중 안건 전체에 대하여 '반대'의 의사표시를 제출한 자가 11명가량 있고, 조합 상대 행정소송의 판결이 선고된 2019. 2.경부터 이 사건 임시총회 개최일 전까지 전자결의서 제출자 33명가량 중에서는 오히려 조합장에 대한 해임의 건 기준으로 '찬성'의 의사표시를 제출한 자가 13명 정도밖에 되지 않는 등 투표성향의 변화를 확인할 수 있다.

6. 총회결의의 효력에 대한 증명책임

(1) 어떠한 단체의 총회결의의 효력 여부에 관하여 다툼이 있는 경우 총회결의 자체가 있었다는 점에 관해서는 단체가 증명책임을 부담하고, 그 결의에 하자가 있다는 점에 관해서는 그 결의의 효력을 다투는 측에서 그 증명책임을 부담한다(대법원 2010. 7. 22. 선고 2008다37193 판결).

민법상 사단법인 총회 등의 결의와 관련하여 당사자 사이에 의사정족수나 의결정족수 충족 여부가 다투어져 결의의 성립 여부나 절차상 흠의 유무가 문제되는 경우로서 사단법인 측에서 의사의 경과, 요령 및 결과 등을 기재한 의사록을 제출하거나 이러한 의사의 경과 등을 담은 녹음·녹화자료 또는 녹취서 등을 제출한 때에는, 그러한 의사록 등이 사실과 다른 내용으로 작성되었다거나 부당하게 편집, 왜곡되어 증명력을 인정할 수 없다고 볼 만한 특별한 사정이 없는 한 의사정족수 등 절차적 요건의 충족 여부는 의사록 등의 기재에 의하여 판단하여야 한다. 그리고 위와 같은 의사록 등의 증명력을 부인할 만한 특별한 사정에 관하여는 결의의 효력을 다투는 측에서 구체적으로 주장·증명하여야 한다.

따라서 총회 속기록에는 총회 당시 위 안건에 대한 제안, 토론 및 표결이 이루어진 과정과 위 안건에 대한 표결 당시 의사정족수 충족 여부를 확인하는 과정 등이 매우 구체적으로 상세하게 기록되어 있는 반면, 증명력을 부정할 만한 특별한 사정에 관하여 결의의 효력을 다투는 측이 별다른 주장·증명을 하지 못하고 있는 경우에는 그 속기록의 기재에 의하여 의사정족수의 충족 여부를 판단하여야 한다(대법원 2011. 10. 27. 선고 2010다88682 판결).

반대로 총회 속기록에 표결 당시 의사정족수 충족 여부를 확인하는 과정이 구체적으로 상세하게 기록되어 있지 않은 경우, 결의의 효력을 다투는 측이 의사정족수가 충족되지 않았음을 추정할 수 있는 정황사실을 증명한다면 총회 속기록의 증명력이 부인될 것이다(서울북부지방법원 2021. 7. 21.자 2021카합20059 결정).

이러한 법리 하에 여러 사정을 종합하여 의사정족수에 관한 총회 속기록이나 총회 참석대장의 기재 내용을 믿지 않은 사례를 소개한다.

[서울북부지방법원 2021. 7. 21.자 2021카합20059 결정]

기록에 의하면, 채무자 조합 정관 제22조 제1항에서 채무자 총회는 도시정비법 및 정관에서 특별히 정한 경우를 제외하고는 조합원 과반수 출석으로 개의하고 출석 조합원 과반수 찬성으로 의결하도록 정하고 있는 사실, 이 사건 임시총회 속기록(소병 제15호증)에는 '전체 조합원은 발의자가 가지고 있는 기존 조합원 명부 기준으로 445명, 분양신청자 기준으로 403명이다. 서면결의서 제출자는 223명, 현장 직접 참석자는 10명, 서면결의서 제출하고 현장 직접 참석자는 41명이므로 출석 조합원이 233명으로 적법하게 성원이 되었다'라고 기재된 사실은 인정된다. 그러나 위 법리에 비추어 이 사건에 관하여 보건대, 기록 및 심문 전체의 취지에 의하여 알 수 있는 다음의 각 사정을 종합하여 보면 의사정족수에 관한 이 사건 임시총회 속기록이나 해임총회 참석대장(소병 제11호증)의 각 기재를 그대로 믿기 어렵다.

(1) 이 사건 결의로 채무자의 조합장인 채권자를 비롯하여 많은 임원들이 해임되어 그 직무가 정지되었으므로, 이 사건 결의가 채무자 및 조합원들에게 미칠 중대한 영향을 고려할 때 이 사건 결의의 의사정족수 충족 여부에 대하여 엄격히 판단하여야 할 필요성이 있다. 이 사건 결의의 의사정족수 충족 여부는 이 사건 임시총회 발의자 대표이자 의장인 참가인이 보관하고 있어야 할 조합원들의 서명 또는 날인이 있는 참석자명부, 서면결의서, 투표용지를 통하여 정확히 확인할 수 있을 것인데, 참가인은 보조참가신청서를 제출한 2021. 4. 23.부터 결정일 현재까지 이 사건이나 본안 사건 재판부에 일부 서면결의서와 일부 참석증을 제출하였을 뿐 서면결의서 전체를 제출하지 않고 있다.

(2) 이 사건 임시총회 발의자 대표인 참가인은 이 법원에 '해임총회 참석대장'(소병 제11호증)을 작성하여 제출하였는데 전체 조합원을 456명으로 하여 '서면제출', '직·참', '서면철회자'의 해당하는 조합원에 숫자 '1'의 부동문자를 표기하였다. 그리고 이 사건 임시총회 속기록에는 서면결의서 제출자 223명, 현장 직접 참석자 10명으로 기재되어 있으나, 참가인은 위 '해임총회 참석대장'상의 '서면제출'에 해당하는 조합원 수를 233명, '직참'에 해당하는 조합원 수를 9명으로 기재하였다.

(3) 앞서 본 바와 같이 이 사건 임시총회 개회 선언이 있기 전에 발의자 대표인 참가인은 채권자로부터 서면결의 철회서 205장을 수령하였는데, '해임총회 참석대장'의 '서면철회자'는 192명으로 기재되어 있고, 이 사건 임시총회 속기록에는 205장

의 서면결의 철회서의 유효성을 확인하는 과정이나 서면결의서를 제출한 조합원 중 어떤 조합원을 의사정족수 및 의결정족수에서 제외한 것인지에 대해 기재되어 있지 않다.
(4) '해임총회 참석대장'에 V 주식회사, W, X, Y가 서면결의서를 제출한 것으로 기재되어 있다. 그러나 V 주식회사는 주식회사 Z와 부동산을 공유하는 회사로서 주식회사 Z를 대표조합원으로 선임하였고, W은 AA와 부동산을 공유하는 자로서 AA를 대표조합원으로 선임하였으며, X는 AB와 부동산을 공유하는 자로서 AB를 대표조합원으로 선임하였고, Y는 AC와 부동산을 공유하는 자로서 AC를 대표조합원으로 선임하였으므로, 대표조합원이 아닌 V 주식회사, W, X, Y가 제출한 서면결의서는 유효하지 않다.
(5) '해임총회 참석대장'에 AD, AE, AF, AG, AH, AI가 서면결의서를 제출한 것으로 기재되어 있다. 그러나 AD, AE, AF, AG, AH는 이 사건 임시총회일 기준으로 이 사건 사업부지 내 부동산을 소유하지 않고 있으므로, AD, AE, AF, AG, AH가 제출한 서면결의서는 유효하지 않다.
(6) '해임총회 참석대장'에 AJ, AK가 서면결의서를 제출한 것으로 기재되어 있으나, AJ, AK는 이 사건 사업부지 내 부동산을 공유하는 자들로서 채무자 조합에 대표조합원 선임동의서를 제출하지 아니 하였으므로, AJ, AK가 제출한 서면결의서는 유효하지 않다.
(7) '해임총회 참석대장'에 AL, AM, AN이 서면결의서를 제출한 것으로 기재되어 있으나, 참가인은 2021. 6. 7.자 보충서면에서 '해임총회 참석대장'에 AL, AM, AN이 서면결의서를 제출하지 않았음에도 제출한 것으로 잘못 기재하였다고 인정하였다.
(8) '해임총회 참석대장'에 AO, AP, AQ, AR이 직접 참석하였거나 서면결의서를 제출한 것으로 기재되어 있으나, AO, AP, AQ, AR은 서면결의서를 작성하여 제출하지 않았거나 이 사건 임시총회에 직접 참석하지 않았다는 취지의 사실확인서를 작성하였다.

(2) 또한 조합 또는 총회를 개최한 측에서 총회 관련 자료를 모두 가지고 있기 때문에, 조합 등이 이 자료를 제출하지 않을 경우 채권자는 총회의 절차와 내용의 위법함을 입증하기 곤란하다는 점을 고려하여, 법원은 조합이 정당한 이유 없이 총회의 절차와 내용에 관한 자료를 제출하지 않을 경우 총회의 효력을 부인하는 경향에 있다.

[부산지방법원 동부지원 2021. 8. 19.자 2021카합100303 결정]
채권자들은 이 사건 임시총회는 발의요건이 갖추어지지 않았고, 일부 서면결의서는 효력이 없다는 등의 주장을 하고 있다. 그런데 ① 채권자 A, B, C가 채무자 I(이 사건 임시총회 관련 업무를 수행하였다)를 상대로 신청한 증거보전 사건(부산지방법원 동부지원 2021카기100623호)에서, 법원이 2021. 6. 18. "이 사건 임시총회와 관련된 서면결의서 및 위임장, 참석조합원 명부, 대리 참석한 조합원의 위임장, 투표용지 원본 등을 5일 내에 제출할 것"을 명하는 결정을 하고, 이 법원이 심문기일에 관련 자료들을 제출할 것을 채무자 I에게 석명하였음에도 위 채무자가 서면결의서, 의사록, 소집 요구 발의서 외에는 관련 자료를 제출하지 않은 점, ② 채무자 조합이 신청서 부본을 2021. 6. 22. 송달받았음에도 심문기일까지 아무런 답변을 하지 않았고, 이 법원이 "주장서면과 소명자료를 제출할 것"을 석명한 후 소송대리인을 선임하고서도 일체의 주장 서면, 소명자료를 제출하지 않은 점 등의 사정을 고려하면, 이 사건 총회결의 절차의 하자에 관한 채권자들의 주장을 쉽게 배척하기 어렵다.

[서울서부지방법원 2022. 7. 14.자 2022카합50289 결정]
가. 채무자가 총회에서 의결을 하기 위해서는 총 조합원 357명 중 10분의 1 이상인 36명 이상이 현장에 직접 출석하여야 한다. 이에 대하여 채무자는 사전의결권을 행사하고도 직접 출석한 조합원이 58명(서면결의서 4명, 인터넷투표 54명)이고, 출석하여 현장에서 직접 의결권을 행사한 조합원이 20명으로 총 78명이 이 사건 총회에 직접 출석하였다고 주장하고 있다.
나. 채무자가 현장투표용지로 제출한 19장(소을 제11호증)에 관하여는 조합원의 직접 출석이 이루어진 것으로 볼 여지가 충분히 있다. 그러나 나머지 부분(특히 사전의결권 행사 후 직접 출석하였다는 58명)의 경우 채무자가 제출한 성원보고표(소을 제12호증)는 그 작성 주체 및 경위가 명확하지 않은 점, 이 사건 총회 당시 직접 출석한 사람에 대하여는 조합원명부 및 신분증을 통한 신분확인이 이루어졌을 것이므로 그에 관한 자료를 통하여 출석조합원 수를 소명할 수 있을 것으로 보이는데, 채무자는 그러한 자료를 전혀 제출하지 않고 있는 점 등을 종합하면, 제출된 자료만으로는 사전의결권 행사 후 직접 출석한 조합원 수가 58명이라고 인정하기 부족하다. 결국 이 사건 총회에 직접 출석한 조합원이 36명이 되지 않는다는 것이 소명된다고 볼 수 있다.

7. 의사·의결정족수 미달시 총회결의의 효력

(1) 총회결의가 적법하려면 상위법령 및 정관에서 정한 절차와 의사정족수 및 의결정족수를 모두 갖추어야 한다(대법원 2018. 3. 13. 선고 2016두35281 판결).

(2) 조합원 총회에서 의결정족수를 정하는 기준이 되는 출석조합원은 당초 총회에 참석한 모든 조합원을 의미하는 것이 아니라 문제가 된 결의 당시 회의장에 남아 있던 조합원만을 의미하고, 회의 도중 스스로 회의장에서 퇴장한 조합원은 이에 포함되지 않는다(대법원 2001. 7. 27. 선고 2000다56037 판결, 대법원 2010. 4. 29. 선고 2008두5568 판결).

이러한 법리 하에서 대법원은 "피고의 조합임원 선출결의는 다른 안건과 달리 서면결의서와 별도로 배부된 부재자투표용지에 미리 기표를 하여 제출하거나 조합원이 직접 창립총회에 출석하여 투표하는 방식"으로 진행된 사안에서, 조합임원 선출결의와 나머지 안건에 관한 결의는 그 결의방식을 달리하는 별개의 결의이어서 의결정족수는 문제가 된 조합임원 결의를 기준으로 산정하여야 하므로, 조합원들이 다른 안건에 관한 서면결의서를 제출하였다고 하더라도 조합임원 선출투표에는 참여한 것이라고 볼 수 없다고 볼 원심판단이 정당하다고 판시하였다(대법원 2011. 4. 28. 선고 2010다106269 판결).

(3) 의사정족수는 일반적으로 합의체 기관이 의사를 진행하는 데 필요한 구성원의 출석수를 뜻하는 것으로, 해당 단체가 회의 성립을 위한 의사정족수를 정하고 있는 경우 그 수는 원칙적으로 회의의 개회, 토의 또는 안건 심의 및 결의 등 전체 과정을 통하여 유지되어야 하나, 단지 개회선언 당시 참석자가 의사정족수에 다소 미달한 상태였다거나 회의 과정에서 일시적으로 참석 인원이 의사정족수를 유지하지 못하게 되었던 경우 그대로 회의를 진행하였다 하여 그 회의에서 이루어진 결의를 언제나 무효로 돌려야 한다고 볼 수는 없고, 안건에 대한 토론과 심의 등의 회의 진행 대부분의 과정에서 의사정족수에 해당하는 구성원이 회의에 참여하였고 결의 당시 의사정족수를 넘는 사람들이 회의 장소에 있었다면 그 결의의 효력을 무효로 돌릴 정도의 중대한 하자가 된다고 보기는 어렵다고 할 것이다(서울북부지방법원 2022. 4. 15.자 2021카합83 결정, 서울고등법원 2020. 9. 1.자 2020라20736 결정).

8. 조합원의 자유로운 의결권 행사의 보장과 의결권 행사의 왜곡(금품 제공 및 홍보요원 사용 등)[29]

가. 기본 법리

(1) '회의'의 본질을 고려할 때 적어도 구성원 중 2인 이상이 참석하여 토론의 가능성이 열려 있어야 이를 유효한 총회의 성립으로 볼 수 있다. 특히 의결권이라는 것은 총회에 직접 참석하여 토론이나 안건에 대한 충분한 설명을 듣고 행사하는 것이 원칙이고, 결의자가 토론 전에 미리 자신의 의사를 정하였더라도 토론을 통하여 자신의 결의내용을 변경할 가능성을 열어 둘 수 있도록 그 절차를 보장하는 것이 토론이나 회의체결정의 핵심적인 존재가치이다(서울중앙지방법원 2021. 2. 8.자 2020카합22332 결정).

이러한 법리 하에 총회가 실질적인 토론이 이루어질 수 없는 방식으로 상당히 폐쇄적으로 진행된 총회에 중대한 절차적 위법이 있다는 이유로 결의의 효력을 부인한 사례가 있다.

> **[서울중앙지방법원 2021. 2. 8.자 2020카합22332 결정]**
> 나. 기록에 의하면, 참가인이 2020. 12. 10. 이 사건 안건에 대한 발의자대표로서 이 사건 총회를 'F공원 주차장(9번 주차장)'에서 개최한다고 공고하였다가, F공원측이 2020. 12. 10. 참가인 등에게 "저희는 귀측이 순수한 주민총회를 하는 것으로 알고 있었는데 수없이 많은 항의 전화를 받아보니 도대체 무슨 행사인지 알 수가 없고 서울시 측에도 민원이 빗발쳐대 공원 주차장에서의 행사는 절대 불허한다는 통지를 받았다"는 문자메시지를 보냈고, F공원 주차장 대관을 취소하자, 참가인 등은 다시 채무자의 조합원들에게, 2020. 12. 17.경 이 사건 총회의 개최 장소를 'G공원 4주차장 일대'로 변경한다는 내용의 등기우편을 보내고, 2020. 12. 18. 같은 내용의 문자메시지를 보낸 사실, 한편 참가인 등은 2020. 12. 17. 이 사건 총회의 개최 장소를 물색하던 중 'G공원 4주차장'에서 약 100m 떨어진 '중식당 H'의 대표자와 사이에 2020. 12. 20.에 '중식당 H' 시설물을 이용하기로 하는 계약을 체결하고,

29) 이 쟁점에 관한 소수조합원이 소집하는 총회에서의 하급심결정례는 후술하는 제6장 8. 항을 참조하기 바란다.

2020. 12. 19. 채무자의 조합원들에게 이 사건 총회를 'G공원 4주차장 일대 및 인근 중식당 H'에서 진행한다는 내용의 문자메시지를 보낸 사실, 이 사건 총회 개최 당시 이 사건 총회를 반대하는 자들이 '중식당 H'에 민원을 제기하고 '중식당 H'에 입장하는 것을 방해한 사실, 결국 참가인 등은 'G공원 4주차장'에 미니버스를 대여하고 일부 인원만 미니버스에 탑승한 채 이 사건 총회를 개최한 사실이 소명된다. 위 소명사실에 의할 때, 참가인 등은 코로나바이러스감염증 사태 및 이 사건 안건에 반대하는 자들의 방해로 인하여, 대규모 조합원이 참석할 수 있는 장소를 구하는 것이 여의치 않자 어쩔 수 없이 미니버스에서 총회를 개최한 것으로 보이긴 한다.

다. 그러나 위와 같은 사정을 고려하더라도, 위 소명사실 및 심문 전체의 취지를 종합하여 인정되는 아래와 같은 사정에 비추어 볼 때, 이 사건 총회는 실질적인 토론이 이루어질 수 없는 방식으로 상당히 폐쇄적으로 진행된 것으로 보이고, 이와 같은 총회의 진행은 중대한 절차적 위법에 해당하는 것으로 보이는바, 이 사건 결의는 무효이다.

① 참가인 등은 당초 G공원 주차장에서 소위 '드라이브 스루' 방식의 총회를 개최하려 한 것으로 보인다. 그런데 결과적으로는 이 사건 총회가 사실상 미니버스 안에서 이루어진 것으로 보이고, 위 미니버스의 규모나 위 미니버스에 조합원들이 탑승하는 것이 쉽사리 허용되지 않았던 것으로 보이는 사정 등에 비추어 볼 때, 이 사건 총회에 참석한 조합원으로서는 실제 총회가 이루어진 위 미니버스 안에서 자신의 의견을 제시하거나 토론할 수 있는 실질적인 기회가 제공되었다고 보기 어려우며, 설령 위 미니버스 안에서 이루어진 총회를 실시간 동영상을 통하여 중계하였다고 하더라도 마찬가지이다.

② 이 사건 총회가 이루어진 장소에 관하여, 채무자의 조합원들에게 이 사건 총회 개최일 3일 전인 2020. 12. 17.경 'G공원 4주차장 일대'에서 개최한다고 통지되었다가, 하루 전인 2020. 12. 19.경 'G공원 4주차장 일대 및 인근 중식당 H'에서 개최한다고 통지되었는데, 'G공원 4주차장 일대'와 'H' 사이에 100m 상당의 거리가 있었을 뿐만 아니라, 실제 총회는 미니버스에서 진행되었는바, 채무자의 조합원들에게 이 사건 총회에 참석할 수 기회가 실질적으로 보장될 수 있을 정도로 개최 장소가 통지되었는지도 의문이다.

③ 무엇보다 이 사건 안건에 반대하는 자들이 이 사건 총회 당시 서면결의 철회서를 제출하고자 하였으나, 위 서면결의 철회서를 제출할 기회조차 부여되지 못한 것으로 보인다. 참가인이 "참가인이 미니버스에서 내린 이후에야 철회서를 들고 있는 사람을 봤다."라고 주장하고 있는 바와 같이(2021. 1. 27.자 참가인이 제출한 준비서면 참조), 이 사건 총회가 폐쇄적으로 운영되고 있었음을 짐작할 수 있다.

(2) 서면결의서의 작성 · 제출 등 조합원의 의결권 행사가 부당한 방법으로 유도되거나 강요되는 등 의결권을 행사한 조합원들의 의결권이 박탈되었다고 볼 수 있을 정도의 사정이 인정된다면, 조합원들의 총회 결의에 관한 공정하고 자유로운 의결권 행사가 침해된 것으로 보아 결의의 효력을 부인하여야 할 것이다(대전지방법원 2022. 1. 17.자 2021카합50752 결정[30]).

나. 금품 등의 제공과 제안

(1) 도시정비법은 누구든지 추진위원, 조합임원의 선임 또는 계약 체결과 관련하여 금품, 향응 또는 그 밖의 재산상 이익을 제공하여서는 아니된다고 규정하면서 이 의무위반에 대하여 형사처벌하도록 규정하고 있고(제132조 제1항, 제135조 제2호), 위 규정은 강행규정으로 보아야 할 것이므로, 이를 위반하여 이루어진 총회결의의 효력은 인정되기 어렵다.

다만, 형식적으로 위 규정을 위반하였다고 하여 총회결의가 당연히 무효가 되는 것은 아니고, 구체적인 사정을 고려하여 금품 제공 등으로 인하여 조합원의 자유로운 의결권 행사가 왜곡되었는지 여부를 판단하여야 할 것이다.

〈조합원의 자유로운 의결권 행사가 왜곡되지 않았다고 본 사례〉

[광주지방법원 2020. 10. 13.자 2020카합50636 결정]

3) 참석수당 등 금품을 제공하여 조합원들의 자유로운 의결권 행사를 왜곡한 하자
기록 및 심문 전체의 취지에 의하면, 채무자가 이 사건 정기총회에 참석한 조합원들에게 교통비 5만 원을, 서면결의서를 제출한 조합원들에게 3만 원을 각 지급한 사실, 이 사건 정기총회의 결의에 따라 이 사건 사업의 시공사로 선정된 주식회사 G가 이 사건 정기총회 총회책자 및 우편발송비 등 비용을 부담하고, 채무자에게 30억 원을 대여한 사실이 각 소명된다. 그러나 기록 및 심문 전체의 취지를 종합하여 인정되는 다음과 같은 사정들 즉, ① 도시 및 주거환경정비법 제132조는 '누구든지 추진위원, 조합임원의 선임 또는 제29조에 따른 계약(시공사 선정) 체결과 관련하여 금품 등을 제공하는 등의 행위를 하여서는 아니된다'고 규정하고 있기는 하

30) 이 사건에서 법원은 조합원의 서면결의서가 채무자 조합 측이 고용한 홍보요원의 유도 내지 강요에 따라 작성된 것으로 사실인정을 하였다.

나, 이는 조합임원, 시공사 등의 선정 과정에서 특정 후보가 선정되도록 하는 등 조합원들의 의사가 왜곡되는 것을 방지하기 위한 규정이고, 참석수당 지급은 특정 업무대행사 등을 선정하기 위한 것이 아니라 원활한 총회의 진행을 위해 조합원들의 참석을 독려하기 위한 목적으로 이루어진 것으로서 그 자체로 합리적인 이유가 있는 점, ② 이 사건 정기총회 참석 독려 차원의 참석수당 지급으로 인하여 이 사건 안건에 관한 조합원들의 의사가 부당히 왜곡된다고 보기도 어려운 점, ③ 채무자는 이 사건 사업 시공사 선정에 관한 입찰 당시 이 사건 사업의 시공사로 선정되는 경우 이 사건 정기총회의 총회 책자 및 우편발송비 등 비용을 부담하고, 입찰보증금 30억 원을 채무자에게 대여하는 조건을 제시하였고, 후보 시공사들은 채무자가 제시한 위 조건에 동의한 후 이 사건 사업 시공사 선정 입찰절차에 참여하였는데, 이 사건 정기총회에서 이루어진 시공사 선정결의에 따라 시공사로 선정된 주식회사 G가 위 조건에 따라 이 사건 정기총회 총회책자 및 우편발송비 등 비용을 부담하고, 입찰보증금 30억 원을 채무자에게 대여하게 된 것인 점, ④ 이와 관련하여 이 사건 정기총회에서 이 사건 사업의 시공사로 선정된 후보 시공사의 이 사건 정기총회 비용 부담, 조합원들에 대한 이 사건 정기총회 참석수당 지급 등에 관한 안건인 제9호 안건 '시공자(공동사업자) 선정 총회 예산(안) 심의의 건'이 의결된 점 등에 비추어 보면, 위 소명사실만으로는 이 사건 결의에 그 효력을 무효로 할 정도의 중대한 하자가 있다고 보기 어렵다.

〈조합원의 자유로운 의결권 행사가 왜곡되었다고 본 사례〉

[부산지방법원 동부지원 2021. 2. 8.자 2020카합100596 결정]

이 사건 기록 및 심문결과에 따라 인정할 수 있는 아래와 같은 사정을 종합하여 보면, 참가인은 시공사 선정과정에서 사업제안서 등을 통해 입찰참가규칙 및 정비사업 계약업무처리기준에서 금지하고 있는 시공과 관련이 없는 사항에 대한 금전이나 재산상 이익의 제공을 제안하였고, 이러한 부정행위가 이 사건 임시총회에서 참가인을 시공사로 선정하는 결의에 영향을 미쳤다는 사실이 소명된다. 따라서 채권자들에게는 이 사건 가처분신청의 피보전권리가 인정되고, 채무자가 이를 다투며 이 사건 임시총회 결의를 바탕으로 한 후속 절차를 계속 진행하고 있는 이상 보전의 필요성도 인정된다.

① 도시정비법 제29조 제3항의 위임에 따른 정비사업 계약업무 처리기준 제30조 제1항은 '건설업자 등은 입찰서 작성시 이사비, 이주비, 이주촉진비, 재건축초과이익 환수에 관한 법률 제2조 제3호에 따른 재건축부담금, 그 밖에 시공과 관련이 없는 사항에 대한 금전이나 재산상 이익을 제공하는 제안을 하여서는 아니 된다'고

정하고, 이 사건 입찰절차의 입찰참가규정 제5조 제15호는 위 정비사업 계약업무 처리기준을 위반한 경우를 입찰을 무효로 할 수 있는 사유로 정하였다. 따라서 정비사업 계약업무 처리기준 제30조 제1항에서 정한 시공과 관련 없는 사항에 관한 금전 혹은 재산상 이익제공을 제안하는 것은 이 사건 입찰절차에서 금지하는 부정행위에 해당한다.

② 앞서 본 바와 같이 참가인은 사업제안서 등을 통해 조합원들에게 민원처리비라는 명목으로 3,000만 원을 획일적으로 지급하겠다고 제안하였고, 그 지급시기는 시공사 선정시로부터 1주일 후이며, 지급방법은 입찰보증금 규모와도 무관하고 조합의 총회 상정 여부와도 상관없이 지급하겠다는 제안을 하였다. 참가인이 한 제안은 민원처리비라는 명목을 가지고 있지만, 앞서 본 사업제안서, 이 사건 전단지, 합동설명회 내용 등에 비추어 보면, 조합원의 개인정보만 기재하면 민원처리 사유가 발생하였는지 여부와 상관없이 지급되고, 조합이 이를 승인하는지 여부를 불문하고 (도시정비법 제45조 제1항 제3호에 따라 정비사업비의 세부 항목별 사용계획이 포함된 예산안 및 예산의 사용내역은 총회의 의결대상이므로 통상의 정비사업비로 대여되는 금원이라면 예산안에 포함되어 총회 의결을 거쳐 집행되어야 한다) 조합원 개인에게 3,000만 원이라는 확정적인 금원을 지급하며, 조합원은 이에 대하여 개별적인 상환 책임이 없다는 것으로 그 실질은 시공과 관련 없는 재산상 이익 제공을 제안하는 것이고, 참가인의 제안을 받아들이는 조합원들에게도 시공과 무관하게 일괄지급되는 재산상 이익으로 인식되기에 충분하다.

③ 시공과 관련 없이 지급되는 재산상 이익이라는 인식은 참가인이 조합원들에게 교부한 이 사건 전단지에 민원처리사유와 개별 금액을 기재하는 란도 없이 '조합원 개별 상환이 없으며, 추후 조합 수입을 통하여 일괄 정산됨'이라고 기재된 문구의 신청서 양식이 교부되고, 총회 상정 여부와 상관없이 시공사 선정 7일 이내에 지급하겠다는 참가인 대표이사 명의의 인증서를 조합원 개인들에게 발송하며, 참가인의 홍보과장이 조합원이라면 분양권 여부와 무관하게 3,000만 원을 받을 수 있다는 취지의 홍보를 하는 등 참가인이 이를 적극적으로 형성한 것이다.

④ 이 사건 임시총회에서 참가인이 시공자로 선정되기 위해 얻은 표가 컨소시엄보다 98표 많은데, 참가인은 제2차 합동설명회에서 참가인의 민원처리비 제안으로 인하여 100명의 미동의자들이 채무자의 조합원이 되는데 동의하였다고 홍보하였고, 실제 입찰공고 이후에 조합설립에 동의한 조합원이 120여 명 정도이다. 참가인이 세대당 지급을 약속한 금액이 3,000만 원에 이르고 이를 전체 조합원들에게 지급할 경우 약 393억 원을 지급하게 된다. 이러한 사정들에 비추어 보면, 참가인이 조합원들에게 시공과 관련 없이 제공할 것을 제안한 재산상 이익이 이 사건 임시총회에서 참가인을 시공사로 선정하는 결의의 결과에 영향을 미친 것으로 평가할 수 있다.

(2) 조합임원 선임 총회에 관하여 서면결의서를 제출하거나 직접 총회에 출석한 조합원에게 소액의 교통비나 총회참석비를 지급하였더라도 조합원들의 임원선출권과 그 선출절차의 공정이 현저히 침해되었거나, 그로 인해 조합원 선출결의 결과에는 영향을 미쳤다고 보기 어려울 것이다(서울북부지방법원 2022. 4. 15.자 2021카합83 결정, 부산지방법원 2021. 6. 25.자 2021카합10366 결정).

다. 홍보요원의 사용

(1) 서면결의서 징구 과정에서 홍보요원(속칭 오에스 요원)을 사용한 경우 총회결의의 효력이 부인되는가.

사안에 따라 다르게 보아야 할 것이나, 홍보요원을 통한 서면결의서 징구 행위 자체가 모두 금지된다고 보기는 어려울 것이다(인천지방법원 2020. 1. 22.자 2019카합10608 결정).

〈결의의 효력을 부인한 사례〉

[대전지방법원 2022. 1. 17.자 2021카합50752 결정]
조합원 U의 서면결의서는 채무자 조합 측이 고용한 홍보요원의 유도 내지 강요에 따라 작성된 것으로 보이므로(소갑 제40, 49호증),[31] 위 U의 서면결의서도 이 사건 결의의 의사정족수를 산정함에 있어 제외되어야 한다.
이에 대해 채무자 조합은 '홍보요원 I가 작성한 상담일지(소을 제24호증)의 내용 등에 비추어 볼 때 U는 이 사건 임시총회를 위하여 자발적으로 서면결의서를 작성·교부한 것으로 보아야 한다'고 주장하나, 위 I는 사실상 채무자 조합 측과 이해관계를 함께 하는 것으로 보이는 점을 고려하면, 위 상담일지의 기재만으로 U가 자신의 진정한 의사에 따라 채무자 조합에 이 사건 임시총회를 위한 서면결의서를 작성·교부하였다고 보기에 부족하다.

31) 홍보요원의 유도 내지 강요의 구체적인 사정은 결정문상 드러나지 않는다.

〈결의의 효력을 인정한 사례[32)]〉

[서울고등법원 2019. 1. 10.자 2018라21145 결정]

1) 채권자의 주장요지

선거인이 우편에 의한 투표를 하고자 하는 경우에는 선관위에서 송부받은 우편투표용지에 기표한 후 선거인이 직접 우편 발송하여야 하고, 선거운동시에는 누구든지 선거 기간 내 선거인의 호별방문은 금지됨에도, 이 사건 조합으로부터 총회업무 위탁을 받은 업체 직원[일명 '오에스(OS) 요원']들이 선거기간 내 호별방문하여 투표용지를 징구하여 우체국에 제출하는 업무를 하였으므로 우편투표 부분은 무효이다.

2) 판단

기록에 의하면 이 사건 총회는 조합임원 선출뿐만 아니라 조합 예산안 승인의 건(제2호 안건), 조합 업무 승인의 건(제3호 안건) 등 여러 안건에 대한 총회였고, 임원 선출 안건 외의 안건들에 대해 서면결의서에 의한 결의도 함께 실시된 사실, 오에스(OS) 요원들이 임원 선출 안건 외의 나머지 안건들에 대한 서면결의서를 받은 사실은 소명되나, 오에스(OS) 요원들이 우편투표용지를 받은 사실이 소명된다고 보기 어렵고, 설사 일부 조합원의 우편(투표)봉투를 '오에스(OS) 요원'들이 교부받아 대신 우체국에 제출(우편투표용 봉투에는 "요금은 수취인 후납부담"으로 인쇄되어 있어, 별도의 우편요금 부담은 필요 없는 것으로 보인다)하였다는 사정만으로 그 우편투표가 무효가 된다고 단정하기 어렵다.

[서울북부지방법원 2022. 4. 15.자 2021카합83 결정]

채권자들은, 조합원 CW, CX, CY, CZ, DA, DB, DC, DD, DE, DF, DG 등 11명은 홍보요원을 통해 이 사건 총회의 서면결의서를 제출하였으므로, 위 11명의 서면결의서는 무효이고 의사정족수에서 제외되어야 한다고 주장한다. 기록에 의하면, 이 사건 총회의 참석자 명부에 조합원 CW(연번 253), CX(연번 274), CY(연번 639), CZ(연번 706), DA(연번 361), DB(연번 460), DC(연번 726), DD(연번 7), DE(연번 187), DF(연번 756), DG(연번 537)가 서면결의서를 제출한 것으로 기재되어 있는 사실, 조합원 CW, CX, CY, CZ가 채권자 측에 '집을 방문한 홍보요원에게 이 사건 총회의 서면결의서를 교부하였다'라는 취지의 문자메시지를 보낸 사실, 조합원 DC, DE, DF, DG가 채무자 조합의 조합원 CV와 전화통화를 하면서 '홍보요원 등 제3자를 통해 이 사건 총회의 서면결의서를 제출하였다'라는 취지의 말을 한 사실은 소

32) 부산지방법원 동부지원 2020. 11. 16.자 2020카합100627 결정, 서울고등법원(인천) 2021. 1. 4.자 2020라10013 결정도 결의의 효력을 인정하였다.

명된다. 그러나 채권자들이 제출한 자료만으로는 조합원 DA, DB, DD가 홍보요원 등 제3자를 통해 이 사건 총회의 서면결의서를 제출하였다는 점은 소명되지 아니하고, 기록에 의하면, 제1, 5 결의는 이 사건 총회에서 일반 안건으로 분류되어 우편투표의 대상이 아닌 서면결의서 제출의 대상 안건이었던 사실이 소명되는바, 채무자 조합의 정관에서 서면결의서의 제출 방식 등에 관하여 아무런 제한을 두고 있지 아니하므로, CW 등 위 조합원 8명이 홍보요원 등 제3자를 통해 이 사건 총회의 서면결의서를 제출하였다고 하더라도 이를 무효라고 볼 수는 없다. 채권자들의 위 주장은 이유 없다.

[서울고등법원(인천) 2019. 8. 26.자 2019라10017 결정]
(바) 기록에 의하면, 채무자가 이 사건 임시총회를 위하여 홍보요원을 고용한 사실은 소명되나, 홍보요원의 고용 자체가 금지되는 것은 아닐 뿐만 아니라 채무자의 정관이나 선거관리규정상 홍보요원에 의한 서면결의서의 제출이 금지된다는 취지의 근거규정은 없는 것으로 보인다(최근 홍보요원에 의한 서면결의서 또는 투표용지 제출을 금지하기 위하여 서면결의서 또는 투표용지를 조합원이 직접 제출하거나 조합원이 직접 우편발송한 경우에만 유효하도록 조합정관이나 선거관리규정에 반영하는 경우가 보편적이나, 채무자의 정관이나 선거관리규정에는 아직 그러한 사항이 반영되지 않은 것으로 보인다). 한편, 재건축·재개발조합의 임원 선출에 관한 선거관리 절차상에 일부 잘못이 있는 경우에, 그 잘못으로 인하여 자유로운 판단에 의한 투표를 방해하여 자유와 공정을 현저히 침해하고 그로 인하여 선출결의의 결과에 영향을 미쳤다고 인정되는지 여부 등을 참작하여 선출결의의 무효 여부를 판단하여야 하는데(대법원 2014. 12. 11. 선고 2013다204690 판결 등 참조), 채무자가 고용한 홍보요원으로 인하여 조합원의 자유로운 판단에 의한 투표가 방해되었는지, 방해되었다면 그와 같은 조합원의 수가 얼마인지, 그로 인하여 이 사건 결의에 영향을 미쳤는지 등에 관하여 판단할 만한 자료도 제출되어 있지 않다.
(사) 채무자는 이 사건 임시총회에서 총회 개최 예산 129,633,603원 중 홍보용역비를 51,520,000원으로 책정하였음에도, 실제로는 책정된 홍보용역비를 초과하여 홍보요원을 고용한 것으로 보이기는 하나, 이 사건 임시총회에서 예산안을 의결하면서 예산안은 추정금액으로 항목간 전용이 가능하다는 내용을 포함하여 의결한 점에 비추어, 비록 홍보용역비 항목의 예산금액을 초과하였더라도 예산 총액 범위 내에서 집행이 이루어지는 한 위법하다고 단정할 수는 없고, 달리 예산 총액 범위를 초과하여 총회 결의 없이 홍보용역비를 지출하였다는 소명은 없다.

[부산지방법원 동부지원 2020. 11. 16.자 2020카합100627 결정]
이 사건 기록에 따르면, 채무자가 채권자들의 주장과 같이 서면결의서를 일괄 발송

하지 않는 대신, 홍보요원이 서면결의서 제출 의사를 밝히 조합원들을 개별적으로 방문하여 서면결의서 양식을 교부하여 제출받는다고 안내한 사실은 소명된다.
그러나 도시 및 주거환경정비법이나 이 사건 조합 정관은 조합원들의 서면에 의한 의결권 행사를 인정하면서도 서면결의서 교부, 제출 방식을 반드시 채권자들의 주장과 같은 방식으로만 한정하고 있지는 않은 점, 오히려 도시 및 주거환경정비법이나 이 사건 조합 정관, 이 사건 임시총회 소집 공고에 따르면, 조합원들의 총회 직접 참석에 의한 의결권 행사가 보장되어 있고, 아울러 서면결의서 제출 이후 그 철회도 일반적으로 허용된다고 보는 이상, 현재 단계에서 바로 채무자가 취한 서면결의서 교부 방식 그 자체만으로 채권자들의 주장과 같은 홍보요원에 의한 조합원 의사 왜곡 우려가 있다고 단정하기는 어렵고, 달리 서면결의서 작성, 제출이 홍보요원에 의하여 부당하게 유도, 강요되고 있다고 볼 만한 뚜렷한 자료도 없는 점 등을 종합해 보면, 위 소명사실이나 그 밖에 제출된 자료만으로 이 사건 임시총회 소집 절차나 그 결의에 조합원들의 의결권을 침해한 중대한 하자가 있다고 보기 어렵다.

(2) 한편, 조합임원 해임총회에서 조합이 조합 예산으로 홍보요원을 동원하여 해임반대 서면결의서나 해임찬성 서면결의서에 대한 철회서 등을 받은 경우, 이를 이유로 총회를 연기한 것이 적법하다고 본 사례가 있다.

[수원지방법원 안양지원 2018. 12. 6.자 2018카합10111 결정]
2018. 6. 22.자 채무자 조합 대의원회의에서는 Y 등이 개최하려고 하는 이 사건 총회에 관하여 '임원 및 대의원 해임 관련 임시총회 대응의 건'이라는 안건으로 임시직원 채용 및 그에 대한 비용 지출(100인 × 12일 × 170,000원 = 204,000,000원) 결의를 하였는데(소을 제16호증의 1, 2), 이 사건 총회에서 해임대상인 임원 및 대의원 등이 개인적으로 조합원들에게 해임 결의의 부당성을 설명하고 해임반대 서면결의서 또는 해임찬성 서면결의서에 대한 철회서 등을 받거나 이를 총회 소집권자인 Y 등에게 제출하게 하는 것은 허용된다고 볼 것이나, 채무자 조합의 예산으로 직원을 채용하여 조직적으로 해임반대 서면결의서 또는 해임찬성 서면결의서에 대한 철회서 등을 받는 것은 형사 책임은 별론으로 하더라도 대단히 부적절한 행동일 뿐만 아니라, 현금청산자들이 이 사건 총회 개최를 방해하기 위한 행동 등을 한 것으로 볼 정황도 확인되는데, 총회 개최를 위한 기초사정에 변경이 있었다고 볼 수 있다. 또한, 기록상 이 사건 총회가 연기됨으로써 조합원들의 총의에 중대한 변화가 생겼음을 확인할 수 있는 소명자료도 없으므로, 이 사건 총회가 연기된데 어떠한 하자가 있다고 할 수 없다.

9. 하자있는 총회결의의 추인 등과 법률상 이익(권리보호의 이익)

(1) 소집절차에 하자가 있어 그 효력을 인정할 수 없는 총회의 결의라도 후에 적법하게 소집된 총회에서 이를 추인하면 처음부터 유효로 된다(대법원 1995. 6. 16. 선고 94다53563 판결, 대법원 1996. 6. 14. 선고 96다2729 판결).

조합 총회에서 임원을 선임한 결의에 하자가 존재하여 그 후에 다시 개최된 총회에서 위 종전 결의를 그대로 재인준하는 결의를 한 경우에는, 설사 당초의 임원선임결의가 무효라고 할지라도 새로운 총회결의가 하자로 인하여 부존재 또는 무효임이 인정되거나 그 결의가 취소되는 등의 특별한 사정이 없는 한 종전 총회결의의 무효에 대한 확인을 구하는 것은 과거의 법률관계 내지 권리관계의 확인을 구하는 것에 불과하여 권리보호의 요건을 결여한 것으로 보아야 할 것이고, 따라서 그 결의의 효력정지를 구하는 가처분 역시 허용될 수 없다(대법원 2003. 9. 26. 선고 2001다64479 판결, 서울동부지방법원 2021. 5. 25.자 2021카합10100 결정, 서울동부지방법원 2021. 11. 17.자 2021카합10282 결정, 부산지방법원 동부지원 2022. 2. 22.자 2021카합100561 결정, 서울북부지방법원 2022. 4. 15.자 2021카합120 결정).[33]

선행총회 결의에 하자가 존재하여 이를 치유하기 위하여 위 결의를 추인하는 총회(후행총회)를 개최하고자 할 경우, 선행총회 결의의 하자를 이유로 후행총회의 개최금지를 구하는 것은 허용되지 않는다고 본 사례가 있다.

> **[의정부지방법원 2017. 1. 4.자 2016카합5357 결정]**
> 이 사건 해임총회 결의의 효력에 관한 법원의 판단이 이루어지기 전으로 이 사건 임시총회에서 채권자들에 대한 해임 재인준이 의결된다고 하여 법원의 판단이 무력화된다고 할 수 없다.
> 또한 채무자가 2016. 12. 9. 의정부시장으로부터 임시총회 개최 승인을 받고 일련

---

33) 다만, 해임총회에서 부수안건으로 해임총회의 총회비용 승인에 관한 안건이 가결된 경우에는 설령 위와 같은 법리로 해임결의의 효력을 다투지 못하게 되더라도 총회비용 승인 안건의 효력은 다툴 수 있다고 보아야 할 것이나, 그 결의의 효력을 시급히 정지시킬 보전의 필요성이 인정되기 어려울 것이다(서울고등법원 2019. 10. 8.자 2019라20573 결정).

> 의 절차를 진행하던 중 이 사건 임시총회 개최 공고를 한 것으로 보이고, 이 사건 해임총회 결의의 효력 정지 가처분 심리가 이루지고 있다는 사정만으로 이 사건 임시총회를 통하여 채권자들 해임을 재인준할 것인지를 결의하는 것이 위법하다고 할 수 없는 이상, 조합원들의 자치적인 판단에 따라 이 사건 임시총회에서 채권자들 해임을 재인준 여부를 표결로써 결정하면 족하고, 이를 안건으로 하는 임시총회 개최 자체의 금지를 구할 수 없다.

(2) 다만, 후임 이사 등의 선임이 있었다고 하더라도 그 선임결의가 무효이고 남아 있는 다른 이사 등만으로는 정상적인 법인의 활동을 할 수 없는 경우, 임기가 만료된 구 이사(해임된 이사) 등으로 하여금 법인의 업무를 수행케 함이 부적당하다고 인정할 만한 특별한 사정이 없는 때에는, 구 이사 등은 후임 이사 등이 선임될 때까지 종전의 직무를 수행할 수 있고, 그 경우 구 이사 등은 해임결의의 무효 확인을 구할 법률상 이익이 있다.

그러나 임기 만료된 구 이사 등으로 하여금 법인의 업무를 수행케 함이 부적당하다고 인정될 만한 특별한 사정이 있다면, 그러한 구 이사 등이 해임결의의 무효 확인을 구하는 것은 부적법하다 할 것이다(대법원 2005. 3. 25. 선고 2004다65336 판결, 서울고등법원 2019. 10. 8.자 2019라20573 결정).[34]

(3) 해임처분으로 해임된 당사자는 해임처분 후 임기가 만료되었다 하더라도, 후임자의 선임이 없거나, 또는 그 선임이 있었다 하더라도 그 선임이 부존재 하거나 선임에 무효사유나 취소사유가 있는 등 특별한 사정이 있는 경우에는, 자신에 대한 해임처분에 대하여 무효확인을 구할 법률상 확인의 이익이 있다고 할 것이다(대법원 2005. 3. 25. 선고 2004다65336 판결, 대법원 2005. 6. 24. 선고 2005다10388 판결 등).

(4) 임원의 해임결의가 있은 후 다시 새로운 총회 결의에 의하여 후임 임원이 선임된 경우, 새로운 총회가 무효인 당초의 해임결의 후 새로 소집권한을 부여받은 직무대행자에 의하여 소집된 것이어서 무권리자에 의하여 소집된 총

34) 민법상 법인에서 임기가 만료된 이사 등이 그 임기만료 전에 불법하게 해임되었다 하더라도, 그 후에 적법한 절차에 의하여 후임 이사 등이 선임되었을 경우에는, 당초의 해임결의에 대한 무효 확인을 구하는 것은 과거의 법률관계 내지 권리관계의 확인을 구하는 것으로서 권리보호의 이익이 없고(대법원 1983. 9. 27. 선고 83다카938 판결, 대법원 1976. 10. 26. 선고 76다1771 판결 등), 따라서 그 결의의 효력정지를 구하는 가처분 역시 원칙적으로 허용될 수 없기 때문이다.

회라는 사유는 원칙적으로 독립된 무효사유로 볼 수 없다.

만일 이를 무효사유로 본다면 당초의 해임결의의 무효로 인하여 연쇄적으로 그 후의 결의가 모두 무효로 되는 결과가 되어 법률관계의 혼란을 초래하고 법적 안정성을 현저히 해하게 되기 때문이다(대법원 2010. 10. 28. 선고 2009다63694 판결 등). 따라서 설령 기존의 조합장 해임결의가 무효라고 하더라도, 그 후 개최된 임시총회가 무효인 당초의 해임결의 후 새로 소집권한을 부여받은 직무대행자에 의하여 소집된 것이어서 무권리자에 의하여 소집된 총회라는 사유는 원칙적으로 독립된 무효사유가 될 수 없다(대전고등법원 2021. 1. 11.자 2020라233 결정).

10. 서면결의 금지 신청의 허용 여부

조합원이 서면결의서에 의한 의결의 금지만을 구할 수 있는가. 서면에 의한 의결권 행사만 제한할 경우 서면결의를 허용한 정관 규정에 위반된다고 볼 소지가 있고 서면으로 의결권을 행사하는 다른 조합원들의 의사가 조합의 의사결정과정에서 배제되어 새로이 법률관계의 혼란을 초래하게 되므로, 허용되지 않는다고 보아야 할 것이다(대구지방법원 2020. 5. 28.자 2020카합10250 결정).

11. 조합임원에 대한 인센티브

정비사업조합 임원의 보수 특히 인센티브(성과급)의 지급에 관한 내용은 정비사업의 수행에 대한 신뢰성이나 공정성의 문제와도 밀접하게 연관되어 있고 여러 가지 부작용과 문제점을 불러일으킬 수 있으므로 단순히 사적 자치에 따른 단체의 의사결정에만 맡겨둘 수는 없는 특성을 가진다.

정비사업의 수행결과에 따라 차후에 발생하는 추가이익금의 상당한 부분에 해당하는 금액을 조합임원들에게 인센티브로 지급하도록 하는 내용을 총회에서 결의하는 경우 조합임원들에게 지급하기로 한 인센티브의 내용이 부당하게 과다하여 신의성실의 원칙이나 형평의 관념에 반한다고 볼 만한 특별한 사정이 있는 때에는 적당하다고 인정되는 범위를 벗어난 인센티브 지급에 대한 결의 부분은 그 효력이 없다고 보아야 한다.

인센티브의 내용이 부당하게 과다한지 여부는 조합임원들이 업무를 수행한 기간, 업무수행 경과와 난이도, 실제 기울인 노력의 정도, 조합원들이 재건축사업의 결과로 얻게 되는 이익의 규모, 재건축사업으로 손실이 발생할 경우 조합임원들이 보상액을 지급하기로 하였다면 그 손실보상액의 한도, 총회 결의 이후 재건축사업 진행 경과에 따라 조합원들이 예상할 수 없는 사정변경이 있었는지 여부, 그 밖에 변론에 나타난 여러 사정을 종합적으로 고려하여 판단하여야 한다(대법원 2020. 9. 3. 선고 2017다218987, 218994 판결).[35)]

위 대법원 판결 선고 후 환송 후 항소심 진행 과정에서 조합원들이 조합을 상대로 인센티브 지급과 관련된 총회결의 효력정지를 구한 사건의 결정내용을 소개한다.

[서울고등법원 2020. 11. 26.자 2020카합20129 결정]

가. 관할 위반 여부

먼저 채무자가 ②~④ 신청취지 가처분은 이 법원에 관할이 없다고 다투므로 이에 관하여 살펴본다.

가처분 사건은 본안의 관할법원에 관할이 있고, 본안이 항소심에 계속 중이면 그 항소법원에 관할이 있다(민사집행법 제303조, 제311조). 그런데 현재 이 법원에 계속 중인 본안사건의 핵심 쟁점은 조합 임원들의 직무와 합리적 비례관계에 있는 인센티브의 범위를 심리하여 판단하는 것이고, 이러한 본안판결이 확정되면 조합

35) 이러한 관점에서 대법원은, 갑 재건축조합의 임시총회에서 '조합 해산 시 추가이익이 발생하여 조합원들에 대한 환급금이 상승하고 추가부담금이 감소할 경우 추가이익금의 20%를 조합임원들에 대한 인센티브(성과급)로 지급한다'는 취지의 결의를 하자, 조합원들의 일부가 위 결의에 대해 무효 확인을 구한 사안에서, 위 결의는 재건축사업에 따라 손실이 발생할 경우 조합임원들이 부담하게 될 액수의 최고한도를 제한하고 있는 반면, 추가이익이 발생할 경우 조합임원들이 받게 될 인센티브를 추가이익금에 대한 20%로만 정하고 있을 뿐 총액의 상한에 관해서는 어떠한 제한도 두고 있지 않으며, 갑 재건축조합의 조합원의 수와 시설규모, 사업 시행 위치 등을 감안할 때 재건축사업의 성패에 따라서는 큰 금액의 손실이나 추가수익금이 발생할 수 있는 상황이고, 경우에 따라서는 조합임원들이 받게 될 인센티브의 규모가 기하급수적으로 늘어날 가능성이 있는데도, 위에서 정한 인센티브가 조합임원들의 직무와 합리적 비례관계를 가지는지에 관하여 별다른 심리를 하지 않은 채 위 결의를 무효로 볼 수 없다고 한 원심판단에 법리오해의 잘못이 있다고 보았다(위 대법원 2017다218987, 218994 판결).

임원들에게 지급하여야 하는 구체적인 인센티브의 금액 또한 확정될 수 있다. 따라서 본안사건에서 그러한 구체적인 인센티브의 범위가 확정될 때까지 조합 임원들에게 인센티브 명목의 금원 지급을 금지하여 달라는 ② 신청취지 가처분은 이 법원에 계속 중인 위 본안사건을 본안으로 하므로, 이 법원에 관할이 있다.

한편 채권자들은 ③, ④ 신청취지를 통하여 본안 판결 확정시까지 조합 임원들에 대한 인센티브 지급을 안건으로 하는 총회개최를 금지하거나 2020. 11. 30.자 총회에서 이러한 안건의 상정을 금지하는 가처분을 함께 구하고 있다.

살피건대 채무자의 2020. 11. 30.자 총회를 비롯하여 장차 채무자가 개최할 수 있는 총회나 이를 통한 결의는 2013. 10. 29.자 총회나 결의와는 독립된 별개의 것이기는 하다. 그러나 채권자들이 이 사건에서 금지를 구하는 총회나 결의는 모든 안건을 대상으로 하는 것이 아니라 오로지 조합 임원들에 대한 인센티브 지급을 안건으로 하는 경우만을 대상으로 하고 있다. 따라서 만일 인센티브 지급을 안건으로 하는 새로운 결의가 이루어지고 채권자들이 다시 인센티브 범위에 관하여 그 결의의 효력을 다툴 경우, 해당 결의에 본안사건에서 쟁점이 된 무효사유와 전혀 무관한 독립된 하자가 있지 않은 이상 해당 결의와 이 사건 결의에 관한 기본적 사실관계 및 그에 따른 쟁점은 합리적인 인센티브 범위에 관한 것으로서 사실상 서로 동일하다. 그렇다면 채권자들이 이 법원에서 청구취지를 변경하여 해당 결의의 효력을 바로 다투더라도 심급의 이익을 침해한다고 볼 수 없어 채권자들은 위 본안사건을 본안으로 삼아 해당 결의 효력을 다툴 수 있으므로, 결국 ③, ④ 신청취지 가처분 역시 이 법원의 관할이 인정된다고 봄이 타당하다. 따라서 관할에 관한 채무자의 주장은 받아들이지 않는다.

나. ① 신청취지 가처분에 관한 판단

대법원이 이 사건 결의의 내용 중 일부의 무효 여부 및 무효의 범위를 추가로 심리하여 구체적인 인센티브 범위를 판단하여야 한다는 것을 이유로 환송 전 항소심 판결을 파기하고 환송한 이상, 이 사건 결의의 효력정지를 구할 채권자들의 피보전권리는 충분히 소명이 된다. 나아가 이 사건 결의의 일부가 무효일 가능성이 높음에도 채무자가 이 사건 결의에 따른 집행을 온전히 해버릴 경우, 본안에서 일부 무효가 확정된다고 하더라도 조합원인 채권자들이 회복할 수 없는 손해를 입거나 그에 따른 새로운 분쟁이 발생할 수도 있으므로, 본안의 확정시까지 이 사건 결의의 효력정지를 구할 보전의 필요성 역시 충분히 소명이 된다. 따라서 채권자들의 이 부분 신청은 이유 있다.

다. ② 신청취지 가처분에 관한 판단

이 부분 신청취지는 이 사건 결의에 따른 집행의 일환으로 조합 임원들에게 인센티브를 지급하지 말 것과 그 외 어떠한 이유와 근거로든 인센티브를 지급하지 말 것을 모두 포함하고 있는 것으로 보인다.

우선 이 사건 결의에 따른 인센티브의 지급 금지는 이 사건 결의의 효력이 정지됨에 따라 당연히 수반되는 것으로도 볼 수 있으나, 금지의 내용을 보다 구체적이고 분명하게 밝히기 위하여 이를 별도로 구할 보전의 필요성을 인정할 수 있다.

한편 이 사건 결의 이외에 어떠한 이유나 근거로든 인센티브 지급의 금지를 구하는 것은 그 범위가 다소 광범위하거나 포괄적이라고 볼 여지가 있기는 하다. 그러나 아래에서 보는 바와 같이 사적자치 원칙에 따라 채무자가 총회를 개최하거나 안건을 상정하는 것 자체를 금지하기는 어렵다고 하더라도, 일단 지급 되면 회수하기 어려운 금전의 특성을 고려할 때, 이 법원의 사법판단을 통하여 이 사건 결의의 효력 범위 및 그에 따른 구체적인 인센티브의 금액이 확정되지 않았음에도 채무자가 별도의 결정이나 협의 등을 근거로 사법판단을 통하여 인정되는 금액과 무관한 금액의 인센티브를 임의로 지급하는 것은 현재까지의 소송경과와 대법원의 판단을 무위로 돌리고 그 판단의 취지를 잠탈하는 결과가 될 가능성이 매우 높다. 뿐만 아니라, 채무자가 임의로 정한 인센티브를 지급함으로써 해결하기 어려운 추가적인 분쟁이 발생하거나 채권자들과 채무자 사이의 분쟁이 종국적으로 해결되지 못하고 더 복잡하게 얽혀 지속될 소지도 충분하다.

따라서 비록 본안 판결의 확정시까지 다소 시간이 걸린다고 하더라도, 이를 통하여 합리적이고 구체적인 인센티브의 금액을 확정한 이후에야 비로소 그 금액을 지급할 수 있도록 하는 것이 당사자들 사이의 분쟁을 종국적으로 해결하는 최선의 방법이라고 보이므로, 본안 판결 확정 전까지 어떠한 근거로든 조합 임원들에 대한 인센티브 명목의 금원 지급 금지를 구할 보전의 필요성도 인정된다(채무자는 어차피 임의로 인센티브를 지급할 의사나 염려가 없다는 취지로도 주장하나, 그렇다면 이 부분 가처분을 인용함으로써 채무자에게 특별히 더 불리한 결과가 발생하는 것도 아니라고 보아야 한다).

라. ③, ④ 신청취지 가처분에 관한 판단

1) 민사집행법 제300조 제2항에 따른 임시의 지위를 정하기 위한 가처분은 다툼 있는 권리관계에 관하여 그것이 본안소송에 의하여 확정되기까지 가처분권리자가 계속하는 권리관계에 끼칠 현저한 손해를 피하거나 급박한 위험을 방지하기 위하여, 또는 기타의 이유가 있는 때에 한하여 허용되는 응급적·잠정적인 처분이다. 따라서 이러한 가처분의 필요성은 당해 가처분신청의 인용 여부에 따른 당사자 쌍방의 이해득실관계, 본안소송에 있어서의 장래의 승패의 예상, 기타의 제반 사정을 고려하여 법원의 재량에 따라 합목적적으로 결정하여야 한다. 더욱이 가처분채무자에 대하여 본안판결에서 명하는 것과 같은 내용의 부작위의무를 부담시키는 이른바 만족적 가처분일 경우에는, 그에 대한 보전의 필요성 유무를 판단할 때에 위에서 본 바와 같은 제반 사정을 참작하여 보다 더욱 신중하게 결정하여야 한다(대법원 1993. 2. 12. 선고 92다40563 판결 등 참조).

2) 특히 재건축조합이 업무상 필요에 의하여 총회를 개최할지 여부 및 총회에서 어떠한 안건을 상정하여 결의할 것인지에 관한 결정은 매우 특별한 사정이 없는 이상 사적자치의 원칙에 비추어 조합의 의사를 충분히 존중하여 이를 보장하여야 한다. 따라서 비록 그 결의 내용이 합리적인 조합의 자율성과 재량의 범위를 넘어 사회적 타당성을 결여하거나 신의칙에 반하는 경우 사후적으로 그 전부나 일부를 무효로 함으로써 사법통제의 대상으로 삼을 수는 있으나, 이를 넘어 그 결의 자체를 사전에 차단하는 것은 그 결의로 인하여 해결하기 어려운 추가적인 분쟁이 발생한다거나 어느 당사자가 회복할 수 없는 심각한 손해를 입게 되는 된다는 등의 특별한 사정이 고도로 소명되지 않는 이상 보전의 필요성을 쉽게 인정하기 어렵다.
그런데 기록에 나타난 아래 사정들에 비추어 보면, 채무자 조합의 총회 자체를 개최하지 못하도록 금지하거나 인센티브 안건 자체를 상정하지 못하도록 금지할 보전의 필요성이 고도로 소명되었다고 보기 어렵다.
① 총회를 개최하고 안건을 상정하는 것은 단순히 안건에 대한 투표만을 진행하는 것이 아니라, 투표에 앞서 조합임원 및 다수 조합원들 사이에 치열한 토론과 논쟁을 수반하는 것이 보통이므로, 그러한 과정에서 채권자들이 아닌 다른 조합원들이 자신들의 의견을 개진하고 서로의 입장을 확인할 기회를 보장하면서 다수 조합원들과 조합임원들 사이의 이해관계를 조정할 수 있는 자리를 마련할 필요가 있다.
② 이 사건 결의는 이 사건 재건축사업이 본격적으로 진행되기 전에 이루어진 것인 반면, 현재는 재건축사업이 거의 종료되어 그 동안 많은 사정의 변경이 있었던 것으로 보이고, 조합원의 구성이나 조합원들의 의사에도 많은 변동이 있었을 수 있다. 따라서 현재 시점에서의 다수 조합원들의 의사를 다시 확인하여 이를 조합 업무에 반영할 필요가 있다고도 할 수 있다.
③ 재건축사업이 난항을 겪고 있을 당시의 일반 조합원 및 조합임원들과의 역학관계와 재건축사업이 거의 종료된 현재의 둘 사이의 관계가 동일하다고 보기 어려워, 채권자들이 우려하는 것처럼 반드시 조합원들이 수동적으로 반응하여 조합임원들이 의도하는 대로 의결할 것이라고 단정하기도 어렵다.
④ 앞서 본 바와 같이 ② 신청취지 가처분을 인용하여 실제 인센티브가 지급되는 것을 금지한 이상, 채무자가 인센티브에 관한 안건을 상정하여 이를 지급하는 것으로 의결한다고 하더라도 채권자들은 실제 인센티브의 지급 없이 새로운 결의의 효력을 다툴 시간이 있으므로, 채권자들이 이 사건 가처분 신청을 통하여 얻고자 하는 목적과 효과는 충분히 달성할 수 있을 것으로 보인다.
⑤ 즉, 채무자가 인센티브를 지급하는 것으로 새로운 결의를 한다고 하더라도, 만일 채권자들이 본안 청구취지를 변경하여 새로운 결의의 효력을 다투고 본안 심리 결과 새로운 결의의 내용이 여전히 합리적인 범위를 벗어난 것으로 보인다면 새로운 결의의 효력범위를 본안에서 판단한 후 그에 따라 실제 인센티브가 지급되게

<u>된다. 또한 만일 새로운 결의에 따른 인센티브 금액이 본안에서 인정하는 합리적 범위 내에 있는 것으로 판단된다면 본안 확정 후 새로운 결의에 따라 인센티브가 지급될 것이므로 어느 경우이든 채권자들에게 회복하지 못할 손해가 발생한다고 볼 수 없다</u>.

⑥ 반면 총회의 개최와 안건 상정 자체를 처음부터 금지시킬 경우 채무자의 조합원들은 관련 법령에 따라 보장되는 총회 참석권과 토의권, 결의권 등을 원천적으로 박탈당하여 이를 전혀 행사할 수 없게 된다. 또한 채무자로서도 비록 가처분이의 등의 불복절차가 보장되어 있기는 하나, 필요한 시기에 총회를 개최하지 못하여 관련 안건에 관한 토론과 결의를 진행하지 못함으로써 회복하지 못할 손해를 입을 가능성도 배제할 수 없다.

3) 따라서 채권자들의 이 부분 신청은 받아들이지 않는다.

제 6 장

소수조합원의 총회 소집 관련 주요 쟁점

1. 소집권자와 소집절차

(1) 도시정비법 제44조는 조합 총회의 소집권자로 '조합장'을 명시한 후 총회 소집절차·시기 등에 관하여는 정관에 위임하고 있다. 상당수의 조합은 정관에서 조합총회의 소집권자를 '조합장'으로 명시하면서, 예외적으로, ① 조합원 중 일정 비율 이상이 총회의 소집을 요구하였음에도 일정 기간 이내에 정당한 이유 없이 소집하지 않는 경우에는 '감사'를 소집권자로, ② '감사'도 위 총회를 소집하지 않는 경우에는 시장·군수의 승인을 조건으로 '소집을 청구한 자의 대표'를 소집권자로 명시하고 있다.

한편, 도시정비법 제43조 제4항은 "조합임원은 법 제44조 제2항에도 불구하고 조합원 10분의 1 이상의 요구로 소집된 총회에서 조합원 과반수의 출석과 출석 조합원 과반수의 동의를 받아 해임할 수 있다. 이 경우 요구자 대표로 선출된 자가 해임 총회의 소집 및 진행을 할 때에는 조합장의 권한을 대행한다." 라고 규정하고 있는데, 이는 조합임원 해임과 관련하여서는 임시총회소집 요구를 위한 조합원의 수(법 제44조 제2항에서 정한 5분의 1 이상의 조합원) 요건을 완화하기 위한 규정에 불과할 뿐, 위 규정이 임시총회 소집절차를 생략한 채 바로 소집요구자에게 곧바로 임시총회를 소집할 권한까지 부여하는 규정이라고 볼 수는 없다.

만일 위와 같은 절차를 거치지 않은 채 조합원 10분의 1 이상이 '조합 임원의 해임'을 안건으로 하여 총회 소집을 요구하는 경우 소집요구자 대표가 바로 총회를 소집할 수 있다고 본다면, 위에서 본 조합 정관이 무의미한 규정이 되는데, 이와 같이 해석하여야 할 근거가 없고, 조합원의 10분의 1 이상이 '조합 임원의 해임'을 안건으로 하는 임시총회를 아무런 절차를 거치지 않고 특별한 제한도 없이 계속적·반복적으로 소집할 수 있게 되어 단체법적으로 큰 혼란이 예상되며, 이는 법 제43조 제4항의 입법취지·목적에도 반하게 된다.

(2) 따라서 소수조합원들이 총회의 적법한 소집권자가 되려면, ① 소수조합원들이 조합원 10분의 1 이상의 요구에 따라 '조합장'에게 임시총회 소집을 요구하였음에도 정당한 사유 없이 '조합장'이 이를 해태하였어야 하고, ② 그 경우에 '감사'도 지체 없이 임시총회를 소집하지 않았어야 하며, ③ 이러한 전제가 모두 충족된 상황에서 채무자들이 시장의 승인을 받고 임시총회를 소집하여야 하는 것이다.

위와 같은 절차 없이 소수조합원들이 바로 임시총회를 소집하는 것은 허용되지 아니한다(창원지방법원 마산지원 2021. 1. 29.자 2021카합20001 결정, 인천지방법원 2021. 3. 2.자 2021카합10090 결정).

다만, 발의자 대표가 별도로 법원의 허가를 받을 필요는 없다고 볼 것이다(서울남부지방법원 2018. 6. 11.자 2018카합20129 결정,[1] 서울서부지방법원 2020. 1. 17.자 2019카합50618 결정).

(3) 조합장과 조합이사 전원이 해임된 경우에는 설령 조합의 법인등기부상 해임된 이사들이 이사로 등재되어 있다고 하더라도, 소수조합원은 바로 감사에게 총회개최를 요구할 수 있고, 이에 따라 감사가 소집한 총회는 적법하고, 감사는 적법하게 소집한 총회의 개최일을 변경할 권한도 갖는다(서울서부지방법원 2022. 7. 28.자 2022카합50377 결정).

조합에 감사가 여러 명 있는 경우, 발의자 대표는 조합장이 총회소집청구

---

1) 도시정비법 제43조 제4항은 도시정비법상 정비사업조합의 임원 해임을 위한 총회 소집 요건을 다소 완화함으로써 조합 내부의 업무 건전성과 소수조합원에 의한 견제 기능을 도모하는 규정으로서 그 문언상 총회를 소집함에 있어서 법원의 허가를 요구하지 않고 있다. 또한 발의자 대표가 조합장의 권한을 대행한다는 취지는 조합장이 총회를 소집함에 있어서 법원의 허가를 얻을 필요가 없는 것과 마찬가지로 발의자 대표가 해임총회를 소집하는 경우에도 법원의 허가를 필요로 하지 않는다는 의미로 해석함이 타당하다.

를 거부하면 감사 전원에게 총회소집청구를 하여야 하고, 감사 일부에게만 총회소집청구를 한 후 해당 감사가 총회소집을 거부한다는 이유로 직접 총회를 소집할 수는 없다(대전지방법원 2020. 8. 3.자 2020카합50456 결정).

(4) 조합 정관이 "조합장이 60일 이내에 정당한 이유 없이 총회를 소집하지 아니하는 때"라고 규정하고 있더라도, 총회소집권자인 조합장 내지 감사가 총회소집청구에 대하여 명백하게 이를 거절한 의사표시를 한 경우에는 발의자 대표로 선출된 자가 60일을 기다릴 필요 없이 조합장의 권한을 대행할 수 있다고 해석함이 상당하다.

① 위 정관상의 '60일 요건'은 단체 구성원의 총회소집청구권에 관한 다른 법령에 비하여 과도하게 긴 기간으로 보이고[예를 들어, 민법은 '2주'(민법 제70조 제3항), 집합건물의 소유 및 관리에 관한 법률은 '1주'(동법 제33조 제3항)로 규정하고 있다], ② 소수조합원의 이익보호를 위한 총회소집청구권의 취지에 비추어 위와 같은 명백한 거절의 의사표시가 있는 경우까지 60일을 기다려 총회소집을 하도록 하여 무익한 시간을 소모하게 하는 것은 아무런 실익이 없고 오히려 소수 조합원의 이익에 반할 염려가 있기 때문이다(대전지방법원 2020. 8. 3.자 2020카합50456 결정).

(5) 조합장 및 감사가 해임 등의 이유로 공석인 경우는 어떠한가.

조합의 조합장 및 감사가 해임 또는 임기만료로 인하여 공석인 상태임을 알 수 있고, 이처럼 조합장 및 감사가 공석인 경우에는 정관 규정에 따른 일정 수의 조합원의 임시총회 개최 청구가 있으면 그 발의자 대표가 구청장의 승인을 얻어 정관상 임시총회의 소집권한을 바로 가진다고 봄이 타당하므로, 발의자 대표가 정관 규정에 따른 일정 수의 조합원으로부터 임시총회 개최에 대한 발의서를 징구한 후 그 발의자 대표로 구청장의 승인을 얻어 이 사건 총회를 소집할 수 있을 것이다(서울중앙지방법원 2019. 6. 27.자 2019카합21017 결정[2]).

2) 위 사례에서 법원은 구청장이 발의자 대표의 임시총회 개최 승인 요청에 대하여 '조합임원 선출총회 개최를 승인하나, 다만 법원이 선임한 임시이사를 통하여 새로운 집행부를 선출하는 것을 권고하고, 이를 수행할 수 없을 경우 공정하고 투명하게 임시총회를 준비하기 바란다'라는 취지의 통지를 하였다면, 위 통지는 '총회 개최의 승인'이고, 다만 절차상 법원이 선임한 임시이사를 통하여 임시총회를 개최하되 그렇지 아니한 경우라도 공정하고 투명하게 개최하기를 권고한 것으로 볼 수 있으므로, 발의자 대표가 총회를 개최함에 있어서 정관에서 정한 구청장의 승인이 없었다고 보기는 어렵다고 보았다(서울중앙지방법원 2019. 6. 27.자 2019카합21017 결정).

또한 이때 발의자 대표가 법원으로부터 조합장 직무대행자(임시대표자) 선임 결정을 받고 그 직무대행자(임시대표자)에 대하여 임시총회 소집청구를 거친 후에야 발의자 대표가 임시총회 소집권한을 비로소 가지게 되는 것이라고 보기는 어려울 것이다(서울중앙지방법원 2019. 8. 22.자 2019카합21157 결정).

(6) 이와 달리 발의자 대표가 조합장 등에게 총회소집요구를 하지 않고 직접 조합임원 해임총회를 소집할 수 있다고 본 하급심결정례도 있다.

[부산지방법원 동부지원 2021. 3. 17.자 2021카합100098 결정]
① 도시정비법 제43조 제4항에서 "조합원 10분의 1 이상의 요구로 소집된 총회에서 조합임원을 해임하는 경우에는, 요구자 대표로 선출된 자가 해임 총회의 소집 및 진행을 할 때 조합장의 권한을 대행한다"는 내용을 정하고 있고, 이는 조합원들이 보다 용이하게 조합임원의 신임 여부에 관한 의견을 표명할 수 있도록 함으로써 조합임원에 대한 소수 조합원들의 견제가 가능하게 하는 조항인 점, ② 도시정비법 제44조 제5항이 "총회의 소집 절차·시기 등에 필요한 사항은 정관으로 정한다"고 정하고 있고, 채권자 조합의 정관 제18조 제3항이 "조합장이 해임 대상인 경우에는, 조합원 10분의 1 이상의 발의자 공동명의로 소집한 총회에서 조합임원을 해임할 수 있다"고 명확하게 규정하고 있는데, 이는 조합장이 자신의 해임을 안건으로 하는 임시총회 소집 요구에 응하지 않는 경우를 대비하여 만든 규정으로 보이는 점, ③ <u>조합원 10분의 1 이상의 조합원들이 조합장 해임을 목적으로 하는 임시총회를 소집하고자 하는 경우에도 반드시 조합장에게 먼저 소집 요구를 해야 한다고 보게 되면, 조합장이 적극적으로 임시총회 소집을 하지 않는 이상 조합원들과 조합장 사이에 갈등이 발생한 상태에서도 불필요하게 2개월 이상의 기간을 기다려야만 하는 불합리한 상황이 발생할 수 있는 점</u> 등을 종합하여 보면, 채무자들을 포함한 발의자들에게 이 사건 임시총회 소집권한이 있다고 봄이 상당하므로, <u>채무자들이 조합장인 채권자 B에게 이 사건 임시총회 소집을 요구하지 않고 바로 이 사건 임시총회를 소집하였다고 하여 소집절차상의 하자가 있다고 인정하기 어렵다</u>.

(7) 관련하여 서울북부지방법원 2018. 6. 12.자 2018카합20166 결정은 ① 위 (1)에서와 같은 정관규정이 있는 경우에도 조합장이 해임되고 직무대행자도 존재하지 않는 경우, 발의자 대표는 감사에게 총회소집을 요구할 필요가 없고, ② 설령 그렇지 않더라도 위 정관규정은 소수조합원들의 총회개최권을 보장하기 위한 것으로서 조합장 등은 소수조합원의 청구에 따라 총회개최의무만을 부

담하는 점 등을 고려할 때(대법원 2007. 9. 4.자 2007마701 결정 참조), 발의자 대표는 감사에게 총회소집 요구를 하고 곧바로 관할구청장에게 총회소집 승인을 요청하였다고 하여 그것이 정관 규정에 위배된다고 보기는 어려우며, ③ 발의자 대표로서는 감사의 총회소집 여부가 결정되기 이전이라도, 감사가 총회를 소집하지 않을 경우를 대비하여 미리 총회소집 승인을 요청하고, 이후 실제로 감사가 총회소집에 응하지 않을 때에는 최종 승인을 얻어 직접 총회를 소집할 수 있다고 보았다.

또한 위 사안에서 법원은 "채권자들이 주장하는 정관 제20조 제5항에 따른 감사의 총회소집권한은 소수조합원들이 총회 소집을 청구하였을 때 감사가 그 총회를 소집할 수 있다는 것이지, 감사가 소수조합원들을 배제한 채 대의원회 의결 등을 거쳐 별도의 총회를 소집할 권한을 갖는다는 것이 아니다. 오히려 발의자 대표가 관할 행정청의 승인을 받아 총회를 소집하는 경우에는 발의자 대표가 조합의 기관으로서 총회를 소집하는 것이므로, 이와 동일한 안건으로 총회를 소집하는 것이 허용되지 않는다고 볼 여지가 있다(법원의 허가를 받아 임시총회를 소집한 사건에 관한 대법원 1993. 10. 12. 선고 92다50799 판결 참조)."라고도 판시하였다.

(8) 발의자 대표가 총회를 소집할 경우 소집통지 기간과 절차를 준수할 필요가 없는가.

조합 정관에서 위 소집통지에 관한 각 조항이 도시정비법 제43조 제4항에 따라 발의자 대표들이 소집한 임시총회의 경우에는 그 적용이 배제된다는 취지의 명시적 규정이 없는 이상 발의자 대표가 총회를 소집할 경우에도 소집통지 기간을 준수하여야 한다는 견해(부산고등법원 2021. 10. 26.자 2021라5130 결정)와 이를 부인하는 견해가 대립되고 있다(서울고등법원 2019. 4. 19.자 2018라21523 결정, 의정부지방법원 2020. 6. 23.자 2020카합5155 결정, 부산지방법원 2021. 6. 24.자 2021카합10379 결정, 부산지방법원 2021. 8. 31.자 2021카합10408 결정).

전자의 대표적인 판단근거는 서울고등법원 2021. 6. 22.자 2021라20389 결정의 판시내용을, 후자의 대표적인 판단근거는 서울고등법원 2021. 5. 11.자 2021라20070 결정의 판시내용을 참조하기 바라며, 다만 이에 관한 하급심의 판단이 통일되지 않고 있으므로 가급적 소지통지 기간과 절차를 준수하는 것이 바람직할 것이다.

〈 소집통지 기간과 절차를 준수하여야 한다는 논리〉

[서울고등법원 2021. 6. 22.자 2021라20389 결정[3)]]

도시정비법이 현재와 같이 개정되어 온 과정과 그 취지, 문언 및 체계 등에 비추어 알 수 있는 다음과 같은 사정을 고려하면, 도시정비법 제45조 제6항은 도시정비법 제43조 제4항에 따라 조합원 10분의 1 이상의 요구로 소집된 해임총회의 경우에도 적용된다고 봄이 타당하다.

가) 주택재개발정비사업조합의 총회는 조합 임원의 선임과 해임 등을 비롯하여 조합에 관한 여러 중요한 사항에 대해 결정하는 조합의 최고 의사결정기관이다(대법원 2020. 11. 5. 선고 2020다210679 판결 참조). 총회는 원칙적으로 조합장의 직권 또는 조합원 5분의 1 이상 또는 대의원 3분의 2 이상의 요구로 조합장이 소집하고, 조합원 100분의 10 이상이 직접 출석한 총회에서 조합 임원의 해임을 결의할 수 있다. 도시정비법에서는 이러한 일반적 소집절차에 대한 예외로서 소수 조합원의 발의에 의한 조합임원의 해임을 위한 총회 소집을 규정하고 있다(도시정비법 제43조 제4항).

나) 앞서 본 바와 같이 소수 조합원의 발의에 의한 조합 임원 해임을 위한 총회 소집에 관한 도시정비법 규정은 2009년 이후 현재까지 크게 두 차례 개정되었다. 개정 과정에서 공통적으로 유지된 내용은 조합 임원 해임을 위해 총회를 소집할 때에 요구되는 발의자 조합원의 수를 낮춘 것으로, 조합 임원이 조합 운영에 미치는 영향이 지대한 점, 사실상 통상적 방법에 의한 임원 해임이 매우 어려운 점 등을 고려하여 조합원들이 임원 해임을 총회 안건에 부의하고자 하는 경우에는 일반적인 총회 소집의 경우보다 더 쉽게 총회를 소집할 수 있도록 요건을 완화함으로써 조합 내부의 업무 건전성을 도모하고 소수 조합원의 조합 운영에 대한 참여를 확대하는 한편, 소수 조합원에 의한 조합 임원 견제 기능을 강화하고자 하는 취지로 보인다.

다) 특히 2017년 개정 전 도시정비법 제23조 제4항은 그 문언상 "제24조(총회개최 및 의결사항)에도 불구하고"라는 문구를 명시적으로 추가하고, 종전 법률인 2009년 개정 전 도시정비법 제23조 제4항에서 "정관에서 해임에 관하여 별도로 정한 경우에는 정관이 정하는 바에 의한다."라고 했던 단서 조항을 삭제함으로써, 임원 해임의 경우에는 일반적인 총회 개최 및 의결에 관한 제24조가 적용되지 않음을 명백히 하였다. 이는 일반적인 총회보다 그 소집 및 의결요건을 완화함으로써 조합원들이 그 의사에 기하여 조합임원의 해임을 보다 용이하게 하는 데 그 취지가 있

3) 다만 이 사건은 소수조합원이 발의한 조합임원 해임총회에 조합원 1/10 이상이 직접 출석하여야 하는지에 관하여 판단한 사안이므로, 판단 논리만을 참조하기 바란다.

다 할 것이고, 따라서 2017년 개정 전 도시정비법 제23조 제4항에 기한 해임결의를 위해서는 조합원 과반수의 출석과 출석 조합원 과반수의 동의만 있으면 되는 것이지 조합원 100분의 10 이상이 직접 출석하는 것까지 요구되는 것은 아니었다(대법원 2014. 9. 4. 선고 2012다4145 판결 등 참조).
라) 그런데 2017년 개정 전 도시정비법이 2017. 2. 8. 법률 제14567호로 전면개정되면서 종전 총회의 개최와 의결이 한 조문(제24조)에 규정되어 있었던 것과 달리 총회의 소집에 관한 규정(제44조)과 총회의 의결에 관한 규정(제45조)이 구분되었고, 일반의결정족수규정(제45조 제3항)이 신설되었다. 이 과정에서 원래 "제24조에도 불구하고"라고 규정되어 있던 문구가 "제44조 제2항에도 불구하고"라고 변경되었는바, 문언적 해석 상 총회의 소집과 의결에 관한 규정 전부를 배제하였던 종전과 달리 일반적인 총회의 소집요건에 관한 제44조 제2항의 적용만을 배제하는 것으로 보아야 한다.
즉, 2017년 개정 전 도시정비법 제23조 제4항이 해임총회의 소집과 의결요건을 모두 완화한 특별규정이라는 취지의 위 대법원 2014. 9. 4. 선고 2012다4145 판결은 2017년 도시정비법의 전면개정으로 인하여 그 구조가 달라진 이상 현재는 적용되기 어렵다고 보아야 한다.
마) 도시정비법 제45조 제6항이 일정 비율 이상 조합원의 직접 출석을 요구하는 것은 총회 의결시 조합원의 의사를 명확하게 반영하고 조합원들의 의결권을 실질적으로 보장하여 총회의 실질화를 꾀함에 그 취지가 있는바, 조합의 의사결정기관인 총회의 중요성에 비추어 보면 위 조항은 일반적인 총회뿐만 아니라 조합원 10분의 1 이상의 요구가 있어야 소집되는 도시정비법 제43조 제4항의 해임총회의 경우에도 적용된다고 봄이 타당하다. 이와 같이 총회의 소집과 의결을 구분하여 보더라도, 소수 조합원이 임원 해임을 위한 총회 소집을 발의하는 요건이 완화되어야 한다는 취지에서 개정되어 온 도시정비법의 입법취지에 어긋나는 해석이라고 보기 어렵다.

〈소집통지 기간과 절차를 준수할 필요가 없다는 논리〉

[서울고등법원 2021. 5. 11.자 2021라20070 결정[4]]
1) 먼저 조합 임원의 전원 해임에 관하여 "조합원 과반수의 동의"를 얻도록 정한 채무자 정관 제18조 제3항 해당부분은 다음과 같은 이유로 "조합원 과반수의 출석과 출석조합원 과반수의 동의"만을 요구하고 있는 도시정비법 제43조 제4항에 반

4) 다만 이 사건은 조합임원 전원 해임시 조합원 과반수 동의를 얻도록 한 정관의 유효 여부에 관하여 판단한 사안이므로, 판단 논리만을 참조하기 바란다.

하여 조합임원의 해임을 어렵게 하는 규정으로서 무효라고 봄이 타당하므로, 이와 다른 전제에 선 채권자들의 주장은 이유 없다.

① 주택재개발정비사업조합의 총회는 조합 임원의 선임과 해임 등을 비롯하여 조합에 관한 여러 중요한 사항에 대해 결정하는 조합의 최고 의사결정기관이다(대법원 2020. 11. 5. 선고 2020다210679 판결 참조). 총회는 원칙적으로 조합장의 직권 또는 조합원 5분의 1 이상 또는 대의원 3분의 2 이상의 요구로 조합장이 소집하고(도시정비법 제44조 제2항), 이와 같이 소집된 총회에서도 조합 임원의 해임을 결의하는 것은 당연히 가능하다.

이러한 일반적 소집절차에 대한 예외가 이 사건에서 문제되고 있는 소수 조합원의 발의에 의한 조합 임원의 해임을 위한 총회 소집의 경우이다.

기초사실에서 살펴본 바와 같이, 소수 조합원의 발의에 의한 조합 임원 해임을 위한 총회 소집에 관한 도시정비법 규정은 2009년 이후 현재까지 크게 두 차례 개정되었다(이하 순서대로 '2009년 개정 전 도시정비법', '2017년 개정 전 도시정비법', '현행 도시정비법 또는 도시정비법'이라고 한다). 개정 과정에서 공통적으로 유지된 내용은 조합임원 해임을 위해 총회를 소집할 때에 요구되는 발의자 조합원의 수를 낮춘 것으로, 조합 임원이 조합 운영에 미치는 영향이 지대한 점, 사실상 통상적 방법에 의한 임원 해임이 매우 어려운 점 등을 고려하여 조합원들이 임원 해임을 총회 안건에 부의하고자 하는 경우에는 일반적인 총회 소집의 경우보다 더 쉽게 총회를 소집할 수 있도록 요건을 완화함으로써 조합 내부의 업무 건전성을 도모하고 소수 조합원의 조합 운영에 대한 참여를 확대하는 한편, 소수 조합원에 의한 조합 임원 견제 기능을 강화하고자 하는 취지로 보인다. 나아가 2009년 개정 전 도시정비법 제23조 제4항 본문에서는 발의요건을 완화하는 내용만 있었는데, 2009. 2. 6. 개정을 통해 발의자 대표(현행 도시정비법에서 말하는 '요구자 대표')로 선출된 자가 총회의 소집과 진행에 있어 조합장의 권한을 대행하도록 하는 규정을 제23조 제4항 단서로 추가한 것 역시, 현실적으로는 실제 총회를 소집하고 진행하는 주체가 누구인지가 매우 중요한 요소라는 점을 고려하여 이를 명확히 한 것으로, 적어도 조합 임원의 해임 안건을 위한 총회는 보다 용이하게 소집되고 진행될 수 있어야 한다는 방향성 하에 관련 규정이 개정되어 온 것으로 이해하는 것이 타당하다. 그렇다면 현재의 도시정비법 제43조 제4항과 관련 정관을 해석할 때에도 이러한 사정을 염두에 두어야 한다.

② 특히 2017년 개정 전 도시정비법 제23조 제4항은 그 문언상 "제24조(총회개최 및 의결사항)에도 불구하고"라는 문구를 명시적으로 추가하고, 종전 법률인 2009년 개정 전 도시정비법 제23조 제4항에서 "정관에서 해임에 관하여 별도로 정한 경우에는 정관이 정하는 바에 의한다."라고 하였던 단서 조항을 삭제함으로써, 임원 해임의 경우에는 일반적인 총회 개최 및 의결에 관한 제24조가 적용되지 않음

을 명백히 하였던바, 이는 조합원 10분의 1 이상의 발의로 조합 임원을 해임하는 경우에 관한 특별규정이다(대법원 2014. 9. 4. 선고 2012다4145 판결 참조).

그런데 2017년 개정 전 도시정비법이 2017. 2. 8. 법률 제14567호로 전면개정되면서 법조문의 체계가 전면 개편되었다. 종전에는 총회의 개최와 의결이 한 조문(제24조)에 규정되어 있었고 총회의 일반의결정족수 규정도 없었는데, 이때의 전면개정으로 현재의 도시정비법과 같이 총회의 소집에 관한 규정(제44조)과 총회의 의결에 관한 규정(제45조)이 구분되는 한편 일반의결정족수 규정(제45조 제3항)도 신설되었다. 이 과정에서 원래 "제24조에도 불구하고"라고 규정되어 있던 문구가 "제44조 제2항에도 불구하고"라고 변경되었는데, 이는 그 문언상으로는, 총회의 소집과 의결에 관한 규정 전부를 배제하였던 종전과 달리 일반적인 총회의 소집요건에 관한 제44조 제2항의 적용만을 배제하는 것으로 해석될 여지가 있기는 하다.

그러나 한편, 2009년 개정 전 도시정비법 제23조 제4항에 존재하였던 단서 규정, 즉, 해임에 관하여 정관이 별도로 정할 수 있다는 내용은 현행 도시정비법에도 여전히 존재하지 않고, 위 내용의 단서 조항이 삭제되면서 대신 신설되었던 발의자 대표가 조합장 권한을 대행할 수 있다는 내용이 여전히 현행 도시정비법에 존치하는 이상, 이와 같은 사정 역시 현재의 법 규정을 해석함에 있어 고려되어야 한다. 또한, 현재에도 도시정비법 제43조 제4항에 따른 총회의 의결에 관하여는 조합원 100분의 10 이상이 직접 출석해야 한다는 제45조 제6항 등이 적용되지 않는다고 할 것이므로(앞서 본 대법원 2012다4145 판결 참조), 현행 도시정비법 제43조 제4항이 "제44조 제2항에도 불구하고"라고 규정하고 있다고 해서 제43조 제4항에 따른 조합 총회에 관하여 제44조 제2항의 적용만이 배제된다고 해석하는 것은 타당하지 않다. 도시정비법 제43조 제4항에 따른 조합 총회에 관하여 "제44조 제2항" 외의 다른 조항의 적용이 배제되는 것인지 여부는 문언뿐 아니라 그 개정 과정과 입법취지 등 여러 사정을 종합하여 합목적적으로 해석하여야 한다.

③ 채권자들은 정관 제18조 제3항이 "임원 전원"을 해임할 경우에 한하여 정족수를 가중하였을 뿐이므로, 도시정비법 제43조 제4항에 반하지 않는다고도 주장하고 있으나, 임원 개개인을 해임하는 경우와 임원 전원을 해임하는 경우 모두 그 결의는 해임대상자인 개개인에 대하여 개별적으로 안건이 부의되고 의결되는 방법으로 진행되고, 소수 조합원이 임원 해임을 위한 총회 소집을 발의하는 요건이 완화되어야 한다는 점은 어느 경우에나 동일하다. 또한 임원이 해임될 것인지는 결의 결과에 달린 것이어서 전원에 대하여 해임 안건을 부의하였다고 해서 반드시 임원 전원의 공석이 발생할 것이라고 단정할 수도 없고, 설령 모든 임원직이 공석인 사태가 발생하더라도 그러한 경우의 임시 직무수행자 선임 등에 관해 규정하고 있는 채무자 정관에 따라 직무대행자 선임 등의 방법으로 조합 직무가 이루어질 수 있을 것인바(채무자 역시 서울북부지방법원 2021. 2. 16.자 2020비합1031 결정에 따

라 변호사 P가 채무자의 임시조합장으로 선임되어 그 업무를 수행하고 있다), 굳이 임원 전원을 해임하는 경우에 한하여 그 정족수를 가중할 합리적 필요성이 있다고 보이지도 않으므로, 채권자들의 위 주장은 받아들이기 어렵다.

소수조합원의 발의에 의한 총회의 소집에도 도시정비법과 정관 등이 정한 일반적인 소집절차 규정이 적용된다고 보고, 소집절차 위반이 중대하다는 이유로 결의의 효력을 정지한 사례를 소개한다.

[수원지방법원 성남지원 2021. 2. 19.자 2020카합50213 결정]

기록 및 심문 전체의 취지에 의하여 인정되는 아래의 사정에 비추어 보면, 이 사건 결의에는 총회 소집통지에 하자가 있어 그 효력이 없다고 볼 여지가 크다. 채권자들의 나머지 주장에 관하여 나아가 살필 필요 없이 피보전권리가 인정되고, 이 사건 결의의 효력이 정지되지 않는다면, 채권자들에게 금전적인 배상만으로 회복할 수 없는 손해가 생길 우려가 있는 점 등 기록 및 심문 전체의 취지에 나타난 제반 사정을 고려하여 보면, 그 보전의 필요성도 인정된다.

① 이 사건 총회의 안건은 조합장 및 임원의 해임과 직무정지이었으므로 이 사건 총회가 전적으로 조합임원 해임에 관한 도시정비법 제43조 제4항에 따른 총회이었던 것은 아니다. 도시정비법 제43조 제4항이 총회 의사정족수 및 의결정족수와 총회 소집 및 진행권한에 대하여만 규정하고 소집절차에 대하여는 규정하고 있지 않은 점, 도시정비법 제44조가 총회의 소집에 대한 일반조항이라고 볼 수 있는 점 등을 보태어 보면, 이 사건 총회의 소집은 도시정비법 제44조 제5항에 따라 채무자의 정관이 정한 절차에 따라야 한다고 판단된다.

② 채무자의 정관 제20조 제7항은, 조합원 5분의 1 이상의 개최요구에 따른 총회에 대한 같은 조 제4항을 포함하여 제2항 내지 제5항에 의한 총회의 소집통지에 관하여 각 조합원에게 회의개최 7일 전까지 등기우편으로 발송하여야 한다고 정하고 있다. 이 사건 총회를 주도한 K측도 등기우편으로 1차 통지를 하였다. K측은 2,349통의 등기우편을 발송하였는데, 이는 R이 열람·등사청구를 통해 2020. 7. 1. 채무자로부터 교부받은 조합원명부(채무자의 2020. 12. 31.자 참고자료 16)에 기초하여 이루어진 것으로 보인다. 이 사건 총회 개최일인 2020. 10. 24. 현재 채무자의 총 조합원은 2,274명이고, 이를 기준으로 할 때 등기우편 발송 대상자 2,349명 중 비조합원이 222명(소갑 제20호증의 1 내지 3)인데, 이를 제외하면 2,127명이어서 총 조합원 2,274명 중 147명(= 2,274명 − 2,127명)에게 1차 통지가 이루어지지 않은 것으로 보인다.

③ 2차 통지는 개최일시와 장소가 변경된 총회에 대한 소집에 해당하는데, 채무자

의 정관 제20조 제7항이 이에 대하여 명시적으로 정하고 있지 않으나, 채무자의 정관 제20조 제6항은 개최일시를 변경하는 경우 원칙적으로 미리 이사회의 의결을 거쳐야 한다고 정하고 있을 뿐이므로 정관 제20조 제7항에서 제6항을 명시하지 않은 것만으로 제7항의 적용이 배제된다고 볼 수 없는 점, 변경된 총회에 대한 소집의 경우에도 조합원의 총회 참여권 보장의 필요성은 변경이 없는 경우와 마찬가지인 점, 2차 통지에서 개최일시와 장소가 모두 변경되었고, 변경된 정도도 상당한 점 등에 비추어 볼 때 변경된 총회에 대한 소집인 2차 통지에 있어서도 채무자의 정관 제20조 제7항이 적용되어 소집통지가 등기우편으로 발송되어야 한다고 볼 수 있다. 2차 통지가 인터넷 카페공지, 문자메시지 전송으로 이루어진 것은 이를 위반한 것이라고 판단된다.

④ 2회 통지 당시 인터넷 카페 회원수는 2,117명으로 채무자의 총 조합원 수 2,274명에 미치지 못하고, 그 회원이 모두 조합원임을 인정할 자료가 없다. 채무자는, K가 2020. 8. 24. 채무자에게 정보공개 청구를 하여 2020. 9. 8. 채무자로부터 교부받은 조합원명부와 조합원들로부터 직접 고지받은 연락처 등을 기초로 2차 통지 중 문자메시지 발송을 하여 통지누락이 없다고 주장하는데, K에게 제공된 조합원명부에 의할 경우 1차 통지 중 조합원 101명(채권자들의 2020. 12. 29.자 보충서면 첨부자료)에 대하여 통지가 이루어지지 않은 것으로 보이는 점, K가 조합원들로부터 직접 연락처 등을 고지받았음을 소명할 자료를 찾기 어려운 점 등을 고려할 때 위 주장을 그대로 받아들이기 어렵다. 2차 통지에서 상당수 조합원에 대한 통지가 누락되었을 가능성이 크다.

⑤ 이 사건 총회에 대한 2차 통지에는 채무자의 정관을 위반하여 등기우편으로 발송되지 않았고, 일부 조합원에 대한 통지가 누락된 하자가 있다고 보인다. 여기에 이 사건 총회의 개최를 주도한 K측에게 2차 통지를 등기우편으로 하지 못할 불가피한 사정이 있었다고 보이지 않는 점, K측은 이미 2020. 7. 1.과 2020. 9. 8. 채무자로부터 조합원명부를 교부받은 바 있는데, 위 조합원명부 사이의 차이가 상당함에도 채무자로부터 새로이 조합원 명부를 교부받는 등으로 소집통지 대상자의 범위를 확정하기 위한 노력을 기울이지 아니한 것으로 보이는 점 등을 보태어 보면, 위와 같은 2차 통지의 하자는 이 사건 결의를 무효로 돌릴 정도의 하자에 해당한다고 볼 여지가 크다.

(9) 다만, 발의자 대표가 해임총회를 소집함에 있어 도시정비법과 정관상의 절차를 거쳐야 하는지에 관한 법리와 무관하게, 해임총회가 아닌 경우나 해임총회에서 해임에 부수하는 안건이 아닌 별개의 안건을 결의하고자 하는 경우에는, 발의자 대표가 도시정비법과 정관상의 절차를 모두 이행한 후에야 총회

소집권한이 발생한다고 할 것이다(서울남부지방법원 2019. 3. 21.자 2019카합20080 결정).[5)]

같은 취지에서 조합장 해임을 위해 조합원 1/10 이상의 발의로 소집된 임시총회에서 후임 조합장 선임을 위한 '선거관리위원회 구성의 건'을 안건에 포함하려면, 조합 정관에서 정하는 일반적인 임시총회 소집요건을 따로 갖추어야 한다고 볼 것이다(부산지방법원 2016. 10. 19.자 2016카합10568 결정).

2. 발의자 명단

(1) 발의자 대표가 임시총회를 소집함에 있어 발의자 명단을 첨부하여야 하는가.

이를 긍정한 사례가 일부 있다(서울동부지방법원 2019. 5. 24.자 2019카합10192 결정, 서울남부지방법원 2020. 7. 24.자 2020카합20302 결정, 부산지방법원 동부지원 2020. 11. 16.자 2020카합100627 결정).

그러나 임시총회 소집공고나 임시총회 회의자료상 조합원 10분의 1 이상의 조합원들의 발의가 있었다는 점이 소명되면 족하고, 총회 소집시 반드시 발의자 명단까지 첨부할 필요는 없다고 보아야 할 것이다(서울동부지방법원 2019. 5. 24.자 2019카합10192 결정, 서울서부지방법원 2021. 4. 9.자 2021카합50084 결정, 서울동부지방법원 2022. 8. 31.자 2022카합10142 결정, 수원지방법원 안양지원 2023. 4. 7.자 2023카합10036 결정).[6)]

---

5) 임원 해임을 위해 조합원 10분의 1 이상의 발의로 소집된 임시총회에서 그 임시총회 소집을 위해 지출된 비용의 예산(안)에 관한 내용 역시 임원 해임 안건에 부수하여 안건으로 삼는 것이 가능하다고 보이고 임원 해임 안건과 별도로 채권자 조합 정관에서 정하는 일반적인 임시총회 소집 요건을 따로 갖추어야 하는 것은 아니므로, 임시총회에서 위 안건을 결의하는 것은 적법하다고 할 것이나, 위 총회에서 임원의 해임과 무관한 안건인 임시조합장 직무대행 지정의 건, 임시 조합장 직무대행의 조합임원 선임총회 개최 승인의 건, 사업비 환수 용역계약 승인의 건을 결의하는 것은 위법하다고 본 사례가 있다(서울서부지방법원 2020. 6. 4.자 2020카합50343 결정). 같은 취지에서 법원 허가 등을 받아 개최된 조합임원 해임총회에서 상근 이사 선정의 건을 결의하는 것은 부적법하다고 본 사례도 있다(서울남부지방법원 2018. 6. 11.자 2018카합20129 결정).

6) 다만, 발의자 대표가 임시총회를 소집함에 있어 발의 조합원 수조차 밝히지 않은 경우에는 소집절차에 중대한 하자가 존재한다고 볼 수 있을 것이다(부산지방법원 2021. 9.

(2) 발의서에 인감증명서 첨부를 요하는 정관 규정은 유효한가.

소수조합원 발의에 의한 조합임원 해임총회에 관하여 정관이 도시정비법이 정한 절차를 제한하거나 추가적인 요건을 두는 것은 허용되지 않는다고 보아야 할 것이므로, 위 정관 규정의 효력은 인정되기 어렵다.

[서울북부지방법원 2021. 1. 8.자 2020카합20345 결정]

(1) 채권자들은 '채무자의 정관 제18조 제4항에 의하면 임원 해임을 발의하는 조합원들은 그 인감증명서를 발의서에 첨부하여야 하나, 이 사건 해임총회 발의자들은 인감증명서를 첨부하지 않았다. 따라서 이 사건 발의서는 모두 무효이므로 위 해임총회는 조합원 1/10 이상의 발의 요건을 갖추지 못하여 부적법하다'고 주장한다.

(2) 구 도시정비법 제23조 제4항(2009. 2. 6. 법률 제9444호로 개정되기 전의 것)은 '조합임원의 해임은 조합원의 10분의 1 이상의 발의로 소집된 총회에서 조합원 과반수의 출석과 출석 조합원 과반수의 동의를 얻어 할 수 있다. 다만 정관에서 해임에 관하여 별도로 정한 경우에는 정관이 정하는 바에 의한다.'고 규정하고 있었으나, 2009. 2. 6. 법률 제9444호로 개정된 구 도시정비법(2017. 2. 8. 법률 제14567호로 전부 개정되기 전의 것) 제23조 제4항은 '조합임원의 해임은 제24조에도 불구하고 조합원 10분의 1 이상의 발의로 소집된 총회에서 조합원 과반수의 출석과 출석 조합원 과반수의 동의를 얻어 할 수 있다.'고 규정하고 있고, 현행 도시정비법 제43조 제4항도 '조합임원은 제44조 제2항에도 불구하고 조합원 10분의 1 이상의 요구로 소집된 총회에서 조합원 과반수의 출석과 출석 조합원 과반수의 동의를 받아 해임할 수 있다.'고 같은 취지로 규정하고 있다. 위와 같이 법률 제9444호로 개정된 구 도시정비법 제23조 제4항이 '제24조에도 불구하고'라는 문언을 추가하면서 단서를 삭제한 것은 조합원의 발의에 기한 해임의 경우 정관으로 그 절차를 제한하거나 추가적인 요건을 둘 수 없도록 하는 취지로 봄이 타당하고, 이는 강행규정이라고 할 것이다.

이에 비추어 살피건대, 채무자의 정관 제18조 제4항이 발의서에 인감증명서의 첨부를 요한 것은 조합원의 진정한 의사에 기하여 해임 발의가 이루어졌음을 증명할 수단을 예시한 것으로 보아야 한다. 그렇지 않을 경우, 조합원 1/10 이상에 의하여 임원의 해임 발의가 이루어졌음이 명백히 증명되는 경우에도 인감증명서가 첨부되지 않았다는 사정만으로 해당 해임 발의가 무효로 되는바, 이러한 결과는 위 도시정비법 개정 취지에 반하여 받아들일 수 없다. 따라서 이 사건 발의서에 인감증명서가 첨부되지 않았다는 사정만으로는 이를 무효로 볼 수 없고, 제반 사정을 고려

2.자 2021카합10506 결정).

> 하여 위 발의서가 조합원들의 진정한 의사에 기하여 작성된 것인지 여부를 판단하여야 할 것이다. 그런데 기록에 의하면 위 발의서는 조합원들이 자필로 작성한 후 대부분 자신의 인감도장을 날인한 것으로 보이고, 발의자 측에서 이 사건 해임총회를 개최하기 전에 이를 구청에 제출하기도 하였는바(정관 제18조 제4항, 소갑 제20호증 참조), 위 발의서는 일응 조합원들의 진정한 의사에 기하여 작성된 것으로 판단되고 달리 이를 의심할 만한 사정을 찾기 어렵다. 그러므로 이 부분 채권자들의 주장은 이유 없다.

3. 총회소집권의 경합

(1) 조합장이나 감사가 총회를 적법하게 소집하였다면 그 총회의 기일과 같거나 인접한 날에 조합원이 발의자 대표의 자격으로 다른 임시총회를 소집할 권한은 없게 된다고 보아야 한다(부산지방법원 2021. 4. 9.자 2021카합10213 결정, 부산지방법원 서부지원 2022. 3. 11.자 2022카합100064 결정).

또한 발의자 대표의 임시총회 소집권한의 유무와 무관하게, 조합장 또는 그 직무대행자가 A안건으로 조합총회를 소집한 후, 발의자 대표가 B안건으로 위 총회와 거의 같은 시간에 임시총회를 소집하는 것은 조합의 정상적인 업무수행에 방해를 초래하는 것으로서 허용되지 않는다(대구지방법원 2018. 9. 7.자 2018카합10327 결정, 의정부지방법원 2021. 7. 12.자 2021카합5315 결정).

(2) 법 제43조 제4항의 요건을 갖추어 발의자 대표가 조합임원 해임을 위한 임시총회를 적법하게 개최한 경우, 이는 조합의 기관으로서 총회를 소집하는 것으로 보아야 할 것이므로, 조합의 대표자라도 위 발의자 대표가 소집한 임시총회의 기일과 같은 기일에 임시총회를 소집할 권한은 없게 된다고 보아야 할 것이다(대법원 1993. 10. 12. 선고 92다50799 판결, 대구지방법원 서부지원 2018. 8. 23.자 2018카합5104 결정, 의정부지방법원 고양지원 2018. 10. 12.자 2018카합5194 결정).[7)][8)]

---

7) 대법원 1993. 10. 12. 선고 92다50799 판결은 위와 같은 취지에서 종중 정관 규정에 따른 소수 대의원이 법원의 허가를 받아 임시총회를 소집한 경우 종중의 기관으로서 소집하는 것으로 보아야 할 것이고 종중의 대표자라도 위 소수의 대의원이 법원의 허가를 받아 소집한 임시총회의 기일과 같은 기일에 다른 임시총회를 소집할 권한은 없게 된다고 보아야 한다고 보았다.

8) 이러한 법리는 비법인사단인 소규모재건축사업조합의 소수 조합원들이 도시정비법 및

같은 취지에서 법원은 조합원들이 도시정비법 및 정관에 의하여 관할 행정청으로부터 총회 개최승인을 받아 그 총회를 소집할 권한을 가지게 된 경우, 해당 총회의 회의목적 사항과 동일한 안건에 관하여는 특별한 사정이 없으면 조합장의 소집권한이 상실된다고 보았다(서울서부지방법원 2019. 2. 15.자 2019카합50073 결정).

(3) 적법하게 소집된 총회 안건과 다른 안건으로 그 총회에 인접한 일시에 총회를 소집하는 것은 가능한가. 아래와 같은 이유로 부정하여야 할 것이다.

> [대구지방법원 서부지원 2018. 8. 23.자 2018카합5104 결정]
> 이 사건 임시총회의 안건 중 8. 25.자 임시총회의 안건에 포함되어 있지 않은 별지 목록 기재 제4호 안건만의 결의를 위한 임시총회를 분리하여 개최할 급박한 사정이 있다고 보기 어려운 점, 이미 이 사건 임시총회의 소집공고가 8. 25.자 임시총회의 안건과 동일한 별지 목록 기재 제1 내지 3호 안건을 포함하여 이루어진 상황이고, 이 사건 임시총회는 8. 25.자 임시총회의 직전일 19:00에 개최 예정인 것을 고려하면 제4호 안건의 결의를 위하여 이 사건 임시총회를 강행할 경우 채무자 조합원들의 혼란을 가중시킬 우려가 있고, 그에 따라 소수조합원들이 법원의 허가를 받아 소집한 8. 25.자 임시총회의 실효성도 담보하기 어려울 것으로 보이는 점 등을 종합하면, 별지 목록 기재 제4호 안건에 대한 결의를 포함하여 이 사건 임시총회의 개최 자체를 금하여야 할 필요성도 소명된다.

(4) 다만, 조합임원 해임총회의 경우 조합장과 발의자 대표 모두에게 소집권한이 있는 것처럼 판시한 사례도 있다.

> [서울서부지방법원 2022. 8. 25.자 2022카합69 결정]
> 1) 원칙적으로 조합원 총회의 소집권자는 조합장이고(도시정비법 제44조 제2항), 다만 도시정비법 제44조 제2항에도 불구하고 조합원 10분의 1 이상의 요구로 임원 해임을 위한 총회가 개최되는 경우 요구자 대표로 선출된 자가 조합장 권한을 대

조합 정관에 따라 임시총회를 소집하는 경우에도 마찬가지라고 할 것이다. 따라서 발의자 대표가 도시정비법 및 조합 정관에 따라 적법하게 임시총회를 소집하는 경우 발의자 대표는 조합의 기관으로서 소집하는 것으로 보아야 하고, 조합의 대표자라고 하더라도 그 임시총회와 동일한 일시에 총회를 소집할 권한은 없다고 할 것이다(대구지방법원 2022. 3. 30.자 2022카합10098 결정).

행하여 총회의 소집을 할 수 있다(도시정비법 제43조 제4항).
2) 살피건대, ① 도시정비법 제43조 제4항 전문에서 '해임한다'나 '해임하여야 한다'로 규정하지 않고 '해임할 수 있다'고 규정한 점, ② 위 조항의 취지는 조합원 10분의 1 이상의 요구만으로 조합장을 포함한 임원 해임을 위한 총회를 개최할 수 있도록 총회 소집요건을 완화하려는 데 있는 점을 고려하면, 도시정비법 제43조 제4항은 조합의 임원 해임을 위한 총회의 경우 예외적으로 조합장 아닌 자에게도 총회 소집권한을 부여하는 것일 뿐 조합장의 총회 소집권한을 배제하는 것으로 해석되지 않는다.

4. 발의자 대표의 안건 상정에 대한 재량

발의자 대표는 소집하는 총회에서 발의서에 기재된 안건을 모두 상정하여야 하는가. 이를 부정한 사례가 있다(서울동부지방법원 2021. 7. 9.자 2021카합10199 결정).

[서울동부지방법원 2021. 7. 9.자 2021카합10199 결정]
이 사건 임시총회에 상정된 안건 중 별지1 목록 기재 1 내지 8호는 이 사건 소집발의서를 제출한 조합원들이 임시총회의 소집을 요구한 안건들이고, 이 사건 안건과 별지1 목록 기재 1 내지 8호 안건들이 동시에 의결이 이루어져야 하는 관계에 있는 것으로 보이지 않는다. 또한 이 사건 소집발의서를 제출한 조합원들은 일부 안건이 제외되는 경우에는 나머지 안건에 대하여 소집발의에 동의하지 않겠다는 의사표시를 한 바 없고, 실제로 채무자가 이 사건 안건을 제외한 나머지 안건들만을 상정하여 이 사건 임시총회를 개최하겠다는 공고를 하였음에도 불구하고 이 사건 소집발의서의 제출에 대한 철회 의사를 밝힌 조합원도 없는 것으로 보인다. 따라서 이 사건 소집발의서를 제출한 조합원들의 의사가 '이 사건 안건이 제외될 경우에는 나머지 안건 역시 임시총회에 상정되어서는 아니 된다'는 것이었다고 볼 수 없다.
마찬가지로 별지2 '소집발의서 기재 안건'과 이 사건 임시총회의 안건인 별지1 목록 기재 안건이 본질적인 차이가 없으므로 이 사건 소집발의서를 이 사건 임시총회 소집을 위한 발의서로 사용하는 것이 위법하다고 볼 수도 없다.
채무자의 전체 조합원 6,151명 중 4,660명은 이 사건 임시총회를 위한 서면결의서를 제출하는 등 채무자 조합원들 중 대다수가 이 사건 임시총회의 개최를 희망하고 있으므로, 채권자들이 문제 삼고 있는 사항들을 포함하여 별지1 목록 기재 안건을 의결할 것인지 여부는 이 사건 임시총회를 통해 결정되는 것이 바람직하다.

5. 정관에 의한 소수조합원의 총회소집권 제한 가능 여부

도시정비법이 정한 소수조합원의 총회소집청구권을 정관에서 도시정비법보다 지나치게 엄격하게 제한하는 것은 도시정비법을 몰각하는 것으로서 허용되지 않는다고 보아야 할 것이다.

[인천지방법원 부천지원 2022. 1. 24.자 2022카합10018 결정[9][10]]

가) 관련 법리

법인의 정관이나 그에 따른 세부사업을 위한 규정 등 단체내부의 규정은 특별한 사정이 없는 한 유효한 것으로 시인하여야 할 것이지만, 그것이 선량한 풍속 기타 사회질서에 위반되는 등 사회관념상 현저히 타당성을 잃은 것이거나 결정절차가 현저히 정의에 어긋난 것으로 인정되는 경우 등에는 그러하지 아니하다고 할 것이다(대법원 2009. 1. 30. 선고 2007다31884 판결 등 참조).

비법인사단에 유추적용되는 민법 제70조 제2항은 "총사원의 5분의 1 이상으로부터 회의의 목적사항을 제시하여 청구한 때에는 이사는 임시총회를 소집하여야 한다. 이 정수는 정관으로 증감할 수 있다."라고 규정하고 있다. 민법이 이와 같은 규정을 둔 취지는 총회소집청구의 남용을 우려하여 개개의 사원들에게는 총회소집청구권을 인정하지 않지만, 일정한 수 이상의 소수사원에게는 총회를 소집할 권리를 인정함으로써 단체 전체의 이익과 사원 개인의 이익을 합리적으로 조화시키려는 데 있다. 이와 같은 소수사원의 소집청구권은 사원의 이익보호를 위한 규정이므로, 정관을 통해 총회소집청구권을 행사할 수 있는 정수를 증감할 수 있다고 하더라도, 그 정수를 정함에 있어 소수사원의 소집청구권을 사실상 박탈하거나, 소수의 사원일지라도 총회소집을 청구할 수 있다는 위 민법 규정의 취지를 몰각시킬 정도로 다수의 사원에게만 임시총회소집을 청구할 수 있도록 규정하는 것은 허용되지 않는다고 봄이 타당하다.

9) 지역주택조합에 관한 것이다.

10) 대구지방법원 서부지원 2018. 6. 28.자 2018비합5005 결정, 수원지방법원 안양지원 2020. 9. 25.자 2020비합10023 결정과 광주지방법원 2021. 1. 21.자 2020비합5047 결정도 같은 법리에서 임시총회 소집에 조합원 2/3 이상의 동의를 요구한 것을 위법하다고 보았다.

나) 구체적인 판단
이 사건 규약 제23조 제4항 제2호는 조합원의 소집요구에 의한 임시총회를 개최하기 위하여 '재적조합원 1/2 이상이 안건을 명시하여 서면에 의한 임시총회의 소집 요구가 있을 것'을 요건으로 정하였는데, 이는 민법이 정한 '총사원의 1/5'이라는 임시총회 소집청구권자의 정수를 '총조합원의 과반수'로 가중한 것이다.
그러나 ① 위 규정에 의하면 다수조합원들에게만 임시총회 소집청구권을 부여되는 결과가 되어 민법이 인정한 소수조합원들의 임시총회 소집청구권을 무력화시키는 결과가 되고, ② 국토교통부에서 고시한 지역주택조합 표준규약에서도 민법과 마찬가지로 '재적조합원 1/5 이상의 서면요청이 있을 경우 임시총회를 소집하여야 한다'고 규정하고 있는 사정에 비추어 보면, 재적조합원의 1/2 이상의 총회소집요구를 규정한 이 사건 규약 제23조 제4항 제2호는 소수사원의 총회소집청구권을 부당하게 제한하는 것으로서 사회관념상 현저히 타당성을 잃어 무효라고 봄이 타당하다.

6. 법원의 소집허가에 따른 총회의 재소집

법원의 소집허가결정에 따라 총회를 개최하였으나 그 총회가 의사정족수 미달로 적법한 결의를 하지 못한 경우, 위 소집허가결정에 근거하여 다시 총회를 소집할 수 있는가. 이를 긍정한 사례가 있다.

[광주지방법원 2019. 10. 17.자 2019카합50347 결정]
1) 채무자 <삭제>가 이 사건 소집허가결정에 따라 2019. 4. 18. 한 차례 임시총회를 소집하여 결의를 하기는 하였다. 그러나 위 임시총회는 주택법 시행규칙 제7조 제5항 각 호의 사항을 안건으로 하고 있어 주택법 시행령 제20조 제4항에 따라 조합원 100분의 20 이상이 출석하여야 함에도 직접 출석 조합원이 조합원의 100분의 20 이상에 미치지 못하여 의사정족수를 미달한 것으로 봄이 상당하므로(광주광역시 서구청도 같은 사유로 보완명령을 하기도 하였다), 이 사건 선행임시총회의 개최만으로는 이 사건 소집허가결정의 목적이 달성되어 채무자 <삭제>의 총회 소집권한이 소멸되었다고 보기 어렵다. 또한 이 사건 규약 제24조 제6항은 '총회소집 결과 정족수가 미달한 때에는 재소집하여야 하며, 재소집의 경우에도 정족수에 미달되는 때에는 다시 소집하여야 한다'고 규정하고 있으므로 이 사건 임시총회를 다시 소집하는 것은 조합규약의 의무규정에 따른 것으로 볼 수 있다. 따라서 채무자 <삭제>가 이 사건 임시총회를 소집하는 것이 위법하다고 단정하기 어렵다.

7. 해임총회의 조합원 직접 출석

발의자 대표가 소집한 해임총회의 경우에도 도시정비법 제45조 제7항이 적용되어 조합원 1/10 이상이 직접 출석하여야 하는가.

도시정비법 개정 전에는 대법원이 직접 출석할 것이 요구되지 않는다고 판단하였으나(대법원 2014. 9. 4. 선고 2012다4145 판결), 도시정비법 개정 이후에는 견해가 대립된다.

다만 위 규정이 적용되지 않아 조합원 직접 출석 요건은 요구되지 않는다는 것이 비교적 다수의 견해로 보인다[서울고등법원 2019. 4. 19.자 2018라21523 결정, 서울서부지방법원 2021. 4. 9.자 2021카합50084 결정, 부산고등법원 (울산) 2021. 8. 19.자 2021라10008 결정].[11)]

〈조합원 1/10 이상이 직접 출석할 필요가 없다는 견해〉

[부산고등법원(울산) 2021. 8. 19.자 2021라10008 결정]

1) 구 도시정비법(2010. 4. 15. 법률 제10268호로 개정되기 전의 것) 제23조 제4항, 제24조의 규정 내용과 그 각 규정의 개정 내역 등을 종합하여 보면, 구 도시정비법 제23조 제4항(현행 도시정비법 제43조 제4항에 해당)은 조합원 10분의 1 이상의 발의로 조합 임원을 해임하는 경우에 관한 특별규정으로서 위 규정에 따라 조합 임원의 해임을 위하여 소집된 조합 총회의 경우에는 그 해임결의를 위하여 조합원 과반수의 출석과 출석 조합원 과반수의 동의만 있으면 되는 것이지 여기에 구 도시정비법 제24조 제5항 단서에 따라 조합원의 100분의 10 이상이 직접 출석하는 것까지 요구되는 것은 아니라고 할 것이다(대법원 2014. 9. 4. 선고 2012다4145 판결 참조).

또한, 현행 도시정비법 제43조 제4항이 '제44조 제2항에도 불구하고'라고 규정하고 있다고 해서 제43조 제4항에 따른 조합 총회에 관하여 제44조 제2항의 적용만이 배제된다고 해석하는 것은 타당하지 않다. 도시정비법 제43조 제4항에 따른 조합 총회에 관하여 '제44조 제2항' 외의 다른 조항의 적용이 배제되는 것인지 여부는 문언뿐 아니라 그 개정 과정과 입법취지 등 여러 사정을 종합하여 합목적적으로

11) 서울서부지방법원 2021. 9. 10.자 2021카합50424 결정은 해임총회에서도 조합원 1/10 이상이 직접 출석하여야 하는 것을 전제로 판단하고 있으나, 그 이유는 밝히지 않았다.

해석하여야 한다. 도시정비법 제43조 제4항은 조합원에 의한 조합 임원 해임총회의 발의요건 뿐만 아니라 그 총회에서의 의결요건(의사정족수, 의결정족수)까지도 함께 규정하고 있고, 도시정비법의 연혁 및 입법취지, 문언 및 체계 등을 고려하면 위 조항은 구 도시정비법 제23조 제4항과 마찬가지로 공법인인 정비사업조합의 공공성과 공익성을 고려하여 해임총회의 소집과 의결요건을 완화한 특별규정으로 해석되어야 한다. 따라서 도시정비법 제43조 제4항의 해임총회에는 직접출석 요건을 규정한 도시정비법 제45조 제6항이 적용되지 않는다고 해석함이 타당하다. 뿐만 아니라 도시정비법 제45조 제6항이 일정비율 이상 조합원의 직접 출석을 요구하는 것은 총회 의결시 조합원의 의사를 명확하게 반영하고자 하는 데 그 취지가 있다고 할 것인데, 조합장이 직권으로 소집하거나 조합원 5분의 1 이상 또는 대의원 3분의 2 이상의 요구로 조합장이 소집하는 일반적인 총회와 달리, 조합원 10분의 1 이상의 요구가 있어야 소집되는 도시정비법 제43조 제4항의 해임총회에 있어서는 일정 비율 이상 조합원의 직접 출석을 요구하지 않더라도 이미 조합원의 의사가 명확하게 반영되었다고 볼 수 있다. 결국 조합 임원의 해임 등을 내용으로 하는 이 사건 결의에는 직접 출석 요건을 규정한 도시정비법 제45조 제6항이 적용되지 않는다고 해석함이 타당하다.

〈조합원 1/10 이상이 직접 출석하여야 한다는 견해〉

[서울고등법원 2021. 6. 22.자 2021라20389 결정]
도시정비법이 현재와 같이 개정되어 온 과정과 그 취지, 문언 및 체계 등에 비추어 알 수 있는 다음과 같은 사정을 고려하면, 도시정비법 제45조 제6항은 도시정비법 제43조 제4항에 따라 조합원 10분의 1 이상의 요구로 소집된 해임총회의 경우에도 적용된다고 봄이 타당하다.

가) 주택재개발정비사업조합의 총회는 조합 임원의 선임과 해임 등을 비롯하여 조합에 관한 여러 중요한 사항에 대해 결정하는 조합의 최고 의사결정기관이다(대법원 2020. 11. 5. 선고 2020다210679 판결 참조). 총회는 원칙적으로 조합장의 직권 또는 조합원 5분의 1 이상 또는 대의원 3분의 2 이상의 요구로 조합장이 소집하고, 조합원 100분의 10 이상이 직접 출석한 총회에서 조합 임원의 해임을 결의할 수 있다. 도시정비법에서는 이러한 일반적 소집절차에 대한 예외로서 소수 조합원의 발의에 의한 조합임원의 해임을 위한 총회 소집을 규정하고 있다(도시정비법 제43조 제4항).

나) 앞서 본 바와 같이 소수 조합원의 발의에 의한 조합 임원 해임을 위한 총회 소집에 관한 도시정비법 규정은 2009년 이후 현재까지 크게 두 차례 개정되었다. 개

정 과정에서 공통적으로 유지된 내용은 조합 임원 해임을 위해 총회를 소집할 때에 요구되는 발의자 조합원의 수를 낮춘 것으로, 조합 임원이 조합 운영에 미치는 영향이 지대한 점, 사실상 통상적 방법에 의한 임원 해임이 매우 어려운 점 등을 고려하여 조합원들이 임원 해임을 총회 안건에 부의하고자 하는 경우에는 일반적인 총회 소집의 경우보다 더 쉽게 총회를 소집할 수 있도록 요건을 완화함으로써 조합 내부의 업무 건전성을 도모하고 소수 조합원의 조합 운영에 대한 참여를 확대하는 한편, 소수 조합원에 의한 조합 임원 견제 기능을 강화하고자 하는 취지로 보인다.

다) 특히 2017년 개정 전 도시정비법 제23조 제4항은 그 문언상 "제24조(총회개최 및 의결사항)에도 불구하고"라는 문구를 명시적으로 추가하고, 종전 법률인 2009년 개정 전 도시정비법 제23조 제4항에서 "정관에서 해임에 관하여 별도로 정한 경우에는 정관이 정하는 바에 의한다."라고 했던 단서 조항을 삭제함으로써, 임원 해임의 경우에는 일반적인 총회 개최 및 의결에 관한 제24조가 적용되지 않음을 명백히 하였다. 이는 일반적인 총회보다 그 소집 및 의결요건을 완화함으로써 조합원들이 그 의사에 기하여 조합임원의 해임을 보다 용이하게 하는 데 그 취지가 있다 할 것이고, 따라서 2017년 개정 전 도시정비법 제23조 제4항에 기한 해임결의를 위해서는 조합원 과반수의 출석과 출석 조합원 과반수의 동의만 있으면 되는 것이지 조합원 100분의 10 이상이 직접 출석하는 것까지 요구되는 것은 아니었다(대법원 2014. 9. 4. 선고 2012다4145 판결 등 참조).

라) 그런데 2017년 개정 전 도시정비법이 2017. 2. 8. 법률 제14567호로 전면개정되면서 종전 총회의 개최와 의결이 한 조문(제24조)에 규정되어 있었던 것과 달리 총회의 소집에 관한 규정(제44조)과 총회의 의결에 관한 규정(제45조)이 구분되었고, 일반의결정족수규정(제45조 제3항)이 신설되었다. 이 과정에서 원래 "제24조에도 불구하고"라고 규정되어 있던 문구가 "제44조 제2항에도 불구하고"라고 변경되었는바, 문언적 해석 상 총회의 소집과 의결에 관한 규정 전부를 배제하였던 종전과 달리 일반적인 총회의 소집요건에 관한 제44조 제2항의 적용만을 배제하는 것으로 보아야 한다.

즉, 2017년 개정 전 도시정비법 제23조 제4항이 해임총회의 소집과 의결요건을 모두 완화한 특별규정이라는 취지의 위 대법원 2014. 9. 4. 선고 2012다4145 판결은 2017년 도시정비법의 전면개정으로 인하여 그 구조가 달라진 이상 현재는 적용되기 어렵다고 보아야 한다.

마) 도시정비법 제45조 제6항이 일정 비율 이상 조합원의 직접 출석을 요구하는 것은 총회 의결시 조합원의 의사를 명확하게 반영하고 조합원들의 의결권을 실질적으로 보장하여 총회의 실질화를 꾀함에 그 취지가 있는바, 조합의 의사결정기관인 총회의 중요성에 비추어 보면 위 조항은 일반적인 총회뿐만 아니라 조합원 10

분의 1 이상의 요구가 있어야 소집되는 도시정비법 제43조 제4항의 해임총회의 경우에도 적용된다고 봄이 타당하다. 이와 같이 총회의 소집과 의결을 구분하여 보더라도, 소수 조합원이 임원 해임을 위한 총회 소집을 발의하는 요건이 완화되어야 한다는 취지에서 개정되어 온 도시정비법의 입법취지에 어긋나는 해석이라고 보기 어렵다.

8. 조합원의 의사 왜곡

(1) 일부 조합원들이 권한 없이 조합 명의로 새로운 업체들과 사이에 대행용역계약 내지 업무협약을 체결하고, 위 업체를 통하여 조합원들로부터 임시총회 소집 발의서를 징구하였다 하더라도, 조합 소속 조합원들 중 10분의 1 이상의 조합원들이 자유로운 의사결정에 따라 임시총회 개최에 동의한 이상, 위 사정만으로는 임시총회 소집 절차에 하자가 있다고 볼 수 없다고 본 사례가 있다(인천지방법원 2019. 4. 26.자 2019카합76 결정).

(2) 발의자 대표가 사업시행구역 밖의 장소에서 총회를 개최하면서 참가비조로 조합원들에게 20만 원을 지급하기로 한 것이 위법한가. 아래와 같은 이유로 이러한 총회개최가 위법하다고 보기는 어렵다고 판단한 사례가 있다.

[부산지방법원 동부지원 2021. 3. 17.자 2021카합100098 결정]

① 채권자 조합의 조합업무규정 제20조에서 "총회 개최시 현장에 직접 참석한 조합원 또는 토지등소유자에게 총회 예산 범위 내에서 참석수당을 지급할 수 있다"고 정하고 있는 점, ② 안건에 대하여 찬성 표결을 유도하거나 이를 조건으로 하지 않는 이상 '참석비'의 지급이 조합원의 의결권 행사를 독려하는 수단이 될 수도 있는 점, ③ 참석비의 금액(20만 원)이 과다하다면 이 부분에 대해서도 채권자 조합이 자율적, 사후적으로 조정할 여지가 있다고 보이는 점, ④ 서면결의가 가능하므로 총회 개최 장소가 사업시행구역 밖에 위치한다는 사정만으로 조합원들의 의결권 행사가 현저히 곤란하게 된다고 보기는 어려운 점 등을 종합하면, 이 사건 임시총회 참석비 지급여부 및 총회 개최 장소선정이 조합원들의 의결권을 침해하는 정도에 이른다고 볼 수는 없다.

제7장

조합원의 지위

1. 조합원 제명

(1) 단체의 구성원인 조합원에 대한 제명처분은 조합원의 의사에 반하여 그 지위를 박탈하는 것이므로, 그 조합원의 행위가 단체의 목적 달성을 어렵게 하거나 제명이 불가피할 정도로 단체 구성원의 공동이익을 해하는 경우에 최종적인 수단으로서만 인정되어야 한다(대법원 1994. 5. 10. 선고 93다21750 판결, 대법원 2004. 11. 12. 선고 2003다69942 판결, 대법원 2013. 12. 12. 선고 2013다66553 판결 등).

따라서 정당한 제명사유가 있다고 인정하기 부족하고, 제명 대상 조합원에게 충분한 소명기회를 제공하여 다른 조합원들이 총회 당일은 물론 서면결의시에도 이러한 소명내용을 충분히 검토할 기회가 부여되지 않았다면, 제명을 위한 총회개최는 금지되어야 한다고 볼 것이다(대구지방법원 서부지원 2020. 11. 19.자 2020카합5281 결정).

또한, 조합이 조합원 제명을 위한 총회를 개최하는 경우 사전에 해당 조합원에게 제명사유를 구체적으로 적시하여 소명기회를 부여하여야 하므로, 해당 조합원에게 총회에서 직접 소명할 기회가 부여되었다고 하더라도 총회에서 다수의 서면결의서에 의해 안건이 통과되고 있는 실정을 감안하면 적어도 총회책자에도 소명내용이 포함되어 있어야 할 것이다(전주지방법원 군산지원 2021. 8. 26.자 2021카합1087 결정).

(2) 조합원 제명은 해당 조합원의 재산권 행사에 중대한 영향을 미치고, 제명된 조합원은 조합원으로 누릴 수 있는 의결권, 선거권, 피선거권 등을 행사할 수 없는 비금전적인 불이익까지 받게 되며, 이러한 손해는 금전적인 배상만으로 완전히 회복되기 어렵다. 따라서 제명사유의 존부를 판단할 때에는 조합정관을 엄격하게 해석할 필요가 있고, 제명처분이 정당하다는 점에 대하여는 이를 주장하는 조합에게 증명책임이 있다(대구지방법원 2020. 8. 4.자 2020카합10249 결정[1]).

조합원들이 조합의 집행부를 변경하여 자기들이 요구하는 사업을 진행하고자 약 3억 원에 달하는 불필요한 총회비용을 사용하여 조합원 모두에게 큰 손해를 가하였다거나, 후임 조합장에게 관계 서류 및 업무를 인수인계하지 않고 조합을 상대로 소송을 제기하거나, 조합임원을 고소하였다는 점 등은 정당한 제명사유에 해당한다고 보기 어렵다(서울남부지방법원 2018. 5. 29.자 2018카합20215 결정, 대구지방법원 2018. 6. 26.자 2018카합10180 결정, 부산지방법원 2021. 10. 7.자 2021카합10446 결정).[2]

(3) 이사회에서 조합원을 제명할 수 있는가. 부인하여야 할 것이다.

> **[서울동부지방법원 2020. 6. 30.자 2020카합10144 결정]**
> 채무자 내부에 대의원회가 설치되지 않은 사실은 당사자 사이에 다툼이 없고, 규약 제12조 제3항에서 '대의원회 또는 총회'의 의결로 조합원을 제명할 수 있다고 정하였으므로, 조합원 제명을 위해서는 총회의 결의가 필요하다. 채무자는 대의원회가 없는 경우 이사회가 대의원회의 직무를 대행할 수 있으므로 이사회 결의로 조합원을 제명한 것은 적법하다고 주장한다. 그러나 이 사건 기록에 심문 전체의 취지를 더하여 인정되는 다음과 같은 사실 내지 사정, 즉 ① 지역주택조합에서의 조합원 제명은 해당 조합원의 재산권 행사에 중대한 영향을 미치는 점, ② 규약상 채무자

1) 위 사안에서 법원은 채권자들에게 제명사유가 있는지 여부는 별도의 심리와 증거조사 없이 채무자가 제출한 자료들만으로 이를 판단하기 곤란하고, 앞으로 본안소송에서 충분한 심리를 거쳐 판단하여야 할 것으로 보인다는 전제 하에, 본안소송에서 판결이 선고되기까지 상당한 시간이 소요될 수 있으므로 그동안 채권자들이 회복할 수 없는 손해를 입을 수 있는 반면, 채무자(조합)가 제출한 자료만으로는 본안소송 판결 선고 시까지 제명 결의의 효력을 정지하더라도 채무자에게 회복할 수 없는 손해가 발생한다고 보기 어렵다고 보았다.
2) 제명사유의 존재를 부인한 다른 사례로는 부산지방법원 2020. 6. 4.자 2020카합10195 결정을 참조하기 바란다.

의 총회, 대의원회, 이사회는 각 인적구성이나 권한범위 등이 모두 다른 점, ③ 조합원들의 의사결정기구인 총회 및 대의원회와 달리 이사회는 사무집행기관으로 규정되어 있는 점을 종합하면, 조합원 제명은 대의원회가 없는 경우 총회의 의결사항이라고 봄이 상당하다. 따라서 이 사건 결의는 조합원을 제명할 권한이 없는 이사회가 한 것으로서 무효이다.

(4) 제명결의를 위한 총회의 개최금지를 명하면서 제명에 관한 대의원회 결의의 하자를 근거의 하나로 든 사례가 있다.

[전주지방법원 군산지원 2021. 5. 14.자 2021카합1042 결정]
① 채무자는 대의원회 개최당일에 이 사건 안건을 의안으로 상정하면서 제명 대상 및 제명사유를 특정하지 않은 채 추후 발의에 따라 제명할 수 있다는 포괄적인 제명의결을 받았는데 그와 같은 대의원회의 의결을 채권자들에 대한 제명의결로 간주하는 것은 대의원들의 의사를 왜곡하는 것인 점, ② 채무자 조합 정관 제20조 제7항은 총회개최 14일 전에 게시판에 총회에 관련한 사항을 게시하도록 하고, 각 조합원들에게는 개최 7일 전까지 등기우편으로 이를 발송, 통지하도록 규정하고 있는데, 채무자 조합은 2021. 5. 6. 현재까지도 게시판에 이 사건 총회에 관련하여 아무런 게시를 하지 않고 있고, 각 조합원들에게 개최 7일 전까지 등기우편으로 이를 발송하였는지에 관한 소명자료를 제출하지 않은 점, ③ 채무자는 채권자들의 소명자료 제출기한 만료 이전에 이 사건 안건을 대의원회 안건으로 상정하여 대의원회 의결 이전에 채권자들에게 실질적인 소명기회를 부여했다고 보기 어려운 점, ④ 채무자 정관에 의하면 서면결의가 가능하고, 실제 채무자와 같은 조합의 총회에서 다수의 서면결의서에 의해 안건이 통과되고 있는 실정을 감안하면, 적어도 채무자 조합원들이 제명 대상 조합원의 소명의견을 접한 후 서면결의서를 작성할 수 있도록 하여야 실질적인 소명기회가 부여되었다고 볼 수 있는데, 이 사건 총회 책자에는 채권자들의 소명내용이 담겨있지 아니하고, 채권자들이 제출한 소명자료는 총회 책자와 별도로 우편 발송되어 조합원들로 하여금 이를 간과하는 것을 용이하게 함으로써 채권자들에게 실질적인 소명기회가 부여되었다고 보기 어려운 점, ⑤ 채권자들에 대한 제명사유만으로는 채권자들이 채무자 정관에서 제명사유로 규정한 '조합원으로서 고의 또는 중대한 과실 및 의무불이행 등으로 조합에 막대한 손해를 입힌 경우'에 해당된다거나, 채무자의 이익을 위해 채권자들의 조합원 지위를 박탈하는 것이 불가피하다고 평가될 만한 정당한 제명사유가 있다고 인정하기 부족한 점 등을 고려하면, 이 사건 정기총회에서 이 사건 안건을 의결하는 것은 위와 같은 절차상 또는 내용상 하자가 있어 위법하다.

2. 조합설립인가 후의 부동산 양도와 조합원 자격 — 도시정비법 제39조 제1항 관련

도시정비법 제39조 제1항 제3호는 “조합설립인가(조합설립인가 전에 제27조 제1항 제3호에 따라 신탁업자를 사업시행자로 지정한 경우에는 사업시행자의 지정을 말한다. 이하 이 조에서 같다) 후 1명의 토지등소유자로부터 토지 또는 건축물의 소유권이나 지상권을 양수하여 여러 명이 소유하게 된 때”에는 그 여러 명을 대표하는 1명을 조합원으로 본다고 규정하고 있다.

이 규정의 입법취지는, 조합설립인가 전에 다수의 필지 또는 건축물을 소유하고 있던 1명의 조합원이 조합설립인가 후에 그 중 일부를 양도하더라도 조합원 수에는 변화가 없도록 여러 명의 소유자 전원을 1명의 조합원으로 보되, 여러 명의 소유자 전원을 대리할 대표조합원 1명을 선출하여 조합 운영의 절차적 편의를 도모함과 아울러, 여러 명의 소유자 전원을 1명의 조합원으로 취급하여 그에 따른 권리분배 등의 범위를 정하기 위한 것이다(대법원 2009. 2. 12. 선고 2006다53245 판결, 헌법재판소 2012. 7. 26. 선고 2011헌마169 전원재판부 결정 등).

즉, 위 조항은 조합설립인가 전 다수의 부동산을 소유하고 있던 조합원 1인이 조합설립인가 이후 부동산을 제3자에게 처분하는 등으로 조합원이 무분별하게 증가되거나 투기세력이 유입되는 것을 차단하고, 여러 명의 소유자 전원을 대리한 대표조합원으로 하여금 권리 행사를 일원화함으로써 조합사무의 효율적인 추진을 기하여 조합 사업의 사업성 악화를 방지하고 기존 조합원의 재산권을 보호하기 위한 것이다(수원지방법원 성남지원 2019. 2. 1.자 2018카합50402 결정).

이 법리를 적용한 구체적인 사례는 아래와 같다.

[수원지방법원 성남지원 2019. 2. 1.자 2018카합50402 결정[3]]
앞서 본 법리 및 도시정비법 제39조 제1항 제3호의 입법취지에 따라 살피건대, 기록 및 심문 전체의 취지에 비추어 소명되는 아래와 같은 사정을 종합해보면, 채무자의 종전 부동산의 처분이나 신규 부동산의 취득행위 등으로 인해 채무자의 조합원 자격이 상실되었다고 단정하기 어렵고, 이 사건 가처분으로 급박하게 채무자의 조합장으로서의 직무집행을 정지해야만 할 보전의 필요성이 소명되었다고 볼 수도 없다.
① 도시정비법 제39조 제1항 제3호는 조합설립인가 전 다수의 필지 또는 건축물을 소유하고 있던 1명의 조합원이 조합설립인가 후 그 중 일부를 양도한 경우를 전제로 하는 조항이나, 앞서 본 바와 같이 채무자는 조합설립인가 후 조합원으로 활동하던 중 다른 조합원 소유의 신규 부동산을 양수하자마자 바로 종전 부동산을 양도한 것으로, 채무자의 위와 같은 양도행위는 위 법률 조항이 예정하고 있는 것이 아니고, 위 조항이 방지하려고 하는 조합원 수의 무분별한 증가나 투기세력의 유입과도 무관하다.
② G로서는 조합원 지위의 양수를 전제로 채무자로부터 종전 부동산을 양수하였던 것으로 보이는데, 채권자들의 주장대로라면 G 또한 이 사건 조합의 조합원으로 볼 수 없게 되어 G의 권리를 제한하는 결과가 된다. 그런데 채무자의 신규 부동산 취득이나 종전 부동산 처분으로 인해 조합 설립 이후 조합원 수가 증가된 바 없고, 조합 사무의 효율적인 추진이 어렵게 되었다고 볼 수도 없으므로, 위와 같은 조합원 권리 제한을 합리화할 정당성도 부족하다.
③ 채무자는 이 사건 조합 설립 시부터 조합장으로 선출된 이래 현재까지 조합장으로 업무를 수행해왔고, 2018. 5. 26. 이 사건 조합 정기 총회에서 조합원들의 신임을 얻어 조합장으로 재선임되었는바, 이 사건 외에 채무자의 조합장 선출 절차나 조합장으로서의 업무 수행에 위법이 있음을 소명할 자료는 제출된 바 없다. 채무자의 조합원으로서의 지위에 관한 다툼은 본안소송에서 면밀한 심리를 통해 판단되어야 할 것으로 보이고, 그와 같은 본안 판결을 기다릴 수 없을 정도로 채권자들에게 회복할 수 없는 현저한 손해나 급박한 위험이 초래될 수 있다는 사정에 대한 소명자료도 충분하지 않다.

3) 이 결정의 사안은 다음과 같다. "채무자는 이 사건 조합의 사업구역에 있는 성남시 수정구 F 토지 및 건물(이하 '종전 부동산'이라 한다)을 소유하고 있다가 2018. 9. 10. G에게 종전 부동산을 매도하였고, 종전 부동산에 관하여 2018. 11. 27. 접수번호 제63125호로 G 명의의 소유권이전등기를 마쳐주었다. 한편 채무자는 종전 부동산을 매도한 후 2018. 10. 4. 이 사건 조합의 조합원인 H로부터 사업구역 내 부동산인 성남시 수정구 I 토지 및 건물(이하 '신규 부동산'이라 한다)을 매수하였고, 신규 부동산에 관하여 2018. 11. 27. 접수번호 제62969호로 채무자 명의의 소유권이전등기를 마쳤다."

[서울고등법원 2019. 10. 10.자 2019라20204 결정[4]]

2) 채권자들의 위 주장은, 채무자가 종전 부동산을 보유한 상태에서 신규 부동산을 취득하여 2개의 건축물을 소유하였다고 볼 수 있는 경우라야 성립할 수 있다. 그런데 기록에 의하면 채무자는 G 소유의 신규 부동산을 양수한 후 2018. 11. 27. 신규 부동산에 관하여 접수번호 제62969호로 소유권이전등기를 마쳤고, 채무자 소유의 종전 부동산을 H에게 양도한 후 같은 날 접수번호 제63125호로 H에게 소유권이전등기를 마쳐준 사실이 소명된다.

이와 같이 신규 부동산에 대한 소유권이전등기와 종전 부동산에 대한 소유권이전등기가 같은 날에 이루어진 점에 비추어 채무자는 신규 부동산과 종전 부동산을 동시에 소유하려는 의사가 없었다고 보이고, 단지 신규 부동산에 대한 소유권이전등기와 종전 부동산에 대한 소유권이전등기가 접수번호 순서에 따라 순차로 마쳐지게 되면서 채무자가 2개의 부동산을 일시적으로 소유하게 되는 현상이 발생하게 되었던 것으로 보이는바, 이러한 경우까지 도시정비법 제39조 제1항 제3호, 이 사건 조합 정관 제9조 제3항에서 정하는 동일인이 2개의 건축물을 소유한 경우에 포섭된다고 단정할 수 없다.

3) 가사 채권자들의 주장대로 채무자가 2개의 건축물을 소유한 경우에 해당된다고 보더라도, 도시정비법 제39조 제1항 제3호, 이 사건 조합 정관 제9조 제4항 제3호는 '조합설립인가 후 1명의 건축물 소유자로부터 그 소유권을 양수하여 수인이 건축물을 소유하게 된 경우 그 수인을 대표하는 1인을 조합원으로 보되, 그 수인은 대표자 1인을 대표조합원으로 지정하고 대표조합원 선임동의서를 작성하여 조합에 신고하여야 한다.'는 취지로 규정하고 있고, 이는 수인 중 대표조합원 1인 외의 나머지 소유자를 조합과의 사단적 법률관계에서 완전히 탈퇴시켜 비조합원으로 취급하겠다는 취지로 해석할 수는 없고, 수인을 1인의 조합원으로 보되 수인을 대리할 대표조합원 1인을 선출하여 그 1인을 조합에 등록하도록 함으로써 조합 운영의 절차적인 편의를 도모함과 아울러 조합규약이나 조합원총회 결의 등에서 달리 정함이 없는 한 수인을 1인의 조합원으로 취급하여 그에 따른 권리분배를 하겠다는 의미로 보아야 하므로(대법원 2009. 2. 12. 선고 2006다53245 판결 등 참조), 채무자가 대표조합원으로 선정되지 아니하였다는 사정만으로 채무자를 비조합원으로 취급할 수는 없다.

4) 이와 같이 채무자가 이 사건 조합의 조합원 자격을 상실하였다고 단정할 수 없으므로 채권자들의 이 사건 신청은 그 피보전권리에 대한 소명이 부족하다.

4) 위 성남지원 2018카합50402 결정의 항고심이다.

3. 상가조합원

(1) 상가조합원과 일반 아파트조합원은 서로 이해관계를 달리 하는 경우가 많고, 대부분의 경우 상가조합원보다 아파트조합원의 숫자가 월등히 많아서 재건축사업 진행과정에서 상가조합원들의 권리가 침해되는 경우가 상당히 있다. 이러한 이유에서 상가조합원들은 아파트조합원과 상가조합원의 권리에 관한 합의를 한 후 재건축사업에 참가하는 경우가 많으나, 실제 재건축사업 진행과정에서 이러한 합의가 지켜지지 않는 경우가 상당히 있다. 이러한 경우에 있어서의 상가조합원의 권리 보호에 관한 하급심결정례가 있어 소개한다.

[수원지방법원 안산지원 2018. 4. 5.자 2018카합50023 결정]

가. 이 사건 합의의 주된 내용은 '상가 조합원은 추가 부담금을 부담하지 아니하고 1층과 2층에 각 694m^2의 전용면적을 가진 신축상가를 분양받을 수 있다'는 것이고, 이는 상가조합원들이 이 사건 사업의 시행으로 장차 분양받을 건축물에 대한 것임과 동시에 상가조합원뿐만 아니라 아파트 조합원의 정비사업비의 부담규모에 영향을 미치는 사항이므로, 도시정비법 제24조 제3항에 따라 조합 총회의 고유권한에 속한다.

따라서 추진위원회가 2009. 7. 11. 개최한 주민총회에서 이와 같은 내용을 의결하였다고 하더라도, 달리 특별한 사정이 없는 한 채무자에 대하여 이 사건 합의 내용을 그대로 반영한 관리처분계획(안)을 조합원 총회 결의를 통하여 수립해야 할 직접적인 구속력이 있다고 단정하기는 어렵다.

그러나 '추진위원회가 행한 업무와 관련된 권리와 의무는 조합이 포괄승계한다'고 규정한 도시정비법 제15조 제4항 등 관련 규정의 내용, 형식 및 취지에 비추어 보면, 비법인사단인 추진위원회가 행한 업무와 관련된 권리와 의무는 비록 추진위원회가 행한 업무가 사후에 관계 법령의 해석상 추진위원회의 업무 범위에 속하지 아니하여 효력이 없다고 하더라도 도시정비법 제16조에 의한 조합설립인가처분을 받아 법인으로 설립된 조합에 모두 포괄승계된다고 봄이 타당하므로, 예를 들어 추진위원회가 개최한 주민총회 또는 토지 등 소유자 총회에서 장차 설립될 조합의 시공자를 선정하는 내용의 결의를 한 경우에 그 결의의 효력 및 그 결의와 관련한 권리와 의무도 조합에 포괄승계된다(대법원 2012. 4. 12. 선고 2010다10986 판결 참조).

이에 의하면, 만약 이 사건 합의 과정에서 당사자인 추진위원회 측에 귀책사유가 있다고 인정되는데도 이 사건 합의 사항은 조합원 총회의 고유권한으로서 채무자 조합 산하의 조합원 총회에 대하여 직접적인 구속력이 없다는 점에만 주목하고, 이 사건 합의의 존재 및 그 불이행 내지 이행거절이 채권자들과 채무자 조합 자체 사이의 장래 법률관계에 미칠 수 있는 영향을 경시함으로써, 이 사건 제6호 안건을 그대로 반영한 관리처분계획이 수립, 확정되게 될 경우, 그로 인하여 채권자들이 입게 되는 손해에 대하여 채무자를 상대로 민사상 손해배상책임을 물을 수 있을 뿐만 아니라, 위와 같은 금전배상을 명하는 것만으로는 피해자(채권자들) 구제의 실효성을 기대하기 어렵고 위 안건에 대한 결의 금지로 인하여 보호되는 피해자의 이익과 그로 인한 가해자(채무자 조합 또는 아파트 조합원)의 불이익을 비교·교량할 때 피해자의 이익이 더 큰 경우에는 그 행위의 금지 또는 예방을 청구할 수도 있다(대법원 2010. 8. 25.자 2008마1541 결정 참조).

그런데 앞서 본 사실 및 아래 나.항에서 보는 이 사건 합의의 성립 과정, 이 사건 제6호 안건이 이 사건 총회에 상정된 경위 및 위 안건이 그대로 반영된 관리처분계획이 수립, 확정될 경우 채무자 조합 및 채권자들을 포함한 그 소속 조합원들에게 미치는 전반적인 법률적, 경제적 영향 등 제반 사정을 고려하면, 채권자들로서는 장래 위 안건이 반영된 관리처분계획이 수립, 확정될 경우의 손해배상은 물론이고, 현 단계에서 위 안건에 대한 이 사건 총회에서의 결의 금지 자체를 구할 권리 역시 갖는다고 볼 수가 있다.

나. 뿐만 아니라, 일반적으로 행정상의 법률관계에 있어서 행정청의 행위에 대하여 신뢰보호의 원칙이 적용되기 위해서는, 첫째 행정청이 개인에 대하여 신뢰의 대상이 되는 공적인 견해표명을 하여야 하고, 둘째 행정청의 견해표명이 정당하다고 신뢰한 데에 대하여 그 개인에게 귀책사유가 없어야 하며, 셋째 그 개인이 그 견해표명을 신뢰하고 이에 상응하는 어떠한 행위를 하였어야 하고, 넷째 행정청이 위 견해표명에 반하는 처분을 함으로써 그 견해표명을 신뢰한 개인의 이익이 침해되는 결과가 초래되어야 하며, 마지막으로 위 견해표명에 따른 행정처분을 할 경우 이로 인하여 공익 또는 제3자의 정당한 이익을 현저히 해할 우려가 있는 경우가 아니어야 하는바(대법원 2006. 6. 9. 선고 2004두46 판결 등 참조), 앞서 본 사실, 기록 및 심문 전체의 취지를 종합하여 인정되는 아래와 같은 사정을 고려하면, 이 사건 제6호 안건의 내용은 신의칙, 신뢰보호의 원칙 등에 반하여 위법할 여지가 크고, 이 사건 총회가 개최될 경우 원안대로 가결될 가능성이 상당히 높아, 채권자들로서는 회복하기 어려운 큰 손해를 입을 우려가 있다.

- 이 사건 상가는 아파트 단지의 중앙에 위치하고 있었으므로, 만일 상가 구분소유자들이 이 사건 사업에 반대하는 경우에는 상가 부지 부분의 토지를 분할하여 아파트 부분만으로 재건축사업을 진행하여야 하는 상황이었다. 그런데 이러한 경우 재건축 사업을 효율적으로 진행하기 어려워지게 되므로, 상가 구분소유자들의 재

건축 사업 동의가 반드시 필요한 상황이었다.

- 재건축 사업이 진행될 경우 상가 구분소유자들은 장기간 영업을 중단하고, 사업장을 이전해야 하므로, 재건축 사업으로 아파트 구분소유자들보다 상대적으로 큰 재산적 손해를 입게 된다. 이에 상가 구분소유자들은 이 사건 사업에 동의하는 조건으로 제1의 나.항과 같은 보상을 요구하였고, 추진위원회는 상가 부지 부분까지 사업범위에 포함시켜 이 사건 사업을 진행하기 위하여, 이 사건 합의에 이르게 되었다.
- 아파트 구분소유자들도 이러한 사정을 참작하여 이 사건 합의에 동의한 것이므로, 주민총회에서도 이 사건 합의에 관한 결의가 이루어졌고, 채무자의 정관에도 이러한 내용이 반영되어 있다. 또한 이 사건 관리처분계획 제7호 안건으로 결의한 시공자와의 공사계약에도 '상가 조합원은 2009. 7. 11. 총회에서 결의된 내용에 따르기로 한다(제5조 제4항)'는 조항으로 이러한 내용이 반영되어 있다.

  그런데 주민총회 참석자들과 창립총회 참석자들, 채무자의 구성원들이 대부분 같다는 점을 고려하면, 결국 행정청인 채무자가 '이 사건 합의를 이행하겠다'는 견해표명을 한 것으로 볼 수 있다.
- 채권자들은 이 사건 합의가 지켜질 것으로 믿고 이 사건 사업에 동의함으로써 채무자의 조합원이 되었다. 그리고 채권자들이 이와 같이 믿은 데 귀책사유가 있었다고 볼 만한 자료도 없다.
- 이 사건 합의에 의하면, 상가 조합원들은 총 10개 호실의 1층 상가 1실과 2층 상가 1실 등 2개의 상가를 무상으로 분양받고, 영업손실 보상금으로 5억 원을 받을 수 있다. 그런데 채무자는 채권자들의 동의 없이 신축 상가의 설계를 변경하여 1층을 20개 호실로 분할하였고, 이 사건 제6호 안건에 의하면 1층 20개 호실 중 1실만을 상가조합원들에게 분양한다는 것이다(나머지 호실은 모두 일반분양하여 사업 수익금이 된다).

  따라서 이 사건 제6호 안건이 결의될 경우, 채권자들은 개인별로 약 7~9억 원 정도의 손해 및 예상했던 위치, 면적의 상가를 분양받지 못하게 되는 손해, 영업상의 경쟁이 치열해지는 손해를 입게 되고, 반면 아파트 조합원들은 개인별로 약 2,000만 원 정도의 이익을 얻게 된다.
- 이 사건 사업의 시공계약은 지분제 방식으로 이루어졌고, 위 시공계약이 도급제 방식으로 바뀌었다고 볼 자료는 없다. 따라서 아파트 조합원들에게 예상하지 못했던 손해가 생겨, 상가 조합원들이 받을 것으로 예정되어 있었던 이익을 아파트 조합원들에게 분배하여야 할 필요가 생겼다는 등의 사정변경도 없었다. 따라서 이 사건 제6호 안건은 오로지 아파트 조합원들의 추가적인 이익 추구만을 위한 것으로 보인다.
- 채권자들을 비롯한 상가 조합원들은 약 10명 정도이고, 아파트 조합원들은 약

450명 정도이므로, 상가 조합원들이 모두 총회에 출석하더라도 이 사건 총회에서 아파트 조합원들에게 유리한 이 사건 제6호 안건이 원안대로 가결될 가능성이 매우 높다.

- 이 사건 제6호 안건의 결의가 금지될 경우, 이 사건 관리처분계획에 공백이 생겨 이 사건 사업의 진행이 늦어지고, 그로 인하여 다수의 조합원들이 손해를 입을 우려가 있기는 하다.
  그러나 이 사건 사업의 진행에 따른 조합원들의 이익은 애초에 채권자들이 채무자의 견해 표명을 믿고 재건축동의를 하지 않았다면 얻을 수 없었던 것이다. 그리고 아파트 조합원들이 상대적으로 다수라는 사정만으로 그들의 손해가 채권자들에 비하여 크다고 단정하는 것은, 다수의 구분소유자의 의사에 따라 일부 동을 이루는 주택 또는 복리시설의 구분소유자들의 이익이 침해되는 것을 방지하고 있는 도시 및 주거환경정비법 제16조 제2항의 취지에도 반한다.
- 제1의 다. 3)항 판결의 내용에 따르면, '이 사건 합의 내용을 반영한 이 사건 산정기준 제1항이 상가 조합원의 권리가액 및 부담금 산정기준의 본질적 내용이고, 이에 관리처분계획에 포함되어야 할 부분이 누락되지도 않았으며, 제2, 3항은 형식적 내용에 불과하다'는 것이다.
  따라서 채무자로서는 이 사건 제6호 안건의 내용을 이 사건 산정기준 제1항 내용을 반영한 것으로 수정함으로써 용이하게 적법한 관리처분계획을 수립할 수 있고, 그러한 내용으로 관리처분계획이 수정된다고 하더라도 아파트 조합원들의 보호가치 있는 이익이 현저히 침해될 우려가 있다고 보기 어렵다. 따라서 이 사건 제6호 안건의 결의 금지에 따라 이 사건 사업이 현저히 늦어질 것이라거나, 그로 인하여 아파트 조합원들이 감내할 수 없을 정도로 큰 손해를 입을 우려가 있다고 보기도 어렵다.
- 채무자는, 이 사건 제6호 안건이 원안대로 가결될 경우, 채권자들이 분양신청을 포기하고 현금청산자가 되어 금전보상을 받는 방법으로 손해의 보전이 가능하다고 주장한다. 그러나 그러한 경우 채권자들이 장기간의 영업으로 이룬 거래처, 고객 등의 상권을 모두 잃게 될 우려가 있으므로, 채권자들이 금전보상을 받는 방법으로 채권자들의 권리구제가 모두 이루어질 수 있다고 보기도 어렵다.

다. 따라서 이 사건 총회에서 이 사건 제6호 안건에 대한 결의를 금지시킬 피보전권리 및 보전의 필요성이 있다고 봄이 옳다.

[창원지방법원 2022. 7. 15.자 2022카합10164 결정]

1) 우선 주장 Ⅰ에 관하여 본다. 채무자 정관 제66조 제2호는 "추후 재건축 시 신축상가 위치는 정문(입구)을 원칙으로 하되 상가협의회에서 변경할 수 있다."라고 정하고 있으므로, 신축상가의 위치 변경에 대한 결정권은 상가협의회가 가진다. 그

> 런데, 상가협의회는 2022. 2. 12. 전체 상가조합원 2/3 이상인 75명이 출석한 가운데 [상가 위치 및 규모 결정의 건]이라는 안건에 관하여 종전의 '정문단일상가안'을 부결시키고 출석 과반수인 43명이 '조합과 상가협의회 합의안'을 선택하는 적법한 결의(상가협의회규약 제7조 제1항 참조)를 하였는바, 결국 상가협의회의 의사는 채무자와 상가협의회가 합의하는 안으로 신축상가의 위치 및 규모를 변경하는 것이었다고 봄이 타당하다.
> 2) 그런데 이 사건 기록 및 심문 전체의 취지에 의하면, 채무자는 위 전체회의 이후인 2022. 2. 21.경 상가조합원 일부에게 대안도면을 발송하였고, 2022. 2. 26.경부터 대안도면에 대한 토론회를 개최하였으며, 2022. 3. 15 상가협의회 사무실에서 상가협의회 회장 등과 신축상가에 대한 조합원안 등에 대하여 협의를 하는 등 상가협의회와 단일안 마련을 위해 노력하기는 하였으나 합의안 도출에는 실패하였다.
> 그 후, 채무자는 상가협의회와 신축상가의 위치 및 규모에 관하여 합의안을 마련하지 못한 상태에서 2022. 3. 25. 긴급 대의원회를 개최하여 채무자가 자체적으로 마련한 이 사건 안건을 정기총회에 상정하고, 이 사건 결의를 통하여 이 사건 안건을 통과시켰는바, 결국 이 사건 결의는 상가협의회가 신축상가의 위치를 변경할 수 있도록 정한 채권자 정관 제66조 제2호에 정면으로 위반하여 그 효력을 인정할 수 없다(상가협의회는 채무자와 이 사건 협약을 체결하고 그 내용을 채무자 정관에 그대로 반영하도록 함으로써, 재건축 추진 과정에서 채무자 조합의 인적구성상 소수인 상가소유자들의 재산권을 보호하기 위한 방어 장치를 마련한 것으로 보이는바, 채무자 정관 제66조 제2호를 준수하지 않은 이 사건 결의는 그 위반의 정도가 중대하여 주장 Ⅱ에 대하여 더 나아가 살펴보지 않아도 효력을 인정할 수 없다).
> 따라서 채권자들에게는 이 사건 결의의 무효 확인을 구할 피보전권리가 소명된다.

(2) 상가독립정산제에 따라 진행되는 정비사업에 있어서, 상가대표단체의 운영에 도시정비법 규정이 그대로 적용되는가. 상가대표단체는 도시정비법에 근거를 두지 않은 임의단체이므로, 원칙적으로 부인하여야 할 것이다.

> [서울동부지방법원 2019. 11. 19.자 2019카합10420 결정]
> 가. 채권자들은 도시정비법의 각종 규정이 이 사건 조합뿐 아니라 채무자[5]에 대하여도 적용됨을 전제로 이 사건 결의[6]에 절차상·내용상 하자가 있다고 주장한다. 그러나 채권자들이 들고 있는 도시정비법 규정은 그 문언상 '사업시행자', '조합',

5) 상가대표단체이다.
6) 상가관리처분계획을 변경하는 내용의 상가대표단체의 결의이다.

'조합설립추진위원회' 등이 적용대상임이 명백하고, 도시정비법에 근거를 두지 않은 임의단체인 채무자에게도 위 규정이 직접적으로 적용된다고 보기는 어렵다. 독립정산제 방식으로 상가 재건축사업이 진행된다는 점을 고려하더라도, 채무자의 결의 과정에 운영규정이 정한 절차 외에 도시정비법상의 절차 규정까지 엄격히 준수해야 한다고 보기에는 근거가 부족하다.
또한 이 사건 결의는 이 사건 조합 총회결의를 통해 확정되기 전까지는 조합원들에 대하여 효력이 없는 잠정적인 안건에 불과하고, 채무자가 제출한 사업계획안이 관련 법령 및 조합의 사업계획 등에 부합하는 경우에만 조합의 전체 사업계획에 반영하게 되므로, 이 사건 조합이 도시정비법 위반 여부를 검토해 조정하는 과정을 거칠 것으로 보인다. 만일 이 사건 결의에 채권자들이 주장하는 도시정비법 위반 사항이 있다고 하더라도(현재까지 제출된 자료만으로는 이에 대한 소명이 부족하다), 조합 총회결의를 통해 확정되기 전인 현 단계에서 가처분으로 그 효력을 정지할 보전의 필요성이 있다고 보기 어렵다. 채권자들은 도시정비법을 위반한 이 사건 결의가 조합 총회에 그대로 상정되어 결의가 이루어질 것이므로 당장 이 사건 결의의 효력을 정지해야 한다고 주장하나, 이에 대한 고도의 소명이 부족하고 향후 이 사건 조합 총회결의에 도시정비법 위반 사항이 있다면 조합을 상대로 이를 다툴 기회도 있다.

(3) 상가조합원으로 구성된 상가대표단체의 운영규정에 구성원의 탈퇴를 금지하는 규정이 있더라도 그 규정의 효력은 인정되기 어려울 것이다.

[서울고등법원 2020. 6. 30.자 2020라20395 결정]
살피건대, 이 사건 조합이 추진하기로 결의한 독립정산제 방식이란, 상가조합원들이 상가 부분 재건축사업의 추진 주체이자 손익의 귀속 주체임을 전제로 하면서 상가관리처분계획 수립 등 세부 업무는 상가대표단체가 주관하는 방식인 점, 사건본인이 상가대표단체로 승인받았고 사건본인이 수립한 상가관리처분계획이 이 사건 재건축정비사업의 관리처분계획에 편입되었으며, 위 관리처분계획이 인가 및 고시되어 신청인들을 포함한 조합원 전원에 대하여 효력이 발생한 점은 앞서 본 바와 같다. 한편, 앞서 본 기초사실들과 기록 및 심문 전체의 취지를 종합하여 알 수 있는 이 사건 운영규정 개정 경위에 비추어 보면 이 사건 운영규정에서 회원의 자유로운 의사에 기한 가입과 탈퇴 규정을 삭제한 것이, 사건본인이 상가대표단체로서 상가재건축사업을 주관하여 시행하기 위한 목적과 무관하지 않아 보이기는 한다.
그러나, 이 사건 조합이 도시정비법의 적용을 받는 공법인으로서 관련 법령 및 행정청의 인허가 등에 의하여 상가조합원들을 포함한 조합원들의 재산상 권리 의무에 구체적 직접적 영향을 미치는 행정작용을 하는 권한을 부여받은 법정 단체인 반면, 사건본인은 그 설립이나 운영에 관하여 도시정비법 등의 규율을 받는 단체가 아닌, 상가조합원들의 자율적 의사로 설립된 임의단체에 불과하다. 또한, 순번 1 신청인들이 사건본인에서 임의 탈퇴하더라도 상가재건축사업의 시행이 불가능하거나 현저히 곤란하게 된다고 볼 수도 없다. 실제 사건본인 외에도 상가조합원들을 회원으로 하는 별개의 단체들이 조직되어 있고 그 중 사건본인이 이 사건 조합에 의해 상가대표단체로 인정받았을 뿐이다. 따라서 이 사건 운영규정에서 임의 탈회를 금지하는 조항이 없는 한, 신청인들이 주장하는 사정만으로는 이 사건 운영규정의 문언 해석의 범위를 넘어서 헌법 제21조가 보장하는 단체의 구성원으로서의 가입과 탈퇴의 자유가 제한된다고 해석할 수는 없다. 신청인들의 이 부분 주장은 받아들일 수 없다.

(4) 반대로 상가대표단체에 상가조합원들이 자동으로 가입되도록 규정한 상가대표단체의 운영규정은 적법한가.

위 운영규정이 소극적 결사의 자유를 침해하는 측면은 있으나, 이를 상가조합원 과반수로 이루어진 상가대표단체가 구성되면 그 상가대표단체가 전체 상가조합원들을 대표해 상가 재건축사업을 주도하게 된다는 점에서, 해당 단체에 가입하지 않았던 상가조합원들에게도 회원 자격을 부여해 의사를 반영할 기회를 준다는 취지의 규정으로 해석하여, 위 운영규정이 적법하다고 판단한 사례가 있다(서울동부지방법원 2019. 11. 19.자 2019카합10420 결정).

[부 록]

서울특별시 정비사업 표준선거관리규정

서울특별시 고시 제2015－120호(제정 2015. 5. 7.)
서울특별시 고시 제2017－243호(개정 2017. 7. 6.)

제1조(목적) 「서울특별시 정비사업 표준선거관리규정」(이하 "규정"이라 한다)은 「도시 및 주거환경정비법」(이하 "법"이라 한다) 제77조의4 및 「서울특별시 도시 및 주거환경 정비조례」(이하 "조례"라 한다) 제47조 및 조합 정관 또는 「조합설립추진위원회 운영규정(이하 "정관 등"이라 한다)에 따라 정비사업 조합 또는 조합설립추진위원회(이하 "조합 등"이라 한다)의 조합임원·대의원 또는 추진위원장·감사·추진위원(이하 "임원 등"이라 한다)의 민주적인 선출 방법 및 절차에 관한 사항을 정하여 부정선거를 방지하고 공정하고 투명한 정비사업 추진을 목적으로 한다.

제2조(성격) 이 규정은 조례 제47조에 따라 조합 등이 임원 등을 선출하기 위한 선거관리규정을 정함에 있어 관계법령·조례·정관 등의 규정을 종합적으로 검토하고 실정에 맞게 작성·보급한 규정으로서 다른 기준에 우선하여 적용함을 원칙으로 한다.

제3조(기본원칙) 조합은 임원 등 선출의 민주적이고 투명한 선거관리업무를 위하여 아래 각 호의 원칙에 따라 처리해야 한다.

1. 공정한 선거의 관리 및 사무를 처리하기 위하여 선거관리위원회를 둔다.
2. 선거는 직접, 보통, 비밀, 평등의 원칙에 의한다.
3. 조합원(또는 토지등소유자)은 제2호의 원칙 범위 내에서 자유로운 의사를 표현할 수 있다.
4. 조합 등 및 선거관리위원회의 선거관리사무는 제2호의 원칙에 따라야 하며, 그 성질에 반하지 아니하는 범위 내에서 조합원 등의 의사를 충분히 반영하여야 한다.

제4조(선거관리규정 등의 작성) ① 조합 등은 이 규정에 따라 [별표]의 정비사업조합(조합설립추진위원회) 선거관리규정(안)을 기본으로 하여 다음 각 호에서 정하는 바에 따라 선거관리규정을 작성한다.

1. 제3조 내지 제5조, 제6조제2항, 제7조제1항 · 제2항 · 제4항 내지 제7항, 제8조, 제9조, 제10조제1항 · 제2항, 제11조 내지 제13조, 제14조제1항, 제15조 내지 제17조, 제20조, 제21조제2항 내지 제5항, 제22조, 제23조 제2항 · 제3항, 제25조 내지 제29조, 제30조제2항 내지 제6항, 제31조, 제33조제2항 · 제3항, 제34조제1항 · 제6항, 제35조 내지 제38조, 제40조 내지 제54조, 제56조를 확정할 것
2. 제6조제1항, 제7조제3항, 제10조제3항, 제14조제2항, 제18조, 제19조, 제21조제1항, 제23조제1항, 제24조, 제30조제1항, 제32조, 제33조제1항, 제34조제2항 내지 제5항, 제39조, 제55조는 당해 사업의 특성, 지역의 상황 등을 고려하여 관계법령과 이 규정에 위배되지 아니하는 범위 안에서 수정 및 보완할 수 있다.
3. 당해 사업 여건상 필요한 경우 선거관리규정 안에 조 · 항 · 호 · 목 · 별지 등을 추가할 수 있다.

② 제1항 각 호의 규정에 의하여 확정 · 수정 · 보완 또는 추가하는 사항이 법 · 관계법령 · 조례, 이 운영규정 및 국토교통부장관, 서울특별시장, 관할 구청장 등 관련 행정기관의 처분에 위배되는 경우에는 효력을 갖지 아니한다.

제5조(민법 등의 준용) ① 본 운영규정과 관련하여 법에서 규정된 것을 제외하고는 민법의 규정 중 사단법인에 관한 규정을 준용한다.

② 법 · 민법 등 관계 법률과 이 규정에서 정하는 사항 외에 조합 등의 선거관리에 관하여 필요한 사항은 관계법령 및 제4조제2항에 따른 관련 행정기관의 지침 · 지시 또는 유권해석 등에 따른다.

③ 이 규정이 법령의 개정으로 변경되어야 할 경우 규정의 개정절차에 관계없이 변경된 것으로 본다. 다만, 관계법령의 내용이 임의규정인 경우에는 그러하지 아니하다.

부 칙 〈제정 2015. 5. 7.〉

제1조(시행일) 이 규정은 고시한 날부터 시행한다.

제2조(경과조치) 이 규정 시행일 이전에 인가 · 승인된 조합 등의 선거관리규정 등이 이 규정에 위배되는 사항에 대하여는 이 규정 시행일로부터 1년 이내에 총회를 거쳐 이 규정에 적합하게 선거관리규정을 제 · 개정하여야 한다.

부 칙 〈개정 2017. 7. 6.〉

제1조(시행일) 이 규정은 고시한 날부터 시행한다.

제2조(경과조치) 이 규정 전에 인가 · 승인된 조합 등의 선거관리규정은 제1조의 시행일로부터 1년 이내에 추진위원회, 대의원회 또는 총회를 거쳐 개정된 규정에 적합하게 선거관리규정을 개정하여야 한다.

[별표]

○○ 정비사업조합(조합설립추진위원회) 선거관리규정

제1장 총 칙

제1조(목적)「○○ 정비사업조합 선거관리규정」(이하 "규정"이라 한다)은「도시 및 주거환경정비법」(이하 "법"이라 한다),「서울특별시 도시 및 주거환경 정비조례」(이하 "조례"라 한다) 및 조합 정관에 따라 ○○(주택재건축, 주택재개발, 도시환경) 정비사업 조합의 임원·대의원을 조합원의 자유로운 의사와 민주적인 선출 방법 및 절차에 따라 선출하기 위해 필요한 사항을 정하여 부정선거를 방지하고 공정하고 투명하게 정비사업을 추진함을 목적으로 한다.

제2조(용어의 정의) 이 규정에서 사용하는 용어의 정의는 다음 각 호와 같다.

1. "선거"라 함은 조합 총회에서 조합임원 및 대의원을 선출하는 선거를 말한다.
2. "정관"이라 함은 법에서 정하는 바에 따라 조합의 운영에 필요한 사항을 규정한 것을 말한다.
3. "임원"이라 함은 정관이 정하는 바에 따라 조합장 및 이사, 감사를 총칭하여 부르는 지위를 말한다.(부조합장이 있는 경우 부조합장을 포함한다.)
4. "조합장"이라 함은 법에서 정하는 바에 따라 조합을 대표하는 자를 말한다.
5. "대의원"이라 함은 법 제25조에 따라 조합원 중에서 선출된 자를 말한다.
6. "조합원"이라 함은 당해 정비사업(주택재개발, 재건축, 도시환경) 시행구역 안의 토지 또는 건축물의 소유자 및 지상권자로서 법 제19조 규정에 적합한 자를 말한다.
7. "대의원회"라 함은 제5호의 규정에 의한 대의원으로 구성된 의결기구를 말한다.

【주】 조합장이 아닌 조합임원은 대의원이 될 수 없으며(법 제25조제3항), 조합장은 대의원회 의장이 되도록(영 제36조제1항) 규정하고 있으므로 조합장은 당연직 대의원에 해당함.

8. "총회"라 함은 법 제24조에 따라 조합원으로 구성되는 총회로서 정비사업 조합의 최고 의결기구를 말한다.

제3조(적용범위) 이 규정은 조합 임원, 대의원의 선거(변경, 연임, 보궐선거를 포함한다.)에 관하여 정관에서 따로 정하는 사항 외에는 본 규정을 적용하되, 그 기준에 반하지 아니하는 범위 내에서 당해 조합 선거관리위원회(이하 "조합 선관위"라 한다.)에서 필요한 사항을 정할 수 있다.

제4조(선거인) "선거인"이라 함은 선거가 실시되는 사업시행구역 내 조합원을 말한다.

【주】 "조합원"의 자격은 토지등소유자 중에서 주택재건축정비사업의 경우 조합설립인가에 동의하지 아니한 자를 제외하며, 법 제47조 규정에 의거 분양신청을 하지 아니하거나 분양신청을 철회한 자는 조합원으로 인정하지 아니함.

제5조(선거권 등) ① 선거권은 선거인명부 확정일 기준 당해 사업시행구역의 조합원으로서 선거인명부에 등재된 자에게 있다.

② 제1항에도 불구하고 미성년자의 경우에는 선거권을 위임하는 경우를 제외하고는 직접 선거권을 행사할 수 없다.

③ 제1항 내지 제2항에 따른 선거권이 법 제19조제1항 각 호 및 영 제28조제1항제1호 및 제2호에 해당할 경우에는 그 대표자 1인에게 선거권이 있다. 이 경우 선거인명부 열람 기간 내 대표자 선임동의서를 작성하여 제출하여야 하며, 조합 선관위는 선거인명부에 등재하여야 한다.

【주】 제3항에도 불구하고, 영 제28조제1항 1호 내지 2호 각 목에 따른 다물건 소유자 등에 대하여는 조합원 또는 동의자수로 산정되는 토지등소유자에게 선거권이 있을 것임.

④ 제1항 내지 제3항에도 불구하고 다음 각 호에 해당하는 자는 선거인명부 열람 기간 내에 위임장·지정서를 제출하여야 한다. 이 경우 조합 선관위는 위임자 등을 선거인명부에 등재하여야 한다.

1. 선거인이 권한을 행사할 수 없어 배우자·직계존비속·형제자매 중에서 성년자를 대리인으로 정하여 위임장을 제출하는 경우
2. 해외거주자가 대리인을 지정하는 경우
3. 법인인 조합원 또는 토지등소유자가 대리인을 지정한 경우

【주】 제3항 내지 제4항에 따른 대표자 또는 대리인을 선정하여 종전에 이미 선임동의서 및 위임장·지정서를 제출한 경우, 이해관계자의 권리변동이 없어 별도로 제출하기 전까지는 종전에 제출한 선임동의서 등으로 갈음할 수 있음.

제6조(피선거권 등) ① 임원 및 대의원 선거에 입후보자는 당해 사업시행구역의 조합원으로서 다음 각 호의 기준에 적합한 선거인은 피선거권이 있다.

1. 주택재개발사업 또는 도시환경정비사업의 경우 조합설립인가일 현재 사업시행구역 안에서 1년 이상 거주하고 있는 자.
2. 주택재건축사업의 경우 조합설립에 동의한 자로서 피선출일 현재 사업시행구역 안에서 최근 3년 이내에 1년 이상 거주하고 있는 자(다만, 거주의 목적이 아닌 상가 등의 건축물에서 영업 등을 하고 있는 경우 영업 등은 거주로 본다) 또는 피선출일 현재 사업시행구역 안에서 5년 이상 건축물 및 그 부속토지를 소유한 자.

【주】 제1호 내지 제2호에도 불구하고, 조합 정관에 따라 거주조건을 삭제 또는 확대하거나, 정비사업 추진단계가 이주개시 이후인 경우 거주기간을 적용하지 아니할 수 있음. 또한 조합원이 법인인 경우에는 그 대표자에게 피선거권이 있음을 사전에 정할 수 있음.

② 제1항에도 불구하고 다음 각 호의 1에 해당하는 경우에는 피선거권이 없다.

1. 미성년자 · 피성년후견인 · 피한정후견인
2. 파산선고를 받고 복권되지 아니한 자
3. 금고 이상의 실형의 선고를 받고 그 집행이 종료(종료된 것으로 보는 경우를 포함한다)되거나 집행이 면제된 날부터 2년이 경과되지 아니한 자
4. 금고 이상의 형의 집행유예를 받고 그 유예기간 중에 있는 자
5. 법 또는 관련 법률에 의한 징계에 의하여 면직의 처분을 받은 날부터 2년이 경과되지 아니한 자
6. 법을 위반하여 벌금 100만 원 이상의 형을 선고받고 그 형이 확정된 날로부터 5년이 지나지 아니한 자
7. 같은 목적의 사업을 시행하는 다른 조합 · 추진위원회 · 청산인 또는 당해 사업과 관련한 시공자 · 설계자 · 정비사업전문관리업자 등에 해당하는 법인 또는 단체의 임원 · 위원 · 직원으로 소속된 자. 이 경우 피선거권을 얻기 위하여 현직에서 사퇴하여야 하는 시점은 후보자 등록 전까지로 함

제7조(선거관리위원회 구성) ① 이 규정에 따라 선거를 관리하고 집행하기 위하여 조합 선관위를 구성하여야 하며, 조합 선관위는 조합 조직 및 업무와 독립적으로 선거관리에 관한 총회 등의 업무를 총괄한다.

② 조합장은 임원 · 대의원 임기만료 60일전까지 조합 선관위 구성을 위해 다음 각 호를 포함한 선거관리위원(이하 "선관위원"이라 한다.) 후보자 등록을 조합 홈페이지에 공고하고 클린업시스템에 게시하여야 한다.

【주】 조합임원의 임기는 3년 이하의 범위 내에서 조합 정관에서 정하는 바에 따라 명문화하고, 임기만료 이후 임원이 처리한 업무의 효력에 대한 법률적 분쟁방지를 위해 임기만료 60일전까지 후임자 선임업무를 개시하여야 함. 해당 조합 정관 등으로 대의원의 임기를 정한 경우는 같은 기준 적용.

1. 선관위원 등록기간 및 장소
2. 선관위원 신청자격

【주】 선관위원 등록자격은 조합장이 사전 대의원회와 협의하여 ○인 이상의 선거인의 추천을 받은 자, 범죄경력이 없는 자로 정할 수 있음.

3. 모집 인원 초과 등록 시 선관위원 선정방법 등

【주】 정수 이상의 선관위원이 등록하였을 경우 공정선거 사무를 수행할 학식과 사회경험이 풍부한 자를 대의원회에서 비밀투표 또는 공개추첨 방식 등으로 선임할 수 있음.

③ 조합 선관위는 5인 이상 9인 이내의 선관위원으로 구성하며, 선관위원은 선거인 중에서 당해 정비사업의 조합설립에 동의한 자 중 대의원회에서 후보자를 등록받아 대의원회 의결을 통해 선임 및 구성한다. 다만, 선관위원 후보자가 정수 이상 등록된 경우로서 대의원회 또는 선거인의 1/10이상의 요청이 있는 경우 선관위원의 선임을 구청장에게 의뢰할 수 있다.

【주】 선관위원의 수는 당해 정비사업의 규모 및 조합원 수 등을 고려하여 5인 이상 9인 이내에서 정할 수 있으며, 선관위원 후보자가 정수 이상 등록된 경우 공정선거 사무를 수행할 학식과 사회경험이 풍부한 자를 우선하여 대의원회에서 비밀투표 또는 공개추첨 방식 등으로 선임할 수 있음.

④ 제3항에도 불구하고 선거관리의 공정성과 전문성 확보를 위하여 대의원회 의결을 통하여 필요하다고 인정할 경우 구청장 또는 관할 선거관리위원회(해당 조합의 소재지를 관할하는 구 선거관리위원회를 말한다. 이하 "관할 선관위"라 한다.)의 추천을 받아 선거인이 아닌 자를 선관위원으로 선임할 수 있다. 이 경우 수당 등 보수 및 실비는 조합 선관위가 부담한다.

【주】 선거관련 전문적인 지식, 경험과 학식이 풍부한 자가 필요하다고 인정될 경우 구청장 등으로부터 추천받아 선관위원을 선임할 수 있음.

⑤ 선관위원의 임기는 총회의 임원·대의원 선출과 관련하여 제47조제1항에 따른 당선자 공고와 동시에 종료된다.

【주】 선관위원의 임기는 제47조제1항에 의한 당선자 공고까지로 한다. 단, 선관위원장 및 간사는 선거관리 업무가 종료된 이후에도 제52조에 따른 선거관련 자료의 인계의 업무를 수행하여야 함.

⑥ 조합장은 조합 선관위가 구성되고 선거사무가 개시되기 전에 선거사무에 필요한 사무실 및 사무용 집기와 조합원 명부 등 선거사무에 필요한 정보를 조합 선관위에 제공하여 선거관리를 지원하여야 한다.

【주】 조합 선관위 사무실은 공명선거를 위하여 필요할 경우 조합사무실 또는 입후보자 소유 및 임차건물과 별도로 둘 수 있음.

⑦ 조합의 임원·대의원과 그 직계존비속, 조합과 계약된 업체 또는 단체의 임·위원 또는 직원, 입후보자 또는 그 직계존비속은 선관위원이 될 수 없다.

⑧ 조합원의 수가 100인 미만인 조합으로서 법 제25조제1항에 따라 대의원회가 구성되지 않은 경우 제3항에 따른 "대의원회"는 "이사회"로 한다(이하, 같다).

【주】 조합원의 수가 100인 미만으로 도정법 상 대의원회 구성 대상에서 제외되는 조합의 경우, 이사회에서 선관위원 후보자를 등록 받아 이사회 의결을 통해 선임 및 구성할 수 있음(이하, 본 규정에서 공통 적용).

제8조(선거관리위원회의 조직 등) ① 조합 선관위에는 선관위원 중에서 선거관리위원장(이하 "선관위원장"이라 한다.) 1인, 간사 1인을 둔다.

② 선관위원장과 간사는 선관위원 중에서 호선에 의하여 선정한다.

③ 제2항에 따른 선관위원장 및 간사 선정을 위한 최초 회의소집은 조합장이 하며, 제7조제3항에 의하여 조합 선관위가 구성된 날로부터 7일 이내에 조합장이 최초 회의소집을 아니할 경우에는 선출된 선관위원 중 연장자, 직무대행자, 구청장 순으로 회의소집 및 의장의 직무를 대행할 수 있다. 조합 선관위는 조합 선관위가 구성되는

즉시 조합 홈페이지에 공고하고 클린업시스템에 게시하여야 한다.

④ 선관위원장은 조합 선관위를 대표하고, 총회(임원선출 총회에 한한다.) 등의 임시 의장이 된다. 조합 선관위는 정관에서 정하는 총회 등 기간에 대하여 그 지위를 가진다.

⑤ 선관위원이 임기 내 사망 또는 사퇴 등 궐위된 경우에는 조합 선관위는 제7조제3항 내지 제4항에 따른 후보자 등록 또는 선관위원의 추천을 받아 조합 선관위 의결로서 즉시 선임해야 한다.

⑥ 조합 선관위는 선거관리계획에 정한 바에 따라 선거관리에 필요한 사무를 보조하는 선거사무보조원을 둘 수 있다.

【주】 선거관리에 필요한 선거사무보조원은 선관위원의 수 범위 내에서 조합 선관위에서 별도로 정할 수 있음.

제9조(선거관리위원회의 직무 등) 조합 선관위는 다음 각 호에 관한 직무를 수행한다.

1. 선거관리계획의 수립
2. 선거와 관련한 안내 및 홍보와 각종 공고
3. 선거인 명부 작성·확정 및 선거인 신원 확인
4. 후보자 등록 접수·자격심사 및 확정공고
5. 투표용지 작성 및 관리
6. 투표 및 개표 관리
7. 투표지의 유·무효 심사 및 판정
8. 당선자 공포·공고
9. 선거 위반사항에 대한 조사, 심사 및 판정
10. 선거일(총회 등의 개최일) 확정
11. 기타 이 규정에서 정하지 아니한 선거에 관련 사항의 결정

제10조(선거관리위원회의 의결 등) ① 선관위원장은 선거와 관련하여 조합 선관위를 소집할 수 있다.

② 선관위원 1/3이상의 소집요구가 있을 경우 선관위원장은 조합 선관위를 소집해야 하며, 위원장이 회의소집을 거부할 때에는 소집을 요구한 대표자가 직접 회의를 소집할 수 있다.

③ 조합 선관위는 재적위원 과반수 찬성으로 의결한다.

【주】 조합 선관위는 선관위원의 수 등을 고려하여 의결 방법을 제3항에서 정하는 범위 내에서 재적위원 2/3이상의 찬성 등으로 별도로 정할 수 있음.

제11조(보수 등) ① 조합은 다음 각 호의 선거관리에 소요되는 비용에 대해 실비의 범위 내에서 지급하여야 한다.

1. 선관위원의 수당 등 보수 및 실비
2. 공정선거지원단 소속원의 수당 및 실비

3. 선거사무보조원을 두는 경우 그 수당 및 실비
4. 사무실의 임차료
5. 그 밖의 선거사무에 소요되는 경비 등

② 제1항에 의한 선거관리에 소요되는 비용의 지급 방법과 시기에 대하여는 선거관리계획으로 확정한다.

【주】 선관위원 · 공정선거지원단원의 수당 등 보수는 시간 · 일 단위 또는 당해 선거사무 전체를 1식으로 보수를 결정할 수 있음.

제12조(선거관련 조합의 지위 등) ① 조합 또는 조합과 계약된 모든 업체 관계자는 조합 선관위가 구성되어 선거업무를 개시함과 동시에 선거와 관련된 일체의 업무를 할 수 없다. 다만, 선거에 미치는 영향이 없다고 인정되는 범위 안에서 조합 선관위 요청에 따라 대의원회 의결을 거친 사항에 한하여 조합사무국 및 정비업체 등에 업무 지원을 요청할 수 있다.

【주】 법령 및 기준에 적합하도록 정비사업 관련자료 작성 · 제공 등 업무 지원이 필요한 경우에 한해 제한적으로 허용하여야 하며(OS 홍보요원 등 불공정한 개입 불허), 선거관리계획 수립 시 또는 필요 시 대의원회 의결을 거친 사항에 대하여만 업무 지원을 요청할 수 있음.

② 조합의 임원 · 대의원 등은 이 규정에서 정하는 업무 이외에 조합 선관위의 선거업무에 일체 개입하지 않는다는 공명선거 이행각서를 제출해야 한다.

③ 제7조제3항, 제8조제6항, 제14조제2항 및 제36조제2항에 따라 선임된 선관위원, 선거사무보조원, 공정선거지원단 및 투 · 개표 참관인 등은 제2항에 따른 공명선거 이행각서를 제출하고 엄정한 중립의 입장에서 이 규정에 의한 선거관리 사무를 수행하여야 하며, 이를 위반하였을 경우 조합 선관위 의결로 그 자격을 상실한다.

제13조(선거관리계획 작성) ① 제10조제1항에 따라 선관위원장은 조합 선관위를 소집하여 조합임원 임기만료 30일전까지 선거관리계획을 작성해야 한다.

② 선거관리계획에는 다음 각 호의 사항을 포함되어야 한다.

1. 개략적인 선거일 및 선거일정
2. 선거해야 할 임원 · 대의원 수
3. 조합 선관위 업무 등(각종 양식 작성 등)
4. 선거비용 등의 지급방법 및 시기
5. 그 밖에 선거에 필요한 사항

【주】 선거관리계획에 포함되어야 할 그 밖에 필요한 사항(예시)

예) 선거사무보조원 선임, 공정선거지원단 구성 · 업무 · 조치결과 공개방법, 신고 포상금, 후보자 추천 및 등록기간 연장 · 재설정, 선거운동 방법 및 선거벽보 · 현수막의 규격 · 수량, 어깨띠의 크기 및 내용, 선거사무원의 수, 선거공보의 원고 작성방법, 투표관리관, 투 · 개표 사무원 및 참관인, 사전투표 장소 · 기간 · 운영 및 투표함 보관소, 우편 투표용지 송부 · 기표 · 회송방법, 우편 투표자의 선거인명부 표시방법 등과 기타 선거에 필요한 사항.

③ 조합 선관위가 선거관리계획을 작성한 때에는 대의원회의 의결을 받아야 한다.

제14조(공정선거지원단) ① 조합 선관위는 선거와 관련한 정관 및 본 규정에 위반되는 선거부정을 감시하기 위하여 공정선거지원단을 둘 수 있다.

② 공정선거지원단은 선거인 중에서 신청 · 추천 등 조합 선관위가 정하는 바에 따라 5인 이상 15인 이하의 범위 내에서 후보자 확정공고 전까지 구성한다.

【주】 당해 정비사업의 규모, 조합원 및 입후보자의 수 등 여건에 따라 선거부정감시단원의 수를 조합 선관위에서 별도로 정할 수 있음.

제15조(부정선거의 단속 · 조사 등) ① 조합 선관위와 공정선거지원단은 선거부정 등의 행위에 대하여 감시 · 조사 · 단속 할 수 있다.

② 제1항의 규정에 따른 감시 · 조사 · 단속에 적발된 경우 조합 선관위는 의결로 그 위반정도에 따라 중지 · 경고 또는 시정명령을 할 수 있다. 이 경우 관련자에게 충분한 소명의 기회를 제공하여야 하며, 조치는 서면에 의하여야 한다.

③ 제1항 및 제2항의 규정에 따른 위반행위에 대한 조치결과는 선거인이 알 수 있도록 공개하여야 한다. 이 경우 공개방법 및 범위는 조합 선관위가 따로 정할 수 있다.

④ 누구든지 이 규정을 위반한 행위에 대하여 조합 선관위에 신고할 수 있다. 이 경우 위반사실을 확인할 수 있는 증빙자료 구비하고 위반자를 지명하여 신고해야 한다.

⑤ 조합 선관위는 선거관리계획으로 제4항의 규정에 따른 신고자에 대한 포상금의 지급, 지급금의 상한, 횟수, 절차를 정할 수 있다. 이 경우 지급결정은 조합 선관위의 의결에 따른다.

제16조(후보자등록취소 및 당선무효) ① 후보자 등록 후 피선거권이 없는 것이 발견된 때에는 후보자등록취소 또는 당선을 무효로 한다.

② 후보자가 사퇴하고자 하는 경우에는 본인이 직접 조합 선관위에 서면으로 신고하여야 한다.

【주】 후보자가 등록기간 이후 임의 · 고의로 사퇴하는 경우 추가 선거비용을 부담하게 할 수 있으며, 입후보 등록 시 사전에 이행각서 등을 제출하게 하거나, 조합설립등기 필요서류(취임 승낙서, 인감증명서)를 사전에 제출하도록 할 수 있음.

③ 후보자등록 이후 다음 각 호의 행위를 한 자는 후보자 등록취소 또는 당선을 무효로 한다.

1. 후보자 등록 시 제출 서류의 허위 · 변조 · 위조 등이 발견된 경우
2. 후보자서약서의 서약내용을 위반한 행위
3. 추천서가 금품제공 등으로 부정하게 이루어진 경우
4. 정관 및 이 규정에서 정한 선출요건에 하자가 있는 경우
5. 사전 선거운동을 하는 행위
6. 기타 조합 선관위가 정한 사항을 위반하는 경우

④ 제1항 내지 제3항에 의한 후보자 등록취소 및 당선무효는 5일 이하의 기간 내에

조합 선관위의 의결을 통하여 결정한다. 다만, 타 기관·업체 등의 법률자문을 받는 기간은 산입하지 아니한다.

⑤ 조합 선관위는 제4항에 따라 후보자 등록취소 및 당선무효를 결정한 경우에는 그 사유를 명시하여 해당 후보자에게 지체 없이 통지하고 조합 홈페이지에 공고 및 클린업시스템에 게시하여야 한다. 이 경우 후보자에게 3일의 범위 내에서 사전 소명기회를 부여하여야 한다.

제17조(선거관리 경비) ① 선거에 관하여 조합 선관위에서 부담하여야 할 필요한 일체의 경비는 조합이 부담하며, 조합은 사전에 예산으로 반영하여야 한다.

② 조합 선관위는 선거관리에 사용된 경비에 대하여 비용지출내역을 작성하여야 하며, 이 경우 증빙자료를 첨부해야 한다.

제18조(선거관리의 위탁 등) ① 조합 또는 조합 선관위는 선거를 관할 선관위에 위탁하여 관리할 수 있다.

② 제1항의 규정에 따라 선거를 위탁하여 관리하는 경우에는 그 선거사무의 위탁범위는 제9조에 따른 조합 선관위의 직무 범위 내에서 「공공단체 등 위탁선거에 관한 법률」에서 정하는 방법 및 절차에 따라 관할 선관위와 협의하여 정한다.

제19조(선거관리 지원 등) 조합 선관위는 다음 각 호에 대한 선거관리에 대한 지원업무가 필요할 경우 구청장에게 요청할 수 있다.

1. 선관위원 구성(정수 이상으로 선관위원이 등록된 경우에 한한다.)
2. 조합원이 아닌 선관위원의 위촉에 관한 사항. 이 경우 구청장 또는 관할 선관위는 전·현직 공무원, 변호사 또는 학식과 사회경험이 풍부한 자를 추천하여야 한다.
3. 사전투표소, 합동연설회 및 총회장소의 지원에 관한 사항. 이 경우 소요되는 비용은 조합 선관위가 부담한다.
4. 사전투표함 보관 장소의 지원에 관한 사항
5. 선거관련 분쟁의 조정의 지원에 관한 사항
6. 위반행위 단속·조사결과 판정의 지원에 관한 사항
7. 투표의 유·무효 판정의 지원에 관한 사항
8. 기타 조합 선관위와 구청장 또는 관할 선관위가 상호 협의하여 결정한 사항

제2장 선거인명부 등

제20조(선거인명부의 작성) ① 조합 선관위는 해당 사업시행구역 내 선거인에 대한 선거인명부를 작성해야 한다. 이 경우 선거인명부는 조합이 작성·제출한 조합원명부를 이기하여 작성할 수 있으며, 제5조제2항 내지 제4항에 따른 대표소유자 및 대리인 등을 등재하여야 한다.

② 선거인명부는 다음 각 호에 따라 작성하여야 하며 당해구역 선거 이외의 목적으

로 사용할 수 없다.

1. 선거인명부에는 등재번호, 선거권자의 성명, 주소(현거주지), 성별, 생년월일 등 필요한 사항을 기재한다.
2. 선거인명부는 후보자 등록기간 종료 다음날까지 작성해야 한다.
3. 선거인명부는 당해 선거의 열람, 사전투표용, 우편(서면)투표용, 선거일투표용을 작성하되 예비용으로 2부을 작성한다.

제21조(선거인명부 열람 및 정정) ① 조합 선관위는 선거인명부가 작성된 경우에는 3일 이상 열람할 수 있도록 해야 하며, 이 경우 다음 각 호의 사항을 조합 홈페이지에 공고하고 클린업시스템에 게시하여야 한다.

1. 열람기간
2. 열람장소
3. 열람방법
4. 열람내용
5. 이의신청방법
6. 그 밖에 조합 선관위가 따로 정하는 사항

【주】 당해 정비사업의 규모, 조합원의 수, 정비사업 단계가 이주인 경우 등 여건에 따라 조합원의 열람과 이의신청 기간을 조합 선관위에서 별도로 정할 수 있음.

② 조합원이 선거인명부를 열람할 경우에는 자신의 정보에 한하여 열람할 수 있다.

③ 조합원이 선거인명부의 기재사항에 누락·오기 또는 명의이전 등 변경사항이 있을 경우에는 열람 기간 내 증빙자료를 첨부하여 이의신청하여야 한다.

④ 제3항의 규정에 의한 이의신청이 있는 경우 조합 선관위는 이를 확인하여 즉시 선거인명부를 정정하여야 한다.

⑤ 제4항에도 불구하고 선거인의 소유물이 양도·양수 및 증여에 따라 명의 변경된 경우에는 등기부등본 등 권리변동 증빙서류를 지참하고 선거일 투표시간 내에 조합 선관위에 제출하여야 한다.

【주】 선거인명부 열람 및 확정공고 이후에 소유권 변경 등 권리변동으로 선거인의 권리를 취득한 자에 대한 선거권 보호를 위함.

제22조(선거인명부 확정) ① 조합 선관위는 선거인명부를 선거공보 발송일전까지 확정해야 하며, 이 경우 선거인명부가 확정되었음을 조합 홈페이지에 공고하고 클린업시스템에 게시하여야 한다.

② 조합 선관위가 확정공고한 선거인명부는 사업시행구역의 당해 선거에 한하여 효력을 가진다.

③ 조합 선관위는 확정된 선거인명부를 선거의 후보자에게 제공할 수 있으며, 선거인명부를 교부받은 후보자는 타인에게 양도·대여하거나 선거이외의 목적에 사용할 수 없다.

제3장 후보자 등

제23조(후보자등록 기간) ① 후보자등록 기간은 후보자등록 공고일 다음날부터 5일 이상(공휴일은 제외한다.)으로 하며, 등록시간은 오전 9시부터 오후 8시까지로 한다.

【주】 당해 정비사업의 규모, 조합원 수, 제24조제1항에 따른 후보자 추천요건 등에 따라 제23조제1항에서 정한 범위 내에서 후보자 등록기간과 시간을 조합 선관위에서 별도로 정할 수 있으며, 선거 일정에 따라 후보자 등록공고를 포함하여 선거일 공고를 하거나, 사전에 후보자 등록공고를 선행할 수 있음.

② 제1항의 규정에 의한 후보자 등록 기간에 등록한 후보자가 정수에 미달한 경우 조합 선관위는 선거관리계획에 따라 등록기간을 연장 또는 재설정할 수 있다.

③ 제2항에 따라 조합 선관위가 후보자 등록기간을 연장한 경우에는 그 사실을 즉시 조합 홈페이지에 공고하고 클린업시스템에 게시하여야 한다.

제24조(후보자 추천) ① 선거에 입후보하고자 하는 자는 조합 선관위에서 정하는 기준에 따라 선거인의 추천을 받아야 한다. 이 경우 조합 선관위가 정한 추천서 양식에 따른다.

1. 조합장 : 선거인 00인 이상의 추천
2. 감사 : 선거인 00인 이상의 추천
3. 이사 : 선거인 00인 이상의 추천
4. 대의원 : 선거인 00인 이상의 추천
5. 부조합장 : 선거인 00인 이상의 추천

【주】 조합원 수 등 조합 여건에 따라 선거인 1인의 중복추천 허용 여부를 결정할 수 있을 것임.

② 대의원 후보자는 동별·통별·가구별 세대수 및 시설의 종류·토지면적 등을 고려하여 구역 내 소수의견을 대표할 수 있는 자로 추천되어야 한다.

제25조(후보자등록 공고 등) ① 조합 선관위는 다음 각 호의 사항을 포함한 후보자등록에 관한사항을 조합 홈페이지에 공고하고 클린업시스템에 게시하여야 한다.

1. 후보자등록 기간
2. 등록 장소
3. 선출(또는 연임)해야 할 임원·대의원의 수
4. 등록 시 제출서류
5. 후보자등록 요건
6. 후보자 자격심사 기간
7. 그 밖에 조합 선관위가 따로 정하는 사항

② 선거에 입후보하고자 하는 자는 다음 각 호의 서류를 갖추어 제23조에 따른 후보자등록 공고에 따른 기간 내에 조합 선관위에게 후보자 등록신청을 하여야 한다.

1. 후보자 등록 신청서(규정 서식) 1부

2. 추천서(규정 서식) 1부
3. 주민등록증, 여권 등 신분증명서 사본 1부(후보자등록신청서에 후보자의 지장을 날인하고 자필로 서명)
4. 가족관계증명서 1부(필요한 경우에 한한다.)
5. 반명함판사진 2매
6. 주민등록등·초본 각1부(거주 목적이 아닌 상가소유자의 경우 영업 등을 하고 있음을 증명하는 서류)
7. 토지 및 건축물 등기부등본 등 조합원임을 증명하는 서류
8. 학력 및 경력을 증명하는 서류

【주】 근무처 폐업, 해외법인 등 경력증명서 발급이 불가한 경우 고용보험가입 증명서 등 이를 대체할 수 있는 서류 인정.

9. 범죄사실조회 동의서 및 선거관련 정보제공 동의서 각 1부
10. 선거관리규정 준수와 법 제23조 및 규정 제6조제2항에 따른 결격사유가 없음을 확약하는 서약서

③ 조합 선관위는 후보자등록 신청이 있을 때에는 이를 수리하되, 피선거권이 없거나 제2항의 서류를 갖추지 아니한 등록 신청은 수리하지 않는다.

④ 조합 선관위는 제2항에 따라 후보자의 등록신청 또는 사퇴신청·사망 등의 상황이 발생할 경우 즉시 조합 홈페이지에 공고하고 클린업시스템에 게시하여야 한다.

⑤ 후보자등록 마감 후 조합 선관위가 후보자의 피선거권에 대한 사실 확인이 필요하다고 인정되는 경우 후보자는 해당 사실을 적극 소명하여야 한다.

⑥ 조합 선관위는 제2항제9호에 따라 후보자가 제출한 동의서를 첨부하여 공공지원자에게 관할 경찰관서로 범죄사실조회를 요청하여야 하며, 공공지원자는 법 제23조 및 규정 제6조제2항제1호 내지 제5호에 따른 결격사유 해당 여부를 확인하여 조합 선관위에 회신하여야 한다.

제26조(기호배정 및 후보자확정 공고 등) ① 조합 선관위는 후보자가 피선거권자로서 결격사유가 없을 경우에는 후보자 등록기간 만료일로부터 3일 이내에 후보자의 기호를 배정한다. 이 경우 기호배정은 공개된 장소에서 후보자 또는 대리인이 참석한 가운데 추첨에 의하여 배정한다.

② 후보자의 기호가 배정된 경우에는 후보자 확정 및 기호배정 사실을 조합 홈페이지에 공고하고 클린업시스템에 게시하여야 한다.

제4장 선거일 등

제27조(선거일 등 공고) ① 선거일은 총회개최일로 하되, 다음 각 호의 경우 조합 선관위가 총회개최 일을 따로 정할 수 있다.

1. 등록한 후보자가 정수에 미달될 경우 또는 장소의 확보 등 조합 총회 개최 준비가 미흡하다고 인정되는 경우
2. 선거일 공고 이후에 천재지변 기타 명백하고도 불가피한 사유가 발생하여 선거를 실시할 수 없는 경우
3. 제18조에 따라 선거를 위탁하는 경우 위탁받은 자의 사정에 따라 불가피한 사유가 발생한 경우

② 조합 선관위는 선거일정 등을 선거일 14일전까지에 조합 홈페이지에 공고하고 클린업시스템에 게시하여야 한다. 이 경우 총회 개최 공고와 같이 할 수 있으며, 다음 각 호의 사항을 포함하여야 한다.

1. 선거명
2. 선거인
3. 선거일
4. 투표 및 개표장소의 명칭 및 소재지
5. 제25조제1항에 의한 후보자등록에 관한 사항(동시에 공고하는 경우에 한함.)
6. 그 밖에 선거 또는 조합 총회 개최에 관하여 필요한 사항

③ 선거기간은 후보자 확정공고 다음날부터 선거일까지로 한다.

제28조(선거운동 등) ① 선거운동이라 함은 임원 등으로 당선되거나 당선되게 하거나 당선되지 못하게 하기 위한 행위를 말한다. 다만, 다음 각 호의 어느 하나에 해당하는 행위는 선거운동으로 보지 아니한다.

1. 선거에 관한 단순한 의견개진 및 의사의 표시
2. 입후보와 선거운동을 위한 준비행위
3. 통상적인 업무행위

② 누구든지 임원 등으로 당선되게 하거나 되지 못하게 할 목적으로 다음 각 호의 1에 해당하는 행위를 하거나 그 행위를 약속·지시·권유·알선 또는 요구할 수 없다.

1. 선거인이나 그 가족(선거인의 배우자, 선거인 또는 그 배우자의 직계 존·비속과 형제자매, 선거인의 직계 존·비속 및 형제자매의 배우자를 말한다.) 등 관련자에게 금품·향응, 기타 재산상의 이익을 제공하거나 제공의 의사표시 등을 하는 행위
2. 제1호에 의한 이익을 제공받거나 그 제공의 의사표시를 승낙하는 행위
3. 제1호에 의한 이익이나 직의 제공을 요구하거나 알선하는 행위

③ 누구든지 선거 기간 내 선거인을 호별로 방문하거나 특정장소에 모이게 할 수 없다.

④ 누구든지 선거와 관련하여 연설·벽보, 기타의 방법으로 허위의 사실을 공표하거나 유포하여 후보자를 비방할 수 없다.

⑤ 누구든지 조합 선관위가 정하는 선거운동방법 외의 방법으로 선거운동을 할 수 없다.

⑥ 선거운동은 후보자 확정공고 다음날부터 선거일 전일까지에 한하여 할 수 있다.

단, 총회에서 합동연설회를 개최하는 경우 후보자의 연설에 한하여 허용한다.

제29조(기부행위의 제한) ① 후보자나 그 배우자의 직계존·비속(이하 "후보자의 가족"이라 한다.) 및 후보자의 가족관계 있는 회사 그 밖의 법인·단체는 선거인이나 그 가족 또는 선거인이나 그 가족이 설립·운영하고 있는 기관·단체·시설에 대하여 금전·물품 그 밖의 재산상 이익의 제공, 이익제공의 의사표시 또는 그 제공을 약속하는 행위(이하 "기부행위"라 한다)를 할 수 없다.

② 제1항의 규정에 불구하고 후보자 또는 후보자의 가족이 하는 다음 각 호의 어느 하나에 해당하는 행위는 기부행위로 보지 아니한다.

1. 직무상의 행위
   가. 소속된 기관·단체·시설의 자체사업계획과 예산으로 행하는 의례적인 금전·물품 제공행위(포상을 포함하되, 화환·화분을 제공하는 행위는 제외한다)
   나. 사업계획 및 수지예산에 따라 집행하는 금전·물품 제공행위(포상을 포함하되, 화환·화분을 제공하는 행위는 제외한다)
   다. 물품구매·공사·역무의 제공 등에 대한 대가의 제공 또는 부담금의 납부 등 채무를 이행하는 행위
   라. 가목 내지 다목의 행위 외에 법령 또는 본 규정에 따라 물품 등을 찬조·출연 또는 제공하는 행위
2. 의례적 행위
   가. 「민법」에서 규정하는 친족의 관혼상제 의식 그 밖의 경조사에 축의·부의금품을 제공하는 행위
   나. 「민법」에서 규정하는 친족외의 자의 관혼상제 의식에 통상적인 범위 안에서 축의·부의금품(화환·화분을 제외한다)을 제공하거나 주례를 서는 행위
   다. 관혼상제의식 그 밖의 경조사에 참석한 하객이나 조객 등에게 통상적인 범위 안에서 음식물 또는 답례품을 제공하는 행위
   라. 그 소속기관·단체·시설의 유급 사무직원 또는 「민법」에서 규정하는 친족에게 연말·설 또는 추석에 의례적인 선물을 제공하는 행위
   마. 친목회·향우회·종친회·동창회 등 각종 사교·친목단체 및 사회단체의 구성원으로서 해당 단체의 정관·규약 또는 운영관례상의 의무에 기하여 종전의 범위 안에서 회비를 납부하는 행위
   바. 평소 자신이 다니는 교회·성당·사찰 등에 통상의 예에 따라 헌금(물품의 제공을 포함한다)하는 행위
3. 「공직선거법」에서 규정하고 있는 구호적·자선적 행위에 준하는 행위

③ 제2항의 규정에 의하여 통상적인 범위 안에서 1인에게 제공할 수 있는 축의·부의금품, 음식물, 답례품 및 의례적인 선물의 금액범위는 공직선거법을 준용한다.

④ 후보자 또는 후보자의 가족은 제1항의 행위를 약속·지시·권유·알선 또는 요구

할 수 없다.

제30조(선거공보) ① 후보자는 조합 선관위가 정하는 바에 따라 선거공보의 원고를 작성하여 후보자 등록마감일 또는 후보자 확정공고일 3일 이내 제출하여야 하며, 후보자 모두 동일하게 정한다.

【주】 선거공보 원고의 제출기한은 제1항에서 정하는 범위 내에서 후보자 등록기간, 선거공보의 검토 및 발송기간 등 선거일정을 고려하여 조합 선관위에서 별도로 정할 수 있음.

② 제1항의 규정에 의하여 작성하는 선거공보의 원고에는 허위사실이나 다른 후보자를 비방하는 내용을 기재할 수 없다.

③ 조합 선관위는 제1항에 따라 선거공보의 원고가 제출된 경우에는 이를 심사하여 제2항의 위반여부를 확인하여야 한다.

④ 제1항의 규정에 따라 제출된 선거공보의 원고는 조합 선관위가 인쇄하여 선거일 14일전까지 선거인에게 등기 발송하되, 총회 등 개최 안내문, 우편 투표용지 등과 동봉 또는 제본하여 발송할 수 있으며, 조합 홈페이지와 클린업시스템에게시하여야 한다. 다만, 후보자가 제출마감일까지 선거공보의 원고를 제출하지 아니하거나 규격 등이 상이한 선거공보의 원고를 제출하는 경우에는 그러하지 아니할 수 있다.

⑤ 제2항에 따라 위반되는 내용이 게재되었을 경우에는 조합 선관위의 명령에 따라 제출마감일까지 당해 후보자가 정정 또는 철회해야 하며, 이를 따르지 아니할 경우 선거공보는 발송하지 아니하며, 이 경우 해당 후보자에게 이를 통지하여야 한다.

⑥ 제1항의 규정에 의한 선거공보의 원고작성 비용은 후보자가 부담하고, 인쇄 및 발송비용은 조합 선관위가 부담한다.

제31조(선거벽보) ① 선거벽보 및 현수막을 통한 선거운동을 하고자 하는 경우에는 조합 선관위가 사전에 선거관리계획에 포함하여 대의원회와 협의하여 게시할 수 있다. 이 경우 규격과 수량은 조합 선관위가 따로 정한다.

② 선거벽보의 제출기한, 기재사항 및 위반내용 등에 대한 조치는 제30조제1항 내지 제3항 및 제5항의 규정을 준용한다.

【주】 선거벽보에는 후보자의 기호·사진·성명·학력·경력 그 밖에 자신의 홍보에 필요한 사항을 게재할 수 있으며, 정규학력이 아닌 유사학력을 경력란에 게재하게 할 수 있음.

③ 제1항에 따라 선거벽보를 게시하는 경우 조합 선관위는 선거 종료 즉시 선거와 관련된 모든 선거벽보 및 현수막을 철거해야 한다.

【주】 관할 구청과 사전에 광고물에 관한 협의 등 허용여부 선행검토 필요.

제32조(합동연설회) ① 조합 선관위는 선거인에게 후보자를 충분히 알릴 수 있도록 선거일전 또는 선거당일 합동연설회를 개최하여 각 후보자별 소견발표의 기회를 부여할 수 있다.

② 조합 선관위는 입후보자 및 조합원 수 등 제반여건을 고려하여 제1항에 의한 합동연설회 개최 횟수와 생략여부를 결정할 수 있으며, 이 경우 사전에 입후보자의 의견

을 들어야 한다.

③ 제1항에 따른 합동연설회 발표순서는 기호 순으로 한다.

제33조(후보자 지지의 방법 등) ① 후보자는 선거 기간 중 다음 각 호의 방법으로 지지를 호소할 수 있다. 이 경우 조합 선관위는 야간에 할 수 없도록 정할 수 있다.

【주】 과열 선거운동을 예방하고 주민들의 안면 등의 보호를 위하여 오후 10시부터 다음날 오전 7시까지 등 시간을 정하여 지지활동을 금지할 수 있음.

1. 전화를 통한 선거운동을 하는 행위. 단 후보자 본인에 한하여 허용하되, 오후 10시부터 다음날 오전 7시까지는 할 수 없다.
2. 인터넷상 게시판·대화방 등에 선거운동을 위한 정보를 게시하는 행위.
3. 후보자는 관혼상제의 의식이 거행되는 장소와 도로·시장·점포·다방·대합실 그 밖에 다수인이 왕래하는 공개된 장소에서 지지를 호소할 수 있다.
4. 후보자임을 표시하는 어깨띠를 착용하고 구역 내 거리홍보를 할 수 있다. 이 경우 어깨띠의 크기, 내용은 조합 선관위가 정하는 바에 따른다.
5. 후보자는 홍보를 위해 명함을 배포할 수 있다.
6. 후보자는 제4호의 방법으로 홍보를 하고자 하는 경우에는 선거운동원을 둘 수 있다. 이 경우 후보자는 선거사무원을 선정하여 후보자 등록마감일전까지 조합 선관위에 선거사무원 등록신청서를 제출하여야 하며, 사무원의 수는 5인을 넘지 않는 범위에서 조합 선관위가 따로 정한다.

【주】 선거사무원의 수는 당해 정비사업의 규모, 조합원 및 후보자의 수 등을 고려하여 조합 선관위에서 별도로 정할 수 있음.

② 조합 선관위는 제1항에 따른 지지행위가 이 규정상의 기준을 위반한 경우에는 지체 없이 이를 삭제하거나 삭제를 요구할 수 있으며, 그 밖에 필요한 제재를 할 수 있다.

【주】 제2항에 따른 제재조치에 대하여 이의신청기간(예, 3일이내)을 정하여 서면으로 이의신청을 할 수 있도록 하고, 이의신청 기간이 경과한 이의신청은 각하하는 것으로 정할 수 있음. 또한 이의신청이 이유 있다고 인정될 경우 제재조치를 철회하고 그 결과를 신청인에게 통지하여야 할 것임.

③ 후보자 등은 과열 선거운동을 방지하고 선거비용의 절감을 위하여 제1항 각호의 방법 및 제28조 내지 제32조의 방법 이외의 방법으로 지지를 호소할 수 없다.

제5장 투·개표 등

제34조(선거방법) ① 선거는 기표방법으로 하며, 무기명 비밀투표로 한다.

② 선거인명부에 기재된 선거인 1인이 1표로 직접 선거한다.

③ 투표소 투표관리를 위해 투표관리관을 둘 수 있다.

④ 조합의 임원·대의원의 선출은 정관에서 정하는 바에 따라 조합 총회에서 선출한

다. 다만, 조합 정관에서 정하는 바에 따라 결선투표를 통하여 선출할 수 있다.

【주】 다수 후보자 등록으로 조합 총회 동의요건에 충족되지 못할 경우를 대비하여 결선투표를 통하여 당선자로 선출토록 사전에 결정할 수 있음.

예) 결선투표 시 결선투표 대상인 후보자에게 투표한 우편 투표권은 결선투표를 한 것으로 인정하며, 기타 후보자에게 투표한 우편 투표권은 기권표로 한다. 이 경우 결선투표 개시 전 총회 성원여부를 확인하여야 함.

⑤ 후보자의 수가 정수와 같은 경우에는 무투표 당선으로 결정한다. 다만, 조합장의 경우 총회에서 가·부 투표로 결정하여야 한다.

【주】 후보자의 수가 정수와 같을 경우 무투표 당선, 가·부 투표 또는 최소득표수 이상으로 사전에 당선인 결정기준을 정할 수 있음(단, 추진위원 또는 대의원의 경우에는 법정 정족수 충족을 위한 후보자 수 이상으로서 정수 미만인 경우에도 정수와 같은 경우로 볼 수 있음).

⑥ 조합 선관위는 투·개표사무를 보조할 투·개표사무원을 둘 수 있으며, 수당과 실비를 지급해야 한다.

제35조(투표) ① 투표소는 선거인수를 고려하여 당해 사업시행구역 내 일정한 장소나 인접지역의 적당한 장소에 비밀투표가 보장되도록 설치한다.

② 투표는 조합 선관위가 감독하며, 투표소의 질서유지를 위하여 관할경찰서에 경찰공무원의 배치를 요청할 수 있다.

③ 투표소에는 투표를 위한 선거권자, 투표관리관, 투표사무원, 투표참관인을 제외하고는 누구도 출입할 수 없다. 단, 구청 및 관할 선관위 관계자 등 조합 선관위가 인정하는 자는 제외한다.

【주】 투표시간은 투표일(공휴일, 연휴), 투표소, 기상 등의 여건을 고려하여 정할 수 있음.

④ 투표를 하고자 하는 선거권자는 본인을 증명하는 신분증을 제시하여 선거인명부와 대조·확인을 받아야한다. 이 경우 신분증의 종류는 「공직선거법」 제157조제1항을 준용한다.

제36조(투·개표 참관인) ① 조합 선관위는 투·개표참관인(이하 "참관인"이라 한다)으로 하여금 투표용지의 교부상황과 투표상황, 개표상황을 참관하게 하여야 한다.

② 후보자는 2인 이상 5인 이하의 참관인을 선정하여 후보자 등록마감일전까지 조합 선관위에 참관인 등록신청서를 제출하여야 한다. 이 경우 참관인의 수는 후보자별로 동일하게 조합 선관위가 따로 정한다.

③ 참관인은 투·개표에 영향을 미치는 행위를 할 수 없다.

제37조(개표) ① 개표는 조합 선관위가 감독하며, 개표소의 질서유지를 위하여 관할경찰서에 경찰공무원의 배치를 요청할 수 있다.

② 개표소는 투표소와 같은 장소로 한다. 단, 장소협소 등 동일 장소에서 개표하기가 어려울 경우 인접한 장소에 별도로 설치할 수 있다.

③ 개표소에는 선관위원, 개표사무원, 개표 참관인을 제외하고는 누구도 출입할 수 없다. 단, 구청 또는 관할 선관위 관계자 등 조합 선관위가 인정하는 자는 제외한다.

④ 개표는 투표 종료 후 즉시 실시하는 것을 원칙으로 한다.

⑤ 개표는 입후보 직위별로 구분하여 집계하며 후보자별 득표수는 조합 선관위에서 발표한다.

제38조(무효투표) 다음 각 호의 투표는 무효로 한다.

1. 투표관리관의 사인(날인)이 없거나 소정의 투표용지가 아닌 경우
2. 기표가 안 된 경우
3. 기표가 불확실한 경우
4. 소정의 기표용구 이외의 것으로 기표한 경우
5. 우편 투표용지가 제출기한을 경과하여 조합 선관위에 도착한 경우
6. 우편 투표용지의 회송용 봉투에 우체국 소인이 없는 경우

제6장 사전투표

제39조(사전투표) 조합 선관위는 선거인의 투표율 제고를 위해 선거일 이전 사전투표를 할 수 있다. 이 경우 선거일 14일전까지 사전투표의 방법과 장소 · 시기 · 절차 등 필요한 사항을 공고해야 한다.

제40조(사전투표 방법) ① 사전투표 장소는 당해 사업시행구역 내 일정한 장소나 인접지역의 적당한 장소에 투표소를 설치하여 운영하여야 한다.

② 사전투표 기간 중 후보자를 대신하는 사전투표참관인을 선거인 중에서 둘 수 있다. 이 경우 사전투표참관인의 수당은 조합 선관위가 부담한다.

제41조(사전투표 기간) 사전투표 기간은 조합 총회 개최 공고일(선거일 공고)부터 선거일 7일전까지 1일 이상의 기간을 따로 정하여 시행하되, 투표율 제고를 위해 다음 각 호를 참고하여 조합 선관위가 따로 정한다.

1. 사전투표일은 직장인 등의 투표여건을 고려하여 가급적 공휴일로 지정한다.
2. 사전투표일을 평일로 정할 경우 투표시작 시간은 오전 6시, 마감 시간은 오후 8시까지로 한다.

제42조(사전투표 장소) 사전투표 장소는 공정선거에 지장이 없는 장소로 선정하여야 하며 조합 선관위가 따로 정한다. 이 경우 제32조에 따른 선거일 전에 합동설명회를 개최할 경우 합동설명회 장소에 설치할 수 있다.

【주】 사전투표 장소는 선거의 중립성 확보를 위해 후보자 소유 및 임차건물 등 오해의 소지가 없는 장소로 선정할 수 있음.

제43조(사전투표 절차 등) ① 사전투표한 선거인은 선거인명부에 사전투표자로 표시한다. 이 경우 표시는 조합 선관위가 따로 정한다.

② 사전투표는 직접투표 절차에 준하여 시행한다.

③ 이 규정에서 정하지 아니한 사전투표의 세부적인 절차나 방법 등은 조합 선관위가 따로 정할 수 있다.

제44조(사전투표함의 봉인) ① 사전투표함은 조합 선관위가 제작한 투표함으로 하되, 후보자 또는 참관인들이 확인한 후 시건·봉인한다.

② 사전투표함의 보관 장소는 조합 선관위가 따로 정하며, 공정한 투표함 보관을 위하여 필요할 경우 개표개시 전까지 구청장에게 투표함의 보관을 의뢰할 수 있다. 이 경우 관할 구청장은 특별한 사유가 없는 경우에는 이에 응하여야 한다.

③ 사전투표함을 보관 장소에 보관 또는 반출, 투표소에 설치할 경우에는 사전투표참관인의 입회하에 해야 한다.

④ 사전투표함은 투표개시 전 투·개표 장소로 조합 선관위가 이송한다. 이 경우 후보자의 요청이 있을 경우 개표참관인과 동행한다.

⑤ 사전투표함의 개봉은 투표일 선거시간이 종료되고 개표가 개시된 이후 개봉한다.

제7장 우편투표·전자투표

제45조(우편에 의한 투표) ① 조합 선관위는 조합 정관에서 정하는 바에 따라 총회 등에 직접참석 할 수 없는 선거인의 선거권 보장을 위해 우편(서면)에 의한 방식으로 투표하게 할 수 있다.

② 선거인이 제1항에 따라 우편에 의한 방식으로 투표하고자 할 경우 조합 선관위에서 송부 받은 우편 투표용지에 기표한 후 선거인이 직접 우편발송 하여야 하며, 이 경우 선거일 총회 개최 전까지 조합 선관위에 도착되도록 하여야 한다.

【주】 우편 투표용지가 포함된 선거공보의 발송기한은 선거인이 회송용 봉투를 발송하여 선거일 전에 조합 선관위에 도착되어야할 기한을 고려하여 결정하여야 함.

③ 제2항에 의한 우편 투표용지 송부·기표·회송 방법에 대하여는 조합 선관위가 따로 정한다.

④ 우편으로 투표한 선거인은 선거인명부에 우편 투표자로 표시한다. 이 경우 표시는 조합 선관위가 따로 정한다.

⑤ 조합 선관위는 제2항에 의하여 제출된 우편 투표용지를 훼손하지 아니하고 즉시 봉인된 투표함에 보관하여야 한다. 이 경우 투표함의 봉인·보관·입회·이송에 대하여는 제44조 규정을 준용한다.

제46조(전자투표) ① 조합 선관위는 조합 정관에서 정하는 바에 따라 전자적 방법(전자정보처리조직을 사용하거나 그 밖에 정보통신기술을 이용하여 의결권을 행사하는 방법을 말한다. 이하 '전자투표'라 한다.)에 의한 방식으로 투표하게 할 수 있으며, 전자투표의 세부적인 절차나 방법 등을 따로 정할 수 있다.

② 제1항에 따른 전자투표에 의한 방식은 다음 각 호의 방법을 말한다.

1. 「전자서명법」 제2조제3호에 따른 공인전자서명 또는 같은 조 제8호에 따른 공인인증서를 통하여 본인 확인을 거쳐 의결권을 행사하는 방법
2. 조합 선관위는 「전자서명법」 제2조제1호에 따른 전자문서를 제출하는 방법 등 본인 확인절차를 완화한 방법으로 의결권을 행사할 수 있도록 제1호와 달리 정하고 있는 경우에는 그에 따른 방법

③ 제2항에 따른 전자투표 방식으로 선거권을 행사할 수 있도록 하는 경우에는 선거공고에 다음 각 호의 사항을 구체적으로 밝혀야 한다.

1. 전자투표를 할 인터넷 주소
2. 전자투표를 할 기간
3. 그 밖에 전자투표에 필요한 기술적인 사항

제8장 당선인 등

제47조(당선자) ① 조합 선관위는 개표완료 즉시 개표결과 및 당선자를 조합 홈페이지 및 클린업시스템에 공고한다.

② 당선자는 당선자 공고로서 그 지위를 득한다.

【주】 임기개시일 : 아래 예시를 참조하여 정관 등으로 반드시 정할 필요 있음.
예) 임원 : 최초·변경선임은 선임된 날로부터, 연임은 연임총회일로부터, 보궐선임은 변경등기일로부터 개시(임기는 전임자의 잔임기간)
대의원 : 선임된 날로부터 개시
추진위원 : 선임된 날로부터 개시

제9장 보궐선거 등

제48조(보궐선거 등) ① 임원, 대의원 등의 임기 중 궐위된 자의 선거관리를 하고자 할 경우에는 이 규정에 의한다. 단, 조합장은 제외한다.

② 제1항에 따라 보궐선거를 위한 선거관리를 시행할 경우, "선거인"은 "대의원"으로 "총회"는 "대의원회"로 본다. 이 경우 제7조제3항에 따른 선관위원은 대의원 중 후보자를 등록받아 대의원회 의결을 통해 3인 이상 7인 이하로 선임하여 선관위를 구성하며, 제7조제2항·제4항 내지 제6항, 제8조 내지 제22조 및 제39조 내지 제46조 규정의 일부 또는 전체를 적용하지 아니하거나 별도로 정할 수 있다.

【주】 궐위된 대의원의 후보자는 대의원 5인 이상의 추천을 받은 자로 한다. 이 경우 대의원의 수가 5인 미만인 경우 선거인 ○○인 이상으로 한다.

③ 임원, 대의원 중 궐위된 자가 발생할 경우 조합장은 즉시 제2항에 따른 보궐선거

를 위한 대의원회 소집을 하여야 한다. 다만, 대의원이 임기 중 궐위되어 대의원의 수가 법 제25조제2항에 따른 대의원의 수에 미달되게 된 경우에는 제2항에도 불구하고 총회에서 보궐선임을 하여야 한다.

제49조(추진위원회에서의 선거) ① 최초 추진위원회 구성 이후 정비사업 조합설립추진위원회 운영규정(이하 "운영규정"이라 한다)에 따라 임기만료 또는 궐위된 추진위원장, 감사, 추진위원을 선출하고자 할 경우에는 이 규정에 의한다.

② 제1항에 의하여 추진위원장, 감사, 추진위원 선출을 위한 선거관리를 시행할 경우, 제2조 내지 제48조 규정을 준용한다. 이 경우 "조합"을 "조합설립추진위원회"로 "정관"을 "운영규정"으로 "조합원"을 "토지등소유자"로 "임원·대의원"을 "추진위원장·감사·추진위원"으로 "조합장"을 "추진위원장"으로 "총회"를 "주민총회"로 하며, 제7조제3항, 제13조제3항, 제31조제1항 및 제48조제2항의 "대의원회"를 "추진위원회"로, 제20조제1항의 "조합원명부"를 "추진위원회명부"로 제34조제5항 단서 및 제48조제1항 단서의 "조합장"은 "추진위원장·감사"로 한다.

③ 추진위원(추진위원장, 감사는 제외한다) 중 궐위된 자가 발생할 경우 추진위원장은 즉시 제2항에 따른 보궐선거를 위한 추진위원회를 소집을 하여야 한다. 다만, 추진위원이 임기 중 궐위되어 추진위원의 수가 운영규정 본문 제2조제2항에서 정한 최소 위원의 수에 미달되게 된 경우에는 제2항에도 불구하고 주민총회에서 보궐선임을 하여야 한다.

제50조(권한의 대행 등) ① 제48조에 따른 조합의 보궐선거에 대하여 조합장이 해임, 사임, 당연퇴임 등으로 궐위된 경우 부조합장, 상근이사 중 연장자(궐위 등으로 상근이사가 없는 경우 이사 중 연장자), 법원에서 파견된 직무대행자, 구청장 순으로 그 직무를 대행한다.

② 제49조에 따른 추진위원회의 보궐선거에 대하여 추진위원장이 해임, 사임, 당연퇴임 등으로 궐위된 경우 부위원장, 추진위원 중 연장자, 법원에서 파견된 직무대행자, 구청장 순으로 그 직무를 대행한다.

③ 대의원의 수가 법 제25조제2항에 따른 대의원의 수에 미달되게 된 경우에는 제7조제3항·제13조제3항·제31조제1항에 따른 "대의원회"는 "이사회"로 하며, 이 경우 선관위원 후보자가 정수 이상 등록된 경우의 선관위원 선임은 구청장이 한다.

④ 추진위원의 수가 운영규정 본문 제2조제2항에 따른 추진위원의 수에 미달되게 된 경우에는 제7조제3항·제13조제3항·제31조제1항에 따른 "대의원회"는 "추진위원장"으로 하며, 이 경우 선관위원 후보자가 정수 이상 등록된 경우의 선관위원 선임은 구청장이 한다.

⑤ 제3항 및 제4항에도 불구하고 이사회의 의결 정족수가 부족하거나 추진위원장(직무 대행자 포함)의 직무 수행이 불가하여 선관위원 선임이 어려운 경우에는 선거인 1/10 이상의 요청에 따라 공공지원자가 선관위원 후보자 등록을 받아 제7조제3항 및

제48조제2항 단서에 규정된 선관위원을 선임할 수 있다.

⑥ 제5항에 따라 공공지원자가 선관위원을 선임하는 경우에는 제13조제3항의 "대의원회의 의결"을 "공공지원자 승인"으로, 제31조제1항의 "대의원회"를 "공공지원자"로 한다.

제51조(창립총회에서의 선거) ① 조합설립 추진위원회가 영 제22조의2에서 정한 창립총회에서 확정된 정관에서 정하는 바에 따라 임원·대의원을 선출하고자 할 경우에는 이 규정에 의한다.

② 제1항에 의하여 창립총회에서 임원·대의원 선출을 위한 선거관리를 시행할 경우에는 제2조 내지 제55조 규정을 준용한다. 이 경우 "조합"을 "조합설립 추진위원회"로 "정관"을 "정관(안)"으로 "총회"를 "창립총회"로 "조합원"을 "토지등소유자"로 "대의원회"를 "추진위원회"로 한다.

제10장 보 칙

제52조(선거관련 자료의 보관) 조합 선관위는 선거관리가 종료된 후 모든 선거관계 일체의 서류를 선관위원장 및 간사가 봉인 후 조합에 인계하여 보관하며, 보관기간은 6개월 이상의 범위에서 조합 정관 또는 선거관리규정으로 정한다.

제53조(선거관련 자료의 공개) 조합 및 조합 선관위는 선거관리와 관련된 자료, 조합 선관위 회의록을 조합홈페이지 및 클린업시스템을 통하여 즉시 공개하여야 한다. 다만, 개인비밀의 보호 등 인터넷에 공개하기 어려운 사항은 개략적인 내용만 공개할 수 있다.

제54조(유권해석 등) ① 본 규정의 운용과 관련하여 유권해석이 필요한 경우 조합 선관위에서 선관위원의 의견을 취합하여 의결한다.

② 조합 선관위의 유권해석에 대한 이견이나 본 규정의 적용 및 운용 등에 대하여 구청장에게 유권해석을 요청할 수 있다.

제55조(민법의 준용 등) ① 본 운영규정과 관련하여 법에서 규정된 것을 제외하고는 민법의 규정 중 사단법인에 관한 규정을 준용한다.

② 법·민법 등 관계 법률과 이 규정에서 정하는 사항 외에 조합 선거관리에 관하여 필요한 사항은 관계법령 및 관련 행정기관의 지침·지시 또는 유권해석 등에 따른다.

③ 이 규정이 법령의 개정으로 변경되어야 할 경우 규정의 개정절차에 관계없이 변경된 것으로 본다. 다만, 관계법령의 내용이 임의규정인 경우에는 그러하지 아니하다.

제56조(선거관리규정의 제·개정) ① 이 규정은 법령 및 조합 정관(조합설립추진위원회 운영규정)이 정하는 바에 따라 임원 등을 선출하기 위하여 시행하는 선거관리에 필요한 운영규정으로서 총회(주민총회) 의결로 제정 또는 개정한다. 다만, 「서울특별시 도시 및 주거환경 정비조례」 제47조에 따른 「서울특별시 정비사업 표준선거관리규정」에 적합하게 최초로 제·개정하는 경우를 제외하고 표준안의 개정으로 이 규정이

변경되어야 하는 사항은 조합 정관(조합설립추진위원회 운영규정)에서 정하는 바에 따라 대의원회(추진위원회) 의결로 개정할 수 있다.

【주】 선거관리규정에 포함된 내용 중 법령 및 정관 등에서 정한 임원 및 대의원 선임방법 등에 위배되는 사항이 없도록 하여야 함.

부 칙('00. 00. 00.)

이 선거관리규정은 조합 정관 또는 조합설립추진위원회 운영규정이 정하는 방법에 따라 조합 총회 또는 주민총회(제56조 단서 규정에 의한 경우는 대의원회 또는 추진위원회)에서 의결한 날로부터 시행한다.

저자약력

[약력]
변호사/공인원가분석사
배재고등학교
고려대학교
대법원 양형위원회 전문위원
대한상사중재원 중재인
서울고등검찰청 영장심의위원회 위원
고용노동부 자체평가위원회 위원(산재예방보상분과)
현 법무법인(유한) 태평양 구성원 변호사

[저서]
도시정비법의 주요쟁점
주석 국가계약법(공저)
국토계획법의 제문제(공저)
온주 주택법(대표집필)

도시정비사업 가처분의 주요 쟁점 — 조합총회 및 조합임원의 선임/해임을 중심으로

초판발행 2023년 8월 30일

지은이 범현
펴낸이 안종만·안상준

편 집 김선민
기획/마케팅 조성호
표지디자인 벤스토리
제 작 고철민·조영환

펴낸곳 (주)박영사
서울특별시 금천구 가산디지털2로 53, 210호(가산동, 한라시그마밸리)
등록 1959. 3. 11. 제300-1959-1호(倫)
전 화 02)733-6771
f a x 02)736-4818
e-mail pys@pybook.co.kr
homepage www.pybook.co.kr
ISBN 979-11-303-4514-7 93360

정 가 22,000원